GERMINAL

L'aventure d'un film

Du même auteur

BIOGRAPHIES

Monsieur Dassault, Balland, 1983.

Gaston Gallimard, Balland, 1984; Points-Seuil, 1985.

Une éminence grise, Jean Jardin, Balland, 1986 ; Folio, 1988.

L'Homme de l'art, D.H. Kahnweiler, Balland, 1987 ; Folio, 1989.

Albert Londres, vie et mort d'un grand reporter, Balland, 1989 ; Folio, 1990.

Simenon, Julliard, 1992 ; Presses Pocket, 1994.

ENTRETIENS

Le Flâneur de la rive gauche, avec Antoine Blondin, François Bourin, 1988.

Singulièrement libre, avec Raoul Girardet, Perrin, 1990.

ENQUÊTES

De nos envoyés spéciaux (avec Philippe Dampenon) J.-C. Simoën, 1977.

Lourdes, histoires d'eau, Alain Moreau, 1980.

Les Nouveaux Convertis, Albin Michel, 1982 ; Folio, 1992.

L'Epuration des intellectuels, Complexe, 1985.

Pierre Assouline

GERMINAL

L'aventure d'un film

Fayard

À ma mère

« Le maquillage imitant la poudre de charbon que se passe l'acteur jouant un mineur est aussi faux que la poudre de riz de Colombine ou des servantes de Marivaux. La difficulté, c'est de ne pas se laisser arrêter, fasciner, par cette enveloppe naturaliste et trouver le vrai Zola. Et le vrai Zola est avant tout un poète. »

Jean Renoir
(à propos des adaptations de Zola)

« Nous étions trop nombreux, nous avions trop d'argent, trop de matériel et petit à petit, nous sommes devenus fous. »

Francis Ford Coppola
(à propos d'*Apocalypse now*)

C'était à la fin des années quatre-vingt. Un soir très tard, entre Noël et Jour de l'An, la télévision diffusa un passionnant documentaire sur la fabrication d'*Autant en emporte le vent*. L'envers du décor ou les coulisses d'un grand film, en quelque sorte. Je conçus alors le projet d'écrire un jour un livre dans le même esprit.

Quelque temps après, un matin à la radio, il était question d'un film en gestation : ... *Germinal*... Zola... Berri... la mine... des décors inouïs... Renaud, le chanteur... Depardieu bien sûr... Miou-Miou et beaucoup d'autres... un tournage de six mois... la participation de toute une région... le plus important budget jamais réuni en France... un pari fou... une entreprise insensée...

Le déclic fut immédiat. Ce serait *Germinal* et nul autre. Claude Berri accueillit mon projet avec enthousiasme. Il m'accorda aussitôt, sans réserve, la « carte blanche » que je lui demandais : accès permanent au tournage, libre disposition des archives et documents internes du film, indépendance vis-à-vis de la production. Il m'encouragea, quitte à laisser l'indiscrétion tuer le mythe et la légende précéder le film. Car montrer les rouages de l'usine à rêves, c'est déjà en abîmer la magie. Même s'il en faut plus pour démystifier le cinéma. Mais en toutes choses, Claude Berri est homme à prendre des risques, son parcours en témoigne.

Ce livre est le récit d'une aventure. Celle d'un homme,

avant d'être celle d'une équipe, puis de leur film. Je dois ce récit au premier, ne fût-ce que par gratitude.

Puisse-t-il être pris pour ce qu'il est avant tout : un témoignage, vécu dans un esprit de complicité passionnée, de fascination critique et d'amitié vigilante.

Première partie

AVANT

I

Le rire de Hirsch

« Germ... »

Au départ, ce n'est qu'un murmure, à peine perceptible. La foule est de plus en plus dense dans les allées du cimetière Montmartre. Devant, les représentants des corps constitués arborent le masque de circonstance. Derrière, les notables de la politique jouent du coude avec ceux des arts et lettres. Plus loin encore, le peuple.

M. Abel Hermant réussit même à émouvoir en prononcant son discours, au nom de la Société des Gens de lettres : « ... et quand la foule, comme dans *Germinal*, tient le premier rôle, alors vous savez comment il la mène, comme il la meut, comment il la retient, comment il la déchaîne, avec quel art d'amoureux il la détaille et comme il lui devient égal pour la peindre. La foule fut souvent son personnage unique, toujours son personnage préféré... »

La foule, justement. On la maintient à l'écart de son héraut. Pourtant, elle ne vocifère pas. Elle sait se tenir. Ni cri ni tumulte. L'important service d'ordre mis en place par la préfecture n'a même pas à intervenir. C'est à peine si le murmure ose se faire rumeur, juste assez pour que des têtes se retournent.

« Germinal... Germinal... »

Il fait un temps superbe sur Paris, ce dimanche-là.

M. Anatole France, à son tour, achève un discours plus vibrant que le précédent : « ... il fut un moment de la conscience humaine... » Le reporter du *Figaro* pointe les délégations aux bras chargés de gerbes. Il s'attarde sur celles qui lui paraissent les plus originales : les facteurs des Postes, les socialistes de la Rive gauche sans oublier les ouvriers mineurs de Denain « dans leurs pittoresques costumes ». On ne saurait mieux dire que, aux yeux de certains, les travailleurs relèveront toujours du folklore.

Pendant ce temps, l'armée est envoyée en renfort autour des mines du Nord et du Pas-de-Calais gagnées par la grève. A Lens, les insoumis réclament une augmentation de salaire tandis qu'à Valenciennes, le syndicat jaune distribue des revolvers et des cartouches à ses adhérents. « Pittoresque », en effet.

Le discours d'Anatole France se clôt par une salve d'applaudissements, même si ça ne se fait pas dans un cimetière. Certains mettent un œillet rouge à leur boutonnière. Puis c'est le silence, pathétique. Plus personne n'a de mots pour celui qui en eut tant pour les autres. Le peuple de ses lecteurs s'avance. Il lui fait cortège dans le recueillement et cela suffit. C'est alors que la rumeur devient grondement puis revendication.

« GER- MI- NAL! GER- MI- NAL! »

Et tandis que chacun jette son œillet en passant devant le cercueil, une fanfare de mineurs venus d'Hénin-Liétard, le visage barbouillé de suie, joue *Le Temps des cerises*.

Cela se passait le 5 octobre 1902. Zola est mort, mais *Germinal* vit toujours. Si le roman fut l'œuvre d'un seul homme, le film sera celle de deux personnes : Claude Langmann et Claude Berri.

Lyon, au lendemain de la Libération. Hirsch Langmann, dit Roger, emmène son fils Claude, âgé d'une dizaine d'années, au « meeting », place des Terreaux. C'est devenu un rituel. Souvent le dimanche, l'adolescent va crier avec son père derrière des banderoles et des drapeaux rouges comme d'autres vont chercher des confitures chez leur grand-mère en Touraine. A chacun ses traditions. Cette foule, cette ambiance, ces slogans le marqueront à jamais. Bien plus tard, malgré l'âge et l'expérience, il n'oubliera pas que ces milliers de gens croyaient sincèrement en un monde meilleur, que leur utopie n'avait rien de criminelle, qu'un mouvement cristallisait leurs espoirs.

Le père Langmann n'est pourtant pas communiste. Mais depuis la fin de la guerre, il vote pour le « parti des fusillés ». De retour à Paris, s'il est compagnon de route, c'est essentiellement pour l'itinéraire qui mène de la République à la Bastille. Il sait que c'est le bon chemin mais ne cherche pas à en savoir plus. Juif et polonais par ses racines, il se sent finalement très laïque et français par son mode de vie. Rescapé des grandes rafles de l'Occupation, il se souvient de Caluire non comme d'un traquenard qui coûta la vie à Jean Moulin mais comme d'un refuge qui permit à sa petite famille d'échapper à la déportation. Artisan fourreur et façonnier, il n'a rien d'un « fourreur parisien ». Il travaille chez lui pour le compte des autres. Il n'est pas un intellectuel ni un homme à qui les idées montent à la tête. Quand il se dit « de gauche », il précise toujours que c'est sans illusion.

Pourtant, de l'avis de tous, le père Langmann est un personnage chaplinesque. A sa manière, il est, lui aussi, un artiste. Son fils le voit comme une sorte de violoniste-né à qui personne n'a jamais songé à confier un violon. A ses yeux, la vie ne saurait être plus injuste.

Il faut dire que ce petit bonhomme maigre et nerveux a un don, outre sa dextérité à tirer les queues de vison : la parole. C'est un conteur-né. D'emblée, il captive son auditoire. Puis il le séduit et le fait rire aux éclats par le récit de ses malheurs et de ceux de son fils. Le conteur s'efface derrière le comédien. Car il sait d'expérience que son sens de l'humour est irrésistible et il en joue.

Son public, ce sont les amis de son fils, Gérard Lebovici, Jean-Louis Trintignant, Georges Kiejman, Maurice Pialat... Ils en redemandent et lui ne se fait pas prier. Quand ils vont chez les Langmann, ils savent qu'ils pénètrent dans un autre monde, un univers plus proche de Singer que de Proust. Du côté de chez Hirsch, c'est moins un salon qu'une tribu. L'atmosphère qui règne dans cet appartement du faubourg Poissonnière n'est pas vraiment propice à la méditation, ni à la contemplation. Un jour, elle inspirera de belles pages à Simone Signoret, au moment d'écrire *Adieu Volodia.* Ça parle et ça crie, ça rit et ça pleure quand ça ne chante pas tandis que les portes claquent. Les nouveaux venus n'en reviennent pas. Les autres s'en régalent comme les badauds se délectent quand Hirsch les étourdit de son baratin, sur les marchés ou dans la baraque qu'il tient parfois boulevard de Strasbourg. Pour faire rire et pour faire vendre, il ne recule devant aucun argument :

« Les fourrures, elles aussi, ont subi la déportation... »

On irait chez les Langmann comme au spectacle si les amis de Claude n'y trouvaient, avant tout, une seconde famille, chaleureuse et attachante.

Il adore sa mère mais voue une admiration sans bornes à son père. Plus ses parents se disputent, plus ils s'aiment. Cette image idéale du bonheur le poursuivra longtemps. Il n'aura de cesse de la reconstituer malgré ses propres contradictions, oscillant entre la volonté de se construire un vrai foyer à la Langmann, le besoin irrépressible de ne pas brider sa curiosité en allant voir ailleurs, et le goût de la solitude.

Ses parents s'imaginent qu'il a obtenu son BEPC, alors que pour lui l'école est virtuellement finie depuis la 3e. Mais il ne veut pas les priver de leurs dernières illusions. Pour eux, le brevet c'est comme la Légion d'honneur. C'est déjà la preuve qu'on est français.

En fait, on le trouve plus souvent dans l'arrière-salle du Globe, le grand café du boulevard de Strasbourg, à jouer au poker ou au billard, qu'au lycée Turgot où il est en principe inscrit. A dix-sept ans, il fait croire à son père qu'il suit des cours de comptabilité chez Pigier. En fait, il a déjà sauté le pas après avoir vu Charles Dullin dans *La Terre est ronde* au théâtre Sarah-Bernhardt. Il en est ressorti ébloui et fasciné. Une première impression confirmée peu après par les *Dix Petits Nègres.* Il se voit déjà sur les planches malgré les incidents de parcours. Un soir, ayant appris que Jean

Vilar se prépare à lancer le TNP, il se rend à l'entrée des artistes du Théâtre-Antoine où l'on répète *Le Diable et le Bon Dieu* et interroge au culot tous ceux qui franchissent la porte.

« Vous êtes Jean Vilar? Vous êtes... »

Ayant fini par dénicher le Maître qui dîne seul au fond de la salle du petit restaurant à côté du théâtre, le jeune homme à peine sorti de l'adolescence joue son va-tout avec la désinvolture de celui qui n'a rien à perdre.

« Monsieur, je veux faire du théâtre. Je suis prêt à balayer s'il le faut, je...

– Ecrivez-moi », tranche Vilar.

Un mois plus tard, l'impétrant reçoit par retour de courrier la lettre qu'il s'était tant appliqué à écrire. Il y trouve un stimulant quand d'autres en seraient découragés.

C'est décidé. Sa vie, ce ne sera ni la comptabilité ni la « fourrure » même s'il passe tous les jours à l'atelier mettre la main à la peau et assortir des queues de vison bout à bout. Il veut être comédien, ou plutôt « vedette », comme Jean Marais qu'il admire. Claude ne sait pas encore qu'il veut devenir l'acteur que son père aurait dû être.

Il n'a rien d'un cinéphile. Son panthéon n'est pas la cinémathèque du Trocadéro mais le Rex des grands boulevards. Pour l'essentiel, il partage les goûts de son père qui l'emmène parfois dans les salles obscures où Louis Jouvet et Raimu, Chaplin et Max Linder tiennent l'affiche.

Le démon l'a gagné progressivement jusqu'à s'imposer à lui, un soir, à force de jouer... aux cartes avec un copain. La sœur de celui-ci, Annie Fargue, est déjà la star du quartier. Elle prend des cours d'art dramatique. Un jour, Claude se décide à lui demander la marche à suivre.

C'est elle qui l'envoie à Teddy Billis, pensionnaire à la Comédie-Française, lequel l'oriente vers Jeanne Lion, une comédienne d'un certain âge qui lui apprend la scène en lui faisant travailler *Andromaque*. Il se présente au centre d'art dramatique de la rue Blanche où il n'est pas accepté. Après quoi, il est mûr pour faire ses humanités au Cours Simon, inévitablement. Vaguement, pendant six mois. Il a mis un doigt dans l'engrenage. Bientôt, la main y passera et le reste suivra. Corps et âme.

Il lui faut un nom de scène. Claude Langmann, c'est bon pour un fourreur, pas pour un acteur. Et puis ça ne lui correspond pas. En Alsace-Lorraine, c'est le sobriquet par lequel on désigne un homme long, de haute taille. Il cherche quelque chose qui lui aille mieux, un patronyme qui fasse grand-acteur-français. « Maurice Chevalier » lui plaît beaucoup, mais c'est déjà pris. A court d'idées, il se rabat sur sa carte d'identité.

Sa mère, née Beila Bercu, est d'origine roumaine. A sa naissance, elle l'a gratifié d'un second prénom qui fleure bon la nostalgie des villages carpatiques : Berrel. A la mairie du 10ᵉ arrondissement, ce devait être certainement une grande première pour le fonctionnaire de l'état-civil puisqu'il l'orthographia Beri. Mais ce qui est écrit est écrit. Alors ça ou autre chose...

De guerre lasse, il rajoute un « r » et opte pour Claude Berri. Depuis et pour toujours, il traîne ce nom d'emprunt comme un boulet. C'est peu dire qu'il le déteste. Les raisons ne manquent pas. La sonorité d'abord : ça fait maladie, béribéri et avitaminose. En cingalais, *berri* signifie « faiblesse », tout ce qu'il n'est pas. Et puis les berrichons pourraient croire qu'il s'agit d'un compatriote, quel malentendu! Qu'importe. Mais ce choix restera le regret de sa vie. Comme si en renonçant au nom de son père, il avait confusément et maladroitement renié une partie de son héritage.

La première fois qu'il fait l'acteur, il n'a que dix-sept ans. Il est figurant dans *Rue de l'Estrapade* (1952) de Jacques Becker. Cette brève incursion dans l'envers du décor est une révélation. Il sait désormais ce qu'est le cinéma : Daniel Gélin à sa fenêtre, censé regarder partir une voiture tandis qu'un assistant agite un balai pour capter son regard selon une trajectoire donnée. Cette expérience du septième art, un peu courte, est vite enrichie par d'autres figurations, de plus en plus consistantes. Il est le fils du concierge, Carette, dans *Le Bon Dieu sans confession* (1953) de Claude Autant-Lara, qui le reprend aussitôt pour être le fils de Louis de Funès dans *Le Blé en herbe* (1953). Avec Jean Renoir, c'est le coup de foudre. Il est ébloui par le patron et n'en revient pas d'être « silhouette » pendant six jours durant dans *French Cancan* (1954). C'est lui, le jeune portier qui tient le chapeau de Jean Gabin au Moulin-Rouge. Il y en aura d'autres, des petits rôles, notamment dans *Les Bonnes Femmes* (1960) de Claude Chabrol. Grâce au concours « Une étoile est née » organisé par Raymond Rouleau sur Europe 1, dont il est lauréat avec Marie Laforêt, il obtient un petit rôle de six jours dans *La Vérité* (1960) d'Henri-Georges Clouzot. L'occasion de retrouver son camarade de cours Samy Frey et surtout de côtoyer Brigitte Bardot. Le producteur Raoul Lévy, qui s'était engagé à récompenser ainsi le gagnant, s'était donné beaucoup de mal pour lui trouver cet emploi qui colle avec son allure et sa tête en forme de mandarine.

Autant de rôles trop courts pour ses rêves.

Tant d'autres ont commencé ainsi qui n'ont pas, eux, été beaucoup plus loin. Mais pour ses camarades du Cours Simon également comédiens en herbe – Jean-Pierre Cassel, Michèle Méritz, Gérard Lebovici, Geneviève Cluny, Marcel Bozuffi, Serge Rousseau – il a déjà ce petit quelque chose en plus qui le distingue de tous les autres. C'est la marque d'un tempérament qui ne se démentira pas avec l'âge.

La vivacité de son regard, d'abord. Deux billes très rondes et noires, mobiles et ironiques. Il est toujours en mouvement, à l'affût. Il ne tient pas en place. Comme s'il ne voulait rien rater. Berri a le don d'entrer partout, portes et fenêtres fussent-elles fermées. Rien ne l'intimide. Pas le temps pour les préliminaires. Dès qu'il fait connaissance, il lui faut d'emblée aller à l'essentiel, au plus profond, tant il est pressé d'entrer dans l'intimité au détriment des bonnes manières, ces figures imposées de la vie en société. Ce joueur est habité par un irrépressible besoin d'exister, de sortir de son milieu, et par une farouche volonté de prendre une revanche sur la vie. Son impatience va bien au-delà d'une ambition mal contrôlée. Elle n'est que la manifestation d'une très forte personnalité : celle d'un individualiste qui avance par explosions instinctives, décidant tout mais ne préméditant rien.

On le dit bon comédien, mais au Cours Simon il n'est qu'un parmi d'autres. En revanche, il est un des rares à être animé au surplus d'une telle soif de réussite. Et peut-être le seul de sa bande à vouloir déjà écrire des films et des pièces et trouver l'argent pour les tourner et les monter. Tant et si bien que quelques-uns imaginent qu'il finira certainement sa vie tout en haut de l'échelle, mais dans les affaires. Il n'empêche. Avant de partir à l'armée, il est doublure d'un comédien dans les *Œufs de l'autruche*; celui-ci étant tombé malade, il a la chance de le remplacer six jours durant aux côtés de Pierre Fresnay. Dans la salle, il y a un spectateur de choix : Hirsch Langmann, qui assiste aux six représentations.

En 1959, débarrassé d'un long service militaire dans un Maroc fraîchement indépendant, plutôt que de rejoindre l'atelier paternel, il fait du porte à porte en vendant des téléviseurs avec Jean Amadou. Mais l'appel des planches est le plus fort. Après avoir incarné l'enfant prodigue dans *Procès à Jésus* au Théâtre-Hébertot, il fait la rencontre décisive de François Billetdoux et Katharina Renn, avec lesquels il joue *Tchin-Tchin* au Théâtre de Poche. Malgré tout, le succès n'est pas encore au rendez-vous. Inspiré par un propos de son père (« il vaut mieux être balayeur dans la rue que comédien au chômage »), il s'improvise producteur de théâtre. Ses cachets sont maigres : cinquante francs par jour... Il n'a pas vingt-cinq ans mais réussit à mobiliser une partie des maigres économies de son père qui ne cessera jamais de croire en lui.

Les sommes qu'ils rassemblent n'y suffisent pas. Aussi entreprennent-ils de racketter le faubourg Poissonnière pour parvenir à leurs fins. Autrement dit, le père Langmann saoule de paroles les ashkénazes du Café des Fourreurs jusqu'à ce qu'ils jettent l'éponge et se décident à le suivre dans son « investissement ».

Le Comportement des époux Bredburry, la pièce de François Billetdoux, est donc montée cette année-là aux Mathurins, avec Jean Rochefort, Michel Lonsdale, Serge

Marquand... Le soir de la première, on remarque la présence d'Edith Piaf et de Roger Vadim. Il n'empêche. La pièce est un four : 800 000 anciens francs de perte sèche pour les « coproducteurs ». La fourrure est décidément une activité moins risquée. Mais les Langmann père et fils, un peu plus ruinés que d'habitude, prennent ce mauvais coup avec sérénité. Il faut dire qu'ils savent, en toute circonstance, faire preuve d'une surprenante capacité d'adaptation. Quand il fuyait la Gestapo et la Milice quelque part dans la région lyonnaise, Hirsch Langmann n'en continuait pas moins de travailler avec les moyens du bord. Au lieu de clouer les peaux sur des planches, il les clouait à même le plancher.

Ils ont presque tout perdu au Théâtre des Mathurins mais ce sont eux qui remontent le moral à François Billetdoux accablé, en le raccompagnant chez lui le soir.

Le père Langmann croit toujours en son fils. Il refuse d'être abattu par cette péripétie. Il l'est quand même, mais cette fois, ce n'est plus de la comédie.

Sa mort prématurée en 1960 à l'âge de cinquante et un ans est l'événement le plus important dans la vie de Claude Berri. Il y aura toujours un avant et un après. De cette disparition, qui n'est autre que la perte de son meilleur ami pour la vie, il ne s'est jamais vraiment remis, méditant sur cette absence afin de s'y forger de nouvelles armes pour l'avenir. Il n'a pas le choix. S'il ne réagit pas ainsi, il se laisse gagner par une mélancolie qui l'anéantit. Son père n'aurait pas aimé cela. Le meilleur moyen d'être fidèle à sa mémoire, c'est encore de réussir là où aucun Langmann n'a osé s'aventurer. En attendant ce jour de gloire, il se console en songeant qu'il a tout de même fait tourner son père dans deux courts métrages, l'un de Jean Herman (qui deviendra Jean Vautrin, en littérature), l'autre d'Henri Graziani, permettant ainsi à un fourreur-depuis-des-générations d'accéder à son rêve, fût-ce brièvement.

Celui-ci meurt pauvre mais transmet à son fils un héritage inestimable. Un don, tout d'abord : celui de raconter. Mais Claude Berri étant moins doué que son père pour la parole, il suivra ses traces en usant d'un autre langage, celui du cinéma. Hirsch Langmann, dit Roger, lui laisse également ce que l'on n'ose plus appeler des valeurs de peur de paraître réactionnaire. Très tôt, il lui a donné la conscience aiguë de l'injustice qui régit le monde. Quand il voulait bien être grave un instant, il s'exprimait par des formules simples, voire simplistes, qui condensent la philosophie des humbles. « Si on te crache à la figure, ne dis pas qu'il pleut. » Ou encore : « Dans la vie, il y a ceux qui donnent les cartes et ceux qui les reçoivent. Il faut être parmi les premiers, tu dois absolument donner les cartes. »

Ce message hantera à jamais l'esprit de Claude Berri. Tout ce qu'il entreprendra dans sa vie professionnelle procédera de la morale contenue dans ces quelques mots. Dès lors, chaque fois qu'il aura à prendre une décision importante, il se demandera ce que son père en aurait pensé.

S'adressant à ses propres enfants, il leur dira souvent que pour entreprendre ce métier, il est plus facile d'être fils de fourreur que fils de producteur. Car on ne peut pas décevoir un père fourreur. On ne peut que l'épater. Claude s'y était employé de son vivant. Maintenant que son père mort, il continue encore. Il a sa mémoire en mémoire. L'hommage est devenu une obsession. Son *rosebud*, certainement.

Bien plus tard, au cours du tournage de *Jean de Florette*, son appartement parisien sera cambriolé. La disparition, entre autres choses, d'un tableau de Tamara de Lempicka et d'un petit nu de Marembert fera basculer sa vie en le précipitant vers une autre forme d'art, plus contemporaine. La presse se fera souvent l'écho de cette rupture dans son itinéraire. Mais découragée par son laconisme, elle ne cherchera pas à en approfondir les raisons enfouies. Jamais elle ne saura que ce jour-là, on lui avait aussi volé deux objets véritablement inestimables. Ils n'étaient pas signés, aucun homme de l'art ne les avait jamais eus en main et nul catalogue de ventes ne les avaient recensés. Sa mère les lui avait offerts le jour de ses cinquante ans.

C'étaient la chevalière et la montre de son père.

Fidèle à son tempérament et à sa capacité d'adaptation, il

ressortira meurtri et régénéré de cette épreuve personnelle. Chez lui, désormais, son père ne s'incarnera plus dans tel ou tel objet. Il sera partout.

1962. Alors que *Tchin-Tchin* est repris avec d'autres acteurs et dans une nouvelle mise en scène, Simone Signoret y remarque Claude Berri et lui propose un rôle dans *Les Petits Renards* qu'elle s'apprête à jouer au théâtre Sarah-Bernhardt. Cette fois, ce n'est plus un faux-départ. Jouer ne l'empêche pas d'écrire, au contraire. Mais il lui est plus difficile de placer des scripts que de décrocher des rôles. Le titre de son premier scénario – une nouvelle, plutôt – lui a été soufflé par une de ces formules que son père affectionnait : *Comme on fait son lit, on se couche.* L'acteur Jacques Charrier, alors fort en vogue, demande à en acquérir les droits pour le cinéma. Berri n'étant pas vendeur propose une somme ridiculement élevée : huit millions d'anciens francs. Accepté! Il est ravi d'avoir réussi ce coup de maître, fut-ce involontairement, même s'il ne toucha jamais que la moitié du pactole. Plus tard, Jean Prat en fera un film pour la télévision avec... Claude Berri dans le rôle principal. Sur sa lancée, il écrit de véritables scénarios inspirés par son milieu d'origine : un mariage juif (*Mazel Tov*)... les rapports d'un fils comédien et d'un père fourreur (*Le Cinéma de papa*)... un enfant juif caché chez un antisémite pendant la guerre (*Le Vieil Homme et l'Enfant*). Un jour, ce seront peut-être des films...

En attendant, il coréalise *Jeanine* avec son ami Maurice Pialat (qui sera, plus tard, son beau-frère durant dix ans) puis se lance seul dans la réalisation d'un court métrage, *Le Poulet*. L'idée lui en est venue en lisant dans *France-Soir* un article intitulé de manière insolite « Pour que vive son coq, un gamin de six ans lui faisait pondre un œuf par jour ». Une histoire vraie, bien sûr, que celle de cet enfant amoureux d'un poulet et qui, pour le soustraire à l'appétit de ses parents, leur fait croire qu'il s'agit d'une poule. Pour les convaincre, il va jusqu'à voler régulièrement des œufs aussitôt attribués au volatile de son cœur. Jusqu'au jour où un cocorico intempestif annihile toute sa stratégie...

L'histoire le ravit par sa fraîcheur et la légèreté avec laquelle elle restitue l'innocence des enfants. Berri a tôt fait de transformer cet entrefilet en un scénario. Puis il se met en quête d'un producteur. Les professionnels lui rient au nez. Aussi se rabat-il sur des amateurs. La comédienne Katarina Renn d'abord, qu'il considère toujours comme sa seconde mère. Ils ont joué ensemble dans *Tchin-Tchin*. Elle lui prête 10 000 francs, Hélène Vagé également. Elle est la propriétaire d'une maison de couture et de confection à l'enseigne de Réal. 10 000 francs encore. Mais la fabrication du film coûte 50 000 francs. Il se débrouille et monte à cet effet sa propre société Renn Productions, en hommage à Katarina.

Le Poulet est couronné à la Biennale de Venise. Trois ans après, suprême consécration, il reçoit l'oscar du meilleur court métrage à Hollywood. Il est des débuts moins prometteurs. Seule ombre au tableau : son père n'est pas là pour partager son bonheur. Un vide que rien ni personne ne peut combler. Il n'empêche. Ces récompenses lui serviront de détonateur, de sésame et de passe-droit. Il était prêt à tout abandonner. Ce *Poulet* lui donne des ailes.

Chez Claude Berri, une idée chasse l'autre. Mais la machine à rêver et la fabrique à projets n'arrêtent jamais de fonctionner. Elles crépitent en permanence tant il est tonique, pugnace, virevoltant. Entre Venise et Hollywood, où il ne se rendra même pas faute de moyens, il écrit *Le Vieil Homme et l'Enfant* à Londres, chez son ami le scénariste Gérard Brach.

A nouveau son égo-histoire. Le film n'est, selon lui, que librement inspiré de sa propre expérience de l'Occupation, bien que, dans ses premiers scripts, il ait eu beaucoup de mal à se déprendre des faits. C'est l'histoire d'un adolescent juif prénommé Claude que ses parents cachent chez un ancien combattant, pétainiste avéré et antisémite potentiel. Ignorant tout des origines de l'enfant, le vieil homme se prend d'affection pour lui. Dans la réalité, Claude Langmann a bien été confié par ses parents, sous la fausse identité de Claude Longet, à un paysan, père de la femme qui les cachait à Caluire. Cela se passait fin 1943 à Biviers, près de Grenoble, à l'endroit même où le film sera tourné. Mais le vieil homme ressemblait plus à Pierre Larquey qu'à Michel Simon. Enfin, Claude Langmann n'a jamais su s'il était vraiment antisémite...

L'histoire est forte et bien écrite. Les bénéfices du *Poulet* ne permettent pas à Renn de se lancer dans une telle entreprise. Mais ils ne sont pas légion les producteurs qui veulent prendre le risque de perdre de l'argent sur un sujet au traitement si ambigu. Après Georges de Beauregard, Louis Malle renonce à le monter. Berri tente sa dernière chance en téléphonant non à producteur mais à un distributeur, Hercule Mucchielli, aussitôt emballé. Il lui donne son accord. Le jeune réalisateur finit par trouver 80 000 francs chez des amis. Comme il laisse son salaire en participation, il se retrouve coproducteur à hauteur de 20%. Sans le faire exprès, dirait-on. Par hasard et par nécessité. A moins qu'il n'y ait été inconsciemment poussé par une voix intérieure, celle de son père :

« Il te faut donner les cartes, et non les recevoir... »

Le Vieil Homme et l'Enfant (1967) est un triomphe. Il marque le vrai début de la carrière de Claude Berri, appelé à devenir l'un des très rares hommes-orchestres du cinéma français. Il était déjà acteur. Il est devenu scénariste pour s'écrire les rôles qu'on ne lui proposait pas et réalisateur pour tourner ses propres scripts dont personne ne voulait. Bientôt, il sera également producteur à part entière parce que nul ne voulait financer ses projets et distributeur pour avoir accès aux meilleures salles.

Dès lors, sa biographie appartient au public. Si une vie était réductible à des points de repère, la sienne serait balisée par les films qu'il réalisera (*Mazel Tov ou le Mariage*, *Le Pistonné*, *Le Cinéma de Papa*, *Sex-shop*, *Le Mâle du siècle*, *La Première Fois*, *Un moment d'égarement*, *Je vous aime*, *Le Maître d'école*, *Tchao Pantin*, *Jean de Florette* et *Manon des sources*, *Uranus*), les films qu'il produira ou coproduira (une cinquantaine, de la série des *Charlots* à *L'Amant* en passant par *Tess*, *Valmont*, *L'Ours*), ceux qu'il distribuera en France (d'*Apocalypse now* à *Malcolm X* en passant par *Intervista* et *Danse avec les loups*).

Il y eut également des prix, des récompenses, des honneurs. Beaucoup d'argent a circulé, qui favorisa de nombreux succès mais aussi de retentissants échecs. Mais l'essentiel n'est pas là. Le sel d'une biographie est dans les interstices, dans ce qui ne se formule pas facilement. Dans ce qui résiste à se laisser enfermer par des phrases correctement agencées.

La vérité de Claude Berri ne s'incarne pas dans sa réussite professionnelle et financière. Elle est dans ses blessures secrètes et ses déchirements intérieurs, qu'il n'appartient qu'à lui de dévoiler. Elle est aussi dans le portrait en puzzle que forment ceux qu'il a aimés et dont l'absence lui pèse, notamment François Truffaut, le premier à l'encourager après *Le Vieil Homme et l'Enfant*, qui sera le témoin des moments clefs de sa vie à commencer par son mariage; le producteur Jean-Pierre Rassam, qui était plus que son beau-frère; Coluche, qui lui était lié par contrat pour cinq films et par une complicité dans la solitude qui fit de *Tchao Pantin* une œuvre bouleversante.

Le plus frappant, dans son itinéraire, ce n'est pas seulement ce culot, cette audace qui ont toujours été payants. C'est surtout la manière paradoxale dont cet homme pressé a toujours su se replacer dans la perspective de la durée. Contrairement aux apparences, il n'est pas qu'un homme de coups. Quand son instinct le dirige vers un homme, artiste ou créateur, il ne renonce pas si son projet n'aboutit pas dans l'immédiat. Il ronge son frein, développant une angoisse qui portera ses fruits. Car il a l'intime conviction qu'un jour ou l'autre, tous deux finiront par se retrouver et s'unir. Cela peut prendre des années et plus, qu'importe. Il n'en doute pas.

C'est en jouant un petit rôle dans *La Ligne de démarcation* (1966) de Claude Chabrol qu'il a fait connaissance de son jeune caméraman, Claude Zidi. Ils y ont mis le temps mais quand ils se sont retrouvés sept ans plus tard, ils ont fait des étincelles, crevant les plafonds du box-office. C'est en allant à Prague en 1968 pour acheter les droits français de *Au feu les pompiers!* de Milos Forman pour 10 000 dollars qu'il se retrouve sans vraiment le faire exprès propriétaire des droits mondiaux pour 75 000 dollars et producteur de *Taking off*.

C'est en donnant un petit rôle de soldat à Coluche dans *Le Pistonné* qu'il pressent dès 1970 l'acteur qu'il sera...

Les exemples sont légion. Il a la démarche d'un Gaston Gallimard éditant Kessel et la Série noire pour mieux perdre de l'argent avec les textes difficiles et invendables d'Henri Michaux et de Maurice Blanchot. Grâce au pactole accumulé par le succès des *Charlots,* il produira ou coproduira les films de Pialat, Téchiné, Rohmer, Doillon ou Chéreau sans que le souci du profit soit prioritaire. Il a l'attitude d'un Daniel Kahnweiler, soutenant les peintres auxquels il croit malgré les tendances du marché et la crise économique, quand il engloutit une fortune dans le *Valmont* de son ami Milos Forman, un projet compromis dès le début car coiffé au poteau par *Les Liaisons dangereuses* de Stephen Frears. Ou encore dans *Trois Places pour le 26* de Jacques Demy dont il a toujours adoré les films. Il s'obstine par fidélité et par conviction, persuadé qu'on reparlera de *Valmont* dans vingt ans et plus.

En un sens, Claude Berri a plus de mérite que ce prestigieux éditeur et que ce grand marchand de tableaux. Car il ignore cette vertu qu'est la patience dans la maturation, l'accomplissement et la consécration d'une œuvre. Pour parvenir au même résultat, il doit, lui, se faire violence.

De cette filmographie abondante et inégale, deux films se détachent : *Le Cinéma de papa* (1970) qu'il a réalisé et *Tess* (1979) qu'il a produit. Ils ont été des moments-charnières dans sa vie. Sans cette double expérience, Claude Berri n'aurait peut-être pas été l'homme de *Germinal.*

L'idée du *Cinéma de papa* tient en une phrase, inscrite sur le mur de sa chambre dès qu'elle eut jailli dans son cerveau encombré : « Le fils veut être acteur, le père finit vedette. » En en écrivant le script, Berri y a mis le meilleur de lui-même et l'essentiel de ce qui lui tient à cœur. Et pour cause : c'est son histoire, ce récit des relations affectueuses et conflictuelles entre un jeune juif du faubourg Saint-Denis qui ne songe qu'à faire du cinéma et son père qui rêve de le voir prendre sa suite dans l'atelier d'artisan fourreur. L'humour, la sensibilité et la justesse de ton de ce film en font une œuvre particulièrement attachante. Qui n'a pas vu *Le Cinéma de papa* ne peut pas connaître Claude Berri.

La projection privée est un triomphe. Les rires le disputent aux applaudissements. Pierre Lazareff, François Truffaut, Patrick Modiano et d'autres le couvrent d'éloges. Tant et si bien qu'il croit la partie gagnée. Plus dure sera la chute.

Le Cinéma de papa ne lui vaut que des déboires. Il le consacre négativement comme un auteur incapable de se déprendre de son autobiographie. Cette réputation le poursuivra longtemps à son grand dam. Surtout, le film essuie un cruel échec commercial dès sa sortie. Berri en est d'autant plus meurtri que la critique l'éreinte. Il en serait tout autrement s'il s'agissait d'un film parmi d'autres, s'il considérait qu'il ne lui appartient déjà plus dès lors qu'il le présente au public. Or il n'en est rien. Une fois diffusé, le film continue de lui appartenir dans sa totalité et pour toujours car il est fait de sa chair et de son âme. Moquer le film, c'est insulter son auteur dans ce qu'il a de plus personnel et privé, sa pudeur dût-elle en souffrir. Mais les journalistes de cinéma ne l'entendent pas ainsi, eux dont le métier est de critiquer l'œuvre pour elle-même sans se soucier de son contexte humain.

Dans *Le Monde*, Jean de Baroncelli ne se contente pas de souligner l'« essoufflement » de l'auteur : « Cette histoire est délicieuse mais d'un médiocre intérêt. Il est temps, je crois, pour Claude Berri, de trouver une autre source d'inspiration que l'enchantement du passé », écrit-il en insistant sur la mollesse du récit et sa fragilité. Dans *L'Express*, Gilles Jacob, qui n'est pas encore l'homme d'influence du Festival de Cannes, regrette que la gentillesse du réalisateur ne soit pas relevée d'une larme de vitriol : « On retrouve comme édulcorés dans *Le Cinéma de papa* les défauts et les qualités de Claude Berri. Mièvrerie, notations banales, absence de regard véritable pour peindre un milieu que, pourtant, il connaît bien. Il imagine naïvement qu'il suffit qu'une chose soit vraie pour qu'elle intéresse », écrit-il. Les articles de ses confrères sont, dans l'ensemble, de la même encre.

C'est peu dire que Berri est atteint. Il est humilié. Ce malaise le poursuivra longtemps. Mais il en fera un stimulant, tant il est vrai que pour les âmes à vif, l'humiliation est un ressort. Le doute l'envahit. Le film quitte très tôt l'affiche. Longtemps après, en 1990, à l'occasion de sa diffusion au Ciné-Club d'Antenne 2, *Libération* consacrera un long article ému et nostalgique à ce qu'il considère comme « un film-culte ».

Tout arrive, question de patience...

Mais si *Le Cinéma de papa* avait été reconnu et consacré en son temps, Claude Berri n'aurait peut-être pas éprouvé le besoin d'entreprendre un autre film en hommage à son père. Il est des échecs salutaires. L'onde de choc de celui-ci a probablement suscité *Germinal.* Mais pour que Berri se donne les moyens de son rêve, il a dû mûrir une expérience d'un autre type. Non pas un cruel échec comme celui du *Cinéma de papa*, mais une catastrophe annoncée qu'il réussit in extremis à transformer en succès financier. Depuis 1979, il sait d'expérience que quand on a produit *Tess*, on peut tout produire car il n'était pas d'entreprise plus insensée.

La première fois que Roman Polanski évoque devant lui l'adaptation du roman de Thomas Hardy, le producteur-distributeur Claude Berri se contente de l'écouter. Quand il revient à la charge deux ans après en compagnie de Nastassia Kinski, Berri se montre emballé et donne son accord. Par admiration pour le génie de Polanski, par ambition de produire enfin un film international et par volonté de revanche, la maîtrise de *Taking off* de Forman lui ayant finalement échappé au profit des Américains d'Universal.

Il estime aussitôt le budget à trente millions de francs-1978, et juge que sa société (Renn Productions dite « la reine des productions ») peut perdre dix millions dans la mesure où elle n'en vaut pas plus de vingt. Tout cela au jugé, naturellement, Berri ayant une parfaite intelligence des masses financières au détriment de toute notion de comptabilité analytique.

Les Fous du stade et *Les Charlots font l'Espagne* lui ayant rapporté beaucoup d'argent, il veut prendre le risque d'un film cher et exigeant. Le risque? Un film d'époque se déroulant dans l'Angleterre de la fin du XIXe siècle, avec costumes et décors assortis. Qu'importe, il le sent, met en garantie les négatifs de films que Renn Productions possède et se lance.

Au bout d'une semaine de tournage, Berri est comblé à la vision des premiers rushes mais effondré de constater que le budget est déjà dépassé. Le vendredi soir, il n'a pas de quoi assurer la paie des collaborateurs et techniciens de l'équipe. Il s'en tire par une acrobatie sur la vente des droits du film à l'étranger. Après, la situation ne cesse d'empirer. Le financier britannique veut bien faire un effort, mais le partenaire français ne veut plus rien entendre. Si Berri n'a jamais douté que la profession de producteur était un métier de joueur, il est désormais au pied du mur. Il ne lui reste qu'à compter ses atouts : un crédit de sept millions accordé par la SFP (société francaise de production) pour les décors, heureusement payable un an et demi après la sortie du film; cinq millions d'AMLF, la société de distribution dont il est alors actionnaire à 50%, à égalité avec la famille Pezet. Même si plusieurs pays se sont décidés à pré-acheter les droits d'exploitation, cela ne suffira pas.

Au départ, sur le papier, le film coûtait trente millions de francs. A l'arrivée, il en aura coûté près de soixante, sans compter les frais financiers. Finalement, ce qui le sauvera *in extremis*, ce sera deux ans plus tard la diffusion du film aux États-Unis. Les dirigeants de la Columbia n'y ayant pas cru avaient signé un contrat avantageux pour le producteur. Contre leur attente, *Tess* y remporta un succès honorable et permit à Renn Productions d'engranger de substantiels bénéfices.

Entre-temps, pour éviter une déconfiture fatale, Claude Berri doit jongler comme jamais, accumulant cauchemars et nuits blanches. Jusqu'à se rendre vraiment malade. Depuis, quand on lui parle de *Tess*, il entend stress. Pour l'apaiser,

Roman Polanski l'emmène subir un check-up de huit jours à l'Hôpital américain de Neuilly. Les médecins ne donnent pas un diagnostic mais rendent un verdict : diabète. Depuis, cette maladie, qu'il pourrait tout aussi bien rebaptiser « le syndrome de Tess », ne l'a pas quitté.

Chaque fois que son fils lui exposait un de ses projets les plus fous, Hirsch Langmann lui répondait avec son sourire et son accent inimitables : « Pourquoi pas? » A la fin des années quatre-vingt, quand il a ressenti l'impérieuse nécessité de rendre un ultime hommage à ce père vénéré, Claude Berri a demandé à Pierre Grunstein, son plus proche collaborateur, d'estimer le coût global de *Germinal* à la seule lecture du roman. Quand il entendit parler d'un montant approximatif de seize milliards de centimes, il esquissa un léger sourire tandis qu'une voix intérieure lui murmurait : « Pourquoi pas... »

II

Les tribulations d'une idée

Si on savait comment naissent les idées, on n'en aurait plus. En revanche, on sait comment naissent les hommes. S'il n'était pas né passage du Désir (quel beau titre pour un film de Carné!) dans le 10e arrondissement de Paris, Claude Berri ne se serait pas lancé dans cette aventure.

Au départ, il y a une intuition et non un calcul. Inutile d'aller plus loin si l'on met en doute sa sincérité. Pour se donner entièrement à un film, il a besoin d'être intimement envahi par son sujet sans autres considérations. De même marche-t-il à l'estime ou à l'admiration dans ses coups de cœur de producteur. C'est après seulement, une fois que son instinct l'a emporté, qu'il cherche à se réconforter par divers éléments extérieurs relevant de la finance et du commerce. Comme pour se rassurer dans son choix, irrévocable de toute manière.

A la fin des années quatre-vingt, entre le triomphe de *Jean de Florette* et le succès d'*Uranus*, Claude Berri a senti qu'il pouvait et devait honorer à nouveau la mémoire de son père. C'est tout. Ne lui demandez pas pourquoi, il se retranchera derrière sa pudeur en vous lançant un ironique : « Pourquoi pas? » Si vous insistez, il concède : « La réponse sera, je l'espère, dans le film... »

Ses proches, eux, savent que la réussite ne l'a pas détourné de la vérité de ses origines. Il est resté fidèle à sa naissance, c'est-à-dire à l'enseignement de son père. La puissance, le pouvoir et l'argent n'y ont rien changé. On a parfois l'impression qu'il veut faire *Germinal* pour en administrer la preuve. A ses propres yeux et à ceux des autres. Comme s'il devait prouver qu'il avait atteint l'âge et le moment de boucler enfin une boucle en tendant une passerelle entre *Le Vieil Homme et l'Enfant* et *Germinal.* Deux films pour faire bouger les choses, pousser les gens à la réflexion et susciter une méditation, après bien des films de divertissement sans autre ambition que de bien raconter une histoire.

Dans un texte bref résumant l'esprit de son projet à l'intention de différentes commissions de subventions, il ne souligne pas seulement sa volonté de réaliser un grand film épique et mythologique qui ait la force du cri poussé par Zola dans son roman et de la protestation séculaire exprimée par ses personnages. Il évoque le monde meilleur auquel rêvait Hirsch Langmann et ses illusions perdues. Il s'engage personnellement :

> « J'ai eu une vie différente de celle de mon père. Matériellement, j'ai basculé de « l'autre côté », mais je crois que mon cœur bat encore à l'unisson avec le sien. Quand je lis *Germinal*, quand je pense à *Germinal*, je suis à côté de mon père, aux côtés des mineurs qui crient parce qu'ils ont faim. Je crois que dans une autre vie, j'aurais voulu être Etienne Lantier.[...] Assurément, le cœur de Zola bat avec celui du peuple, mais son regard lucide se teinte de pessimisme afin de nous faire réfléchir. C'est à chacun d'entre nous d'avoir sa propre prise de conscience. Les idées, la politique, sont les bulldozers qui font bouger le monde. La nature humaine résiste à ces mouvements de terrain. L'artiste est là pour observer. Je veux à mon tour « peindre » la misère, les corons, les terris, les ciels du Nord, l'espoir, le cœur de l'homme. Je veux donner à voir. Ce sera au spectateur de penser, de réfléchir. »

Son ambition proclamée est de réussir un « classique moderne » comme le dit Octavio Paz de ces romans qui tiennent le coup quand on les relit longtemps après. Et tant pis pour Orson Welles qui jugeait vulgaire de travailler pour la postérité. Berri veut faire un film pour maintenant et pour plus tard. Après tout, ce n'est pas si présomptueux : il y a de fortes chances pour que dans vingt ans, des millions de Français aient en mémoire Ugolin et son Papet.

Après avoir transposé son autobiographie dans une série de films, Claude Berri s'était émancipé de son passé pour mieux se rapprocher des écrivains. *Tchao Pantin* était librement inspiré d'un livre d'Alain Page. Puis il y eut l'adaptation fidèle des œuvres de Marcel Pagnol et Marcel Aymé avant celle d'Émile Zola. Peut-être cette deuxième série de films était-elle une étape nécessaire avant que l'auteur qu'il a toujours été se décide enfin à inventer une histoire qui ne doive rien à personne. Ni à Claude Langmann, ni à un romancier du panthéon des Lettres.

Ce qui lui plaît à la relecture de *Germinal*, ce ne sont pas seulement ses résonances très actuelles. Cette histoire forte et tragique s'inscrit dans l'Histoire en mouvement. Tout y est : l'amour et la mort bien sûr, mais surtout l'injustice et la soif de liberté, la misère et le désespoir...

Comment ne pas relever que l'idée de ce film a jailli dans un contexte politique particulier : l'effondrement du communisme, la chute du mur de Berlin, le crépuscule des idées de progrès qui avaient dominé les luttes ouvrières pendant des décennies, l'effacement de la lutte des classes au profit d'une société de loisirs, de consommation et de consensus...

Germinal, le film est né comme une réaction spontanée à cette accélération de l'Histoire. Ce n'est pas pour autant l'expression d'un quelconque engagement politique. Trop individualiste et solitaire pour se laisser embrigader, Claude Berri ne s'est jamais situé nulle part. Cœur à gauche et portefeuille à droite? Simpliste, d'autant que pour lui, cela ne signifie plus grand-chose. Un temps, après que Giscard d'Estaing eut accédé à la magistrature suprême, il songea à mettre ses compétences de cinéaste au service du Parti communiste. Par fidélité à son père et par provocation vis-à-vis du milieu très conservateur des industriels de la pellicule. Mais ce mouvement d'humeur est resté à l'état de fantasme. Sait-on jamais...

Il n'empêche. A la fin des années quatre-vingt, au moment où l'Occident dressait le constat de décès des idéologies, marxisme en tête, Berri estimait avec d'autres qu'on jetait un peu vite le bébé avec l'eau du bain. La multiplication des conflits interethniques en Europe, la montée des fanatismes religieux en Orient et l'aggravation du chômage et des inégalités sociales partout dans le monde lui firent soudain trouver un certain charme à la petite musique de *L'Internationale*. Il ne lui en fallait pas plus pour donner libre cours à son instinct.

C'est que cet entrepreneur perpétuel est sans cesse en quête. Il cherche quelque chose ailleurs, confusément mais fermement. Il ne sait pas toujours quoi ni où il va mais il y va. Le mouvement intérieur qui le fait agir obéit à une mécanique mystérieuse, même pour ses plus proches. Mais elle est irrépressible. Berri pourrait faire sien ce mot du peintre Soulages : « Ce que je trouve m'apprend ce que je cherche. »

Dès le début, il envisage ce film comme un défi. Le risque est évident, les complications attendues, l'entreprise en tous points périlleuse. Mais ce joueur est ainsi fait qu'il ne s'engage dans une aventure insensée que lorsqu'il a la certitude d'être capable de l'affronter. Et donc d'en sortir victorieux.

Le plus curieux de ses paradoxes? Claude Berri est à la fois l'homme des enthousiasmes successifs et celui des enthousiasmes qui durent. Car il a longtemps porté *Germinal*, en secret. Suffisamment pour qu'il s'impose à lui comme une évidence après une lente période de décantation, et pour qu'enfin le livre devienne film. Contre vents et marée.

Au commencement était le roman...

Curieusement, il a mis un certain temps à devenir le plus grand succès de Zola. Pourtant, quand il fut publié en 1885, ce « treizième » du cycle des Rougon-Macquart, fut accueilli par des critiques fort élogieuses dans l'ensemble, en dépit de la violence de certaines situations. L'un estima que le rêve de Zola avait été d'écrire les véritables *Misérables*, l'autre traça un parallèle avec *L'Enfer* de Dante. Jules Lemaitre évoqua « une épopée pessimiste de l'animalité humaine », épopée en trois temps : résignation, révolte, résignation.

Assez de thèses, de livres et d'articles ont été consacrés à l'accueil et à la fortune de *Germinal* pour qu'il soit nécessaire de souligner le statut particulier de ce roman dans l'œuvre de Zola et dans la mémoire collective. Longtemps après, le nom « Germinal » agit comme une référence dont la charge symbolique est indiscutable. Aujourd'hui, on dit volontiers « du temps de Germinal » quand on évoque l'exploitation non seulement des « grandes gueules noires » mais des ouvriers dans la France de la fin du XIXe siècle. Le député communiste et dirigeant syndical Henri Martel, lui-même mineur dès son plus jeune âge et descendant de mineur, prénomma Germinal l'un de ses enfants.

Germinal est l'orgueil du Nord et de ses mineurs mais il appartient à tout le monde. Signe des temps : en 1985, à l'occasion du centenaire du roman, la Banque de France a eu la curieuse idée de faire frapper une pièce de cent francs « Germinal », avec des motifs de chevalement et de terrils. C'est une des ironies de l'Histoire, quand on songe que Zola voulait écrire la geste de l'affrontement entre le Capital et le Travail...

Au début des années 1990, *Germinal* est le plus lu des romans de Zola, auteur fort répandu hors de nos frontières puisque, pour la seule année 1986, l'ensemble de son œuvre a fait l'objet de quarante-deux traductions dans quatorze pays. Depuis des années, le roman est dans la liste des meilleures ventes en format de poche ce qui ne l'empêchait pas de figurer au programme de l'agrégation de lettres en

1953. D'autres signes témoignent de la résonance actuelle de *Germinal*, surtout chez les jeunes.

« La mémoire » ayant été le thème officiel du Salon du Livre qui se tint à Paris en mars 1993, on demanda aux élèves d'une centaine de classes terminales choisies dans toute la France de désigner les cinq livres correspondant le mieux à cette notion. *Germinal* arriva en cinquième position.

Peu avant, à l'automne 1992, le sociologue François de Singly avait rendu publiques les conclusions d'une vaste enquête sur les pratiques de lecture des jeunes, commandée par le ministère de la Culture et de l'Éducation nationale. Elle avait été effectuée sur un échantillon de 1 245 personnes âgées de 15 à 28 ans. Il en ressortait qu'elles lisaient peu de livres, ce qui n'était pas vraiment une surprise. Les révélations de l'enquête concernaient plutôt leur « culture romanesque ». En puisant dans le répertoire classique, le sociologue leur avait montré des titres de romans célèbres et des noms d'auteurs tout aussi célèbres. Puis il leur avait demandé de les marier. Un seul livre dépassa la barre des 50% de bonnes réponses : *Germinal* attribué à Zola par 57% des jeunes interrogés (et parmi eux, 87% des étudiants) loin devant Alexandre Dumas, la comtesse de Ségur et Alain-Fournier qui eurent le plus grand mal à trouver un tiers des personnes interrogées pour leur restituer *Les Trois Mousquetaires*, *Les Petites Filles modèles* et *Le Grand Meaulnes*. « Zola champion » titra *Le Monde* dans son compte rendu. Zola ou *Germinal*?

Toujours est-il qu'au même moment, le magazine *Lire* publiait un sondage sur les habitudes de lecture des Français. A la question : « Et si un livre que vous adorez était adapté au cinéma... », 56% des 15-25 ans reconnaissaient qu'ils « courraient pour aller en voir le film »...

Ces signes de l'air du temps n'encouragèrent pas Claude Berri dans son entreprise dans la mesure où ils furent révélés pendant le tournage de son film. Mais ils lui apportèrent un réconfort qui n'est jamais inutile dans de telles circonstances.

Le livre a été conçu en un temps où un romancier était d'abord un écrivain qui racontait une histoire. On sait comment Émile Zola l'a présentée, et pour cause. En revanche, on ignorait comment Claude Berri allait l'appréhender. Son résumé de *Germinal*, tel qu'il l'imaginait au début de son projet, avait été rédigé à l'intention du Centre national de cinéma en vue d'obtenir son agrément. Sans aucune préoccupation littéraire mais dans un souci d'efficacité. C'est un document indispensable à qui veut comprendre sa démarche.

« Vers 1880, dans le nord de la France.

Mars. Dans la plaine rase, sous la nuit sans étoile, Étienne marche sur une route pavée coupant tout droit à travers des champs de betteraves. Il aperçoit des feux rouges dans la nuit, trois brasiers brûlant en plein air et comme suspendus. Il s'avance encore vers les feux qui brûlent haut dans le ciel mort. Il commence à discerner un tas écrasé de constructions, d'où se dresse la silhouette d'une cheminée d'usine.

L'homme reconnaît une fosse. C'est le Voreux. Il distingue des ombres vivantes culbutant les berlines de charbon près de chaque feu. Tournant le dos au brasier, un vieillard vêtu d'un tricot de laine et d'une casquette en poils de lapin. C'est Bonnemort. Il est près de son vieux cheval qui attend que l'on vide les six berlines montées par lui. Les deux hommes font connaissance.

On l'appelle Bonnemort parce qu'on l'a retiré deux fois vivant de la mine lorsqu'on le croyait à chaque fois perdu sous un éboulement. Étienne a été renvoyé huit jours auparavant de son atelier à Lille, pour avoir giflé son chef. Depuis, il erre sans argent, sans logis. Il cherche du travail. Bonnemort ne lui laisse pas beaucoup d'espoir. Malgré que les mines soient prospères, on traverse une période de crise. On parle de réduire les salaires. Une grève se prépare.

Trois heures sonnent au clocher de Montsou. Au loin, dans la nuit noire, une à une, les lumières s'allument. C'est le coron des « Deux cent quarante » qui se réveille petit à petit.

Chez les Maheu, la première à se réveiller, c'est

Catherine, seize ans. Elle allume la chandelle qui éclaire la chambre où dorment entassés ses frères et sœurs : Zacharie, l'aîné, un garçon de vingt ans qui couche dans le même lit que son frère Jeanlin, onze ans. Léonore et Henri, six ans et quatre ans, sont dans le même lit. Alzire, la petite bossue, partage le lit de Catherine.

Dans un boyau, au-dessus du couloir du palier, les parents Maheu et Maheude occupent un quatrième lit. Ils ont installé près d'eux le berceau d'Estelle, la dernière venue, âgée de trois mois à peine. On sent la misère, « la fin de mois », mais malgré cela, les enfants s'amusent comme des enfants. Maheude reste à la maison avec les plus petits, les autres partent au travail. Bonnemort rentre se coucher dans le lit encore chaud de Zacharie et Jeanlin.

Le départ des charbonniers – un lent défilé d'ombres – qui partent sans se hâter, vers leur travail, comme un troupeau.

Au Voreux, Étienne regarde l'extraction qui vient de reprendre sur les dalles de fonte dans un tonnerre continu, les berlines de charbon qui roulent sans cesse. Il voit les cages au milieu de ce branle-bas, apparaissant et s'enfonçant, se vidant et se remplissant. La descente des ouvriers a commencé. Une nouvelle bande de charbonniers arrivent à la fosse. Parmi eux, les Maheu. En tête, Catherine qui a l'air d'un jeune garçon. Étienne s'adresse à elle en lui disant qu'il cherche du travail. Justement, Fleurance vient de mourir. Maheu engage Étienne dans son équipe.

Étienne descend pour la première fois dans la mine. Il découvre ce monde souterrain, ces kilomètres de galeries dans lesquelles des femmes et des enfants travaillent comme des bêtes. Ils font la connaissance de Chaval, un grand maigre de vingt-cinq ans. Tout de suite, une antipathie instinctive se déclare entre eux. Catherine apprend à Étienne comment manier sa pelle. A l'heure de la pause, il s'aperçoit que c'est une fille. Il parle avec elle et commence à succomber à son charme. Survient Chaval qui embrasse Catherine de force. C'est le début du drame amoureux. Tout au long de l'histoire, Catherine aimera Étienne qui l'aimera aussi, mais le destin la fera vivre avec Chaval jusqu'au dénouement dramatique final.

Le travail étant payé à la berline, les mineurs prennent souvent le risque d'un éboulement en négligeant les boisages. L'ingénieur de la mine Negrel ordonne à Maheu et à son équipe de cesser leur travail pour boiser la taille et leur inflige une amende. Furieux de ce manque à gagner, ils quittent leur travail avant l'heure et regagnent la salle d'accrochage où ils rencontrent Bataille, le vieux cheval de la mine.

Pendant ce temps, dans la matinée, tenant Leonore et Henri par la main, Maheude essaie d'obtenir un crédit supplémentaire de l'épicier Maigrat pour pouvoir au moins acheter du pain. Econduite, elle se résoud à aller mendier à la Piolaine.

Le contraste qui règne entre la misère des Maheu et l'opulence des Grégoire est saisissant. Deux mondes s'affrontent : d'un côté les bourgeois, de l'autre côté le monde de ceux qui ont faim. Grégoire est de ceux qui pensent que l'argent que vous gagnent les autres est celui dont on engraisse le plus sûrement. Les Grégoire ont une fille unique – Cécile – qu'ils adorent.

Maheu trouve une chambre à Étienne chez l'ancien mineur Rasseneur. Renvoyé pour ses idées socialistes, Rasseneur a ouvert tout près du Voreux un estaminet « L'avantage ». C'est là qu'Étienne fait la connaissance du nihiliste Souvarine.

Ce soir-là, Étienne se promène le long du canal. Dans une baraque abandonnée, il entend un couple qui fait l'amour. C'est Catherine qui s'abandonne pour la première fois, presque malgré elle, dans les bras de Chaval. Quand le couple retourne dans la nuit vers le coron, Étienne les reconnaît. Le drame est noué. Entre Catherine et Étienne, ce sera un amour impossible.

Juin. L'été arrive. On fête la ducasse. On va danser au « Bon joyeux ». La bière coule à flots. Au début du mois, on mange du lapin. A la fin du mois, on a de la soupe. Le seul plaisir qui reste, c'est de pouvoir faire rire les enfants, mais c'est un plaisir que l'on redoute. C'est une bouche de plus à nourrir. Et puis, quel avenir dans ce monde pour un enfant?

Étienne s'aguerrit. Maintenant, il fait partie de l'équipe de Maheu. Une solide amitié se noue entre les deux hommes. Étienne fait son éducation socialiste; il apprend la révolte qui, jusque-là, n'a été qu'intuitive. Rasseneur et Souvarine lui enseignent le socialisme. La misère et la révolution des mineurs le soulèvent. La conscience d'Étienne s'éveille. Il commence à rêver d'un monde plus juste où tout serait partagé en parts égales, à chacun selon sa faim.

Zacharie épouse Philomène.

Étienne habite maintenant chez les Maheu. C'est une paye qui entre dans la maison. Étienne dort dans le lit de Zacharie. Condamnés à une promiscuité quotidienne, Étienne et Catherine vivent un amour rentré. Quand l'un se déshabille, l'autre se retourne pudiquement. Soumise à Chaval, Catherine le rejoint tous les soirs. Étienne ne cesse de lire, de se préparer au combat. En prévision de la grève, il crée une caisse de prévoyance.

La crise s'aggrave. L'Amérique, en cessant ses commandes de fer et de fonte, a porté un rude coup à l'industrie. A partir du XIXe siècle, tout se tient, une secousse lointaine suffit à ébranler le monde. Et pourtant, l'Empire était si fier dans cette fièvre chaude de l'industrie.

Des usines ferment. On a moins besoin de charbon. La direction cherche à réduire les frais. C'est aux ouvriers à payer la note, à rogner sur leurs salaires. Depuis deux mois, la houille reste sur le carreau des fosses. Une bonne grève pourrait arranger la situation. On épuise le stock. On met une partie des mineurs au chômage. Ceux qui restent, une fois domptés, on en profitera pour moins les payer.

La direction propose de nouveaux tarifs. Le prix de la berline sera diminué mais les boisages seront payés à part. C'est inacceptable pour les mineurs. Une délégation conduite par Étienne et Maheu se rend chez le directeur de la mine, Monsieur Hennebeau. Celui-ci donne un grand déjeuner en l'honneur des fiançailles de Cécile avec son neveu, l'ingénieur Negrel. Entre les perdreaux et les écrevisses à la nage, les conversations vont bon train sur les menaces de grèves, sur la crise...

La délégation est reçue par Monsieur Hennebeau dans son luxueux bureau. Les mineurs repartent sans rien avoir obtenu. La colère, la justice, les menaces de grève, rien n'y fait. Hennebeau est un salarié aux ordres de la Compagnie, elle-même victime de la crise actuelle. La Compagnie obéit à la concurrence sous peine de ruine. Si les mineurs ne lui font pas confiance, ils peuvent aller à Paris où trône le Dieu inconnu : la « Société » composée de millions d'actionnaires anonymes.

Le combat n'a pas lieu entre des ouvriers et un homme

– un patron chargé de tous les péchés, de tous les maux – mais entre des hommes qui réclament justice et une Société anonyme qui a la force écrasante et invulnérable de l'argent. C'est la lutte du capital et du travail, sous cette forme moderne qui apparaît juste au XIXe siècle.

Octobre. La grève est décidée. Elle commence dans l'enthousiame général. Ceux qui ne sont pas d'accord, on les oblige à suivre. La grève s'étend à toutes les fosses environnantes, même si pour cela on doit faire violence aux traîtres et aux plus raisonnables. Un vent de folie règne. On saccage, on pille. Maigrat meurt en voulant échapper au lynchage. La troupe rétablit l'ordre, mais les fosses restent inactives et les mineurs chez eux.

Étienne tient bien la situation en main. Le sang ne coulera pas et la Compagnie finira bien par céder. Il veut faire adhérer les travailleurs en masse à l'Internationale, créer une section à Montsou. Les idées marxistes sont dans l'air. Les travailleurs doivent prendre conscience de leur force s'ils sont unis. En adhérant à l'Internationale, ils font trembler le patronat. Le patronat prend peur quand il voit l'immense armée des travailleurs – structurée – quand il les voit tous décidés à mourir les uns pour les autres, plutôt que de rester les esclaves de la Société Capitaliste.

Étienne : « Le salariat est une forme nouvelle de l'esclavage. La mine doit être au mineur, comme la mer est au pêcheur, comme la terre est au paysan. Vous m'entendez, la mine vous appartient, à vous tous qui, depuis un siècle, l'avez payée de tant de sang et de misère ! »

Décembre. Malgré les efforts désespérés d'Étienne, le sang coulera. La troupe garde le Voreux où des ouvriers belges ont repris le travail. Les mineurs tentent par la force de pénétrer dans la fosse. Les soldats tirent. Des innocents meurent. Maheu est tué. Maheude luttera jusqu'à la fin pour que personne ne redescende, mais la faim aura raison de son entêtement. La faim aura été la cause de la révolte des mineurs et la raison de leur défaite. Vaincus par elle après deux mois et demi de grève et de souffrance, ils devront accepter les conditions de la Compagnie.

L'attentat. Pour aller jusqu'au bout de ses idées terroristes, Souvarine crève le cuvelage qui retient les eaux. La mine est inondée. Une cinquantaine de mineurs sont

> retenus dans les galeries inondées. Parmi eux, Étienne, Catherine et Chaval. Le trio se reforme dans ce huis clos infernal. Le drame se boucle. Étienne tue Chaval. Avant de mourir, Catherine connaît l'amour dans les bras d'Étienne. Lui seul survivra. Zacharie meurt en tentant de les sauver. Dans un élan de charité, les Grégoire rendent visite aux Maheu. Bonnemort étrangle Cécile.
>
> Avril. Étienne sort de l'hopital. Il repart pour Paris. Il revoit pour la dernière fois Maheude qui a repris le chemin de la mine. Elle est seule pour nourrir les enfants, encore trop jeunes pour descendre. Elle ne lui en veut plus, même si un moment, elle a pu le rendre responsable de tous ces morts. « C'est la faute à tout le monde... »
>
> Le soleil paraît à l'horizon, glorieux. C'est un réveil d'allégresse dans la campagne entière. Étienne coupe à travers champs. Ses pieds martèlent la terre. Sur son visage énergique, on sent encore l'espoir. L'espoir que le monde change un jour... »

Faire *Germinal* quand on est cinéaste et qu'on s'appelle Claude Berri, ce n'est pas seulement encourir un moindre reproche : l'exploitation, tel un fonds de commerce, d'un patrimoine littéraire aux couleurs de la France profonde. Pagnol, Aymé, Zola, pour ne pas dire bleu, blanc, rouge. C'est aussi s'inscrire dans la tradition de ceux qui ont filmé l'épopée de la grève et de la mine et prendre rang dans la lignée des réalisateurs qui ont porté l'œuvre d'Émile Zola à l'écran.

De même qu'il existe des films dits portuaires, il y a des films miniers. Ils semblent tous dérivés du canevas narratif de *Germinal*. Citons pour mémoire *Grisou* (1938) de M. de Canonge d'après une pièce écrite par Dalio et Pierre Brasseur, *Le Pavillon brûle* (1941) de Jacques de Baroncelli dont l'action se situe dans une mine de cuivre, *La Maison sous la mer* (1946) de Henri Calef... Tous n'ont pas marqué les mémoires, il s'en faut. Citons également, dans un genre différent, *Borinage* (1933), le documentaire réalisé en toute illégalité par Joris Ivens et Henri Storck sur la vie quotidienne des mineurs de charbon du bassin houiller de Belgique à l'issue d'une grève de plusieurs mois.

Cela étant, même si le grand public a longtemps associé le

spectre du coup de grisou à la fin de *Qu'elle était verte ma vallée* (1941) de John Ford, deux œuvres doivent être nettement détachées du lot : *La Tragédie de la mine* (1932) de Georg Wilhelm Pabst, et *Le Point du Jour* (1949) de Louis Daquin.

En allemand, le film de Pabst s'intitule *Kameradschaft*, que l'on pourrait traduire improprement par « camaraderie ». L'esprit en est déjà indiqué dans le titre. Ce film est dédié « aux mineurs du monde entier ». Comme le précise un carton dès le début, l'action se passe de nos jours, autrement dit au lendemain de la Première Guerre mondiale. Le contexte est inspiré d'une tragédie authentique : la catastrophe de Courrières (Pas-de-Calais) qui coûta la vie à mille deux cents mineurs français en 1906. Mais le metteur en scène viennois s'en sert avant tout pour exalter le rapprochement franco-allemand. La mine se trouve en effet à la frontière. A l'annonce du coup de grisou, des mineurs de Westphalie oublient un instant qu'ils sont allemands. Ils s'organisent en équipes pour aider les autres, faisant fi de toutes les barrières : langue, nationalisme, etc. Ils les font « sauter » métaphoriquement en faisant sauter « la » barrière. Parvenus au fond, des sauveteurs allemands découvrent en effet une grille marquant la frontière de 1919 et la dynamitent. Mais quand l'un d'entre eux, le visage dissimulé par son masque à gaz, se présente à la vue d'un rescapé, il est violemment combattu. Dans son délire de survivant, le mineur français ne voit pas un sauveteur mais un boche. A la fin, les ouvriers cimentent la grille-frontière au fond.

Inutile de préciser qu'il s'agit là d'un film idéaliste, lyrique et généreux. Mais si tant de cinéphiles le tiennent pour admirable, c'est moins pour la nature du message que pour les moyens esthétiques avec lesquels Pabst l'a fait passer. La maîtrise de la mise en scène est d'autant plus remarquable que le contraste est puissant entre la dimension de reportage réaliste qui court tout au long du film, et les scènes du fond de la mine, tournées en studio en clair-obscur dans l'esprit du réalisme poétique. Dans les deux cas de figure, Pabst est parvenu au véritable réalisme, celui de l'émotion et non celui de la représentation.

On ne sera donc pas étonné d'apprendre qu'avant de commencer le tournage de *Germinal*, Claude Berri a fait projeter *La Tragédie de la mine* à son équipe... Il n'a pas éprouvé le besoin d'en faire autant avec l'autre grande référence du film minier, *Le Point du jour*.

L'œuvre de Louis Daquin sur le quotidien des « gueules noires » à Liévin est très marquée par le souci d'authenticité documentaire et par les exigences du réalisme socialiste. En cela, son écriture et son esthétique sont représentatives de certaines tendances du cinéma français de l'après-guerre. Le réalisateur était avant tout un militant du Parti communiste et de la CGT, de même que son scénariste Vladimir Pozner, qui avait d'ailleurs collaboré au scénario de *Borinage*.

Ni grève ni coup de grisou dans *Le Point du jour*, ce qui est assez rare. Aucune concession au spectaculaire ni même au spectacle. A peine un petit éboulement. Il y a bien des acteurs professionnels (Jean Desailly, René Lefèvre, Michel Piccoli, Loleh Bellon, Marie-Hélène Dasté) mais les figurants sont de vrais mineurs et la mine est, en fait, le personnage principal du film. Si la Direction des Houillères avait bien donné son accord au projet, elle fit modifier *in extremis* plusieurs pages du scénario, jugées trop négatives pour l'image du bassin du Nord : la référence explicite à la catastrophe de Courrières devait être supprimée, le nombre de ses victimes largement atténué, la fatigue du matériel passée sous silence de même que le mot « silicose », celle-ci étant pourtant reconnue comme une maladie professionnelle depuis 1946.

Plus d'un demi-siècle après la parution de *Germinal*... A la réflexion, on comprend que Claude Berri n'ait pas jugé utile de le faire visionner par ses collaborateurs. Un monde séparait son projet de l'esprit du *Point du jour* tandis qu'un fil invisible le reliait à l'univers de *La Tragédie de la mine*. Même si n'est pas Pabst qui veut.

La filmographie zolienne, comme on dit du côté de la Faculté, est abondante. Quelque soixante-dix films ont été adaptés de son œuvre. A telle enseigne que la Maison d'Émile Zola à Médan, où se tient son musée, a pu organiser en 1987 toute une exposition uniquement avec une partie des affiches de « ses » films.

Sept années séparent la première représentation du cinématographe de la mort du romancier. Il n'a pas eu le loisir de s'intéresser à cet art alors balbutiant. C'est d'autant plus regrettable quand on se souvient de ses textes sur le naturalisme au théâtre (décors, costumes, etc.), de sa méthode d'enquête préludant à l'élaboration d'un roman (repérages, documentation, etc.), de certains de ses procédés d'écriture (analepse pour ne pas dire flash-back, description panoramique alternant avec des gros plans, hypertrophie du détail vrai, etc.) et de sa pratique passionnée de la photographie. Les passerelles ne manquaient pas entre Zola et le cinéma. En fait, il aurait juste eu le temps de voir *Les Victimes de l'alcoolisme* de Ferdinand Zecca édité par Pathé en mai 1902, soit quatre mois avant sa mort.

Ce film, librement inspiré de *L'Assommoir*, fut le premier d'une longue série. Il n'y a guère que les œuvres de Balzac et de Simenon qui aient constitué un tel vivier d'histoires pour les gens de pellicule. Mais, curieusement, cela paraît plus évident dans leur cas que dans celui de Zola. Comment expliquer alors cette ferveur du cinéma à son endroit?

On croit avoir tout dit quand on a relevé que ses récits sont bien construits, que leur rythme dramatique convient parfaitement au tempo du scénario et que ses personnages sont animés d'instincts puissants. Cela ne suffit pas à expliquer pourquoi Zola est une mine, si l'on peut dire. A l'occasion de la sortie de *Pot-Bouille* de Julien Duvivier en 1957, l'hebdomadaire *Les Lettres françaises* dirigé par Louis Aragon voulut en savoir plus sur « Zola scénariste et ses metteurs en scène » ainsi que l'annonçait la manchette.

Le scénariste Charles Spaak, qui avait adapté *Thérèse Raquin* pour Marcel Carné en 1953, évoqua d'abord les personnages pour leur simplicité, leur force, leur puissance et le mouvement qui les traverse; puis l'articulation solide des intrigues; enfin la complémentarité des décors avec le récit. Selon lui, « adapter Zola, c'est du gâteau », tant tout est déjà bien tranché, les problèmes ne surgissant que lorsqu'il s'agit de transposer l'histoire dans une autre époque.

Julien Duvivier, qui avait également porté à l'écran *Au Bonheur des dames* (1930), souligna que les intrigues étaient bien nouées et les caractères fouillés. André Cayatte, qui avait lui aussi réalisé *Au Bonheur des dames* (1943), estima que l'œuvre de Zola était d'autant plus facile à adapter que le romancier avait déjà fait l'essentiel : la visualisation, le découpage, l'intensité dramatique. René Clément, metteur en scène de *Gervaise* (1956), était du même avis, insistant toutefois davantage que ses confrères sur les qualités descriptives du romancier.

Il est regrettable que l'enquêteur des *Lettres françaises* n'ait pas pu interroger Jean Renoir, réalisateur de *Nana* (1926) et *La Bête humaine* (1938). D'autant que si Claude Berri se reconnaît un Maître parmi ses maîtres, c'est bien lui le patron. Son *Germinal* sera placé sous le signe de Jean Renoir.

Ce n'est pas le roman de Zola le plus prisé par les cinéastes. Si *L'Assommoir* arrive en tête avec dix adaptations, suivi de *Nana* huit fois porté à l'écran, *Germinal* ne vient qu'en troisième position. Avant que Claude Berri s'en empare, il avait déjà suscité six films sous différents titres. Mais qu'en reste-t-il?

La Grève (1903) de Ferdinand Zecca, produit par Pathé, durait quinze minutes. Il est aujourd'hui perdu. Selon le catalogue de la société, retrouvé par l'historien du cinéma Georges Sadoul, il s'articulait en cinq parties : l'arbitrage refusé, l'assassinat du directeur par les grévistes, l'arrestation du secrétaire du syndicat, la reprise du travail, et le futur : l'union du capital et du travail...

Pathé produisit également la deuxième adaptation de *Germinal*. Il convient toutefois de préciser que l'un des principaux commanditaires de la société n'était autre que Jean Neyret, vice-président des Houillères de Saint-Étienne... La réalisation de *Au pays noir* (1905) fut confiée à

Lucien Nonguet. Cette fois, le film était proche du roman, non seulement dans l'esprit mais également dans la lettre, si l'on en croit le plan de ce « drame cinématographique en huit tableaux » : Le Coron, l'entrée de la mine, la descente, les galeries, le coup de grisou, l'envahissement de la mine par les eaux, le sauvetage... Selon Georges Sadoul, l'intérêt de ces deux films tient à ce qu'ils sont décisifs dans l'histoire du cinéma primitif; ils auraient longtemps inspiré, directement ou indirectement, la peinture des milieux populaires ou prolétariens par la caméra.

Au pays des ténèbres (1911-1912), produit par Éclair, fut réalisé par Victorien Jasset. Puis vint enfin la première œuvre cinématographique se revendiquant comme une fidèle adaptation du roman. Tellement fidèle qu'elle l'illustre au lieu de l'interpréter. *Germinal* (1913), film muet de 140 minutes mis en scène par Albert Capellani avec la collaboration d'André Antoine, le très zolien directeur du théâtre de l'Odéon, était interprété par Harry Krauss et Madame Sylvie. Puis il y eut un obscur *Germinal* (1920) présenté par les Braudy avant le *Germinal* (1963) d'Yves Allégret, qui passait jusqu'à nos jours pour avoir été le seul.

Germinal avait pourtant excité bien des convoitises depuis 1920. C'était un projet récurrent dans l'industrie cinématographique. Il fut même sérieusement question que Jean-Paul Sartre s'en empare. Cela n'étonna pas les lecteurs des deux premiers volumes composant sa suite romanesque des *Chemins de la liberté*, puisqu'il avait lui-même reconnu sa dette envers le roman de Zola. Or, en 1957, Marcel Pagliero, le réalisateur d'*Un homme marche dans la ville* (1949) révéla dans une interview qu'il allait probablement tourner *Germinal* sur une adaptation et des dialogues de Sartre. Parce que, expliquait-il, « ce bouquin c'est de l'or, de l'or noir mais de l'or quand même ». Le projet paraissait d'autant plus crédible que les deux hommes avaient déjà de concert porté *La P... respectueuse* à l'écran cinq ans auparavant. Mais comme c'est souvent le cas dans le milieu du cinéma, il restera sans suite.

Au début des années soixante, quand il a l'idée de se lancer dans *Germinal*, Yves Allégret a ses meilleurs films derrière lui : *Dédée d'Anvers*, *Une si jolie petite plage*, *La Meilleure Part* et surtout *Les Orgueilleux*. Outre l'influence de sa femme Simone Signoret, il a surtout subi celle de son scénariste Jacques Sigurd. La patte de celui-ci se retrouverait notamment, selon certains critiques, dans la dimension de critique sociale de ses films, de plus en plus accentuée.

L'ambition commémorative de ce *Germinal* était patente puisque, dès le début, le réalisateur n'hésitait pas à tricher de trois ans, fixant la date de son histoire en 1863, très exactement un siècle avant la sortie du film. De plus, le succès rencontré par le *Gervaise* de René Clément en 1956 était pour le moins encourageant. Aussi quand il apporta son projet aux « Films Marceau Cocinor » dirigés par les frères Robert et Edmond Tenoudji, fut-il bien accueilli. Forts de ce précédent encore dans les mémoires, convaincus qu'aucune raison ne s'opposait à ce que *Germinal* fût également un succès, ils flairèrent une bonne affaire lorsque le metteur en scène leur suggéra de s'associer à un partenaire hongrois prêt à prendre en charge la moitié du budget, aux côtés des coproducteurs français et italien déjà prévus. Le coût du film – qui durera une heure et cinquante minutes à la projection – en serait d'autant réduit. Il sera effectivement tourné aux trois quarts en Hongrie, pays de tradition minière possédant non seulement des décors naturels idoines mais aussi des figurants bon marché et des équipes techniques disposées à travailler au rabais dans leurs studios de Budapest.

L'air du temps était porteur pour un sujet aux résonances morales et politiques aussi fortes. Ce projet de film s'inscrivait dans un climat international tendu (crise soviéto-américaine provoquée par l'installation de missiles à Cuba, fin de la guerre d'Algérie). En Hongrie même, l'atmosphère était pour le moins agitée. L'heure était à l'épuration du Parti communiste, au processus de déstalinisation et à la consécration de Janos Kadar comme maître absolu du pays.

On comprend mieux que, dans un tel contexte, avec un commanditaire aussi marqué et impliqué, le scénaristevedette Charles Spaak ait dû à la fois jouer la carte de la fidélité au roman et insister sur le thème de l'action directe et le rôle de l'Internationale.

Jean Sorel, récitant à la beauté inexpressive plutôt que comédien pénétré de la puissance de son rôle, incarnait Lantier quand on aurait espéré à sa place le Manda de *Casque d'Or*, Serge Reggiani. A ses côtés, on retrouvait Berthe Granval, Claude Brasseur, Bernard Blier... Mais les personnages comme les décors, abondants dans le roman, sont ici considérablement limités. Pour des raisons d'économie et par volonté démonstrative. Pour l'essentiel, ce *Germinal* se réduit à deux mondes refermés sur eux-mêmes et d'emblée antagonistes. Deux univers composés d'individualités qui ne présentent jamais une cohésion de groupe : celui des mineurs symbolisé par la famille Maheu, et celui des patrons personnifié par Hennebeau. Il n'y a plus de passerelle entre eux, comme si c'était le seul moyen que le réalisateur et son scénariste avaient trouvé pour accentuer l'intensité dramatique. Leur démarche obéit à une logique tellement manichéenne qu'elle gomme toutes les nuances. Il n'y en a plus que pour les noirs et les blancs.

Ce *Germinal* souffre d'abord d'une erreur de perspective et d'une absence de point de vue. Yves Allégret et Charles Spaak avait ramené cette histoire à une intrigue épurée de ce qui en faisait la grandeur : la vision du monde exprimée par Zola tout au long de son roman. Ils s'étaient attachés à la lettre, à l'exclusion de l'esprit de l'œuvre. En regard de cette carence fondamentale, les défauts de distribution des rôles et de mise en scène apparaissent comme secondaires. En le montrant à la presse, Yves Allégret eut beau présenter son film comme « un reportage dans le passé et un western social », rien n'y fit.

Dès sa sortie à Paris, le 18 septembre 1963, *Germinal* connut un échec commercial sans appel. Le phénomène fut aussitôt consacré par une critique généralement sans pitié. Elle fit naturellement référence à *La Tragédie de la mine* de Pabst et regretta qu'Eric von Stroheim, le réalisateur des *Rapaces*, ne se fut pas emparé du sujet. Il y eut certes quelques articles bienveillants notamment dans *Liberté-*

Dimanche, qui eut la bonté de se souvenir qu'Allégret avait été jadis l'assistant de Jean Renoir, dans *L'Humanité* où Samuel Lachize fut forcé de reconnaître que malgré tout le film manquait de « ce souffle épique du drame collectif » et dans *France-Soir* où Robert Chazal ne surprit pas vraiment en évoquant « du cinéma solide, bien fait, bien joué et qui mérite d'obtenir une grande audience populaire ».

Mais les critiques les plus remarquées furent les autres, nettement plus vives et plus nombreuses. Dans *Combat*, Henry Chapier annonçait la couleur dès le titre : « Rencontre des conventions du cinéma bourgeois et de l'imagerie d'Épinal socialiste ». *Les Lettres françaises* évoquèrent « une honorable illustration », « un estimable travail de mise en images d'un roman » et « une transcription appliquée et sans génie », verdict pire que l'anathème. *Libération* enfonça le clou en parlant d'« un travail honnête » et *La Croix* d'un film « très honnêtement fabriqué ». *L'Express* en souligna la platitude et *Le Monde* l'aspect conventionnel et caricatural.

« Il est tout de même étonnant de voir *Germinal* sans éprouver de choc », concluait le critique de *Témoignage Chrétien*, en se demandant s'il n'eût pas mieux valu transposer le roman en 1963. « Un film... mineur », tranchait *Le Soir* de Bruxelles après avoir remarqué que l'œuvre de Zola restait une mine pour les scénaristes en mal d'inspiration. Quant au fougueux hebdomadaire *Arts*, il n'y alla pas par quatre chemins pour tourner en dérision ce « Zola de bandes dessinées », jugé naïf et roublard, lénifiant et médiocre, et pour tout dire atrocement convenable.

Le plus virulent fut sans doute Armand Lanoux, romancier des plus zoliens. Pourtant, de son propre aveu, quand il avait assisté à la projection dès le premier jour au Moulin-Rouge, une voix dans la salle s'était écriée « Salauds! » au moment où les soldats tiraient sur les grévistes. Il n'empêche. Dans un article publié par *Les Lettres françaises*, il donna le coup de grâce à « cette bluette minière » en en soulignant le pire de tous les défauts, l'escamotage des deux personnages principaux : la foule et le Voreux. « *Germinal*, mais ça pue la mort et la fureur, la crasse et le charbon. Ce film sent la pellicule », écrivait-il en chute avant d'inviter les spectateurs à retrouver Zola au plus tôt. En librairie plutôt que dans les salles obscures.

Depuis 1963, quand on évoque *Germinal* au cinéma, le film d'Yves Allégret demeure la référence. Négative mais unique. Cela étant, il est tombé dans l'oubli. Aussi quand le roman suscita à nouveau l'intérêt des gens d'images (la Columbia et TF1, pour ne citer qu'eux), il ne vint à l'esprit de personne qu'il s'agirait d'un « remake ». Les périls d'un *Quai des brumes 2* étaient d'emblée écartés.

C'est bien ainsi que Claude Berri l'entendait. Mais s'il prit soin de désigner ce film à son équipe comme un anti-modèle, il n'alla pas jusqu'à en parcourir le dossier de presse. Un article pourtant l'aurait encouragé dans son entreprise, celui de Michel Duran dans *Le Canard enchaîné*. Il s'intitulait, bien entendu, « Mine de rien ». Le critique s'y livrait à une originale autopsie de cet échec annoncé.

« Pour nous donner à l'écran le chef-d'œuvre de Zola, il fallait trouver les moyens, les concours, l'argent qui ont été réunis pour des films comme *Le Jour le plus long* ou *Le Guépard*. Pour nous faire voir *Germinal*, il fallait autre chose qu'une projection d'une heure quarante alors qu'on nous propose trois heures pour *Les 55 Jours de Pékin* par exemple. A un chef-d'œuvre lu dans le monde entier, il fallait une illustration digne de lui. Or nous voyons une honorable production, réalisée avec des moyens limités, bien qu'ils se soient mis à quatre producteurs pour le faire. Le film ne manque ni de bonnes intentions, ni de respect pour Zola, mais ce n'est qu'un apercu du livre, une imagerie aimable alors qu'il fallait une fresque. C'est une production bien léchée qui manque de souffle, de crasse, de violence, de misère, de révolte [...].

« Oui, *Germinal* aurait dû être tourné au moment du Front populaire, dans l'élan et l'enthousiasme avec le concours de la classe ouvrière et sous la direction d'un Jean Renoir de la bonne époque. Ou encore en Russie soviétique avec les moyens qu'un gouvernement peut donner [...] Germinal, digne de Zola, reste à faire. »

III

Un roman pour cinéastes

Entre *Jean de Florette* (1985) et *Uranus* (1990), Claude Berri a définitivement attrapé le virus de *Germinal*. Il évoquait depuis longtemps le souhait de porter le roman de Zola à l'écran, ses proches en témoignent. Il avait certes formé bien d'autres projets sans suite, lancés en petit comité ou entre amis comme autant de ballons-sondes. L'entourage, sa « famille » dans tous les sens du terme, comprit que cette fois c'était sérieux le jour où *Germinal* revint aussi souvent dans ses propos qu'une autre de ses plus chères et plus anciennes idées de film : l'adaptation de *Bas les cœurs*, le roman de Georges Darien sur la guerre de 1870 et l'occupation prussienne vues par un garçon de douze ans.

Julien Gracq, dont on oublie qu'il a jadis siégé pendant plusieurs années à la commission d'Avances sur recettes, a décidément raison. Le cinéma francais ne s'est pas émancipé de la littérature. Le roman demeure son principal support. Mérite-t-il vraiment autre chose que cette liberté sous tutelle? Rien de moins sûr.

Germinal est un rêve de metteur en scène et un cauchemar de producteur. Après avoir réalisé quelque soixante films dont deux adaptations de Zola, Julien Duvivier ne pensait qu'à ça. Au fil des ans, c'était devenu chez lui une obsession familière. Mais l'entreprise, pour fascinante et excitante qu'elle fût, lui paraissait toujours trop lourde, trop ambitieuse, trop risquée. Alors au lieu d'aller au charbon sur la route du Nord, il se consola en prenant celle de la Côte d'Azur pour peaufiner le script de *La Femme et le Pantin* (1959) à Saint-Tropez.

N'eût été son tempérament, Claude Berri aurait pu réagir de la même manière et s'en aller mitonner une comédie dans sa chère thébaïde du Lubéron. Mais il s'est laissé envahir par sa dangereuse intuition jusqu'au moment où elle s'est imposée à lui sans lui laisser le choix de la décision. Dès lors, il ne pouvait plus reculer sans se renier. Non vis-à-vis des autres mais de lui-même. Pour être en paix avec sa conscience. Car, dès le début, il a associé l'idée de *Germinal* au souvenir de son père. C'est de cette mémoire jamais altérée qu'il tire son énergie. Il pourrait dire, comme Saint-Exupéry, qu'on est de son enfance comme on est d'un pays.

Quand il a relu le roman, longtemps après la toute première fois, il a immédiatement identifié Etienne Lantier à Hirsch Langmann. Ce n'était pas une question de ressemblance physique ni de personnalité. La similitude était ailleurs, dans l'aspiration à un monde meilleur et plus juste. Quelques décennies ont passé mais il conserve encore dans le creux de l'oreille cette voix gouailleuse lui murmurant que le monde est décidément pourri, que tous ne peuvent s'en sortir en même temps et qu'à défaut de changer la société, mieux vaut encore être de ceux qui s'en tirent.

On l'aura compris : si Claude Berri n'était pas le fils de son père, il ne ferait pas *Germinal*. Cela étant posé, comment faire *Germinal*?

Au commencement était le script. En principe, il suffit d'un stylo et d'une rame de papier. Par manque de confiance en lui, Berri a souvent fait appel à des collaborateurs extérieurs avant de se lancer dans l'écriture d'un scénario. Quitte à ce que l'ultime mouture du texte ne leur doive plus grand-chose, si tant est qu'on puisse faire la part des uns et des autres à l'issue de plusieurs écritures, quand le scénario définitif a des allures de palimpseste. Selon les cas, Berri a sollicité les conseils d'un scénariste professionnel (Gérard Brach) ou de romanciers (Michel Grisolia, Alain Page).

Pour rédiger la « note d'intention » de son projet, il se tourne vers Jacques Duquesne, auteur de *Maria Vandamme* et préfacier d'une édition de poche de *Germinal*. Le journaliste se livre à une sorte d'interview destinée à le faire accoucher de ce qu'il a en lui. L'exercice est salutaire car il agit comme un déclencheur. Désormais, Berri est intimement convaincu qu'il lui faut sauter le pas et écrire seul.

Il sait déjà confusément quel sera son point de vue. Au début, c'est juste la volonté ineffable de restituer une émotion : la nostalgie d'un monde qui aurait pu basculer autrement. Petit à petit, il entend faire un film sur l'injustice et l'oppression, sur la dignité et la misère, sur le chômage. Pour y parvenir, il lui faut d'abord transfigurer l'épopée de ces gens qui ont cru en un monde plus juste. Mais son *Germinal* ne sera pas un film sur la grève ou l'exploitation des hommes. De même que *Tchao Pantin* n'était pas un film sur la drogue ou la délinquance mais sur le désespoir. Celui de Coluche et de Berri quand ils l'ont tourné. La vérité pathétique qui sourd de ce film vient de l'alchimie secrète entre la faille de l'un et celle de l'autre.

Aux yeux de Claude Berri, le véritable sujet de son nouveau film est universel : c'est le sang des pauvres

On ne change pas un titre qui gagne. Celui du roman est magnifique. Il faut le conserver car il claque comme un drapeau. C'est l'emblème des 12 et 13 germinal An III – autrement dit les 1er et 2 avril 1795 – journées au cours desquelles les manifestants de l'insurrection jacobine et populaire envahirent la Convention en réclamant du pain. Si René Clément avait, lui, éprouvé la nécessité de débaptiser *L'Assommoir* pour intituler son film *Gervaise*, c'était d'abord pour montrer qu'il avait centré l'action sur l'héroïne du roman au détriment du reste. Là, rien de tel. Le *Germinal* de Berri sera le *Germinal* de Zola. Autant que faire se peut.

On dit souvent qu'avec Zola, romancier aux évidentes

qualités cinématographiques, l'adaptation coule de source. Rien de moins sûr. Sur ce plan-là, son œuvre n'est certes pas aussi piégée que celle de Simenon, toute en chausse-trappes et illusions. Elle n'en pose pas moins des problèmes spécifiques, en sus du classique postulat de départ : fidélité ou trahison? Certains adaptateurs décalquent, d'autres prétendent jeter le livre une fois qu'ils l'ont lu. Les plus lucides savent que, de toute façon, le texte fondateur de leur émotion les poursuivra longtemps. Claude Berri, lui, se situe à équidistance des deux extrêmes tout en jouant la carte de la fidélité. Dans ces moments-là, il n'est plus tout à fait un auteur, mais pas encore un metteur en scène. Il se sent plutôt dans la peau d'un auteur en scène.

Il est écartelé entre deux pôles. D'une part, son ardent souhait de réaliser un film à grand spectacle dont l'ambition d'universalité est patente. De l'autre, son trouble devant l'avertissement de Zola qui jugeait particulièrement bouffonne l'idée selon laquelle le public est souverain. Elle était selon lui le plus sûr moyen de condamner la qualité dans l'originalité, le créateur ne pouvant que s'y fourvoyer. L'écrivain ne parlait pas de cinéma bien entendu, mais du naturalisme au théâtre. Il n'empêche. Dans un cas comme dans l'autre, il s'agit de raconter une histoire et de faire vivre des personnages. Quand on s'immerge dans l'univers de Zola comme l'a fait Claude Berri, on ne peut rester insensible à son exhortation à se tenir en équilibre entre la flatterie des masses et l'exigence de qualité. Populaire n'est pas vulgaire.

Germinal étant à ses yeux un chef-d'œuvre de la littérature, tout comme *Jean de Florette* et *Manon des sources*, Berri ne voit guère de raison de le dénaturer, contrairement à *Tchao Pantin*, roman dont il n'a conservé que la trame.

Une première lecture superficielle de *Germinal*, mais avec un œil de cinéaste, lui permet déjà d'en relever les écueils. Dès l'ébauche de son livre, l'auteur en a décrété la dominante : le noir. Noir comme la houille, noir comme la nuit. L'histoire est sombre, dans tous les sens du terme. Les relations entre les hommes sont souvent bestiales, plusieurs protagonistes meurent, les forces du Capital l'emportent sur celles du Travail, les caractères deviennent vite tendus et les personnalités conflictuelles.

Sous la plume de Zola, tout devient rapidement paroxystique. De son propre aveu, s'il a choisi le cadre de la grève, c'est en raison de son caractère dramatique, propre à donner un relief immédiat au moindre événement. Mais certains effets sont trop appuyés.

Il apparaît d'emblée insensé de montrer le Voreux englouti par la terre. Outre que cela alourdirait inutilement un budget qui s'annonce déjà faramineux, cela donnerait à *Germinal* des allures de film-catastrophe. Cette perspective, Berri la repousse des deux mains. Jean Renoir avait agi de même en 1938 quand il fit l'impasse sur la scène du déraillement dans *La Bête humaine*. En fait, seule la fin de *Germinal* est positive. Il faut attendre l'issue pour qu'apparaisse la promesse d'un âge d'or et d'un avenir meilleur.

Les personnages, ensuite. Il y en a cinquante-deux, de chair et de sang. A un correspondant qui lui reprochait leur caractère « animal », Zola répondait : « Vous mettez l'homme dans le cerveau, je le mets dans tous les organes. Vous isolez l'homme de la nature, je ne le vois pas sans la terre, d'où il sort et où il rentre. » S'il admettait que ceux situés en second plan étaient assez uniformes, saisis dans une attitude unique, le romancier soutenait néanmoins que les autres avaient leur mouvement propre. Mais dans la mesure où il avait conçu son roman comme une fresque, il avait dû le condenser pour lui conserver des proportions raisonnables. Ce postulat le poussa à simplifier certains caractères afin de gagner de la place et du temps, raccourci qui ne touchait cependant que les personnages secondaires, souvent résumés d'un trait, et non les principaux.

La réussite de Zola tient en grande partie à la dimension tout à la fois épique et poétique qu'il conféra à *Germinal*, à son génie de mêler les recettes du feuilleton et celles du roman populaire et à sa facon d'entremêler trois types d'affrontements : amoureux, social et politique. Son imaginaire était encore imprégné de la vision de la mine telle que la rapportait Hector Malot dans *Sans famille* et de l'inondation décrite par Jules Verne dans *Les Indes noires*. Au moment de la sortie de son livre, il demanda lui-même, dans une lettre au directeur d'un grand journal, que *Germinal* ne fût pas considérée comme une œuvre de révolution mais bien comme une œuvre de pitié. Il entendait avant tout exalter le règne de la justice sociale. Pour parvenir à ses fins, il avouait n'avoir reculé devant rien, n'hésitant pas à « mettre des larmes dans tous les yeux » en révélant l'enfer du travail et la vie des parias. Mais comment un homme d'image peut-il en tirer le meilleur parti?

Dans un récit de ce type, Claude Berri voit d'abord des personnages portés par des dialogues, puis une intrigue, enfin un cadre. La reconstitution n'est pas son souci. Elle est secondaire. Son parti pris est ainsi clairement affirmé d'emblée : la vérité plutôt que l'exactitude. L'histoire prendra toujours le pas sur l'Histoire. Les hommes compteront toujours plus que les faits. En ce sens, scénariste et romancier sont au diapason. Un film historique est réussi non quand il restitue ou reconstitue l'époque, mais quand il la réinvente.

Avant de se lancer dans l'écriture de *Germinal*, Claude Berri a d'autant moins de scrupules à prendre des libertés avec l'Histoire que Zola lui-même ne s'était pas gêné, ne reculant pas devant les anachronismes et les invraisemblances. Son roman porte les traces de l'époque à laquelle il a été conçu. La France vivait alors depuis quelques années dans un climat d'agitation sociale, de crise financière et de tension politique. Zola pouvait être considéré comme une manière de bourgeois d'extrême gauche, un républicain que le spectacle offert par les Chambres poussait à l'antiparlementarisme. Il avait certes pris conscience de ce que la vieille Europe était travaillée par un vaste mouvement socialiste. Différents signaux pouvaient en témoigner depuis dix ans : la parution du *Capital* de Marx en français, des grèves de mineurs dans différentes régions, la création du parti socialiste, la loi sur la liberté syndicale...

Écrit en 1884, le roman est censé se dérouler entre mars 1866 et avril 1867, donc sous le Second Empire. Zola ne le précise pas mais on peut le déduire par différents recoupements : allusion à l'expédition du Mexique, diffusion des statuts de l'Internationale en France, etc. Sur le mur de la maison des Maheu, on ne peut pas ignorer les portraits de l'empereur et de l'impératrice « dont les lèvres roses souriaient avec une bienveillance officielle ».

Or, par les *Carnets d'enquête* de ses repérages dans le Nord, on sait que Zola s'est notamment inspiré de la grève d'Anzin de 1884. De plus, il a fait incarner par ses personnages des tendances socialistes rivales (réformistes, marxistes, blanquistes, anarchistes) contemporaines de la rédaction et non de l'action de son roman. Quant au personnage de Souvarine, il est le plus douteux historiquement. On ne voit pas très bien comment il a pu se retrouver au travail dans une mine du nord de la France en 1865, même si l'on sait que Boukarine était à Lyon dès 1870. D'autant que la plupart des attentats perpétrés par des nihilistes russes du type de Souvarine datent de la fin des années soixante-dix. Et l'on ne saurait dire que l'anarchisme fut vraiment d'actualité dans la France profonde de 1866. En fait, sa présence dans le roman n'est pas historiquement justifiée. Elle obéit plutôt à des considérations dramatiques. Et politiques. Dans une interwiew au *Matin*, l'écrivain estima en effet que, malgré la Commune, les Français constituaient une race trop amollie pour donner naissance à un grand mouvement social : « C'est même pour cela que dans mon roman, c'est dans un Russe que j'ai incarné le socialisme violent. »

Zola ne s'était pas contenté de ses propres observations sur le terrain. Il avait largement puisé dans sa documentation : des livres sur la mine, des recherches sur la topographie souterraine du bassin houiller de Valenciennes, des essais sur les questions ouvrières, des études scientifiques sur les maladies et difformités des houilleurs, des comptes rendus de procès de grévistes. Ce qui ne l'empêcha pas de commettre des erreurs. Et alors? Un romancier est tenu à la vérité, non à l'exactitude. Un cinéaste également. L'un et l'autre ont le droit de violer l'Histoire, à condition toutefois de lui faire de beaux enfants.

Claude Berri ne veut surtout pas s'encombrer d'un conseiller historique. Qu'importe si, depuis 1874, une loi interdisait aux femmes et aux enfants de moins de treize ans de travailler au fond de la mine. L'essentiel est de respecter une certaine vision du monde. Elle est tout entière contenue dans cet avertissement lancé par Zola après la publication de son roman, quand il interpellait les puissants en leur promettant des révolutions sanglantes : « Hâtez-vous d'être justes... »

Berri fait le choix de rester dans le flou. Le spectateur ne doit pas être en mesure d'identifier l'année de l'action. Ça se passe dans le nord de la France dans la seconde moitié du XIXe siècle, sous le Second Empire, un point c'est tout. Plus il rend son sujet intemporel, difficile à situer avec précision dans le temps et dans l'espace, plus il est satisfait. Cela renforce l'universalité et la portée de son propos. Un tel film est affaire d'émotion, de sentiment, de réflexion, non de reconstitution.

Le roman est ventru. Mais adapter un texte devenu un classique n'est pas condenser ni recopier. Comme le disait souvent Jean Aurenche, l'un des maîtres du genre, cela consiste à mettre en lumière son actualité, à isoler ce qui vous a ému dans cette œuvre et à la donner à voir aux spectateurs. Il faut ramener deux cents lignes d'analyse psychologique à deux lignes de dialogue, réduire une description de trois pages à sa plus simple expression. Alberto Moravia faisait remarquer qu'un plan de cinéma suffisait à résumer les soixante-dix pages exposant la pension de famille au début du *Père Goriot*.

Pour Claude Berri, l'exercice est sans effort. Il rédige naturellement dans une langue dépouillée d'effet, épurée de toute littérature, débarrassée de la moindre afféterie, de la même manière qu'il s'exprime oralement de manière directe, voire brutale. Il écrit comme il parle, dans l'urgence d'accomplir. L'impatience n'en est qu'un symptôme. Il est toujours en mouvement : même lorsqu'il est assis, il marche à l'intérieur de lui-même. Face à la page blanche, il n'a pas de temps pour les détours et arabesques. Une telle économie de mots a au moins un mérite : l'efficacité.

Nul besoin de description. Les images, il les voit. Et puis à quoi bon s'étendre, pour convaincre qui... Le réalisateur? C'est lui. Le producteur? C'est encore lui. Le distributeur? C'est toujours lui. Quant aux financiers, ils s'en fichent. Zola-Berri : l'énoncé de ce « ticket » leur suffit. Ils ne s'engagent pas sur un scénario mais sur une idée portée par un homme.

Il lui faut traduire les mots en image sans pour autant plagier. Le problème, ce sera de faire passer ce qui est tout de même trop littéraire pour être visualisé. Par exemple, l'obsession des mouchards dans les galeries « comme si la houille des actionnaires, encore dans la veine, avait eu des oreilles ». Et comment traduire, sans s'étendre et se perdre, la transformation de Lantier, la montée inexorable de ses bouffées d'orgueil et la conscience de son manque d'instruction? Par des attitudes et des mots, par un sourire ou un geste. Mais sans jamais en rajouter. Le script de *Germinal* sera donc sec et télégraphique. Aux antipodes du style du roman mais en parfaite harmonie avec celui des *Carnets d'enquête* qui l'ont précédé.

Berri, pas plus que Zola, ne songe un instant à faire parler ses personnages en ch'timi. Le génie du romancier consiste justement à restituer l'imaginaire des mineurs tout en mêlant langue populaire et langue littéraire. Il est parvenu à façonner cette « langue des humiliés » en rendant plus monotone le rythme de leur élocution, en leur donnant une syntaxe plus relâchée et en mettant dans leurs bouches les formules les plus banales. Le cinéaste saura récupérer à son profit ce talent de dialoguiste sans pour autant le décalquer.

Le script de *Germinal* se divise en deux volumes de quelque 130 pages chacun. Le premier, intitulé « Les travailleurs de la terre », s'achève quand M. Hennebeau, le directeur de la Compagnie, reçoit la délégation de mineurs venue lui réclamer de meilleurs tarifs. Le second, intitulé « Le sang et la misère », s'ouvre sur la perspective de la grève. Cette division correspond plus à une future exploitation télévisée qu'au film proprement dit, conçu tout d'un bloc. Au départ, Claude Berri envisage de réaliser une œuvre qui n'excédera pas trois heures. Il n'entend pas réitérer son pari de *Jean de Florette* et *Manon des Sources.* Il s'agissait là de deux histoires qui avaient chacune leur logique et leur autonomie, tout en étant complémentaires. Ce n'est pas le cas de *Germinal.* Cette fois, pour ne pas risquer de briser l'émotion, il ne demandera pas aux spectateurs de revenir dans un mois.

Pour comprendre en quoi peut consister le travail d'adaptation, il n'est pas de meilleure expérience que de comparer le roman et le scénario. Cette lecture en stéréo rend tout commentaire superflu.

LE TOUT DÉBUT SELON ZOLA :

« Dans la plaine rase, sous la nuit sans étoiles, d'une obscurité et d'une épaisseur d'encre, un homme suivait seul la grande route de Marchiennes à Montsou, dix kilomètres de pavé coupant tout droit, à travers les champs de betteraves. Devant lui, il ne voyait même pas le sol noir, et il n'avait pas la sensation de l'immense horizon plat que par les souffles du vent de mars, des rafales larges comme sur une mer, glacées d'avoir balayé des lieues de marais et de terres nues. Aucune ombre d'arbre ne tachait le ciel, le pavé se déroulait avec la rectitude d'une jetée, au milieu de l'embrun aveuglant des ténèbres.

L'homme était parti de Marchiennes vers deux heures. Il marchait d'un pas allongé, grelottant sous le coton aminci de sa veste et de son pantalon de velours. Un petit paquet, noué dans un mouchoir à carreaux, le gênait beaucoup; et il le serrait contre ses flancs, tantôt d'un coude, tantôt de l'autre, pour glisser au fond de ses poches les deux mains à la fois, des mains gourdes que les lanières du vent d'est faisaient saigner. Une seule idée occupait sa tête vide d'ouvrier sans travail et sans gîte, l'espoir que le froid serait moins vif après le lever du jour. Depuis une heure, il avançait ainsi, lorsque sur la gauche, à deux kilomètres de Montsou, il aperçut des feux rouges, trois brasiers brûlant au plein air, et comme suspendus. D'abord, il hésita, pris de crainte; puis, il ne put résister au besoin douloureux de se chauffer un instant les mains.

Un chemin creux s'enfonçait. Tout disparut. L'homme avait à droite une palissade, quelque mur de grosses planches fermant une voie ferrée; tandis qu'un talus d'herbe s'élevait à gauche, surmonté de pignons confus, d'une vision de village aux toitures basses et uniformes. Il fit environ deux cents pas. Brusquement, à un coude du chemin, les feux reparurent près de lui, sans qu'il comprit davantage comment ils brûlaient si haut dans le ciel mort, pareils à des lunes fumeuses. Mais, au ras du sol, un autre spectacle venait de l'arrêter. C'était une masse lourde, un tas écrasé de constructions, d'où se dressait la silhouette d'une cheminée d'usine; de rares lueurs sortaient des fenêtres encrassées, cinq ou six lanternes tristes étaient pendues dehors, à des charpentes dont les bois noircis alignaient vaguement des profils de tréteaux gigantesques, et, de cette apparition fantastique, noyée de nuit et de fumée, une seule voix montait, la respiration grosse et longue d'un échappement de vapeur, qu'on ne voyait point.

Alors, l'homme reconnut une fosse. Il fut repris de honte : à quoi bon? il n'y aurait pas de travail. Au lieu de se diriger vers les bâtiments, il se risqua enfin à gravir le terri sur lequel brûlaient les trois feux de houille, dans des corbeilles de fonte, pour éclairer et réchauffer la besogne. Les ouvriers de la coupe à terre avaient dû travailler tard, on sortait encore les déblais inutiles. Maintenant, il entendait les moulineurs pousser les trains sur les tréteaux, il distinguait des ombres vivantes culbutant les berlines, près de chaque feu.

– Bonjour, dit-il en s'approchant d'une des corbeilles.

Tournant le dos au brasier, le charretier était debout, un vieillard vêtu d'un tricot de laine violette, coiffé d'une casquette en poil de lapin; pendant que son cheval, un gros cheval jaune, attendait dans une immobilité de pierre, qu'on eût vidé les six berlines montées par lui. Le manœuvre employé au culbuteur, un gaillard roux et efflanqué, ne se pressait guère, pesait sur le levier d'une main endormie. Et, là-haut, le vent redoublait, une bise glaciale, dont les grandes haleines régulières passaient comme des coups de faux.

– Bonjour, répondit le vieux.

Un silence se fit. L'homme, qui se sentait regardé d'un œil méfiant, dit son nom tout de suite.

– Je me nomme Étienne Lantier, je suis machineur... Il n'y a pas de travail ici?

Les flammes l'éclairaient, il devait avoir vingt et un ans, très brun, joli homme, l'air fort malgré ses membres menus.

Rassuré, le charretier hochait la tête.

– Du travail pour un machineur, non, non... Il s'en est encore présenté deux hier. Il n'y a rien.

Une rafale leur coupa la parole. Puis, Étienne demanda, en montrant le tas sombre des constructions, au pied du terri.

– C'est une fosse, n'est-ce pas?

Le vieux, cette fois, ne put répondre. Un violent accès de toux l'étranglait. Enfin, il cracha, et son crachat, sur le sol empourpré laissa une tache noire. »

LE TOUT DÉBUT SELON BERRI :

1. Extérieur nuit. Grande route. Champ de betteraves.

Dans la plaine rase, sous la nuit sans étoile, Etienne marche sur la grande route pavée. Il coupe à travers les champs de betteraves.

Bruit du vent

Il marche d'un pas allongé, grelottant sous le coton aminci de sa veste et de son pantalon de velours. Un petit paquet, noué dans un mouchoir à carreaux, le gêne, il le serre contre ses flancs, tantôt d'un coude, tantôt de l'autre, pour glisser au fond de ses poches ses mains glacées.

1. Extérieur nuit. Abords Voreux.

Vu par lui au loin : des feux rouges, trois brasiers brûlants en plein air, et comme suspendus.

Un chemin creux s'enfonce. A droite, une palissade, quelques murs de grosses planches.

Étienne avance vers les feux qui brûlent haut dans le ciel mort. Il commence à discerner un tas écrasé de constructions, d'où se dresse la silhouette d'une cheminée d'usine.

2. Extérieur nuit. Voreux. Criblage

Au lieu de se diriger vers les bâtiments, il s'approche des feux de houille qui brûlent dans des corbeilles de fonte, pour éclairer et réchauffer la besogne. Tournant le dos au brasier, un charretier est debout, un vieillard vêtu d'un tricot de laine violette, coiffé d'une casquette en poils de lapin. Un cheval– à côté de lui– attend, dans une immobilité de pierre, que l'on vide les berlines montées par lui.

Le manœuvre employé au culbuteur ne se presse guère, pesant sur le levier, d'une main endormie.

ÉTIENNE
Bonjour.

LE VIEUX
Bonjour.

Un silence.

ÉTIENNE
Je m'appelle Étienne Lantier. Je suis machineur... Il n'y a pas de travail ici?

Les flammes éclairent le visage d'Étienne.

LE VIEUX
Du travail pour un machineur, non, non... il s'en est encore présenté deux hier. Il n'y a rien.

Étienne montre le tas sombre de constructions.

ÉTIENNE
C'est une fosse?

Le Vieux ne peut répondre. Un violent accès de toux. l'étrangle. Enfin, il crache, et son crachat laisse une tache noire sur le sol.

Le reste est sensiblement de la même encre, rédigé dans le même esprit. Il s'agit avant tout de visualiser des descriptions trop romanesques, de mettre en images des émotions trop littéraires, de réduire des scènes trop longues quitte à les éliminer. Ce sont encore les dialogues qui souffrent le moins du passage à l'écran, même s'il est nécessaire, çà et là, de leur donner une légèreté et une efficacité qui leur faisaient défaut.

Claude Berri le sait mieux que personne : il a un véritable problème de forme. Ce n'est pas une question d'écriture scénaristique en particulier mais d'écriture cinématographique en général. Il pêche par sa conception artistique d'ensemble. C'est son talon d'Achille. Ce n'est pas pour autant qu'il mettra le genou à terre.

Il n'a pas vraiment de style. A moins qu'il n'en ait un par défaut : l'universalité du propos au détriment de la recherche esthétique. Comme si l'usage de la langue du plus grand nombre éloignait nécessairement de l'originalité et de la nouveauté. En évoquant Claude Berri, certains historiens du cinéma parlent d'« académisme du cinéma de qualité française ». Il le prend comme un compliment, même si les cinéastes de son panthéon privé (Jean Renoir, Jean Vigo) et ses films-cultes (*La Partie de campagne*, *L'Atalante* mais aussi *Lola*, *Jules et Jim*, *Adieu Philippine*) relèvent de la qualité française débarrassée de l'académisme.

S'il admire des réalisateurs tels que Roman Polanski,

Milos Forman ou Francis Ford Coppola, c'est parce qu'ils possèdent, eux, cette grâce qui lui fait défaut. Ce plus qui fait d'un bon film une œuvre. Depuis trente ans, il est poursuivi, hanté même, par un conseil que François Truffaut lui prodigua à ses débuts dans la mise en scène : « Vous avez l'essentiel, il vous manque le superflu. »

C'était une boutade, une formule brillante et paradoxale qu'il a prise au mot et ne cesse de ruminer depuis. Cela le pousse à une recherche tendue dans une seule direction, à des efforts répétés pour une meilleure harmonie entre le fond et la forme. Il le fait contraint et forcé, ce qui le rend souvent malheureux. Car il vient, lui, du monde de la parole, non de l'univers des images.

Il est conscient de ses progrès dans cette voie depuis *Le Vieil Homme et l'Enfant*. Il est moins maladroit qu'avant dans ses rapports avec l'image, son cadre et sa lumière. Mais il sait qu'il n'atteindra peut-être jamais le but artistique qu'il s'est fixé. Il connaît parfaitement ses limites. Il sent parfaitement jusqu'où il peut aller trop loin tout en restant lui-même. Rares sont ceux qui peuvent en dire autant. Dans son cas, ce n'est pas le début de la sagesse mais la raison du plus fou. Elle lui a permis de se lancer dans *Germinal*.

Après avoir écrit le premier tiers de son script, il a vraiment le sentiment que son film est là, à portée de main. Il voit les images défiler sous sa plume. Il est lancé. En principe, rien ne peut plus le freiner dans son élan. Pourtant, il subit alors un coup d'arrêt qui le laisse accablé pendant plusieurs mois. Jusqu'à lui faire provisoirement renoncer à l'écriture de son scénario et même à la poursuite de son entreprise, c'est dire.

Comme toute la profession, Berri avait naturellement entendu parler d'un autre projet de film sur la mine intitulé *Le Brasier*. Mais il ne s'en était pas ému outre mesure. Quand il en lut le script, il eut un choc. Même si le réalisateur Eric Barbier situait le cadre de son action en 1931, même si les héros étaient des mineurs polonais émigrés dans le nord de la France, des éléments clefs avaient été puisés, de toute évidence, dans le roman de Zola : une rivalité amoureuse entre les deux protagonistes se superposant à un affrontement entre deux groupes d'individus, une grève sauvage, la mine dans tous ses états...

Claude Berri est anéanti par cette découverte. La distribution centrée sur Marutschka Detmers et Jean-Marc Barr, l'envergure conquise par le producteur Jean-François Lepetit depuis le phénomène *Trois Hommes et un Couffin* et les très nombreux appuis reçus par Éric Barbier, un inconnu de trente ans qui signait là son premier long métrage, achèvent de le décourager. On ne propose pas aux spectateurs deux films miniers à quelques mois d'intervalle. Il en est convaincu et nul ne peut le faire changer d'avis.

Il pose la plume et remise son scénario dans un tiroir. *Germinal*, son film, a vécu.

C'est un abandon et un échec. D'ordinaire, Berri est homme à les fuir et les combattre. Mais cette fois, il en est secrètement soulagé. Car autant la première partie de son script lui semblait bien fonctionner, autant la seconde lui posait de plus en plus de problèmes tant il était soucieux de ne pas verser dans le film-catastrophe.

Le Brasier est déjà très avancé, *Germinal* ne pourrait évidemment pas le rattraper si une course contre la montre devait être engagée. Sans regrets. Berri suit tout de même l'affaire de loin, par curiosité : un budget de 90 millions de francs, une avance sur recettes culminant à 5 millions de francs, vingt et une semaines de tournage en Pologne, en France et en Belgique, une durée prévue de deux heures, la distribution en salles assurée par la Warner...

Vu la triple dimension sentimentale, sociale et historique du *Brasier*, vu les énormes moyens mis à la disposition du metteur en scène, le film est très attendu, trop peut-être. A l'origine, il est tiré d'un roman de Jack London, l'histoire d'un vieux boxeur se battant pour nourrir les siens. En cherchant à transposer la banlieue industrielle américaine, Éric Barbier s'est finalement retrouvé à Montceau-les-Mines où il a découvert des récits de mineurs polonais émigrés dans le Nord au milieu des années trente. Il s'est éloigné de l'intrigue de Jack London dont il n'a conservé que l'argument, pour se rapprocher de celle de... *Germinal*. Un temps, il avait même songé à porter le roman de Zola à l'écran. Mais il avait reculé devant les problèmes de construction dramatique, le nombre de personnages, les insuffisances visuelles de la première partie. Et puis, se disait-il, si aucun des *Germinal* déjà réalisés n'avait laissé de traces dans la mémoire du cinéma francais, il devait bien y avoir une raison!

A défaut de *Germinal*, ce sera donc *Le Brasier*.

Le film sort sur les écrans à la fin du mois de janvier 1991. L'échec est total et sans appel, tant auprès du public que de la critique. Le premier est aux abonnés absents. La seconde regrette d'avoir à écrire, avec beaucoup de ménagements et une évidente sympathie pour le réalisateur, que son film est raté. Surtout si on le compare, comme certains ne s'en privent pas, au *Tunnel* de Kurt Bernhardt, à *La Tragédie de la mine* de Pabst et même à *La Grève* d'Eisenstein!

Ce qui est reproché au film? On ne voit rien dans les longues scènes de galeries en raison d'un éclairage trop réaliste et donc trop faible, on ne vibre pas quand on devrait être ému par la passion amoureuse, on est englouti sous un pilonnage d'images et de sons, on perd le fil de l'histoire... Bref, il y a trop de tout. A quoi bon être si ambitieux dans la mise en scène si on est incapable de maîtriser ses ambitions? La critique de Jean-Michel Frodon dans *Le Monde* est mesurée mais impitoyable : « Invoquant les mânes de Zola, conçu comme un flamboyant requiem à la mémoire des luttes ouvrières, le film subit un destin digne des Rougon-Macquart, broyé sous le poids de sa machine de production et sous celui des ambitions trop affichées de son réalisateur. Alimenté de combustibles disparates jetés à pleines pelletées, *Le Brasier* fait plus de fumée que de lumière et de chaleur, et s'étouffe. »

Le lendemain de sa sortie en salles, on sait déjà que *Le Brasier* a fait long feu. En un sens, le film est non avenu. Le grand public est donc encore vierge de mine et de mineurs.

›utes les photographies de
e cahier sont de Benoît Barbier

Le Voreux à Paillencourt et l'un de ses principaux maîtres d'œuvre, Than At Hoang, un des deux chefs décorateurs avec Christian Marti.

Miou-Miou et Judith Henry aux champs.

Bernard Fresson, dit M. Deneulin, s'échauffe.

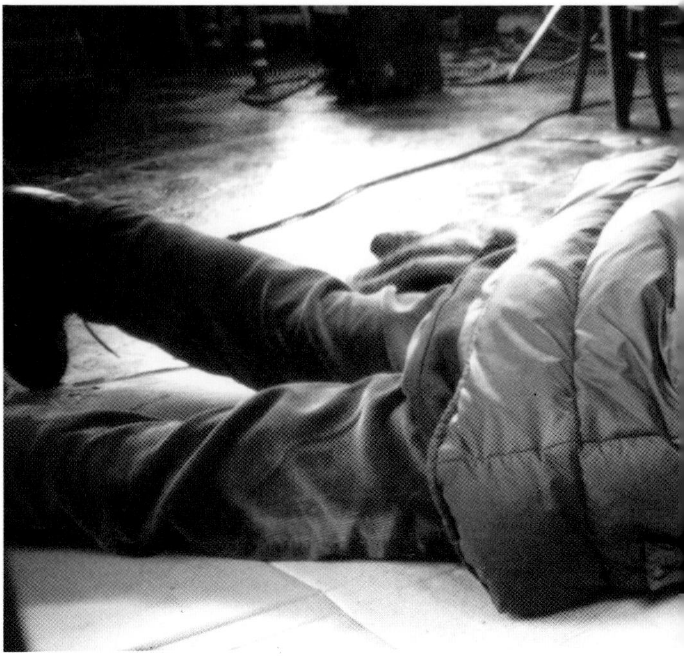

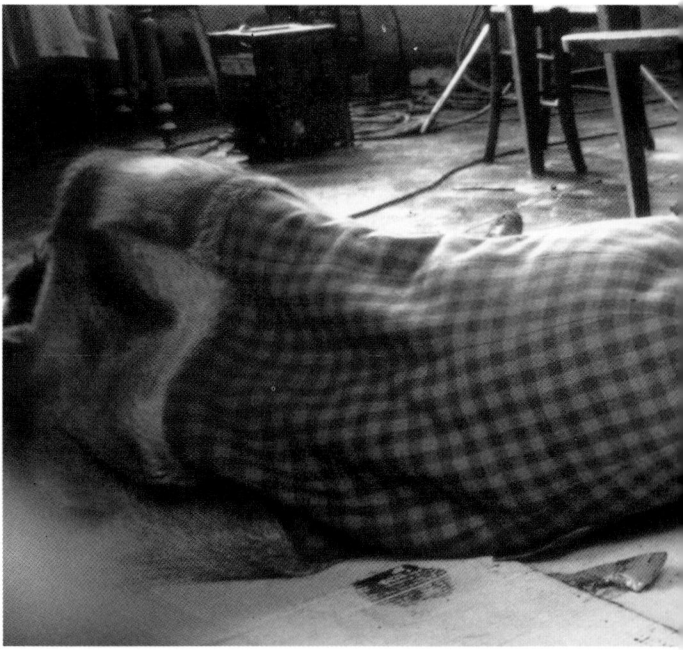

De l'étranglement conçu comme un art et non comme une technique. Berri montre, Carmet exécute. La jeune Cécile a survécu.

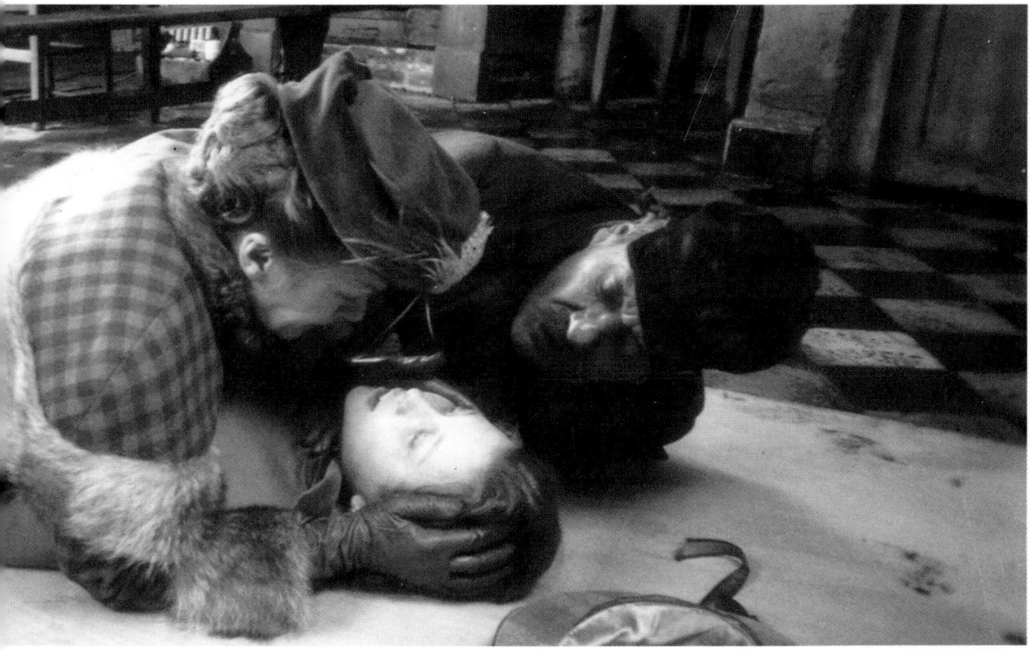

Metteur en scène, chef d'orchestre ou instituteur de campagne ? « Vous m'avez compris, les enfants : ne jamais regarder la caméra... N'oubliez pas ! » Ils oublieront.

L'ombre de Chaval entre Milo et Berri.
Un instant de sérénité dans un climat tendu.

La grève, la foule, l'armée, la mort. Le moment où l'utopie bascule dans la tragédie.

Le script sur les genoux et la nature pour théâtre, Laurent «Souvarine» Terzieff répète du Zola avec les oiseaux pour seuls spectateurs.

Renaud «MacIntosh» Lantier, envoyé spécial permanent de *Charlie-Hebdo* dans le grand Nord.

Qu'il n'y ait qu'une sentinelle à diriger sur un terril ou trois cents figurants à maîtriser à la fête de la Ducasse, l'angoisse a un paramètre unique : la météo...

Claude Berri ressort son scénario du tiroir et se remet au travail. Il écrit fiévreusement chez lui, à Paris, pendant plusieurs jours. Comme s'il lui fallait rattraper le temps perdu. Pour achever le script au calme, il se réfugie à Mougins, dans la propriété de son associé et ami Jérôme Seydoux, en compagnie du journaliste Jean-Claude Loiseau à qui il lit les scènes au fur et à mesure de leur rédaction. Comme pour les tester. Afin de mettre au point la version finale, il passe enfin trois semaines à discuter son script avec sa propre sœur Arlette Langmann, scénariste de plusieurs films de Maurice Pialat, qui lui « renvoie la balle » utilement.

L'écriture du film lui aura pris, en tout, quelques semaines. Après quoi, de retour dans la capitale, il le fait circuler dans son entourage, comme à son habitude. Cette fois, la machine est lancée. Pour de bon.

Bien plus tard pendant le tournage, au cours d'un dîner avec des membres de son équipe, Claude Berri évoquera son découragement, ses doutes et ses angoisses avant la sortie du *Brasier*. Mais quand un de ses commensaux lui demandera s'il aurait tout de même fait *Germinal* après un succès du *Brasier*, il deviendra songeur, se caressera la barbe, esquissera un sourire. Et avec la malice de son père lançant son fameux « Pourquoi pas... », il répondra simplement :

« Bonne question... »

IV

Des personnages en quête d'acteurs

Une fois n'est pas coutume, les studios de Joinville ressemblent ce soir-là à un grand restaurant. Un somptueux dîner vietnamien est offert à des centaines d'invités à l'occasion de la sortie de *L'Amant*. A l'étage en dessous, deux salles leur projettent le film en boucle, en anglais et en français. Jean-Jacques Annaud, le réalisateur et Claude Berri, le producteur, respirent. Ils savent depuis peu que « leur » film sera un triomphe auprès du grand public.

La fête est très réussie. Tout le monde se reconnaît à défaut de se connaître. Michel Charasse, qui est encore ministre du Budget, côtoie Patrick Bruel. Isolé sur sa chaise, Gérard Brach, le plus scénariste des agoraphobes, rumine sa soirée quinquennale. Il a fait un gros effort pour quitter sa tanière. Adaptateur du roman de Duras, il jure qu'on ne l'y reprendra pas avant longtemps. Non pas à toucher à un texte de Marguerite mais à sortir dans le monde.

Berri et Brach se connaissent depuis plus de trente ans. Une vieille complicité. Ils se retrouvent dans un coin, loin de la foule.

« Alors, *Germinal*?

– Je suis dedans, en plein. On tourne dans sept mois. Un

énorme pari financier. Et un gros risque : parler aux Français de l'exploitation, de la misère, de la grève, des mineurs, tout ça...

– Le film sort dans combien de temps?

– Dans un an et demi, disons en octobre 1993...

– D'ici là, la gauche aura été laminée aux élections. Une grande claque. Le fond de l'air sera rouge. Il y aura un retour aux sources des grands combats ouvriers, un flux du peuple de gauche qui voudra consoler sa peine. Avec ton film, il retrouvera peut-être son drapeau perdu.

– Attends un instant! Ne bouge surtout pas! »

Claude Berri s'éclipse et revient en tirant Renaud par la manche.

« Tu peux lui répéter ce que tu viens de me dire? »

Renaud n'est pas seulement le chanteur énervant que l'on sait. Il est l'indécision faite homme. Berri aura mis dix ans à lui faire admettre l'idée qu'il peut être aussi un acteur.

La première fois, c'était à Bobino en 1980. Claude Berri assistait, enthousiaste, à son spectacle. Il était soufflé par son aisance, sa maîtrise, ses gestes. Notamment pendant la première partie consacrée aux vieilles chansons françaises, quand Renaud, chantant du Bruant, allait et venait en salopette sur la scène. Il lui rendit visite dans sa loge.

« Tu sais quoi?

– J'imagine. Non merci. Moi, je suis chanteur...

– Ça prendra le temps que ça prendra, mais un jour, je te ferai faire du cinéma!

– Un jour, c'est ça...

– Quand j'aurai trouvé le rôle, je te le confierai. Tu verras, tu seras formidable. »

Après son triomphe à Bobino, Renaud reçut régulièrement des offres du cinéma, surtout pour des personnages de loubards ou de gavroches de la zone. Il les refusa, de même que d'autres rôles qui allaient finalement échoir à François Cluzet, Christophe Malavoy ou Jean-Pierre Bacri.

Berri et Renaud se croisèrent régulièrement au fil des années, à des spectacles ou chez Coluche. Le cinéaste repartait chaque fois à l'assaut, le chanteur résistait poliment. L'idée était toujours là, dans un coin de sa tête. Il ne manquait que le rôle. Un rôle pour un chanteur? Non, un rôle pour un acteur. Berri est homme à se moquer des étiquettes et des catégories. Sinon, il n'aurait pas fait jouer Alain Souchon et Serge Gainsbourg dans *Je vous aime* (1980). Et il n'aurait pas été l'unique artisan de la consécration de Coluche dans un rôle tragique, aux antipodes de son image.

Cette fois, il veut Renaud et il l'aura.

Il revient à la charge à la moindre occasion. Quitte à s'attirer chaque fois la même réponse :

« Pourquoi moi? Je suis chanteur! Chacun son métier et les vaches seront bien gardées. »

Il en faudrait plus pour le décourager. Lorsqu'il veut faire aboutir une idée, Claude Berri est un impatient qui a tout son temps. Mais qu'est-ce qui le fascine en lui? A priori, ils n'ont guère de points communs.

Renaud Séchan, né en 1952, est issu de la petite bourgeoisie parisienne et protestante. Son père, professeur et traducteur d'allemand, a également connu son heure de gloire en qualité de romancier. Renaud hésitera peut-être longtemps entre nord et sud mais il demeure depuis toujours fermement attaché à ses origines protestantes, identité minoritaire très ancrée en lui. Il est aussi « très famille », marqué par l'omniprésence de cinq frères et sœurs (dont son jumeau) et par le contraste entre ses grands-parents paternels (un helléniste et une artiste) et ses grands-parents maternels (des ouvriers). D'un côté, la Sorbonne, l'Église réformée, les Cévennes. De l'autre, l'usine, le communisme, le Nord. Deux univers sans passerelle plutôt que deux milieux parallèles.

Il s'émancipe à dix-sept ans en abandonnant ses études. Mai 68 vient juste de passer par là. Un bon souvenir de fête pour cet anarchiste libertaire, compagnon de route des « maos » et des comités éphémères, qui compose sa première chanson (*Crève salope!*, tout un programme) pour la Sorbonne occupée par les étudiants. C'est ainsi qu'on devient chanteur, en écrivant les paroles d'une chanson inspirée par l'air du temps et en y collant une mélodie qui trotte dans la tête.

Sous les pavés, la page. Il travaille deux ans au rayon « poche » dans une librairie du Quartier latin avant de partir faire la route puis revenir chercher des petits boulots. Il débarque un peu par hasard au Café de la Gare, tel une mascotte de la bande à Romain Bouteille. Sa chance survient quand on lui demande de remplacer un comédien au pied levé dans *Robin des quoi?* Cette première expérience de café-théâtre dure plusieurs semaines, jusqu'au jour où il se retrouve de nouveau à servir les boissons à l'entracte. Plus tard, il tâtera encore des planches, mais toujours du bout du pied, en jouant dans *Le Secret de Zonga* à La Veuve Pichard.

D'aussi loin qu'il s'en souvienne, Renaud a toujours voulu être comédien. Non pas acteur mais comédien, même si à dix-huit ans, il se serait bien vu en Tadzio dans *Mort à Venise*. Il a d'ailleurs suivi des cours de comédie chez Tania Balachova, avec Jean-Pierre Darras et Maurice Garrel comme professeurs, tout en courant les cachets de figurants aux dramatiques de l'ORTF.

Le théâtre ne fut qu'un essai non transformé. La chanson l'a emporté. Mais de cinéma, point. En réalité, Renaud a joué, en tout et pour tout, dans un seul film, grâce à son oncle Edmond Séchan, un fameux directeur de la photographie maintes fois primé. C'était dans *Le Ballon rouge* (1956) d'Albert Lamorisse. A la fin, on voit deux jumeaux de trois ans durant trois secondes. Renaud est l'un des deux. Ce plan sera son premier souvenir d'enfance. Des débuts d'autant plus prometteurs que la merveilleuse poésie du *Ballon rouge* sera couronnée par la palme d'Or au Festival de Cannes. C'était sa première apparition à l'écran. Pour la deuxième, près de quarante ans après, il aura le rôle principal de la plus grosse production française : *Germinal*...

Dès que Claude Berri a imaginé son film, repassant dans la tête des images qu'il n'avait même pas tournées, il a vu Renaud au centre de l'écran. Qu'importe s'il n'a pas vingt ans mais le double. En lisant la « fiche-personnage » d'Etienne Lantier, rédigée par Zola dans son dossier préparatoire au roman, le réalisateur est convaincu que Renaud saura être cet homme là : taille moyenne, joli garçon, un galant sourire sur des dents blanches, quelque chose de détraqué dans le regard, un vacillement par moment, une légère crispation nerveuse, un rien le grise, intelligence vive mais obstruée par des idées toutes faites...

Le jour où son agent Bertrand de Labbey lui annonce que Claude Berri a enfin un rôle pour lui, Renaud ne dit plus non. Mais il ne dit pas oui pour autant. Il commence par découvrir *Germinal*, une lecture qui lui avait échappé pour cause de désertion lycéenne. Le roman l'enthousiasme. Il le sent, comme il se sent des affinités politiques et morales avec le personnage d'Étienne Lantier. Même s'il n'aime pas trop les meneurs qui s'en tirent toujours, ceux qui ne versent pas leur sang quand tant d'autres meurent. Plus tard, dans une de ses chroniques de *Charlie-Hebdo*, il résumera l'histoire à sa façon :

« C'est un mec, y débarque dans une mine de charbon, tout va bien, les mecs, y travaillent comme des bœufs, y sont payés des clopinettes, pi des fois y meurent. Alors le mec, comme il a des idées de justice, il pousse tout le monde à la grève pi l'armée arrive qui tire dans le tas pi tous ceux qui sont pas déjà morts de faim y meurent de feu. Après y a un anarchiste qui fait péter la mine et les survivants qui ont repris le travail y meurent aussi mais pas le mec. Le mec c'est moi. A la fin je m'en vais, avec toujours mes idées de justice et quelques cadavres derrière moi, et tout le monde a repris le travail encore pire qu'avant. Bon, c'est un résumé succinct... Ça s'ra mieux expliqué dans *Télé-Star* quand ça passera à la télé dans cinq ans. C'est quand même une vach'ment belle histoire d'amour entre le mec et une fille mineuse, et pi de toute façon on sent bien que c'est le mec qui a raison parc'qu'on a toujours raison de se révolter. »

Pourtant, après avoir mûrement réfléchi, Renaud refuse. Sous de fallacieux prétextes : les rapports conflictuels qu'il entretient avec la presse ne lui permettront pas d'assurer la promotion du film, sa timidité l'empêchera de jouer même la plus allusive des scènes d'amour et puis... chanteur, pas acteur. Il n'en démord pas. Berri non plus. Celui-ci s'emploie à le convaincre qu'on peut très bien être les deux à la fois. Les exemples ne manquent pas, de Tino Rossi à Jacques Dutronc en passant par Yves Montand. Pour emporter la décision, il lui promet qu'il n'aura à assurer que le service minimum télévisé lors du lancement du film, que l'amour dans les corons sera moins nettement torride que celui de *37,2° le matin* et que pour jouer, c'est simple, il suffit d'être soi-même.

Alors? C'est toujours non.

Pendant deux ans, Berri continue à le relancer. Renaud ne connaît qu'une pause dans le harcèlement, grâce à l'annonce du *Brasier*. Puis Berri revient de plus belle à la charge, requinqué comme jamais. Il lui envoie le script enfin achevé. Cette fois, Renaud accepte. Le rôle de Souvarine, pas l'autre. Son nihilisme l'attire plus que la morale utopiste de Lantier, même s'il se sent plus proche de ce dernier. Et puis vingt-deux jours de tournage en tout, c'est parfait pour un premier test à l'écran.

Souvarine? Pas question. Ce sera Lantier, le rôle principal, ou rien. Berri tient bon.

Jusqu'au jour où Renaud ne dit plus non. Ce qui l'a décidé? Un séjour à Beyrouth pour les besoins d'un tournage avec la télévision. Dans l'avion du retour, l'acteur Vincent Lindon trouve les mots qu'il faut pour le convaincre de ne pas laisser passer la chance de sa vie. Renaud est ébranlé. Il l'est plus encore quand il entend dire que, de guerre lasse, le réalisateur aurait l'intention de confier le rôle à un autre chanteur et ami qui, lui, serait ravi. Berri, qui connaît son monde, s'est arrangé pour que cela se sache.

Là, c'en est trop. Renaud l'appelle.

« Claude, je viens d'apprendre que tu voulais confier le rôle à Patrick Bruel. Dans ce cas-là, j'accepte tout de suite! »

Si Renaud ne se fait pas à l'idée d'endosser la responsabilité d'un tel rôle, il imagine encore moins qu'un autre puisse le faire à sa place. Surtout pas un chanteur!

Il lui aura donc fallu dix ans de réflexion. Entre-temps, Berri lui avait transmis le virus de *Germinal*. Il n'en doutait pas, pour avoir entendu Renaud évoquer avec émotion la mémoire de son grand-père maternel. Personnage de légende disparu en 1976, figure mythique de la famille, celui-ci passait pour avoir dansé avec la fille de Staline sur la place Rouge. Ancien polisseur chez Renault-Billancourt, militant anarcho-syndicaliste, il engueulait sa descendance chevelue en mai 68 : « Bande de fainéants! Moi, à treize ans, j'étais à la mine! »

Renaud vénérait cet homme qui lui raconta cent fois sa vie, pleine de misère et de noblesse. C'est de lui qu'il tire cette intime conviction en vertu de laquelle les mineurs sont l'aristocratie du monde ouvrier. Il rêvait d'écrire sa biographie, de lui rendre un hommage à sa mesure. On ne refuse pas d'être Étienne Lantier quand on est le petit-fils d'Oscar Mériaux, né en 1899 à Courrières, Pas-de-Calais...

> *« Y v'nait du pays où habite la pluie*
> *Où quand y'a du soleil c'est mauvais présage*
> *C'est qu'y va pleuvoir c'est qu'y va faire gris*
> *Il était chtimi jusqu'au bout des nuages*
> *L'a connu l'école que jusqu'à treize ans*
> *Après c'est la mine qui lui a fait la peau*
> *Vingt ans au charbon c'est un peu minant*
> *Pour goûter l'usine y s'est fait parigot*
> *Dans son bleu d'travail y m'faisait rêver*
> *Faut dire qu'j'étais jeune j'savais pas encore*
> *J'pensais que l'turbin c'était un bienfait*
> *Bienfait pour ma gueule surtout c'est la mort... »*

Quand on a écrit et chanté *Oscar*, on ne passe pas à côté de *Germinal*. Finalement, la force de conviction qui anime le cinéaste l'aura convaincu de sauter le pas.

Plus tard, Claude Berri confiera :

« Quand il était au mieux de sa forme, Patrick Dewaere pouvait faire un excellent Lantier. Mais il est mort. Je ne voyais vraiment personne d'autre que Renaud pour ce rôle. S'il l'avait définitivement refusé, je n'aurais pas fait le film. »

Désormais, il a une affiche en tête. Nul besoin de la dessiner. En gros au milieu, le titre. Dessous, le nom de Zola. En haut, celui de Renaud. Il en manque deux à côté, sur la même ligne : ceux des acteurs qui joueront le couple Maheu. Mais pour eux comme pour l'ensemble de la distribution, Claude Berri est bien décidé à s'émanciper de la tutelle du roman. La fidélité n'est plus de mise quand il ne s'agit que de cinéma. Il prendra les libertés qu'il juge nécessaires.

Selon la « fiche-personnage » établie par Zola, Toussaint Maheu a quarante-deux ans. Il est de taille moyenne, ses membres sont épais sans que sa carcasse soit puissante. Calme et solide, yeux bleus et grosse tête. Un doigt en moins et une oreille coupée. Analphabète, mineur depuis trente ans, ouvrier consciencieux. Un brave type, sans hauteur ni bassesse. Aimé de ses camarades, il devient leur porte-parole parce qu'il jouit de la confiance de tous.

Qu'aurait-on dit et écrit de Claude Berri s'il avait tourné son film en anglais pour complaire au public américain et s'il avait donné ce rôle à Charles Bronson, le seul acteur d'envergure à avoir débuté dans la vie comme mineur de fond! Si Zola avait été responsable du « casting », il aurait peut-être pensé à lui mais certainement pas à Gérard Depardieu, tant il voulait symboliser le conflit entre le Capital et le Travail par une opposition d'abord visuelle entre les gros et les maigres. Mais le cinéma obéit à d'autres paramètres que le roman.

Dans les premiers jours de 1991, Claude Berri et Gérard Depardieu se retrouvent côte à côte dans l'avion de New York. Ils vont présenter *Uranus* au public américain. C'est l'acteur qui lance la conversation sur le projet *Germinal*. Son beau-frère Patrick Bordier, qui fut directeur de production sur *Uranus,* lui en a transmis le script. Il a lu, il a aimé.

« C'est un beau personnage que ce Maheu...

– C'est vrai, répond Berri, mais je le cherche toujours. Tu le jouerais? »

Quand une perche est tendue, il faut la saisir. Un sourire

et ils passent à autre chose. Après tout, ce n'est pas le rôle principal.

Peu après, assistant à l'anniversaire d'Yves Montand au restaurant Le Doyen, Claude Berri bavarde avec le producteur Jean-Louis Livi qui fut longtemps l'agent de Depardieu.

« Mais pourquoi cherches-tu? Et Gérard? Ton Maheu, c'est lui! »

Berri est troublé. Il n'est pas homme à demander des conseils comme une clause de style. L'avis des autres lui importe vraiment, quitte à ne retenir des opinions que leur faisceau plutôt qu'une seule d'entre elles. Livi est un ami proche depuis l'époque pionnière de l'agence Artmédia il y a trente ans. C'est lui qui lui avait parlé de *Jean de Florette*. Il n'a pas oublié. De même n'a-t-il pas oublié qu'en préparant ce film, il voulait confier le rôle à Jacques Weber, jusqu'à ce que Bruno Nuytten, son directeur de la photographie, le pousse à choisir plutôt Depardieu.

La suggestion de Jean-Louis Livi le fait réfléchir. D'un côté, il n'envisageait pas jusqu'alors que son film serait aussi important; avec un tel acteur à l'affiche, le budget s'alourdit aussitôt. De l'autre, il serait fou de refuser Depardieu si celui-ci a vraiment envie de jouer Maheu. Qu'importent ses motifs profonds : volonté d'occuper le terrain, envie de ne pas rater la plus grosse production française, nécessité de tourner film sur film, ou comme il le dit volontiers avec des accents semblables à ceux de Claude Berri, fidélité à la mémoire de son père, « le Dédé », ouvrier et analphabète, un Maheu à sa manière...

Germinal sera leur quatrième film ensemble depuis *Je vous aime* (1980). Depardieu, qui tourne plusieurs films par an depuis des années, compte pourtant peu de metteurs en scène auxquels il soit aussi fidèle. Outre Claude Berri, il y a surtout Maurice Pialat, Bertrand Blier et Francis Veber.

En l'engageant, Berri donne une autre dimension à *Germinal*. Dans le contenu, d'abord. L'écriture du script est légèrement modifiée afin que le personnage de Maheu ait un peu plus de présence que dans le roman, quitte à ce que certains seconds rôles en pâtissent. Quand on a un tel acteur sous la main, on en profite. On l'utilise. Dans la diffusion du film, ensuite. Grâce à ce nom en haut de l'affiche, Berri peut espérer aborder le marché américain. Après *Green Card* et avant même l'éventuel retentissement de *1492, Christophe Colomb*, Gérard Depardieu est le seul acteur francais qui puisse s'enorgueillir d'une grande renommée de l'autre côté de l'Atlantique. Si l'on en croit l'édition américaine du magazine *Première,* il serait même « la plus grande star de cinéma au monde dans une autre langue que l'anglais » et « un des rares produits français d'importation acceptable avec Maurice Chevalier Catherine Deneuve et le croissant ».

Le Maheu ayant signé son contrat, reste à lui trouver sa Maheude. Elle n'est pas non plus le rôle principal. Mais Berri est convaincu qu'elle a le grand rôle du film, à parts égales avec Lantier. Car cette histoire, c'est son histoire. Elle tient bon tandis que tout le monde meurt autour d'elle.

D'après Zola, elle a trente-neuf ans. Elle a eu son premier enfant à seize ans. Descendue travailler à la mine à neuf ans, elle en est ressortie à vingt ans. Depuis, elle est mère de famille. Douze enfants dont cinq sont morts. Elle les aime pour eux, puis pour l'argent qu'ils rapporteront. C'est une femme grande aux traits puissants. A dû être belle avant d'être déformée par les grossesses. Bonne épouse, sage et résignée. Très flamande d'aspect, comme son mari.

Berri cherche. Difficile et délicat. Une erreur de jugement pourrait dénaturer en partie l'esprit du film. Dans ses rêves éveillés, il imagine une actrice qui aurait le masque tragique et douloureux d'Anna Magnani du temps de sa splendeur et la voix de la *Bellissima* de Visconti. Un jour, passant dans le bureau de son amie de jeunesse Michèle Méritz, agent chez Artmédia, il lui fait part de son problème. Quand elle avance le nom de Miou-Miou, il est surpris de n'y avoir pas pensé tout seul. Il est emballé, bien que l'actrice n'ait pas grand rapport avec l'égérie du néoréalisme italien. Et à une réserve près, mais elle est d'importance à ses yeux : les seins.

Non que les poitrines soient l'objet de tous ses fantasmes.

Mais il n'a pas oublié que, dans les notes préparatoires à son roman, Zola insistait à juste titre sur cette caractéristique physique destinée à poser le personnage : « Les seins surtout ravagés, pendent sur le ventre, roulent dans le corsage de laine. Les seins d'une bonne femelle, lasse de produire et de nourrir. Toujours un enfant à la mamelle entre les bras; et cette mamelle qui pend au grand air comme allongée par la source continuelle de son lait... Sa gorge, qu'elle sort continuellement devant Etienne. Chaval, dans la querelle, lui jetant qu'elle se dépoitraille. Peau blanche. »

Qu'on se le dise : les seins de l'actrice qui jouera Constance Maheu doivent être gros, laiteux et pleins de sève. Ce n'est pas vraiment le cas de Miou-Miou. Elle le sait mais elle veut ce rôle comme elle en a peu désiré d'autres auparavant. Elle prend l'initiative d'appeler le metteur en scène. Peu après, ils se retrouvent pour un déjeuner en tête à tête.

Berri ne lui cache pas ses sentiments. Il a de l'admiration pour la grande actrice qu'elle est devenue, il avoue avoir été ébloui par la force qu'elle a su donner à son personnage dans *La Dérobade* (1978). Pour *Germinal*, elle a pratiquement l'âge du rôle mais elle fait plus jeune. De surcroît, elle n'a pas la carrure de la Maheude, ses rondeurs ni sa puissance physique. Quant au visage, il juge Miou-Miou trop belle dans la pureté de ses traits.

Il est hésitant. « La Miou », comme il dit, il la connaît depuis longtemps. « Pour vivre heureux, vivons cachés », telle pourrait être sa devise. Il sait sa discrétion vis-à-vis de la presse et sa manière de protéger sa vie privée, ses choix artistiques souvent judicieux, ses complexes nourris d'une culture en morceaux, sa timidité chronique compensée par l'audace. Il aime en elle cette incapacité à bien se projeter dans une histoire dont elle ne se sentirait pas proche. Il apprécie qu'elle ait conservé sa force d'indignation et sa capacité d'émerveillement.

Berri est surtout sensible à ce que Miou-Miou lui raconte de ses propres origines. L'explication de sa démarche s'y trouve pour une grande partie. Car si elle a toujours soutenu qu'une actrice n'a pas véritablement de choix à faire tant elle dépend des autres, cette fois c'est bien elle qui a pris les devants. Sylvette Herry (c'est Coluche qui la rebaptisa Miou-Miou à ses débuts car il la trouvait gnangnan...) vient d'un milieu modeste mais refuse de se considérer comme une miraculée de la misère. Un père policier, une mère vendeuse de légumes aux Halles. A seize ans, elle est apprentie ouvrière-tapissière. Deux ans plus tard, elle obtient son CAP. Mais emportée par le tourbillon général, elle rompt son contrat après mai 68. Elle quitte l'atelier pour ne pas finir ses jours le dos voûté et rejoint l'équipe pionnière du Café de la Gare. Mais jamais elle n'oubliera la couleur et l'odeur des Halles, toute cette vie en marge dans le ventre de Paris. La suite est connue : *Les Valseuses* qui la révèle en 1973, *La Femme-flic, La Dérobade, La Lectrice, Tenue de soirée...*

Quand un acteur trouve son rôle, c'est l'état de grâce, dit-elle souvent. Avec la Maheude, ce pourrait être le cas. Zola lui a déjà porté chance. Il lui a permis de surmonter sa pudeur une première fois en interprétant un personnage très pur qui aurait fait jaser la bande du Café de la Gare : c'était à la télévision dans *L'Argent* (1987) de Jacques Rouffio.

Cette fois, si elle veut ardemment ce rôle, ce n'est pas seulement pour s'éloigner un instant de la comédie et changer de registre. Ce personnage est pour elle, elle en est convaincue tant elle se sent dans son univers chez Zola. C'est son enfance, non dans le malheur mais par le contexte social. Pour elle aussi, faire *Germinal*, par-delà les stratégies d'imprésarios, c'est également une manière d'être fidèle à sa mémoire.

Désormais, Claude Berri « voit » le haut de son affiche. Trois noms : Renaud, Miou-Miou, Gérard Depardieu. Sur une seule ligne? Et dans quel ordre? On verra plus tard. Il sent quelque chose « monter » autour de ce film. Depardieu et Miou-Miou ont voulu en être, il n'est pas allé les chercher. C'est un signe.

Le gros de la distribution d'acteurs reste cependant à faire. Dès le mois de septembre 1991, il appelle Gérard

Moulevrier à la rescousse, comme il l'avait fait pour *Uranus*, et lui fait aussitôt porter une copie du scénario. Car celui-ci a, lui, des centaines et des centaines de visages et silhouettes en tête, autant de voix dans le creux de l'oreille et d'adresses dans son carnet. Le « casting », comme on dit en bon francais, est son affaire. Il est distributeur de rôles, comme on ne dit pas en anglais. Sa fonction consiste à suggérer au metteur en scène des noms qui colleraient au mieux avec ce que celui-ci a déjà en tête. Sa principale qualité relève d'une double capacité à mémoriser des visages, des noms, des talents, et à les ressortir au moment opportun. Dans cette seconde étape, ce n'est plus une question de mémoire mais d'intuition et de faculté d'étonnement.

Gérard Moulevrier procède pour ce film comme pour les autres. Le principe est identique quelle que soit l'envergure du projet. Il commence par lire attentivement le script, en tâchant de mettre des visages sur les personnages. Puis il prépare une chemise cartonnée pour chaque rôle et remplit chacun de ses dossiers de sept ou huit photos. Après cette sélection purement instinctive, qui s'appuie toutefois sur des années de fréquentation des salles de théâtre, de cinéma et des conservatoires d'art dramatique, il montre ses choix au metteur en scène. L'un propose, l'autre dispose.

L'exercice est délicat, il requiert doigté et diplomatie. Et surtout un instinct puissant. Berri en a pour deux et plus. C'est cette qualité qui lui a permis ses audaces : Coluche/Lambert, Auteuil/Ugolin, Renaud/Lantier. C'est peu dire qu'il adore les acteurs : ce sont eux qui font sa force au cinéma. Il est dans la situation d'un romancier qui raconterait une histoire non pour elle-même, mais pour le seul plaisir de donner vie à ses personnages. A une différence près : s'il a bien une idée du personnage et du rôle au début de la préparation du film, elle évolue au fur et à mesure du « casting », à force d'observer et d'écouter des candidats de toutes sortes.

Qui pourrait faire Bonnemort? Sa « gueule » compte plus que d'autres. Elle ouvre le film. C'est le premier mineur que

Lantier rencontre en arrivant à Montsou. Son crachat noir donne sa couleur à l'histoire. Il est la mémoire du Voreux. Il y a tout fait : galibot, herscheur, haveur... Zola ne l'a pas inventé : il l'a interviewé à Anzin. Le bonhomme l'avait tellement marqué qu'il en fit un personnage de roman sans trop modifier son histoire. En manière d'hommage secret. Il le décrit comme un homme petit, au cou énorme et à l'air particulièrement imbécile, mollets et talons en dehors, les bras trop longs, rongé par l'anémie. Un personnage de pierre qui paraît insensible aux intempéries.

Bonnemort ne fait pas directement penser à Jean Carmet mais Jean Carmet ferait un excellent Bonnemort. Au cinéma, il a tout joué depuis ses modestes apparitions à vingt-trois ans dans *Les Enfants du Paradis*, ses vrais débuts trois ans plus tard dans *Monsieur Vincent* et son envolée longtemps après grâce au *Grand Blond avec une chaussure noire* (1972). Au théâtre, ce branquignol a même incarné un personnage translucide dans *Un ange passe* de Pierre Brasseur !

C'est le doyen de la bande et le « frère » de Depardieu; leur fraternité de langage a de longue date scellé leur complicité. Ça se complique quand on sait que dans *Germinal*, il sera le père de Depardieu. Pour l'équipe d'un film, savoir que ces deux-là se côtoieront sur le même plateau est la promesse de moments savoureux et d'instants rares, tout empreints de poésie gauloise...

Jean Carmet voit son métier comme une série de conversations profondes qui deviennent fraternelles. Avec Claude Berri pourtant, si le courant passe et si les rapports s'établissent d'emblée de plain-pied, leurs relations restent superficielles. Ni tension ni affection mais une estime réciproque. Les deux hommes se connaissent et se croisent depuis longtemps mais n'ont pas encore travaillé ensemble. Carmet le tient avant tout pour un confrère. S'il a de la sympathie pour son itinéraire de metteur en scène, il reconnaît éprouver de l'admiration pour Berri, pour son courage d'acteur, sa manière de prendre des risques et de se mettre en danger, comme dans *Stan the flasher* de Serge Gainsbourg, ou dans le rôle du client homosexuel de

L'Homme blessé (1983) de Patrice Chéreau. De son propre aveu, c'est ce qui le décida à accepter de jouer le vieux travesti solitaire et pathétique de *Miss Mona* (1986), rôle des plus difficiles qu'il ne savait comment aborder.

Dès que Berri lui a parlé du Bonnemort de *Germinal*, il a été ravi. Le XIXe siècle, c'est son univers. Même s'il est plus à l'aise chez Flaubert que chez Zola. Dans la maison des Carmet en Touraine, il y avait peu de livres mais il y avait *La Terre*. Il le découvrit donc très jeune, juste avant de dévorer la série des Rougon-Macquart dans sa totalité et dans l'ordre chronologique! *Germinal* eut droit à un traitement de ferveur puisqu'il le relut alors plusieurs fois.

Quand il fut question du film, Jean Carmet n'éprouva pas le besoin de se replonger dans le roman. Ce qu'on a aimé dans sa jeunesse ne s'oublie pas. Et selon lui, lorsqu'il s'agit de l'adaptation d'une grande œuvre littéraire, il est préférable de s'éloigner un peu du livre pour mieux se rapprocher de la pensée du metteur en scène.

Carmet et Berri, aussi pudiques l'un que l'autre, se sont finalement peu parlé. Mais l'essentiel est passé. Ils voient Bonnemort comme un individu silencieux et retiré, capable de s'astreindre à la nuit totale s'il le veut. Il est le symbole vivant de tout ce qui s'est passé avant que Lantier arrive à Montsou. Son visage n'est que lassitude et résignation. Il est celui qui a beaucoup souffert et qui n'a plus la force de se révolter. C'est un personnage fossilisé, par les événements plus que par l'usure du temps. Il a la fierté de sa misère, évoquant ses cinquante ans de mine comme on raconte une carrière.

Berri et Carmet sont au diapason. Mais ils conviennent également qu'il ne sera pas commode de construire un personnage aussi épisodique. Il va et vient. Il ne faudra surtout pas le jouer au coup par coup mais l'imaginer même quand il n'est pas là. L'un et l'autre s'en remettent à leur vieille expérience du plateau. On verra bien...

Et Souvarine? Là aussi, Claude Berri n'a aucun doute. Mais par acquit de conscience, il se pousse à chercher un acteur qui ait l'âge du rôle, environ vingt-sept ans. Gérard

Moulevrier lui trouve donc un comédien roumain qu'il juge intéressant. De passage à Paris, celui-ci est auditionné. Mais ça ne marche pas. Il parle très mal le français. De toute façon, Berri pense depuis le début à « son » Souvarine à lui. Il n'a pas réussi à s'en déprendre malgré le problème de l'âge. Ça n'en sera plus un s'il le décide. Dans son esprit, le Russe ne peut être que Laurent Terzieff et nul autre. Il n'envisage même pas un refus de sa part. Les deux hommes se connaissent depuis leur jeunesse. Ils se sont rencontrés quand Berri répétait *Tchin-Tchin* au théâtre. Depuis, ils se sont beaucoup croisés. Malgré de nombreux amis en commun, ils n'ont jamais travaillé ensemble. Un jour, Berri prend son téléphone :

« Laurent? C'est Claude...

– Tu m'appelles pour *Germinal*?

– Oui.

– Pour jouer le Russe, c'est ça? »

Tout juste. Peu après, il se rend dans les bureaux de Renn Productions pour lire une partie du script à voix haute. Par principe. Car l'estime mutuelle que se portent les deux hommes n'a nul besoin de ce « bout d'essai » pour que s'exprime leur enthousiasme commun à se retrouver sur un film.

Ce roman, Terzieff l'avait lu une première fois à quatorze ans. Puis il l'a relu à vingt ans. Pour les besoins du film, il s'y replonge à nouveau, bien qu'il ait déjà le personnage très présent à l'esprit. Comme si celui-ci l'avait vraiment marqué dès sa première lecture.

Le Souvarine du roman est un individu de petite taille, âgé d'une trentaine d'années, mince, blond, à la figure fine. Sa bouche et son nez sont minces, ses dents blanches et pointues. Il a le teint rose. Il porte une légère barbe et de grands cheveux. Très léger accent. Laurent Terzieff, lui, a cinquante-sept ans. Grand, il a une silhouette décharnée, le visage osseux, le masque douloureux, la voix qui force le respect.

Souvarine c'est Souvarine, Terzieff c'est Terzieff. Et pourtant, il est l'homme du rôle à n'en pas douter. Ses immenses qualités de comédien sont évidentes, mais l'essentiel est ailleurs : dans les interstices du récit, quand Zola évoque « ses yeux vagues de mystique » ou encore « un air de douceur entêtée, que le reflet gris de ses yeux d'acier ensauvageait par éclairs ». Souvarine comme Terzieff, c'est d'abord un regard. Le romancier Léon Bloy, qui le disait « tragique et pénombral » et animé d'« un pessimisme foncier », assurait que ce portrait physique avait été inspiré, de toute évidence, par celui de J.-K. Huysmans, l'auteur d'*A rebours* et de *La Cathédrale*. Possible. Mais le portrait physique de Souvarine importe moins que la logique et la psychologie exprimées par cette manière bien à lui de poser son regard sur les autres.

Dans le roman, cet ancien étudiant en médecine à Saint-Pétersbourg a conservé les gestes et attitudes de sa caste d'origine, la noblesse. Il a fui la Russie à la suite d'un attentat manqué contre l'Empereur. C'est un marginal absolu, banni par sa famille d'origine comme par sa famille d'élection, les ateliers français le tenant pour un espion. Sans le sou, il est employé depuis un an au Voreux en qualité de machineur. On ne lui connaît qu'une compagne, sa lapine nommée Pologne.

Dans les années 1880, le nihiliste était un personnage à la mode chez les écrivains, notamment depuis les attentats perpétrés contre le roi d'Italie, le roi d'Espagne et le tsar Alexandre III. Pour donner plus d'épaisseur au sien, Zola s'était inspiré de l'anarchiste révolutionnaire Bakounine (1814-1876), qui fut, par ses écrits et ses discours, un théoricien du coopératisme et de l'abolition de l'État. Mais il mêla certains de ses traits à ceux d'autres anarchistes, notamment Koprotkine et Hartmann. Le romancier Tourgueniev, avec qui il avait eu des entretiens lors de son séjour à Paris, l'avait aidé en lui fournissant des précisions sur ces hommes.

Laurent Terzieff, qui a une aussi bonne mémoire du Souvarine de la fiction que du Bakounine de la réalité, estime que Zola a pris plus que des libertés avec l'Histoire. Car « le vrai », lui, avait adopté une démarche plus proche d'un pacifisme libertaire, ne débouchant pas sur le terrorisme aveugle et sauvage. En fait, Terzieff voit son personnage comme un homme qui a tenté une sorte de pari métaphysique avec l'existence. Un pari morbide, à la manière de Saint-Just quand il voulait faire décapiter le roi. Si l'homme est pourri, et pas seulement la société qui le corrompt, alors il faut tuer l'homme. Le personnage romanesque de Souvarine est plus russe que nature par sa facon d'envisager l'échéance de la mort. Bakounine, lui, considèrait avant toute chose le pouvoir d'État comme le pire de tous : un monstre froid. Il appelait de ses vœux une société collectiviste idéale dans laquelle les ouvriers se rendraient à l'usine au son du tambour.

Laurent Terzieff, qui n'ignore rien des démêlés de Bakounine avec Marx à la réunion de la Ire Internationale, aime sa vision de l'histoire. Mais pour mieux s'intégrer à l'adaptation du scénariste, il préfère s'attacher aux contradictions du personnage, à sa complexité, à son côté double. Un homme devenu lui-même un monstre froid par réaction à sa sentimentalité, c'est ainsi qu'il le ressent.

Et Chaval? Pour les lecteurs du roman, c'est le méchant absolu. Un grand maigre de vingt-cinq ans au visage osseux, aux traits épais. Son profil psychologique n'est pas très avenant : dominateur, d'un tempérament jaloux et confus, dur et frustre. « Il représente la brute dans l'ouvrier » écrit Zola dans ses notes préparatoires. Les gens du Hainaut ne disent-ils pas qu'il est de ces « boyaux-rouges », un natif du Pas-de-Calais? Dans le film, il occupera une place d'autant plus importante qu'il sera le rival amoureux et le repoussoir politique de Lantier, son négatif en quelque sorte. Sans Chaval en permanence sur son chemin, Lantier perdrait un peu de sa grandeur. On vibrerait moins pour lui.

Alors qui mettre en face de Renaud? Une belle gueule de voyou posée sur un corps vigoureux et musclé, une force de la nature pleine de charme. Après avoir longtemps songé à offrir le rôle à Gérard Lanvin, Claude Berri y renonce pour diverses raisons et change de cap. L'homme du casting n'est pas surpris par ce revirement. Le grand écart est courant dans la préparation d'un film. Bertrand Blier pour ne citer que lui, avait écrit *Tenue de soirée* en pensant à Bernard Giraudeau. Mais après que celui-ci eut refusé le rôle, il le confia à Michel Blanc qui n'a pas vraiment le même genre de beauté.

Le visage que Berri a désormais à l'esprit est tout sauf beau mais il est très expressif et porté par un comédien d'une rare puissance. C'est un homme qu'il avait remarqué il y a huit ans sur le plateau des *Enragés* de Pierre-William Glenn, film qu'il coproduisait avec Michèle de Broca. Le nom de Jean-Roger Milo n'est pas connu mais l'homme gagne à l'être. Rescapé de quelques hôpitaux et autres établissements aux portes encore mieux fermées, il se considère comme un sursitaire qui fait du rab. Ses réactions désorientent car il envisage tout comme s'il n'avait rien à perdre. Elles font souvent peur aux régisseurs. Ils ne songent qu'à l'encadrer à défaut de le contrôler.

Par son passé agité et par sa personnalité troublante, par son tempérament vif et par son extrême pudeur, il est certainement à trente-trois ans l'un des comédiens les plus atypiques et attachants de sa génération. Il a travaillé au théâtre avec Sacha Pitoëff, joué dans des téléfilms et, à partir de 1976, tourné au cinéma sous la direction d'Yves Boisset, José Giovanni, Jacques Deray entre autres. Souvent des personnages de marginaux et de violents dans des films qui ne l'étaient pas moins. *Tir groupé* (1982) de Jean-Claude Missiaen et *Les Enragés* (1984) de Pierre-William Glenn l'ont consacré dans ce genre de rôles qui suscitent chez certains spectateurs une réaction de rejet. Celle-ci s'exprime en général par leurs applaudissements lorsque Milo, le loubard cogneur et violeur, reçoit enfin une décharge de chevrotine en plein milieu du front.

Quand Berri le contacte, cet écorché vif est en plein tournage de *L.627* avec Bertrand Tavernier, un réalisateur qui l'a déjà employé dans deux de ses précédents films. Une fois n'est pas coutume, il est du côté de la police, inspecteur dans cette équipe de la brigade des stupéfiants autour de laquelle tout le récit s'organise. Berri l'a flairé, il sait qu'il est Chaval en puissance. Il n'en a pas que la gueule, mais aussi la force instinctive et la brutalité animale. Milo ne présente qu'un seul inconvénient à ses yeux : il dépasse le quintal. Ce n'est pourtant pas son aspect habituel. Il n'empêche.

« Un mineur mauvais, jeune et gros, ça ne colle pas. Rien à faire, ça ne colle pas...

– Vous avez raison. D'ailleurs, j'en ai assez de jouer les ordures. Je préfère être un intermittent du spectacle...

– Mais Chaval, c'est toi, j'en suis sûr ! Seulement Renaud ne fera pas le poids face à un type de plus de cent kilos. Il est tout de même censé se battre avec lui et le tuer...

– Alors pas de problème. »

Peu après, ils se revoient. En serrant la main de Berri, Jean-Roger Milo lui en broie les cartilages. Il pèse trente kilos de moins. Il est effrayant et déjà pathétique.

Et Catherine, l'aimée de Milo, la fille des Maheu ? Le romancier la voyait comme une rousse de seize ans, fine et délicate, douce et calme, plutôt silencieuse. Sa peau laiteuse se détache autant que ses yeux quand son visage est barbouillé de poussière de charbon. Elle est un produit de sa race et de son milieu, réagissant aux circonstances, ni plus ni moins. Elle ne suit pas le mouvement, elle suit son homme. Catherine a Lantier dans la tête et Chaval dans le corps. De l'un à l'autre, elle oscille entre désir et résignation.

Le réalisateur avoue avoir eu du mal à la trouver. Il a bien quelques visages en tête, des noms et des silhouettes, mais rien de satisfaisant. Il faut tout de même qu'une fois habillée en mineur, elle ait, comme l'écrit Zola, « l'air doux d'un garcon », qu'elle n'ait d'une fille « que le dandinement léger de ses hanches ». Aussi prend-il le parti de se rabattre sur la région, espérant trouver dans les corons du Nord une Catherine plus vraie que nature, à défaut d'être comédienne professionnelle. Dès janvier 1992, il fait passer des annonces dans les différentes éditions de *La Voix du Nord.* Le responsable du « casting » reçoit deux mille lettres. Toutes les filles du coin veulent jouer Catherine car elles rêvent toutes de devenir Sandrine Bonnaire ou Sophie Marceau. Las ! A l'expérience, il n'est pas plus satisfait. Sur place,

Berri et Moulevrier auditionnent en vain un grand nombre de postulantes. Quelques-unes sont bien, mais le rôle est lourd à porter.

De retour à Paris, le réalisateur songe alors à Charlotte Gainsbourg et à Romane Bohringer. Cette dernière n'est pas encore auréolée par son rôle dans *L'Accompagnatrice* et son triomphe dans *Les Nuits fauves*. Mais à la réflexion, ça n'ira pas. Il pense alors à Judith Henry qu'il avait tant aimée dans *La Discrète*. Après quelques essais, il sait que Catherine, ce sera vraiment elle. Ce choix s'impose comme une évidence lorsqu'il l'imagine en fille de Miou-Miou et Depardieu.

Cette jeune comédienne de vingt-quatre ans, d'apparence frêle et fragile, est d'abord un regard et une voix. Quand ils se conjuguent avec le sourire, le tout évoque alors une rare poésie qu'on ne prête qu'aux oiseaux les plus doux. *La Discrète* de Christian Vincent lui avait valu un César du meilleur espoir féminin en 1990 et des propositions au cinéma. Mais cela ne la détourna pas de sa passion pour les planches. On la verra aussi bien dans *Roberto Zucco* au Théâtre de la Ville que dans les spectacles montés avec ses copains comédiens, peintres et musiciens du groupe Sentimental Bourreau.

Claude Berri met un soin tout particulier à sélectionner les enfants du film. Père de trois fils, il s'est pourtant toujours senti plus fils que père. De film en film, son attirance pour les enfants ne s'est jamais démentie. Généralement, il devine assez vite s'ils sont doués pour le cinéma ou pas. Quand il les dirige, il s'applique à leur faire comprendre que pour bien jouer, il leur suffit de rester des enfants. Le seul problème, c'est de les faire pleurer au bon moment. Pour y parvenir, les acteurs adultes savent se raconter des histoires tristes dans leur tête. Pas les enfants. Mais même sur ce plan-là, Claude Berri a évolué. Dans *Le Vieil Homme et l'Enfant*, il avait dû gifler le petit Alain Cohen pour lui tirer des larmes. Dans *Manon des sources*, il a demandé à son assistant de pincer la petite fille.

Entre-temps, vingt ans s'étaient écoulés.

Pour *Germinal*, il n'en est pas encore là. La question lacrymale n'est pas à l'ordre du jour. Pour l'heure, il a du mal à trouver celui qui jouera Jeanlin, onze ans, l'un des fils des Maheu. C'est un rôle clef, plus important qu'il n'y paraît. Gérard Moulevrier part à sa recherche en se promenant dans les cours de récréation, les clubs sportifs et sur les terrains de jeux du Valenciennois. En vain, malgré l'aide particulièrement efficace des animateurs sociaux qu'il met à contribution. Il y en a bien quelques-uns, çà et là, une demi-douzaine sur cent vingt candidats, sélectionnés d'après photos. Mais quand bien même ils auraient le physique, il leur manquera toujours quelque chose. La flamme, probablement. Quand on les filme, cette absence est flagrante. Ils font tous du théâtre à l'école. Ce sont tous des adolescents très comme il faut. Or le Jeanlin de Zola n'en est pas un, justement.

Un jour, en se laissant porter par ses pas du côté de Vieux-Condé en compagnie de Sébastien Decourselle, l'animateur de l'atelier-théâtre « Arlequin », Gérard Moulevrier observe un gamin jouant avec ses camarades dans la cour d'une cité. Sa façon de marcher trahit son caractère de meneur. Un vrai petit chef de bande. Il compense sa courte taille par des mouvements du menton, de la détermination dans chacun de ses gestes, une certaine autorité dans la voix. Incontestablement, il a quelque chose.

Moulevrier engage la conversation. Le gamin a seize ans mais ne les fait pas. Il s'appelle Albano Guaetta. Son père, un émigré d'origine sicilienne, est ajusteur-outilleur chez Renault-Douai. Albano a un vrai accent du Nord. Tant et si bien qu'on ne comprend pas tout ce qu'il dit quand on débarque de Paris. Tout en l'écoutant se raconter, Gérard Moulevrier est convaincu que ce garçon-là a une présence. C'est une nature. Jouer dans un film? Pourquoi pas...

Albano vient faire deux essais devant la caméra vidéo. Il est lui-même car il n'a rien à perdre, n'étant pas demandeur. Il est donc parfait. Naturel comme on l'est quand on ne se sent pas en compétition.

Gérard Moulevrier ne dissimule pas son enthousiasme. La voix éraillée du gamin fait merveille. Le problème de l'âge n'en est plus un puisqu'il fait plus jeune qu'il ne l'est. De plus, ayant la force d'un garçon de seize ans, Albano sera d'autant plus crédible lorsqu'il aura à poignarder la sentinelle sur son terril. Et peu importe s'il est encore trop mignon, trop fin de traits. Le maquilleur saura les buriner.

Pourtant, Claude Berri hésite toujours. Il veut en voir d'autres, notamment un qui a un petit air de Depardieu. Ça tombe bien puisqu'il est censé être son fils. Depuis des semaines, on le traîne d'essai en essai sans qu'aucune décision soit prise.

Il en reste encore trois. Comment les départager? Il faut en finir. Un jour, on aligne ces Jeanlin. Berri leur parle tandis que Moulevrier les filme. Peu après, en visionnant la cassette, ils s'aperçoivent qu'un seul a su prendre naturellement la lumière; il a correctement placé son visage par rapport à la caméra quelle que soit la situation. C'est un don que de savoir instinctivement où se mettre. Il est le seul dont on regarde l'œil. Et quand l'œil à la caméra est bon, c'est un signe qui ne trompe pas. Dans ce regard-là, les ophtalmos du septième art perçoivent une lueur, quelque chose d'indéfinissable qui réflète l'intérêt pris à la chose et l'envie d'en être. Les deux autres candidats, eux, regardent la caméra d'un air distrait ou désinvolte.

Cet acteur-né, c'est Albano Guaetta. Cette fois, après avoir revu la vidéo, Berri n'hésite plus. Ce sera lui, Jeanlin. A une condition toutefois, impérative : qu'il ne bronze pas pendant les grandes vacances. Albano, qui prend déjà son rôle au sérieux sans pour autant se prendre lui-même au sérieux, promet l'écran total.

Et Alzire, la petite boiteuse? Là encore, un vrai problème. Le metteur en scène ne veut pas d'une enfant qui joue la claudication. Il préfère qu'elle ait un léger handicap naturel. Gérard Moulevrier en trouve deux dans un centre de rééducation à Cambrai. Il choisit la moins timide, celle qui baisse le moins les yeux quand on lui parle.

Et la petite Lydie? Là aussi, rien n'est moins évident. Les candidatures spontanées ne donnent pas satisfaction. En se promenant dans un centre aéré alors qu'il cherchait encore celui qui pourrait être Jeanlin, Gérard Moulevrier avait remarqué un gamin qui jouait au ballon dans une cour. Il avait exprimé son intérêt et engagé la conversation. L'institutrice n'avait pu s'empêcher de lui dire :

« Il est bien, mais sa sœur, elle, c'est un drôle de phénomène! »

Aussitôt, l'homme du casting vit une gamine sortir du bâtiment comme un boulet de canon.

« Quoi, un film? Moi aussi, je veux jouer dans ce film! »

On lui fait faire des essais à la vidéo. Cette gosse d'une cité de Pecquencourt a une bouille inouïe toute en fines tâches de rousseur, un petit nez, une déformation dentaire, des yeux d'une grande malice, la langue bien pendue et une personnalité renversante. Elle n'attend pas qu'on la prenne, elle s'impose. L'institutrice a vu juste. Sandrine Leclerc ne sera pas seulement Lydie. Elle deviendra la mascotte du tournage.

Pour le rôle de Zacharie, vingt-et-un ans, l'aîné des enfants Maheu, Berri voit plus longuement trois candidats mais il se décide dès que Gérard Moulevrier lui présente Thierry Levaret. Son visage très expressif, son regard et son sourire accrochent tout de suite. On croirait le fils naturel de Patrick Dewaere ou de Philippe Léotard.

Et Rasseneur, cet ancien mineur qui tient son débit de boissons « A l'Avantage » en face du Voreux comme on lance une provocation à la Compagnie? Pour Zola, il a trente-huit ans et un visage débonnaire, il est gros et rond. Pour Berri, ce sera le comédien Jean-Pierre Bisson. Son physique est tout autre et sa mèche peut-être trop romantique. Mais puisque ce qu'il aime au cinéma, c'est justement la composition, ce sera à lui de jouer.

Quant à la Mouquette jouée par Anne-Marie Pisani, elle est d'emblée envisagée par le metteur en scène comme elle le fut par le romancier : l'exact opposé de Catherine, la fille des Maheu. Elle doit être aussi potelée et expansive, généreuse de poitrine et de cul, que l'autre est réservée, maigre et plate. On doit comprendre immédiatement en la voyant que toute la mine lui est passée dessus, mais à la bonne franquette. « Une vraie tournée de camarades! » précise Zola.

Pour d'autres rôles, Berri fera appel à sa mémoire des images. Fred Personne sera Pluchart le syndicaliste, Gérard Croce fera un excellent Maigrat l'épicier, et Georges Staquet, qui fut le père de Coluche dans *Le Maître d'école*, se retrouvera dans la peau de Levaque. Parfois aussi, certains audacieux s'imposent à Berri avec la détermination de ceux qui n'ont rien à perdre. C'est le cas de Maximilien Regiani.

Germinal, il veut en être. Depuis qu'il a entendu parler du projet, ce jeune comédien ne pense plus qu'à ça. Quand il a su que le « casting » était lancé, il a fait intervenir son agent. Dossier de candidature, démarches, etc. Sans résultat. Alors n'obéissant qu'à son tempérament, plutôt bouillant et nerveux, il a lui-même téléphoné au directeur de « casting » qu'il connaît depuis des années. Sans plus de résultat. Il l'a rappelé et, au culot, a laissé un message plein de colère sur son répondeur : « Mon père a passé sa vie au fond d'une mine de l'Est! Moi, j'y suis resté des mois avant de suivre des cours d'art dramatique pendant trois ans à Strasbourg. J'ai joué des petits rôles dans plusieurs films... Et avec tout ça, vous ne voulez même pas me voir! »

Le problème, c'est qu'il n'y a pas de rôle pour lui. On le convoque tout de même. Regiani vient avec le cahier journalier de son père. Averti, Claude Berri est touché par son histoire. Il fait demander son dossier dès le lendemain. D'après les photos, il a une gueule, effectivement. Le réalisateur le convoque à son tour. Il a aussi une grande gueule, au meilleur sens du terme. Une vraie personnalité de comédien. Et puis il en veut, à n'en pas douter. Il est engagé pour le rôle de Pierron.

Et les bourgeois? Dans *Germinal*, ils n'ont pas la part belle, c'est le moins qu'on puisse dire. Au propre comme au figuré. Leur présence est encore plus réduite dans le script que dans le roman. Le choix du réalisateur est souverain. Il défend ce parti pris en arguant de la nécessité de développer les rôles des Maheu et de centrer le récit sur les mineurs.

Cela dit, malgré leur faible présence à l'image en terme de durée, les bourgeois sont sélectionnés avec soin. Il n'y a pas de petits rôles. Nul n'a oublié, et Berri encore moins, que Michel Galabru a bouleversé les spectateurs d'*Uranus* alors qu'il ne faisait qu'y passer.

Pour le rôle de Mme Hennebeau, la femme volage du directeur de la Compagnie, il songe à prendre une inconnue puis à faire appel à Carole Bouquet. Sur la suggestion du responsable du casting, il se tourne finalement vers Anny Duperey, tout en étant convaincu qu'elle refusera tant le personnage peut paraître odieux. Elle n'a pas à relire le roman, ni même à lire le script : le rôle est trop bref pour qu'il soit nécessaire d'approfondir. Il le lui raconte et elle l'accepte. Elle le jouera comme un peintre ferait un croquis, comme un comédien se donnerait un exercice.

Parallèlement, Berri contacte d'autres acteurs de haute volée, perçus comme plus proches du théâtre et des grandes dramatiques télévisées que du cinéma. Pour jouer M. Hennebeau, il fait ainsi appel à Jean-Claude Drouot. Mais après plusieurs lectures à voix haute en petit comité, celui-ci apparaît encore trop jeune et trop bel homme pour le rôle. Le rigoureux Jacques Dacqmine lui est finalement préféré, parce qu'il est plus âgé et plus sévère. Bernard Fresson, qui incarna un mineur de fond de Charleroi pour un de ses tout premiers rôles au cinéma en 1961 dans *La Fille dans la vitrine*, sera Deneulin, un directeur de mine, sans hésitation. Frédéric Van Den Driessche est, lui, choisi pour être Paul Négrel, neveu de M. Hennebeau. C'est l'homme du casting qui a amené au réalisateur ce comédien du Francais, beau garcon, excellent cavalier et de surcroît homme du Nord. Outre sa fière allure, il saura, sans doute aucun, être comme le voulait Zola « d'une intelligence sceptique qui se changeait en une autorité cassante dans ses rapports avec les ouvriers ».

Choisir des comédiens professionnels, même quand on est un metteur en scène éprouvé, est toujours un exercice délicat. Parce qu'on sait que, pour une large part, le film se joue là. C'est affaire de patience, d'expérience et d'intuition.

Mais ces qualités ne suffisent plus lorsqu'il s'agit d'engager des figurants qui échappent, eux, aux paramètres habituels du jugement. Avec eux, la part d'inconnu est telle qu'elle fait redouter des risques, craindre des déceptions mais aussi espérer de belles surprises.

Dans *Germinal*, ils ne sont appelés « figurants » que par commodité car, d'entrée de jeu, ils sont bien plus que cela. Cette foule, que Claude Berri appelle « le chœur des mineurs », est appelée à être un des éléments forts du film. Une de ses révélations, qui sait. Comme si de cette masse informe et confuse pouvait surgir la silhouette d'un personnage unique, qui resterait dans les mémoires comme l'incarnation du mineur dans toute sa noblesse.

Le travail de casting va durer quatre mois, de février à juin 1992. Gérard Moulevrier s'installe à Valenciennes, dans une usine désaffectée. A sa demande, il est rejoint à mi-parcours par Evy Figliolini qui avait travaillé sur *La Révolution française*. C'est elle qui s'occupera plus particulièrement des figurants.

Des annonces, petites et grandes, sont systématiquement diffusées dans *La Voix du Nord* et sur l'antenne de FR3-Lille. Des affichettes sont apposées dans les petits commerces, les ANPE, les associations et les amicales de toute la région. Pendant ce temps, articles et reportages se multiplient dans les médias locaux et nationaux. Et la rumeur enfle, enfle... Le plus grand film français va être tourné dans le Nord et il aura besoin de toutes sortes de gens... des comédiens qui parlent et des silhouettes qui se taisent... des professionnels et des amateurs, des... « Engagez-vous! » Ou plutôt, comme le dit Claude Berri en termes moins militaires dans ses appels aux gens du Nord :

« Lisez, relisez *Germinal* et si vous vous reconnaissez dans tel ou tel personnage, faites-le nous savoir. »

C'est que le casting est encore très ouvert. Tous les espoirs sont permis. Certains rôles importants (Catherine, Chaval, Jeanlin) ne seront finalement attribués que tardivement.

Les « distributeurs de rôles » doivent d'abord affronter une épreuve : le dépouillement de milliers de lettres de candidatures. Certaines leur ont été directement adressées, d'autres ont été envoyées aux bureaux de Renn Productions à Paris. Plusieurs caisses de courrier en tout. Impressionnant. Leur lecture suscite des sentiments mêlés. Certaines sont drôles ou pathétiques, d'autres instructives ou ineptes. Beaucoup sont d'une naïveté touchante. Quelques-unes sont poignantes, voire bouleversantes. Mais il est également des candidats qui se contentent d'envoyer photo et curriculum-vitae sans autre forme de procès.

Toute la France d'aujourd'hui se retrouve dans sa diversité au fond de ces enveloppes. Elles sont autant de bouteilles jetées à la mer. On pourrait en tirer une étude sociologique qui dépasserait largement le cadre du cinéma. Quoique même sur ce plan, l'image soit saisissante. L'itinéraire est classique : Cours Florian, Cours Simon, Maisons des Jeunes et de la Culture, pubs, courts métrages et puis rien. On a l'impression que tous les comédiens sont des intermittents du spectacle en disponibilité prolongée. Ils sont prêts à tout pour être de ce film, même si leur participation doit être réduite au minimum. Misère de la profession.

On relève au moins une constante : si une majorité de correspondants exposent l'intérêt personnel qu'il trouverait à participer au film, rares sont ceux qui s'interrogent sur l'intérêt de la production à les engager pour un rôle. Ils voient bien ce que le film peut leur apporter mais ne se demandent pas ce qu'ils pourraient apporter au film.

Il y a ce Parisien qui clame son admiration pour Zola, sa fascination pour Berri et son amour pour Renaud. C'est trop. Cet autre qui implore le metteur en scène : « Faites-moi confiance s'il vous plaît! » A le lire, on l'imagine écrivant à genoux. Un vieux copain de Claude Berri se manifeste trente ans après qu'ils se soient perdus de vue. Pas pour lui, pour un ami.

Une Parisienne postule pour des raisons objectives : « Mon physique correspond à l'univers de Zola : peau laiteuse, formes rondes. » Une photo est jointe. En effet... D'autres impétrantes, tout aussi rondes, assurent avoir « le look de l'époque ».

Certaines préviennent d'entrée de jeu : « Avant tout, il faut que vous sachiez que je prends des cours d'art dramatique depuis six mois. » Une autre veut désamorcer toute réserve : « Je sais que vous cherchez des femmes de quarante-cinq ans et plus, et je n'en ai que quarante et un mais regardez sur la photo ci-jointe comme j'ai l'air fatiguée, et je le suis plus encore car je viens d'avoir un bébé... »

Un jeune Parisien, qui en a assez de téléphoner en vain, désespère d'obtenir un rendez-vous avec le réalisateur. Mais il tient à le mettre à l'aise pour le jour où ils finiront par se rencontrer pour une audition : « Ni haine. Ni arme. Ni violence. » Ça s'annonce bien. Dans un esprit plus pacifique, un candidat assure qu'« un entretien serait, je suis sûr, intéressant » mais il ne précise pas pour qui.

Un habitant des Yvelines, qui n'est pas du tout comédien, sollicite un rôle de figurant au motif qu'il a passé toute son enfance à Médan, à l'ombre de la maison d'Emile Zola. Assurément, ça crée des liens. Un jeune Parisien pas très contrariant postule un rôle dans *Germinal* ou dans *La Reine Margot* « au choix ». Il y a même cette jeune fille du Nord qui commence sa lettre de manière péremptoire – « Vous ne pouvez pas ne pas me prendre! » – et signe : « Mlle Rougon-Macquart ». En effet, c'est plus qu'une introduction pour jouer dans *Germinal*. Mais à l'examen, elle ne fera pas l'affaire.

Il y a aussi ce jeune homme qui se livre en trois pages d'une écriture serrée à une remarquable analyse du roman, en reprend les principales charnières, dresse l'inventaire de tous les rôles puis explique pourquoi il ne conviendrait à aucun d'entre eux à l'exception de celui de Souvarine dont il brosse le portrait moral et psychologique avec une précision inouïe avant de conclure : « Je ne sais pas si vous comptez vraiment distribuer ce rôle à un acteur non-professionnel, mais si tel est le cas, laissez-moi vous dire que je serais enthousiaste à l'idée de l'interpréter sous votre direction... »

D'autres lettres encore. Un instant, le cœur se serre. On reconnaît le visage sur la photo. C'est une ancienne vedette.

Elle eut même des premiers rôles dans des films. Son curriculum vitae s'arrête en...

Et puis il y a des lettres qui ne sont pas de circonstances. Elles méritent qu'on s'y arrête, qu'on les relise, qu'on les médite. Même si jamais elles n'auront de suite. Celle de cette jeune fille, par exemple, qui écrit moins pour solliciter un rôle que pour remercier Claude Berri. Indirectement, sans le faire exprès, il lui a fait découvrir *Germinal.* Cette révélation des misères et de la noblesse du monde souterrain lui a permis de se rapprocher de son père et de son grand-père, deux mineurs que personne dans leur famille ne peut vraiment comprendre.

Il y a cette autre jeune fille qui s'est benoîtement présentée aux bureaux parisiens de la production uniquement pour avoir les coordonnées du casting :

« ... Puis je cours acheter le livre. Je commence et je n'arrive plus à m'arrêter. J'en oublie même les stations de métro tellement j'ai le feu qui me prend au ventre qui se serre. L'histoire, puis Catherine, personnage qui me remue les entrailles à en hurler : mais c'est moi ! La honte, dans le métro. Elle a entre quinze et seize ans. Je les ai physiquement... Je suis mince et légèrement musclée à cause ou grâce entre autres aux transports de lourdes charges. Catherine a une brouette, moi un sac à dos et mes bras. Elle travaille dur pour survivre, pour manger. Moi aussi. La faim, j'ai connu. On gagne très peu. Mais ce peu est beaucoup. " Rien " est pire. Aussi je me bats. Et puis ma famille est du Nord ! Ce sont, nous sommes des Polonais immigrés. Moi, je suis née en France. Lorsque j'étais petite, mon oncle me racontait des histoires. Il était mineur. Mon grand-père et mon père aussi. Puis papa est monté à Paris et a trouvé mieux. Voilà. Quelles similitudes ! Le feu, le rouge, le noir, la rage, la passion. Tellement de choses qui m'ont bouleversée. Il fallait que je vous l'écrive. J'aime le livre, le pays. J'aime Catherine, toute cette misère et ces gens si humains dans leurs qualités et leurs défauts. J'aimerais participer de n'importe quelle manière à votre film. Comédienne, assistante, stagiaire ou *boy*, pardon *girl* à tout faire. Voilà, voilà. Merci. Merci d'avoir lu ma lettre. »

On ne compte plus les lettres de jeunes filles du Nord s'identifiant au personnage de Catherine Maheu, un siècle après que Zola eut écrit son roman. Celle-ci, une Lilloise, se livre à une très juste analyse de sa personnalité avant de conclure :

« La toute première image de Catherine, levée très tôt, préparant les " briquets " avant le départ à la fosse me touche beaucoup et me ramène au quotidien de mon enfance : les tartines que je préparais pour mon père partant à l'usine avec l'équipe de " 5 à 14 ", la " quinzaine " qu'on attend dans l'angoisse, les achats à crédit chez l'épicier, les nouilles au sucre gris... Dans la famille de ma mère, on était mineur. Dans ses récits, elle garde une vieille rancune contre la fosse 4 à [...]. Je serais très émue d'être Catherine dans votre film. Je me présenterai au casting prévu à Arenberg ce week-end. »

Arenberg, le week-end des 14 et 15 mars 1992. La salle des fêtes n'a jamais subi un tel assaut. Un flux incessant, des centaines de personnes venues du Valenciennois, du Cambrésis, du Pas-de-Calais et même de Belgique!

Claude Berri est assis derrière un bureau dans la petite bibliothèque. Devant lui à gauche, un écran de télévision et un magnétoscope. Face à lui, un candidat assis sur une chaise. Derrière lui à gauche, Frédéric Auburtin dit Fredo, qui sera l'un de ses deux assistants à la réalisation. Derrière lui à droite, Gérard Moulevrier, l'œil rivé au viseur de la caméra vidéo.

Le marathon du casting de fond peut commencer.

Trois chiffres à ne pas oublier : 8 300 : c'est le nombre de mineurs de fond encore en activité; 12,4% : c'est le taux de chômage dans la région Nord-Pas-de-Calais; 17,5%, c'est celui du Valenciennois. On ne sera donc pas surpris d'apprendre que les retraités des Houillères et les chômeurs forment le gros du bataillon des candidats, avec les étudiants et les comédiens.

L'équipe du film se donne quelques critères de sélection, simples mais rigoureux. Quand l'impétrant s'asseoit, généralement intimidé, face à Claude Berri, celui-ci lui pose toujours les mêmes questions : Quel âge avez-vous?... Que faites-vous dans la vie?... Où habitez-vous?... Êtes-vous d'une famille de mineurs?... L'entretien n'excède guère les trois minutes en moyenne. Le cas échéant, il lui donne un bout de script à apprendre puis lui demande de le jouer tandis que Moulevrier filme.

Berri observe très attentivement les candidats tout en grillant cigarette sur cigarette. Il continue quand ils disent leur texte devant la caméra. Il voit tout de suite s'ils sont dans le personnage. Généralement, le premier coup d'œil suffit. Si ça ne colle pas, il ne s'embarrasse pas de formules inutiles ni de lâchetés convenables. On ne vous écrira pas, je ne vois pas le personnage comme ça, voilà tout.

Les candidats sont meilleurs quand ils improvisent car ils expriment avec leurs mots à eux une vérité qui leur est propre. Dès qu'il s'agit de lire un texte écrit, ça devient vite chanté. Comme à l'école. Ils ont un quart d'heure pour réviser leur rôle dans l'esprit d'un concours car c'est bien de cela qu'il s'agit. La tension est inévitable. Mais ceux qui ne peuvent la surmonter sauront encore moins affronter celle, bien plus terrible, qui ne manquera pas de régner pendant le tournage, le vrai.

Les anciens mineurs, candidats pour jouer leur propre rôle, sont, de tous les figurants, ceux qui réservent d'emblée les plus belles émotions à Claude Berri. Il est soufflé par leur modestie, leur humilité et leur détermination. Ils savent qu'ils ne seront payés que 200 francs par jour, qu'ils auront des horaires souvent difficiles et que les conditions de tournage en extérieur seront parfois rudes. Avec des accents churchilliens, on leur promet de la boue, de la pluie et de la sueur. On les prévient qu'il faudra souvent arriver à 7 heures du matin par les moyens de leur choix aux entrepôts de Stockalliance, le quartier général du film à Valenciennes, pour être habillés et maquillés et qu'après, sur le plateau, ils risquent de passer des heures à ne rien faire, et que l'attente dans ce métier est le pire de tous les maux...

Ils s'en fichent. S'ils sont là, ce n'est pas pour faire du cinéma mais pour faire *Germinal*. Le roman était le leur de longue date, le film l'est déjà. Ils se le sont approprié car c'est leur histoire. Leur participation à cette entreprise n'est qu'une question de fidélité à leur mémoire, à celle de leur père et de leur grand-père. Comme un hommage rendu à leur passé. Dans ces conditions, il leur paraît impensable de ne pas en être.

Rares sont ceux qui refusent le rôle qu'on leur propose en raison des conditions financières et matérielles. En général, ceux-là ont déjà travaillé sur des téléfilms pour FR3-Lille. Ils se sont renseignés et savent qu'à Paris des figurants professionnels sont payés 350 francs la journée. Ils sont une minorité à réagir ainsi. D'ailleurs, ils ne se disent pas figurants mais acteurs de complément en fonction du nombre de mots qu'ils auront à prononcer.

Les autres ne rechignent pas. Ils refusent de gâcher leur joie d'être là. En compensation, le casting leur obtiendra des « primes de pluie » auprès de la production.

Dès les premiers essais, leur authenticité crève l'écran. Dans *La Vie souterraine ou la mine et les mineurs* (1867), l'un des livres dont Zola se servit pour sa documentation, Louis Simonin prévenait déjà :

« On n'improvise pas des mineurs! »

Il faisait allusion à leur discipline et à leur résistance à l'épreuve. Mais les responsables du casting ont agi comme s'ils prenaient l'avertissement pour eux. Le fait est que depuis Pabst, on n'imagine pas que des mineurs ne jouent pas leur propre rôle. Pour tester la détermination des figurants qu'il compte envoyer se battre sur les barricades, Berri infiltre sans prévenir un provocateur dans les rangs, à charge pour lui de les houspiller :

« Le métier de mineur, c'est sale, c'est dégueulasse, ça pue... »

Ça ne rate pas. Dans la file, certains s'énervent et engagent la bagarre jusqu'à ce que le metteur en scène intervienne et leur explique de quoi il en retourne.

L'un de ceux qui ont le plus de présence s'appelle René Lukasiewicz. Mais curieusement, il n'a pas demandé à être là. Deux gros yeux bleus, une moustache confortable, tout en carrure et en rondeur, cet homme solide et calme suit depuis le début la préparation du film. Adjoint au maire de

Wallers, chargé des sports, il a aussi la responsabilité du site minier d'Arenberg. Pour les gens de l'équipe, c'est un guide indispensable qui s'est improvisé conseiller technique à leur demande. Il sait tout de la mine, de la vision d'ensemble au plus infime détail sur la manière de tenir un outil en passant par la vie quotidienne des ouvriers. Et pour cause : après avoir commencé au jour comme ajusteur, il a accepté de descendre tout au fond pour gagner plus. Il y est resté trente-deux ans. Quand il en est définitivement remonté, il était porion. La mine, c'est son pays. Aussi, tout naturellement, quand on lui a proposé un jour de jouer son propre rôle entre deux conseils avisés, il n'a pas dit non. Sa silhouette, son regard, sa poignée de main resteront emblématiques du peuple de *Germinal*.

Evy Figlioni, plus particulièrement chargée du casting de la figuration, doit d'abord faire le tri du courrier dépouillé et constituer un fichier avec les offres reçues après la campagne d'annonces.

Son premier critère de sélection est géographique. Elle élimine toutes les candidatures qui se situent en dehors d'un rayon de 50 km autour de Valenciennes. Malgré toute leur bonne volonté, on ne peut tout de même pas demander à des figurants dunkerquois ou belges de dépenser en moyens de transport plus qu'ils ne gagnent. De toute façon, cela poserait de vrais problèmes d'organisation à ceux qui devraient se trouver à l'aube sur le tournage.

Le deuxième critère de sélection est physique. On évite les visages trop modernes au profit de visages assez travaillés, marqués même. C'est d'autant plus important que certains de ces figurants seront constamment en premier plan et que les gros plans seront probablement nombreux. Il est d'ailleurs moins question de visages que de gueules et de trognes. L'état des mains ne compte pas. La silhouette doit être plutôt mince et les cheveux des femmes assez longs. Mais en aucun cas, ils ne doivent être teints car ça ne se faisait pas à l'époque. La condition est *sine qua non.* Claude Berri a déjà fait savoir qu'il serait là-dessus intraitable. Et s'il est vrai que la blonde chevelure de Renaud a dû être considérablement foncée pour les besoins du film, c'est l'exception qui confirme la règle. Chez les hommes, les barbes, moustaches et favoris sont les bienvenus. Ceux qui n'en portent pas doivent accepter de se les laisser pousser le cas échéant.

Enfin, le troisième critère de sélection tient au passé du candidat, à son expérience personnelle du travail à la mine, au contexte familial dans lequel il a grandi.

Il y en a vraiment pour tous les âges, toutes les têtes, toutes les tailles. Certains d'ailleurs s'arrangent pour être pris d'un bloc afin de rester en famille. C'est le cas des Mattez, de Beuvrages. Ils sont cinq à jouer dans le film : mineur, galibot, herscheuse, cribleuse, jusqu'au cadet, Mathieu, qui sera Henri, l'un des petits Maheu!

Sur les 10 000 cachets de figuration effectivement payés à la fin du tournage, 600 personnes auront vraiment été employées, 400 seront revenues plusieurs fois sur le plateau et un noyau de 60 personnes aura été très impliqué du début à la fin du tournage. Mais tous ces acteurs de complément, qu'ils parlent ou pas, ont tous un rôle actif. Ce ne sont pas de simples silhouettes plantées dans un décor figé. Ils existent, d'autant plus que le metteur en scène a une dilection connue pour les gros plans.

Pendant les essais, il arrive aussi qu'on les filme en train de marcher. Là encore, on convoque les candidats et on leur fait dire un bout de texte devant une caméra vidéo. Les quatre-vingts mineurs de la bande à Maheu sont sélectionnés en fonction de leur volonté de participer au film, de leur motivation, de leur passé et de leur présence à l'image.

Dans l'ensemble, ça se passe sans mal tant le choix est vaste et les candidats enthousiastes. Parfois, le réalisateur et les responsables du casting doivent prendre des décisions douloureuses. C'est le cas lorsqu'il faut renoncer à plusieurs personnes, qui collent parfaitement à leur rôle, mais dont on s'aperçoit qu'elles habitent en fait à 150 km de là, contrairement à ce qu'elles avaient déclaré afin de passer à travers le barrage de la sélection.

Julia Villette-Lesqueux, qui sera l'une des personnalités les plus remarquées du tournage en raison de sa verve et de son franc-parler mi-français mi-patois, a bien failli ne pas avoir le rôle de La Brûlé. Aux essais vidéo, elle est pourtant parfaite. Elle sait qu'elle n'a pas les cheveux suffisamment longs. Aussi les recouvre-t-elle d'un fichu, comme jadis. Après avoir été couturière chez les sœurs de l'Enfant-Jésus, elle était devenue à dix-sept ans trieuse de gaillettes à Arenberg. Ses mains ont poussé les berlines au terril et vidé les wagons. Aujourd'hui, elle a cinquante-sept ans, sept enfants et elle est bien décidée à jouer dans *Germinal.*

Quand son subterfuge est découvert, on se rend compte également que ses cheveux sont teints. Et elle ne peut se résoudre à leur rendre leur vraie couleur. Rien à faire, elle est têtue. Alors Berri se lève et laisse éclater sa colère en tournant autour d'elle. Il lui en veut d'autant plus que par son regard, sa langue drue et sa présence, elle lui a tapé dans l'œil dès le début :

« Elle est formidable mais je ne peux pas la prendre : elle a les cheveux teints! Je ne peux pas! »

Il n'en fallait guère plus pour convaincre la récalcitrante, plus comédienne que nature. Il suffisait de le dire... Berri est ainsi très attiré par les acteurs non professionnels quitte à leur demander aussitôt d'avoir des qualités de professionnels.

Parfois, l'entrevue prend un tour plus dramatique. C'est le cas lorsque cette ancienne cribleuse d'une mine de la région se présente au casting. Elle remplit parfaitement toutes les conditions. Sauf une : les cheveux. Ils n'ont pas leur vraie couleur. Berri est intraitable. Sincèrement désolé car la candidate lui paraît tout à fait adéquate pour le rôle, mais c'est non. Elle est plus désolée que lui et tout aussi sincère. L'entretien est clos mais elle ne bouge pas de sa chaise. Elle reste très digne tout en le suppliant.

« Prenez-moi une journée. Juste une journée de tournage!

– Ce n'est pas un problème de durée, madame, mais une question de principe. Pas de cheveux teints. »

Alors elle reprend son souffle, comme si elle jouait son va-tout et, à voix basse :

« Monsieur Berri, c'est bientôt la rentrée des classes. Si je ne vous demande qu'une journée, c'est pour payer des cartables à mes enfants. »

Il tire nerveusement sur sa cigarette. Il ne sait plus quoi dire. Elle l'a ébranlé. Mais s'il fait une exception pour elle, cela créera un fâcheux précédent. Evy prend la femme à part dans un coin.

« Faites quelque chose pour vos cheveux! Allez voir un coiffeur et revenez la semaine prochaine, je suis sûre que ça passera...

– Un coiffeur... Mais avec quel argent?

– Alors faites quelque chose vous-même! »

Quelques jours plus tard, elle est de retour au casting. Ses cheveux ont leur couleur naturelle. Elle est engagée comme cribleuse, dans le rôle qu'elle tint jadis dans la vraie vie. Finalement, elle ne passera pas une journée sur le carreau de la mine du film, mais près de deux mois.

Même quand Gérard Moulevrier rentre à Paris pour y poursuivre des recherches nécessaires au casting, Claude Berri lui fait sentir l'appel du grand Nord. Un dimanche matin très tôt, le réalisateur l'appelle :

« J'arrive, je viens te chercher pour aller là-bas. N'oublie pas ton Polaroïd! »

En entendant parler à la radio de la course cycliste Paris-Roubaix et des célèbres pavés de l'« enfer du Nord », Berri a eu l'idée de se rendre sur l'itinéraire pour dénicher des gueules typiques parmi les badauds. Le terrain est idéal pour des chasseurs de têtes. Il pleut, il fait froid. C'est parfait. Ça les met dans l'ambiance de ce que sera certainement le tournage. L'initiative se révéle vite fructueuse. Berri désigne du doigt, Moulevrier photographie puis demande leurs coordonnées à des gens ébahis et ravis. Le recrutement se fait sans méfiance car tout le monde dans la région a entendu parler de Claude Berri et de son film.

C'est ainsi que certains seront engagés, sans l'avoir fait exprès, comme figurants dans *Germinal*. Par amour du vélo.

Paris, avril 1992. Claude Berri retrouvent les principaux acteurs dans des ateliers de la Cité Trévise, chez le perruquier Denis Poulin. C'est là qu'il décide de sa composition physique avec Jean Carmet : moustache, fond de teint, casquette enfoncée jusqu'aux yeux... Il aimerait tant que les spectateurs ne reconnaissent pas Carmet! Quelques mois auparavant, en le croisant à la grande fête donnée pour la sortie de *L'Amant*, il l'avait interrogé :

« Jean, est-ce que tu as toutes tes dents?

– Bien sûr.

– C'est embêtant.

– Ah...

– Vois-tu, on est mieux sans... »

Mais Jean Carmet ne poussera pas la conscience professionnelle jusque-là. Et jamais il ne saura le pourquoi d'une question aussi insolite : pour jouer un vieux militaire dans *Les Guerriers* de Jean Herman, Hirsch Langmann avait retiré son dentier afin de se vieillir...

Les autres acteurs se font également une tête. On leur met leurs vêtements. Ceux qui avaient encore des doutes sur Renaud sont dès lors conquis. Il a vraiment quelque chose, ce qui ne surprend pas venant d'un habitué de la scène.

Des photos en noir et blanc sont prises de Laurent Terzieff, Renaud, Jean Carmet, Judith Henry, Miou-Miou et Gérard Depardieu. Puis elles sont photocopiées de manière à leur donner un aspect tramé. Quand elles sont agrandies et punaisées au mur, elles dégagent plus qu'une impression d'unité, une atmosphère. Celle du film, déjà. En prenant du recul, on voit une famille émerger. Claude Berri la contemple. Elle lui plaît. Il est satisfait :

« Le casting, c'est 80% du film. Une fois qu'il est fait et bien fait, il ne reste plus qu'à le tourner. »

Ces photos seront publiées à l'état brut dans plusieurs pleines pages du *Film français* en mai, juste avant le Festival de Cannes, pour annoncer le film au monde du cinéma. Trois mois avant le tournage, seize mois avant la sortie.

Claude Berri se promène le long du mur, contemple à

nouveau les photos, dévisage ses acteurs. Il voit déjà son film, il en est le spectateur unique et privilégié. C'est à se demander s'il ne regrette pas de s'être oublié dans le casting, lui, l'acteur qui aime les acteurs. Il se dévisage dans la glace, caresse sa barbe.

« Moi? Jouer dans *Germinal*? Je n'y ai pas songé un seul instant. Souvarine peut-être, mais c'était pour Terzieff, sans hésitation. Sinon, ce n'était pas possible. Faut être français. Il n'y a que des rôles de Français... »

Si le film est une réussite, ce sera aussi parce qu'il aura été réalisé dans cet esprit. En France et nulle part ailleurs.

V

L'enfer du décor

Signe des temps : dans sa plus récente édition, le jeu de société *Trivial Poursuite* pose cette question : « Dans quel pays *Le Brasier*, *Napoléon et L'Europe* ainsi que les scènes dans la mine de *Maria Vandamme* ont-ils été tournés? » La réponse est inscrite au dos de la carte : « En Pologne. »

Depuis un certain nombre d'années, on assiste chez les cinéastes à une véritable ruée vers l'Est. Le dégel politique n'a fait qu'accentuer le phénomène. Pour les producteurs, l'équation est simple : là-bas, tout est moins cher et moins compliqué, du moins en principe.

Au début des années soixante déjà, quand il préparait son *Germinal*, Yves Allégret avait pressenti tout l'intérêt d'une coproduction avec la Hongrie. Ce n'était pas faute d'avoir essayé de tourner en France. Mais les Charbonnages de France faisaient des difficultés, prétendant même que tous les puits avaient été modernisés. L'équipe du film fut beaucoup mieux reçue du côté de Budapest. Les autorités ne mirent pas seulement quelque 600 figurants à sa disposition. Elles reconstituèrent le village de Montsou à Herceghalom, petite ville située à moins de 30 km de la capitale. On n'est pas plus accommodant. Cela ne suffit pas, on l'a vu, à sauver le film; à moins que cela ait contribué à l'enfoncer davantage dans l'« erreur »...

Eric Barbier l'a également commise, qui s'en est allé tourner son *Brasier* à Katowice, à Ruda et dans les studios de Lodz. Mais les Polonais, en l'occurrence, étaient considérés moins comme des partenaires que comme des prestataires de service. Il y eut d'ailleurs une grève des figurants pendant le tournage.

Aujourd'hui, il est courant de prendre la route de l'Est quand on a en chantier un film à caractère historique. Ce fut le cas du *Cyrano de Bergerac* de Jean-Paul Rappeneau et plus récemment de *Charlemagne*, une importante coproduction internationale télévisée, également tournée en Hongrie. D'autres pays de la région se montrent tout aussi accueillants.

A Berlin, les mythiques studios de Babelsberg, rachetés il y a peu par un groupe industriel français (Phénix, filiale de la CGE), ont été placés sous la direction du réalisateur Volker Schlöndorff, à charge pour lui d'y attirer les grosses productions européennes. A Prague, les non moins illustres studios AB Barrandov, dont Milos Forman est devenu l'un des actionnaires, développent une politique commerciale agressive pour séduire les compagnies américaines et européennes. Les uns comme les autres entendent désormais garantir à leurs clients ce qui faisait défaut à l'Est : la logistique. Qu'il s'agisse de la dimension des plateaux, de la qualité des salles de projection, du choix des costumes, du matériel de décoration, tous se livrent à une concurrence effrénée qui se traduit par une baisse des coûts de production.

Tout revient moins cher à l'Est : la main-d'œuvre pour construire les décors, la nourriture, l'hébergement, les équipes techniques, les chevaux, la participation de l'armée, la location des studios... Tout, sans oublier les figurants : moins de 70 francs par jour à Cracovie en 1993 quand Steven Spielberg y tournait *La Liste de Schindler*, son film sur Auschwitz.

Pendant ce temps, en France, on achève bien les studios. Ils se disent immolés sur l'autel de la spéculation immobilière, même si les anciens de la profession assurent qu'ils les ont toujours connus déficitaires. Il y en a toujours eu beaucoup mais trop petits. Il ne reste plus que ceux de Boulogne-Billancourt (que l'on va raser en promettant de les reconstruire, un jour...), Epinay, Arpajon, Nice. Mais leur situation n'est guère brillante. Les techniciens français sont d'autre part souvent mieux défendus et mieux payés qu'en d'autres pays d'Europe de l'Ouest – sans même parler de l'Est. On aboutit pourtant à ce paradoxe : plus la situation rend précaire la survie des studios français jusqu'à les pousser à la fermeture, plus les équipes françaises tournent à l'Est ou ailleurs avec des équipes portugaises ou italiennes.

Il était naturel que, dans un premier temps, Claude Berri envisage de réaliser *Germinal* en Pologne. Le budget du film s'annonçant comme l'un des plus importants jamais réunis en France par un seul producteur, toute source d'économie serait à considérer. En tournant dans un pays de l'Est à forte tradition minière, on était assuré de réduire les coûts. Et pourtant...

Berri charge Pierre Grunstein d'étudier le dossier. Il est son plus proche ami et collaborateur sur tous ses films depuis une trentaine d'années. Après un rapide examen du dossier, Grunstein le dissuade de tourner à l'Est. Berri est soulagé. Tous deux savent qu'il n'aurait pas tenu le coup pendant des mois et des mois dans un pays en crise, à la situation sociale tendue, dont les rapports humains lui échappent. Un pays, de surcroît, dont il ne parle pas la langue. Le détail a son importance pour quelqu'un qui a renoncé il y a peu à réaliser en Amérique *Mon Chien stupide* d'après le roman de John Fante, en raison de son incapacité à maîtriser l'anglais.

En Pologne, il aurait eu les plus grandes difficultés à se faire directement comprendre des figurants, à nouer des liens avec la population. Il n'aurait peut-être pas ressenti son film de la même manière. Les paysages et les décors naturels n'auraient pas satisfait à ses exigences d'authenticité, non plus que les silhouettes et les visages. Il aurait effectué une économie estimée à 30 millions de francs. Le budget de *Germinal* en serait sorti gagnant. Pas son âme.

L'étude, pourtant, n'aura pas été vaine. Car il a fallu que soit envisagé un tournage à l'Est pour que cette évidence s'impose à Claude Berri : son film ne pouvait être réalisé ailleurs qu'en France. A tout prix. Devis en main, les responsables des studios polonais n'ont pas compris sa réaction : ils ne pouvaient imaginer que pour un homme comme lui, tourner pendant six mois dans le Valenciennois, c'était déjà une aventure...

Zola lui-même avait longuement hésité. Non qu'il eût songé à se rendre dans un pays de l'Est, mais il ne savait trop sur quelle région de France jeter son dévolu. Au début, comme il s'agissait dans son esprit de montrer l'affrontement entre le Capital et le Travail à travers une grève de mineurs, il avait pensé enquêter dans le bassin houiller de Saint-Étienne. Finalement, il se déplaça à Valenciennes, quatre jours après qu'une grève eut éclaté parmi les 12 000 mineurs d'Anzin, le 19 février 1884.

Il voulait voir le coron dans tous ses états et pas seulement celui de la fosse Thiers à Bruay, qu'il prit pour modèle. Pendant huit jours, il arpenta la région, les puits et les galeries, les maisons et les bureaux, les salles de bal et les estaminets. Il emprunta à tous et partout, chez les gens et dans les événements, avant de redistribuer le produit de sa moisson à travers ses personnages et son récit.

L'écrivain fut conquis par la région, malgré la brièveté de ses repérages, carnets en main. « Un pays superbe pour le cadre de mon bouquin », écrivit-il à un correspondant. Dès le premier coup d'œil, en parfait architecte du roman, il était conscient du parti qu'il allait tirer de ce paysage à trois dimensions, de cette perspective à trois étages : chevalements, plaines, galeries. Sous l'acuité de son regard, tout avait immédiatement valeur de symbole : le Voreux tel une bête malfaisante, le puits tel un gouffre, les mineurs noirs comme la nuit, les bourgeois blancs comme le jour...

Aux riches la lumière, aux pauvres les ténèbres.

Avant de se lancer dans ses propres repérages sur le terrain, Claude Berri constitue son équipe. Il est dans la peau de Takashi Shimura battant la campagne pour recruter ses sept samouraï. A une différence près : le téléphone a remplacé le sabre.

Chacun de ses choix a son importance. Il ne faut pas se tromper. Quand une équipe n'est pas soudée, quand elle ne travaille pas en harmonie, quand ses membres ne sont pas sur la même longueur d'onde, le confort du tournage s'en ressent très vite. Une mauvaise atmosphère risque de laisser des traces dans l'esprit du film. C'est un luxe que nul réalisateur ne peut s'offrir, surtout pas sur un projet d'une telle envergure. Tous savent à l'avance que l'aventure sera exaltante mais épuisante. Quand on doit passer près d'un an à travailler ensemble, parfois jour et nuit, dans des conditions pénibles, il vaut mieux éviter les erreurs de jugement dans le choix de ses collaborateurs.

Pierre Grunstein sera le producteur exécutif, homme-orchestre et pivot de toute l'organisation mise en place en amont et en aval de l'entreprise. C'est un personnage clef de la galaxie Berri. Ils se sont rencontrés en 1966 et ne se sont pas quittés depuis. Berri avait trente-deux ans, Grunstein trente et un an. L'un était fils d'artisan fourreur, l'autre fils de chemisier. Outre leurs origines, ils avaient déjà en commun la même passion du spectacle.

Pierre Grunstein a fait ses débuts comme régisseur au théâtre aux côtés de metteurs en scène tels que Raymond Rouleau, Michel Bouquet, Pierre Dux. Puis il a tout fait, comme on dit : menuisier et peintre sur des décors, assistant-réalisateur auprès d'Alain Resnais, Chris Marker ou William Klein, réalisateur de plusieurs courts métrages, directeur de production puis producteur exécutif aux Artistes Associés et à la Columbia sans oublier Renn Productions bien sûr. Il a même réalisé « son » propre film *Tendre Dracula* (1974) qui fut diffusé sous le titre *La Grande Trouille*, avec un casting dans lequel on retrouvait notamment Miou-Miou. Non pas un film d'horreur mais une comédie sur le spectacle, dans laquelle on joue à jouer. Un film où le vrai monstre n'est pas Dracula mais le producteur...

Claude Berri a fait la connaissance de Pierre Grunstein en l'engageant comme premier assistant sur *Le Vieil Homme et l'Enfant*. Le réalisateur, souvent contrarié par Michel Simon qui lui en faisait voir de toutes les couleurs, put dès lors tester les qualités de patience et de diplomatie de son assistant. C'est lui qui avait la lourde charge de réveiller la vedette tous les matins.

Depuis, ce fidèle parmi peu d'autres, ne s'acquitte pas seulement de sa tâche de producteur exécutif. Il cumule en fait les fonctions informelles de conseiller, d'éminence grise et de ministre d'Etat. Il est prudent et diplomate. Mais là où d'autres se comportent en habiles négociants, il déploie, lui, une habileté de négociateur. Si un film devait être consacré à Claude Berri sur le modèle de *Citizen Kane*, Grunstein serait à la fois Leland-le-complice et Bernstein-le-comptable, la mémoire et les chiffres, le rappel du passé et le souci du présent. Il a la confiance, scellée par une connivence éprouvée au fil des films, des succès et des échecs, des épreuves secrètes et des douleurs muettes.

Patrick Bordier sera le directeur de production, à charge pour lui de mettre en œuvre et de contrôler toutes les phases de la fabrication du film. Marc Vadé sera son régisseur général. Vu l'ampleur du projet, Berri aura besoin non d'un mais de deux assistants à la réalisation. Frédéric Auburtin dit Fredo se consacrera exclusivement au travail de plateau. Il a débuté à la régie sur *Jean de Florette* avant de se retrouver dans *Sous le Soleil de Satan*, puis comme deuxième assistant sur *La Révolution française*, où il a appris à affronter des masses de figurants, et sur *L'Amant*. Eric Bartonio, lui, supervisera les innombrables problèmes de logistique et d'organisation hors du plateau.

Pour les décors, on fait appel à Than At Hoang, que tout le monde appelle At. Cela fait vingt-deux ans qu'il est dans le métier. Après une brève incursion à l'Ecole des beaux-arts et à l'ORTF, il a travaillé pendant huit ans comme peintre-décorateur, ce qui correspond à sa vraie formation. En fait, comme beaucoup d'autres, il a appris son métier sur le tas. Cela ne l'a pas empêché d'abandonner le cinéma par deux fois. Pour être chef-cuisinier. Après avoir œuvré dans la publicité, il se fit à nouveau peintre pour la décoration de *Camille Claudel* (1988) de Bruno Nuytten. Mais c'est Jean-Jacques Annaud qui lui a permis de donner libre cours à ses capacités d'invention en lui confiant la maîtrise de la décoration sur *L'Amant*. Un très gros travail effectué en majeure partie au Vietnam, rendu plus passionnant encore par le fait qu'il s'agissait aussi pour lui d'un retour aux sources.

La création des costumes est confiée à Sylvie Gautrelet et Caroline de Vivaise. Pendant toute la préparation de *Germinal*, elles conserveront à l'esprit, comme une sorte de modèle, le merveilleux travail qu'Anthony Powell fit sur les costumes de *Tess* (1979). Le film que Roman Polanski réalisa d'après le roman de Thomas Hardy – dont Berri fut le producteur – sera d'ailleurs projeté à toute l'équipe. Pour les décors et les costumes, mais aussi pour la campagne et pour l'époque, pour la lumière et pour l'ambiance, pour les aubes et les crépuscules.

Bien d'autres spécialistes (monteur, ingénieur du son, etc) auront un grand rôle à jouer auprès du metteur en scène, mais dans un second temps, quand le tournage sera effectivement sur le point de commencer. Cela étant, « le » collaborateur par excellence tout au long du film et avant même le premier « clap », celui qui lui donnera sa couleur, sa lumière et donc son âme, demeure le directeur de la photographie. Quand bien même se déclare-t-il, d'emblée et sans réserve, au service du réalisateur, il ne saurait être qu'un exécutant de haut vol. Il vient avec sa personnalité et sa sensibilité. C'est dans le choix de cet homme que l'erreur serait la moins pardonnable.

Pour *Germinal*, ce sera Yves Angelo. Pourquoi lui plutôt qu'un autre? Parce qu'il est celui dont on parle. Parce qu'il a eu le César de la meilleure photo pour *Nocturne indien*. Et parce que, après un essai pas très heureux avec Renato Berta sur *Uranus*, Claude Berri est toujours à la recherche d'un directeur de la photographie qui lui donne les mêmes joies et les mêmes émotions que Bruno Nuytten dans *Tchao*

Pantin et *Jean de Florette*. Celui-ci étant passé depuis à la réalisation, il lui faut faire une croix sur sa précieuse collaboration. Car certains metteurs en scène sont ainsi faits qu'ils s'imaginent parfois qu'ils vont se renouveler en changeant de chef opérateur. C'est le plus souvent une illusion à moins que, par sa sensibilité, celui-ci ne lui révèle quelque chose de la sienne.

Yves Angelo est en plein tournage de *Tous les matins du monde* aux côtés d'Alain Corneau, un dimanche de juin 1991 dans un vieux château de la Creuse, quand il reçoit un coup de fil de Claude Berri lui proposant *Germinal*. Les deux hommes ne se connaissent pas. D'habitude, en pareille circonstance, Angelo demande à lire le script d'abord. Là, ce n'est pas la peine. Il lui suffit de faire travailler sa mémoire et son imagination.

Il accepte. Pour l'histoire, ce qu'elle peut représenter et le souvenir heureux qu'il a conservé de sa lecture, dans sa jeunesse. En harmonie avec sa propre sensibilité. Il ne nie pas ses passions cinématographiques, son admiration pour la folie poétique et visuelle de Mizoguchi, pour certains films de Tarkowski et de Kurosawa, de Fellini et de Renoir. Mais quand il doit s'expliquer par rapport à l'art, à des artistes ou à des œuvres, il ne se tourne pas spontanément vers des films ou des filmeurs. La mise en scène modèle selon lui, celle qu'il loue pour son adéquation entre les personnages mis en place et la forme employée pour y parvenir, n'est pas d'un cinéaste mais d'un peintre : Rembrandt. Et quand on le presse d'évoquer des maîtres parmi ceux qui lui ont beaucoup révélé, y compris sur le plan moral, il cite Claudio Arrau et Sviatoslav Richter, deux grands pianistes. C'est que cet ancien premier prix de Conservatoire a été véritablement formé par des interprètes musicaux plus que par des gens de cinéma. En fait, pour saisir la démarche d'Yves Angelo, il est préférable de songer à l'étendard qu'il s'est donné, frappé aux armes de ces deux artistes qui ont toujours refusé le succès facile et le désir de plaire, les concessions et le racolage, la complaisance et la démagogie. Ils n'ont jamais abdiqué de leur exigence d'absolu. Cela ne dit pas comment on éclaire un film. Mais à celui qui maîtrise déjà cette magie-là, purement technique, cela propose une attitude dans la vie.

L'équipe de base étant constituée, il est temps de se lancer sur le terrain. Les repérages peuvent vraiment commencer. La décoration et les costumes seront aussi fonction du cadre, des lieux, du paysage. L'enfer du décor, c'est tout cela à la fois.

Il est hors de question de tourner à Paris. C'est déjà un véritable casse-tête pour les films contemporains, en raison des autorisations, de la circulation, des attroupements. C'est impensable pour un film d'époque : les lieux à peu près préservés du modernisme se comptent sur les doigts d'une main.

Par habitude, l'équipe commence à se promener dans la région parisienne et alentour. C'est un réflexe conditionné par des nécessités économiques. Dès qu'on dépasse un rayon de 50 km autour de la capitale, la convention collective du cinéma impose à la production un défraiement général (le gîte et le couvert) pour tout le monde. Pour l'heure, ça ne compte guère. Mais quand l'équipe technique sera grosse de cent cinquante personnes et que le tournage sera lancé pour six mois, ça comptera.

Claude Berri n'est pas alors vraiment fixé sur la localisation de sa mine. Il ne sait pas encore où il veut la mettre. Au fil de ces repérages sauvages, l'équipe se retrouve dans l'Oise, en raison de ses étendues. Et de quelques souvenirs. Il y a quatorze ans, une partie de *Tess* avait été tournée dans des champs de betteraves de la région de Pierrefonds, en lisière de la forêt de Compiègne. Mais il faut vite se résoudre à l'évidence : ça n'ira pas non plus. Berri ne sent pas le paysage. Et nul ne peut rien contre ses instincts et ses intuitions, lui moins qu'aucun autre. C'est ainsi que par glissements progressifs, l'équipe se rapproche du pays natal de *Germinal*.

Le Nord, c'est déjà un autre monde. Valenciennes n'est pourtant qu'à 200 km de Notre-Dame par l'autoroute. Au cours de l'été 1991, l'équipe investit la région. Le pays est magnifique, loin des clichés ciel-de-plomb auxquels Vlaminck a donné leurs lettres de noblesse. Pour beaucoup, c'est une révélation. Les possibilités d'un tel paysage semblent infinies. Un régal pour les « découvertes ». En 1870, c'est ainsi qu'au théâtre on appelait, par métonymie, un élément de décor en trompe l'œil. Les gens de cinéma ont récupéré le terme pour désigner l'extérieur quand il est vu de l'intérieur, ce qu'on voit depuis une maison à travers les fenêtres.

Peu auparavant, en mai, Pierre Grunstein et Éric Bartonio avaient déjà tâté le terrain, comme une avant-garde de chevau-légers. Bartonio, qui était alors 1er assistant sur *Lune de fiel*, avait pu profiter d'une pause pour s'éclipser, Roman Polanski ayant dû assurer la présidence du jury au Festival de Cannes.

En juillet-août, le gros de la troupe débarque. Le pays du film est bien là, reste à en trouver le cadre, la terre, l'horizon. Rien de moins évident malgré les multiples battues et la visite dc mines désaffectées. Pour l'instant, Claude Berri a essentiellement trouvé, par hasard, un sympathique restaurant qui devient aussitôt son quartier général. « Le Robinson » sera le refuge naturel de tous jusqu'à la fin du tournage, et ne tardera pas à être rebaptisé « chez Jannick » du nom de sa propriétaire. Celle-ci sera même du film puisqu'elle y joue son propre rôle, en tenancière de l'estaminet Piquette.

A l'issue d'un déjeuner avec Claude Berri, les responsables du musée de la Mine à Lewarde lui suggèrent un endroit auquel il n'avait pas songé, à moins d'une demi-heure en voiture. Il met le cap sur la route indiquée en longeant le canal de Sensée, aux confins du Douaisis et du Cambrésis. Car désormais, il sait qu'il veut un canal près du chevalement de son puits de mine. Il pourrait tricher en filmant un canal à part et des champs à perte de vue, également à part. Il n'en serait jamais satisfait. Dans le roman, le cours de la Scarpe avait son importance. La rivière portait les péniches jusqu'à Marchiennes, telle « un ruban d'argent mat de deux lieues ». Zola jugeait même que le canal contenait toute l'âme de la plaine, dans « cette eau géométrique qui la traversait comme une grande route, charriant la houille et le fer ».

C'est avec de telles pensées en tête que Claude Berri et son équipe se retrouvent un jour à Paillencourt. Et là, c'est le coup de foudre. Il n'en croit pas ses yeux. Tout y est en un seul plan : le canal, les champs, le paysage.

Il téléphone immédiatement au propriétaire des principales parcelles, Alphonse Champagne.

« C'est Claude Berri. Je voudrais louer votre champ pour faire mon film, vous savez...

– Qu'est-ce que c'est que ce cinéma... »

L'agriculteur raccroche aussi sec, convaincu qu'on lui fait une blague. Et il retourne s'occuper de sa famille fraîchement débarquée de Normandie. Quand le téléphone sonne à nouveau et que Berri revient à la charge, il comprend que l'homme au bout du fil n'a pas le ton d'un plaisantin. Et lorsque Eric Bartonio, le 1er assistant, vient armé d'un script de *Germinal* l'interroger sur l'état exact de chaque parcelle, le labour prévu le 17 septembre 1992 à l'aube, la fréquence des tracteurs à l'horizon au début de l'automne, la nature des récoltes (endives ou betteraves) et de l'assolement (friche, blé d'hiver ou escourgeon), l'identité des propriétaires des autres parcelles, la possibilité de louer les champs pour un an et d'acheter les récoltes, Alphonse Champagne comprend que ce cinéma, c'est du sérieux.

C'est décidé : *Germinal* sera tourné dans le Nord. Entièrement. Même si certains décors intérieurs (les galeries) pourraient être reconstitués en studios dans la région parisienne. Ce sera le Nord, tout ou rien. On trouvera d'autres décors extérieurs dans le Valenciennois, dans le Cambrésis et même au-delà de la frontière belge si proche. Mais tout se fera dans la région : le Voreux à Paillencourt, le site minier de Jean-Bart à Arenberg, ses intérieurs à Oignies et le village de Montsou à Artres.

Cette fois, le film prend racine. Pour de bon.

Dans un premier temps, Eric Bartonio amasse une impressionnante documentation sur l'univers de *Germinal* : les livres dans lesquels Zola avait puisé et ceux qui auraient pu l'inspirer, des ouvrages techniques sur la mine et la vie quotidienne des mineurs naturellement, mais d'autres aussi sur les traditions populaires et les chansons locales. Puis il commence à sélectionner les photos de maisons et de sites envoyées à la production par les lecteurs de *La Voix du Nord* à la suite de multiples annonces.

A partir du scénario, il établit alors le premier plan de travail. Ce document essentiel, qui n'est autre que le calendrier de tournage séquence après séquence, jour après jour, s'établit selon un dépouillement systématique. Il commence par faire ressortir la continuité du récit, puis dresse l'inventaire de tous les rôles et décors, évalue le nombre de jours de tournage des grands et petits rôles et de la figuration, distingue les scènes de nuit des scènes de jour, sépare les décors en intérieur des décors en extérieur, regroupe leurs implantations dans les sites en fonction des variations saisonnières. Après quoi, il ne reste plus qu'à en effectuer la synthèse...

Un deuxième plan de travail sera ensuite établi, qui tiendra compte des récoltes, des délais de construction des décors, des modifications ultérieures du scénario et de la disponibilité des acteurs en fonction de leurs autres engagements. Il y aura cinq plans de travail en tout. Le premier prévoyait 142 jours de tournage, le dernier ira jusqu'à 147.

Plus encore que le script, c'est la véritable bible du film. Elle sert aussitôt à Patrick Bordier, le directeur de production, pour l'établissement du devis. Une opération qui s'effectue dans l'angoisse. Car dans le cinéma, il est d'usage de considérer que le premier jet du devis est toujours le bon. C'est une tradition. A la fin de l'été 1991, il s'élève à 165 millions de francs. C'est beaucoup par rapport au budget moyen d'un film français, c'est plus que bon nombre de films d'époque mais c'est raisonnable par rapport aux 40 millions de dollars que coûta le *Pirates* de Roman Polanski, en 1986, quand le dollar était à dix francs...

Claude Berri n'y croit pas. Il s'est juré de ne pas faire un film de producteur mais un film de metteur en scène. Il ne cesse de harceler Patrick Bordier :

« Ça fera 120 millions, comme *L'Amant.* Pas plus! Tu verras, pas plus. »

Bordier n'en démord pas. Il a tous les chiffres, tous les paramètres, toutes les dépenses en mémoire dans son ordinateur grâce à un logiciel créé à cet effet. Il sait qu'au départ ça ne peut pas coûter moins et veut croire que ça ne coûtera pas tellement plus à l'arrivée. Un léger dépassement ne serait pas trop grave eu égard à l'ampleur du budget. L'élaboration du devis ne relève pas des sciences exactes. D'autant qu'un an avant le premier jour de tournage, on ne sait encore rien du coût précis des décors. Et ils seront sans aucun doute l'un des postes les plus lourds du budget. Patrick Bordier, comme les autres, se veut avant tout au service du metteur en scène. Mais il ne connaît qu'une devise : non pas le dollar, mais le rapport qualité-prix. Pour convaincre définitivement son réalisateur-producteur, il fait minuter le scénario par une script-girl. Le verdict tombe, impitoyable : en l'état, le film fera plus de trois heures.

Au stade de la préparation, on peut toujours rêver et on ne s'en prive pas. On imagine ainsi qu'on fera fabriquer les vêtements des mineurs par leurs femmes, qu'on demandera à l'équipe technique d'habiter dans les corons, qu'on confiera la construction de certains décors à d'anciens ouvriers de la mine...

Puis vient le moment où il faut bien cesser de rêver. La machine est alors lancée et plus rien ne peut l'arrêter. Rien, si ce n'est une catastrophe. *Germinal* est sur les rails. En principe, le film est au bout du tunnel.

La fabrication des costumes prendra six mois, de la conception à la livraison. Il y en aura environ 1 500 : 500 robes, 400 costumes civils pour les gens du peuple, autant de tenues de travail pour les mineurs, une centaine de tenues pour les bourgeois et autant d'uniformes pour les militaires. Face à une telle masse de personnages à habiller, les deux créatrices de costumes songent à monter leur propre atelier. Finalement, un tiers des habits seront fabriqués, deux tiers seront loués. Le budget global ne paraît pas faramineux : cinq millions de francs. Mais comme les autres postes, il sera dépassé.

La technique de réalisation, la recherche des matières et tissus, l'inventaire des élégances de l'époque sont des éléments importants qui ne vont pas sans difficultés. Mais pour l'instant, ils demeurent secondaires. Il est beaucoup plus délicat de prendre un parti et de s'y tenir jusqu'au bout.

Les deux créatrices de costumes, Sylvie Gautrelet et Caroline de Vivaise, se rendent en janvier dans le Nord pour en flairer l'atmosphère et les gens, les lieux et les tons. A leur retour, quand elles exposent leur vision des choses au metteur en scène, elles savent déjà quelle sera, selon elles, la couleur du film. Celle de la brique, de la terre et de l'absence de végétation. Le noir est la couleur du roman. Selon une étude, elle représentait 30,5% du nombre total de notations de couleurs, loin devant la lumière (23,9%) et le rouge (6,8%). Mais il y aura également de la pluie, de la boue et de la fumée. En fait, elles sont convaincues que l'histoire sera assez triste et l'atmosphère suffisamment sombre pour que les costumes n'aient pas à en souligner le caractère dramatique.

Elles aussi adopteront le parti pris de la vérité, fût-ce au détriment de l'exactitude. A leurs yeux, le cinéma d'époque tient dans le respect de l'esprit, non de la lettre. Car l'époque n'est pas tout dans ce cinéma, il y faut de la folie. Elles veulent rendre l'atmosphère plutôt que s'appliquer à une fidèle reconstitution qui risquerait de surcharger le cadre. Pour des raisons esthétiques, elles décident d'emblée de prendre des libertés avec l'Histoire. Peu leur chaut un relevé pointilleux des éventuels anachronismes. Ce qui compte, c'est le sens de l'image. Les silhouettes seront donc plus fines et plus simples, moins arrondies et moins juponnées que prévu. Des robes assez droites plutôt que des robes à crinoline. Moins de tissu et moins d'ampleur dans le film que dans le livre.

Dès ses repérages, Zola avait une idée précise des costumes de ses personnages. Pour les hommes : « Pantalon et gilet noir, redingote noire mal taillée. Chapeau haut. Des gens endimanchés. Cravates très voyantes. Pour les tournées du dimanche, veston noir, ou plutôt veston de flanelle à carrés noirs et violets, tête nue ou casquette. » Pour les femmes :« Jupe neutre, caraco noir, bonnet noir, à fleurs. Les filles ont des robes à taille, bleue, violette. Elles vont en taille. L'hiver, châle ou fichu. Bonnet noir, et le plus souvent tête nue. »

Les deux créatrices ne le prendront pas au pied de la lettre, il s'en faut. Elles se rapprocheront de l'esprit de *Tess* tout en s'éloignant de celui de *Madame Bovary* ou du *Guépard*. La ligne sera souple. En fait, leurs costumes correspondront plus à l'époque de la publication du roman de Zola (1885) qu'à celle du récit proprement dit (1860). Après tout, Jean Renoir n'avait pas agi autrement en préparant le tournage de *Nana* (1926). En plein accord avec Claude Autant-Lara, son décorateur et costumier, il avait habillé ses artistes selon une mode postérieure à la fin du Second Empire car elle lui paraissait plus curieuse et plus intéressante sur le plan esthétique.

Sur cette question, Claude Berri ne se montre guère directif tout en restant attentif. Il laisse entière liberté. D'autant plus que le choix arrêté par les responsables des costumes le conforte dans sa volonté de ne pas « fixer » précisément la date des événements relatés dans son film.

Dans un premier temps, elles achètent des ouvrages de référence, se documentent à la bibliothèque des Arts décoratifs et se promènent dans un certain nombre de musées. Il s'agit moins d'une recherche historique préalable que d'une volonté de s'imprégner de l'air du temps. Seule exception : les costumes des soldats. C'est un domaine trop précis pour être traité sans scrupules. Elles font appel à Bob Worth, un délicieux Anglais de quatre-vingts ans dont c'est la spécialité, comme en témoigne la quantité de films dont il a été le conseiller en tenues militaires.

Puis elles procèdent à un dépouillement systématique du scénario, personnage par personnage, avant de se consacrer à la figuration. A ce stade de leur recherche, elles travaillent en harmonie avec le directeur de la photographie et le chef décorateur. Pour que rien ne jure avec le décor, pour savoir s'il vaut mieux utiliser un ton blanc ou blanc cassé en fonction de l'éclairage, pour s'assurer que les tissus devront absorber la lumière et non la réfléchir, etc.

Deux mondes antagonistes surgissent aussitôt de cette lecture : d'un côté les mineurs, de l'autre les bourgeois. Deux univers qu'il s'agit de symboliser visuellement, sans violence ni excès, par des dominantes de couleurs et des matières de tissus. Par des jeux de contrastes entre des masses colorées, ainsi que Zola lui-même appréhendait l'univers de *Germinal.* Mais les créatrices de costumes ne vont pas pour autant épouser ses choix, quand elles n'en prendront pas le contre-pied. Dans le roman, le noir était la couleur des mineurs, le blanc celle des bourgeois et le doré symbolisait l'ascension sociale des mineurs s'embourgeoisant. Dans le film, il en sera autrement.

Aux mineurs, ouvriers et pauvres, des tons chaleureux mais sombres. Des bruns et des ocres, de la rouille, parfois des taches rouges et bordeaux. Du coton et de la laine.

Aux bourgeois, patrons et riches, des tons froids. Du bleu dur et du gris pour les hommes, du pastel pour les jeunes filles, une robe rouge mais rouge sang pour Mme Hennebeau. Pour tous, le plus souvent de la soie, éventuellement des lins ou des cotons sophistiqués. Des corsets bien raides car le port marquait déjà l'appartenance à une classe sociale.

Mais dans chacun de ces deux milieux, malgré les modes et les stéréotypes, chaque vêtement doit avoir son identité propre et s'inscrire dans une logique visuelle. Si les deux créatrices ont peut-être donné aux mineurs plus de moyens qu'ils n'en avaient dans la variété de leur garde-robe, elles l'ont fait consciemment. On ne peut pas demander à un acteur de tourner six mois dans la même tenue sans risquer de provoquer en lui un phénomène de rejet.

Un personnage échappe à ces deux masses clivées, Lantier. Au début du film, il vient d'ailleurs. A la fin, il y retourne. Il n'est pas d'ici. C'est une sorte de dandy. Même ses chaussures sont plus fines que celles des autres. Dès les premières pages de son roman, Zola avait pris soin de l'« habiller » : veste en coton aminci et pantalon de velours.

L'homme se soustrait aux catégories. Pour caractériser visuellement ce personnage entre deux mondes, il fallait trouver un vêtement qui le distingue au premier coup d'œil de la foule et des individus. Un vêtement qui soit, par sa couleur et sa texture, à mi-chemin entre les dominantes de chacun des deux milieux qui s'affrontent, la bourgeoisie et le peuple. Ce vêtement sera d'autant plus important qu'il deviendra le fil directeur du récit sur le plan visuel.

Du début à la fin du film, Renaud sera ainsi le seul acteur à porter un vêtement qui le distingue des autres. Un manteau lie-de-vin en lainage, d'un rouge éteint au ton chaud qui attache le regard. Surtout pas une couleur violente qui claque comme le drapeau d'un révolutionnaire ni une couleur ostentatoire comme chez certains bourgeois. Il n'est pas indifférent de se souvenir qu'avant d'intituler son roman *Germinal*, Zola avait songé à plusieurs titres évoquant le feu, et même à *Moisson rouge*... Si un vêtement devait symboliser *Germinal*, ce serait sans aucun doute celui-là.

Quelques 500 costumes, dont une centaine d'originaux, seront fabriqués pour les besoins du film. Deux maisons anglaises en auront la responsabilité : Cosprop et surtout Morris Angel and Son, qui a racheté les fameux ateliers de Bermans à Londres et ceux de Traonouez à Paris. Les deux créatrices de costumes leur fournissent les maquettes, la documentation, les matières.

Quitte à les teindre aussi souvent que nécessaire, elles ont privilégié les étoffes contemporaines à l'exclusion des tissus d'époque afin de donner un aspect plus moderne à l'histoire. Des tissus contenant un minimum de fibres synthétiques, achetés de préférence à Paris, dans le Sentier et au Marché Saint-Pierre, plutôt que dans la France des soyeux lyonnais. Il faudra que surgisse le spectre tant redouté de l'épuisement des stocks pour qu'elles s'approvisionnent en Italie et en Angleterre. Leur principale angoisse naîtra de cette menace : le manque de tissu.

Et les tenues de travail des mineurs? On en fait fabriquer plus de 400. Mais elles sont naturellement livrées à l'état neuf. Et celles-là, il n'est pas question de les teindre. Il faut leur donner du vécu. Pour les patiner, le chef costumier Pierre-Jean Laroque leur fait subir un sort dans une bétonnière pleine de pierres, de charbon et de gravier. Après quoi, elles sont lavées. Puis le charbon incrusté est fixé avec du gras de voiture. Enfin, les tenues sont à nouveau salies à la main avec de la poudre de charbon récupérée sur des terrils démantibulés.

Mais les costumes de *Germinal*, c'est également ce qui est le moins spectaculaire : quelque 800 sous-vêtements afin que les figurants puissent supporter les longues stations debout dans les champs, quand on tournera la nuit en plein hiver; des dizaines de combinaisons de véliplanchistes pour les acteurs et de cuissardes de pêcheurs pour l'équipe technique quand il s'agira de filmer les inondations des galeries...

Les costumes de *Germinal*, c'est aussi ce qui se voit à l'image mais ne se remarque pas : 800 paires de chaussures et 200 barrettes (casques plats des mineurs) fabriquées spécialement par un artisan-tanneur de Dunkerque en cuir très épais pour les acteurs principaux, et en papier mâché pour les personnages secondaires.

Il n'y a pas de petites économies, même dans un film au budget aussi lourd. Mais si des lampes de mineurs bon marché (300 francs) sont effectivement achetées en grande quantité en Pologne pour les figurants de second plan, d'autres, destinées à apparaître en premier plan, sont commandées à un tout autre prix (1900 francs) à Alain Dumoulin. Ce ferronnier d'art de Verchain-Maugré les recréera dans sa forge à partir de pièces de musée utilisées comme modèle, ainsi que des poinçons d'accrochage, des haches, des pics à pointe et autres outils de mineurs du XIXe siècle devenus très rares même chez les antiquaires. Quant aux berlines, il faudra aller se perdre dans l'Aveyron pour en trouver. Pour ne rien dire du mobilier administratif fin de siècle que l'on espère pouvoir acheter à des particuliers en passant des annonces dans *La Voix du Nord*.

Le costume le plus réussi est celui qui ne se remarque pas, à l'image de l'élégance selon Brummell. En d'autres termes, comme le disait Jean Renoir : « Si on voit encore les costumes au bout de la première bobine, c'est que le film est mal fait. »

On pourrait en dire autant des décors. Avec *Germinal*, on a donné aux membres de l'équipe un beau jouet à construire. Ils en sont conscients, de même qu'ils en mesurent d'emblée tous les dangers et les risques. L'équipe de décorateurs, constructeurs, peintres, ensembliers, paysagistes et architectes regroupés autour de Than At Hoang et de Christian Marti porte sur ses épaules une énorme responsabilité. Parce que la décoration sera l'un des plus postes les plus lourds du budget. Parce qu'il leur faut réinventer un monde, non le reconstituer. Parce que Claude Berri leur a juste demandé de construire des décors « réalistes » qui collent le plus possible au roman. Parce qu'ils veulent autant surprendre que se surprendre, la surprise étant la clef de cette magie-là. Parce qu'ils auront besoin de tout leur talent et de toute leur imagination pour suggérer sans la montrer l'opposition entre le coron Bas-de-soie et le coron Paie-tes-dettes. Parce qu'ils doivent se garder de confondre la grandeur du sujet avec celle du décor. Et parce que dans un projet de l'ampleur de *Germinal*, le résultat de leur travail contribuera directement au mythe et à la légende du film. Durant toute la durée du tournage, la visite guidée des décors sera très prisée par les personnalités de passage.

Il est hors de question de tourner dans une vraie mine. Trop compliqué et trop dangereux. On reconstruira ses boyaux labyrinthiques et souterrains sur le plancher des vaches, dans un vaste hangar. Mais dans un second temps seulement, quand le tournage sera bien avancé. Pour l'heure, après des recherches techniques, historiques, documentaires et iconographiques poussées, il s'agit avant tout de remodeler à l'identique, à grands renforts de polystyrène, de peinture et de patine, la rue Taffin, l'alignement des maisons et jardins-potagers du coron, l'épicerie de Maigrat, l'estaminet de Rasseneur, le site minier de Jean Bart, la maison de Mouquette, le Requillart, la chambre des porions, le cabaret et la salle de bal du Bon Joyeux, la grand-place du village où se tiendra la fête de la Ducasse, les bureaux directoriaux de la compagnie, la lampisterie, la salle à manger Napoléon III chic et froide des Hennebeau, le foyer des Maheu sur les murs duquel sont incrustés et non punaisés des chromos, la salle d'accrochage, le carreau de la mine sur lequel la houille est déposé, les fosses, l'écurie, la forge, le vestiaire, la chaufferie...

Et le Voreux. Ce chevalement surplombant le puits de mine, cet espèce de beffroi dont les charpentes supportent les molettes où s'enroulent les câbles des cages d'ascenseur, est plus qu'un imposant décor. C'est un personnage à part entière, comme l'était « La Lison », la locomotive conduite par le héros dans *La Bête humaine*, celle de Zola et celle de Jean Renoir. Les décorateurs de *Germinal* trouveront l'inspiration de leur Voreux dans une gravure d'époque du musée de la Mine, à Lewarde.

Le romancier l'a voulu ainsi, le metteur en scène également. L'un et l'autre se sont employés à donner le sentiment que cette machine d'épuisement était elle aussi, à sa manière, une bête humaine. Elle ne fait pas de bruit, elle respire.

Un monstre, en quelque sorte, tout en boyaux et veines, entrailles et viscères. Il suce le sang des ouvriers puis avale les charbonniers avant de les recracher en loques. Le Voreux dévore. Il est l'incarnation maléfique du Capital et de l'oppression. En un sens, il remplit la même fonction symbolique que le grand magasin d'*Au Bonheur des dames*, mais avec la violence propre à *Germinal*.

Le Voreux a une dimension proche du fantastique, comme le soulignera le premier non un critique littéraire mais un dessinateur, Robida. C'est une bête goulue à l'air méchant. Elle a mauvaise haleine. Même sa cheminée fait moins penser à un fût qu'à « une corne menaçante ».

Le cadre et le paysage, les costumes et la décoration participent tous d'un certaine poésie. Mais à s'immerger dans cet univers jusqu'à la veille du tournage, on en oublierait presque ce qui demeure le nerf de la guerre, la matière première du cinéma selon Orson Welles : l'argent, et non la pellicule.

On quitte alors le domaine du rêve et de l'illusion. Et on songe à la phrase par laquelle Malraux achevait sa brillante *Esquisse d'une psychologie du cinéma* (1945) :

« Par ailleurs, le cinéma est une industrie. »

VI

Une simple question d'argent

Quand Claude Berri remet sa casquette de producteur, il ne se demande pas combien un film va lui coûter, mais combien il peut perdre et ce qu'il peut rapporter.

Depuis 1963 qu'existe Renn Productions, il a toujours abordé le cinéma sous trois angles : les films d'auteur, les films populaires, les films internationaux. Il croit à un cinéma très français, tel que son propre travail l'illustre par exemple. Il croit à un cinéma en langue anglaise destiné à un public universel (*L'Amant*). Mais il est radicalement hostile au concept jugé bâtard d'un cinéma européen doublé.

Selon les cas, il y faut du flair, la capacité de s'émouvoir, le goût du risque. Dans les trois cas, il faut de l'argent. Mais dans son esprit, il en faut beaucoup si on veut faire d'un film un grand spectacle.

On connaît les nombreux succès qui ont fait de Renn une société florissante, des *Charlots* à *L'Ours*. On connaît moins ses insuccès, de l'échec relatif de *La Vengeance du serpent à plume*, aux échecs cuisants de *Trois Places pour le 26* et *Valmont*... Mais à l'arrivée, le bilan demeure largement positif. Comme disaient Henri Jeanson et Carlo Rim, puisque ces deux grands scénaristes de l'entre-deux-guerres se sont attribué la paternité du mot fameux : « J'ai connu des producteurs ruinés, je n'en ai pas connus de pauvres. »

En janvier 1992, la revue américaine *Vanity Fair* pouvait consacrer dix pages à celui qu'elle présentait comme « le plus influent fabricant de films de toute l'Europe ». Peu lui importe que dans le Triangle d'or du cinéma français (Champs-Elysées – George V – Alma), on le surnomme Gabegie-le-magnifique. Il se comporte avec les metteurs en scène qu'il produit comme avec lui-même. Quand il tourne, il veut être à l'aise dans sa chaussure. A 120 millions, il aurait vite des corps aux pieds. A 165 millions, il peut tranquillement s'élancer pour un marathon. Ce n'est qu'une simple question d'argent.

Pourtant, il continue à se définir comme un artisan de la production, et ce n'est pas une coquetterie de sa part. C'est bien ainsi qu'il le ressent. Là encore, il marche à l'estime, à l'admiration et au coup de cœur, non au raisonnement. Il n'est pas interventionniste sur les films des autres. On ne le voit guère sur les plateaux. Il laisse le metteur en scène faire son film et ne suggère des modifications au scénario que lorsqu'elles sont sollicitées par l'auteur. Ce second métier l'accapare peu. Juste le temps de signer les chèques.

Un jour, il s'est senti un peu las de prendre autant de risques pour n'être, en fin de compte, que le propriétaire d'une collection de négatifs. En découvrant tardivement l'art contemporain, il a voulu se donner les moyens de sa nouvelle passion. Car cette peinture-là draine alors beaucoup d'argent dans son sillage, aussi vrai qu'un film à grand spectacle ne peut se faire à l'économie. Du moins est-ce ainsi qu'il voit les choses. Pour monter sa collection de tableaux, il a donc largement ouvert le capital de sa société. En y introduisant un partenariat idéal entre le producteur indépendant qu'il est resté et un grand groupe industriel qui respecte son indépendance, Claude Berri a fait beaucoup d'envieux dans la profession. Ce montage est peut-être l'une de ses réussites les plus belles et les moins spectaculaires.

C'était en 1986. Jusqu'à cette date, la société appartenait

à Claude Berri et à sa famille. Depuis, ils en sont actionnaires à 50%, à égalité avec Chargeurs SA dont Jérôme Seydoux est le président. Par sa personnalité (charme, rigueur et raisonnement), par ses origines (la haute société protestante incarnée par sa famille maternelle, les Schlumberger), par sa formation (il est ingénieur sup'elec de Toulouse), par son itinéraire (la banque puis Schlumberger Ltd et BSN), il paraît être aux antipodes de Claude Berri. C'est peut-être le secret de leur association et surtout de leur amitié. D'autant que leur rencontre coïncide avec la découverte par Claude Berri de l'art contemporain.

Jérôme Seydoux a commencé à s'intéresser au cinéma en 1970, mais il s'agissait d'un intérêt quelque peu forcé. Schlumberger, dont il était alors *Executive vice-president*, venait de racheter la Compagnie des Compteurs, qui avait une participation dans la CLT tout en étant le plus important actionnaire de Gaumont. Jean Riboud se chargea de la première, Jérôme Seydoux de la seconde. Pendant quatre ans seulement, jusqu'à la revente de ses actions Gaumont à son frère Nicolas.

En 1985, Chargeurs SA est l'un des fondateurs de la Cinq. La chaîne éprouvant certaines difficultés à trouver des films, son autre frère Michel Seydoux négocie avec le producteur Claude Berri l'achat des droits de *L'Africain* (1982) de Philippe de Broca. Ce sera le premier film diffusé par la Cinq. Berri, qui achevait alors difficilement le tournage de *Manon des sources*, cherchait un partenaire financier. Michel Seydoux le présenta à son frère Jérôme, estimant qu'il s'entendrait mieux avec un homme de sa génération– tous deux étant nés en 1934.

Depuis, ce tandem atypique est cité par de nombreux professionnels du cinéma comme le modèle de l'association idéale entre un grand industriel et un producteur à risques. Car Jérôme Seydoux a ceci de particulier qu'il ne se pique pas d'être producteur. Il laisse carte blanche à son associé, lui faisant entière confiance dans ses goûts et ses décisions. Il donne son avis, comme le ferait un entrepreneur soucieux de la rentabilité de sa firme, mais n'entend pas intervenir dans les choix artistiques. Un avis, non une opinion. Il se refuse à en exprimer une, estimant que son incompétence en la matière le lui interdit. C'est ainsi, quand on n'y connaît rien, on ne se prononce pas.

L'interroge-t-on sur sa vision du cinéma, il se réfugie aussitôt en souriant derrière un bon mot de Francis Bouygues : « Le cinéma, c'est comme les travaux publics. Un chantier, mais en plus petit. » Une question de logistique, en quelque sorte. D'ailleurs au fil des tournages, après plusieurs années d'observation de ce milieu si particulier, Jérôme Seydoux demeure toujours frappé par son côté artisanal. Et choqué par le fait que des gens soient convoqués et payés à ne rien faire, pour ne rien dire des gens sans talent qui sont payés très cher!

Autant dire qu'en toutes choses, il déteste l'amateurisme. Au cinéma, cela se traduit par une défiance envers l'acteur qui bâcle, quand bien même il aurait du génie. Jérôme Seydoux a certes ses propres goûts (Clouzot, Renoir, Truffaut, Hitchcock, Berri) et ses films-cultes (*Autant en emporte le vent*, *Hôtel du Nord*, *Manhattan*), mais il préfère les garder pour lui. La clef du cinéma selon lui, c'est l'émotion. Comme en peinture. Les murs de son bureau sont envahis de Staël et de Dubuffet. L'émotion passe dans ces toiles, voilà tout. Un même sentiment l'a parcouru lorsqu'il a visionné les premières bobines de *Germinal*. Pourtant, son enthousiasme n'était pas acquis d'avance.

La première fois que Claude Berri lui a parlé de son projet d'adapter le roman de Zola, il n'a pu dissimuler son scepticisme. *A priori*, l'histoire lui paraissait triste, bien sombre. Le spectre de la sinistrose pointait à l'horizon. Conçu en période d'expansion, le film risquait de sortir en pleine récession. Mais il se reprit aussitôt, soucieux de ne pas influencer ni dissuader Claude Berri par un point de vue d'industriel.

Jérôme Seydoux fut finalement convaincu par son associé. D'autant que par tempérament, lui-même a tendance à tout envisager dans la perspective de la durée, de la qualité et de l'universalité, paramètres dont il retrouve la trace et l'esprit dans *Germinal*. Ses premières appréhensions dissipées, il ne doute plus de la puissance du sujet et de la capacité de Claude Berri à le transfigurer. Même si la partie n'est jamais gagnée d'avance, fût-ce avec ce partenaire qu'il tient d'abord pour un artiste.

A la réflexion, les deux associés et amis ont des points communs. Ils marchent à l'instinct dans leur approche des hommes. Ils ne peuvent ni l'un ni l'autre recevoir des ordres ou des instructions, uniquement des influences. Il y a entre eux plus de passerelles qu'il n'y paraît : la confiance, le respect de l'autre, la loyauté. Et l'angoisse.

La « famille », au sens de clan professionnel, est un petit cercle qui compte peu d'élus. Outre Pierre Grunstein qui supervise les tournages, il y a Paul Rassam, associé et beau-frère de Claude Berri, qui a la haute main sur les relations avec l'étranger, l'Amérique en particulier, et qui est lié à lui par une ancienne et profonde affection. Il y a aussi Pierre Tremouille, le directeur financier, embarqué dans le vaisseau Renn depuis douze ans après avoir travaillé dans un établissement de crédit contrôlé par une des banques de l'industrie cinématographique. Il y a enfin Richard Pezet, qui a la haute main sur la distribution avec Jean-Claude Borde. Le nerf de la guerre pour celui qui conserve toujours en mémoire la douce injonction de son père : « Il y a ceux qui donnent les cartes et ceux qui les reçoivent. Il faut être parmi les premiers. » Ici, donner les cartes, c'est distribuer les films.

Claude Berri et la famille Pezet sont associés depuis 1973. Aujourd'hui, leur société AMLF appartient à 100% à Renn Productions. Depuis des années, Richard Pezet entend Claude Berri parler de *Germinal*. Il a été convaincu qu'il irait au bout de son idée quand Berri s'est mis à associer régulièrement le nom de Lantier à celui de Renaud.

Au début, Richard Pezet a éprouvé une certaine angoisse. Dans sa mémoire de lecteur, une bonne partie du récit se déroulait dans la mine. Il craignait qu'à l'écran, le film paraisse trop noir. Non le propos, mais l'image. Or il est bien placé pour savoir que ce serait un handicap difficile à surmonter quand il s'agirait de le diffuser à la télévision et dans le circuit de la vidéo. Il sait d'expérience que l'exploitation d'*Apocalypse now* a souffert du dernier quart du film. Marlon Brando y évoluait pendant une demi-heure en pleine jungle dans le clair-obscur de son délirant village éclairé par des torches. Des copies furent tirées plus claires mais rien n'y fit. Sur un petit écran, on n'y voyait rien.

Une fois surmontée cette appréhension, Richard Pezet ne doute plus. Parce qu'il croit dans les choix et l'instinct de Berri, un réalisateur qui ne s'est jamais trompé depuis *Tchao Pantin* (1983). De toute façon, s'il était sceptique de tempérament, le responsable d'AMLF exercerait un autre métier. Il s'autorise des moments de doute et de lucidité avant et après. Pas pendant. Quand le projet est lancé, il faut foncer sans se poser de questions, en professionnel pragmatique et empirique. Quand l'angoisse et non l'enthousiasme devient le carburant de cette activité si spécifique, c'est qu'il est temps d'en changer.

Germinal sera donc une réussite. Parce que ce n'est pas possiblc autrement. Mais AMLF s'y implique en amont comme jamais auparavant. Pour ce film, on mobilise toutes les troupes. C'est bien la moindre des choses dès lors que Claude Berri, qui a si souvent fourni aux autres de très gros moyens (Milos Forman, Roman Polanski et Jean-Jacques Annaud pour ne citer qu'eux), décide de se les octroyer sans rien se refuser. Il a certes placé la barre très haut mais il s'agit là d'une folie raisonnable puisqu'il a déjà sauté aussi haut. Reste à savoir jusqu'où les uns et les autres pourront aller en le suivant dans sa course.

Claude Berri appartient à cette famille de producteurs qui ont le goût du risque. En cela, il est plus proche de ses glorieux aînés – Alexandre Mnouchkine, Robert Dorfmann et Georges de Beauregard auquel il voue une admiration sans mélange – que des hommes de sa génération. Il est vrai que nombre de producteurs français sont devenus plus frileux à force d'être assistés. Ils rechignent à monter des projets qui ne sont pas rentables sur le papier. Souvent, ils ne se lancent qu'après s'être couverts. Ils veulent avoir l'assurance que leur film sera amorti par la vente des droits aux distributeurs étrangers, aux chaînes de télévision, aux compagnies de vidéo; par les fonds fournis par les SOFICA

(Sociétés de financement du cinéma et de l'audiovisuel); et par les avances, aides ou subventions accordées par l'Etat.

Berri ne méconnaît certes pas les avantages du système et en use autant que les autres. Non pas avant mais après avoir décidé de manière irrévocable de faire son film. Coûte que coûte. Une fois que son idée s'impose à lui, il trouve les moyens de financer son rêve. Et il va jusqu'au bout quel que soit le prix à payer.

Il ne veut compter que sur le public pour amortir son film. Si ce n'était pas le cas, jamais *Jean de Florette* et *Germinal* n'auraient dépassé le stade du script. On parlera encore une fois d'un budget « colossal », « faramineux » voire « délirant ». Il s'en fiche, fidèle à son principe intangible – ce que peut rapporter un film importe plus que ce qu'il va coûter – philosophie heureusement partagée par son associé Jérôme Seydoux. Et tant pis pour ceux, journalistes, critiques et cinéastes, qui accablent d'emblée tout film cher et le discréditent *a priori* par aversion viscérale pour l'argent nécessairement corrupteur.

Un plan de financement est établi par les services de Renn Productions. La société, qui assume le risque majeur du début à la fin, aura besoin d'emprunter quelque 100 millions de francs auprès des banques qui seront prioritaires dans le remboursement (BNP 40%, Crédit lyonnais 40%, Société générale 20%).

Les banques prêtent mais n'investissent pas. Elles n'ont pas de pourcentages sur les bénéfices. Claude Berri jouit de leur confiance. Cela ne les empêche pas de prendre des gages, en l'occurrence des nantissements sur les films à succès produits par Renn : *Jean de Florette*, *L'Ours*, *Tchao Pantin*, *Banzaï*, tous assurés de repasser tous les deux ans à la télévision. Ce sont des garanties destinées à les prémunir contre une « catastrophe » au cours de la fabrication du film. Généralement, les banques les conservent sous le coude jusqu'au remboursement. Dans le cas précis, la mainlevée interviendra au dernier tour de manivelle. La confiance, toujours.

Les partenaires dans le financement du film sont principalement France 2 Cinéma (10 millions), et le distributeur AMLF qui octroie un à-valoir exceptionnel de 25 millions, proportionnel au coût du film et aux espoirs de recette en fonction du précédent *Jean de Florette*. Pour ce qui est du pré-achat de droits d'antenne à la télévision, Canal-Plus apporte 18 millions et France 2 accorde 14 millions pour pouvoir diffuser *Germinal* en deux soirées. En dehors de quelques pré-ventes sur l'étranger, Renn Productions assume la totalité du risque, en incluant 20 millions du fonds de soutien au producteur, généré par les recettes de ses précédents films.

On comptera également sur l'Avance sur recettes délivrée par la commission *ad hoc* du Centre national du cinéma (5 millions demandés, 3 millions espérés), sur la subvention du Conseil de l'Europe via Eurimages (5 millions), sur la participation d'une Sofica (2 millions), sur un éventuel accord de partenariat avec la Région Nord-Pas-de-Calais (10 millions) et sur celui du ministère de l'Éducation nationale pour l'acquisition d'un certain nombre de films du catalogue de Renn pour une utilisation non commerciale dans les milieux scolaires.

Deux éléments importants n'entrent pas encore en ligne de compte dans ce schéma : la cession des droits d'exploitation du film en cassette vidéo, que Claude Berri préfère conserver à sa disposition le plus longtemps possible; et la vente des droits du film à l'étranger. Ce dernier facteur, purement prévisionnel, est loin d'être négligeable. Mais il ne représente, dans la meilleure des hypothèses, que de 20 à 25% du coût du film.

L'époque est révolue où des films français étaient prévendus à l'étranger au vu du casting et à la lecture du scénario. C'est seulement après leur triomphe en France que *Jean de Florette* et *Manon des sources* connurent le succès à l'étranger, notamment en Amérique où ils firent partie des dix films français ayant cumulé les meilleures recettes. A Londres, ils tinrent l'affiche pendant plus de trois ans.

C'est Jacques-Éric Strauss, PDG de Président Films, qui

est chargé de pré-vendre *Germinal* dans ce qu'il appelle des « territoires » plutôt que des pays. Comme si cette activité relevait plutôt des jeux de stratégie tels que le *Risk*. Pour avoir notamment cédé *Cyrano de Bergerac* dans le monde entier (à l'exception de Taiwan et de l'Indonésie...), il parle en parfaite connaissance du terrain. D'emblée, il ne doute pas que la carrière internationale de *Germinal* sera plus belle encore. Même si à la lecture du synopsis, bon nombre d'acheteurs étrangers sont freinés dans leur enthousiasme par la tonalité sombre de l'histoire.

Le « produit » lui paraît tout à fait exportable. Pour des raisons économiques : son budget est impressionnant, il y a à la clef une série de deux films pour la télévision et le succès de *Cyrano* fera certainement jurisprudence eu égard aux considérables remontées de recettes qu'il a provoquées. Pour des raisons plus cinématographiques également : c'est une histoire très française, adaptée d'un classique de la littérature, œuvre de l'un de nos plus grands romanciers, tournée avec un casting brillant par un réalisateur-producteur qui présente des garanties dans le domaine des succès populaires à grand spectacle. Que demander de plus? Outre la Belgique et l'Italie associées au projet dès le départ, et en attendant, avec l'appui de Paul Rassam, que se conclue un contrat difficile (car élevé) avec l'Amérique, *Germinal* va progressivement gagner de nouveaux « territoires » : Espagne, Allemagne, Autriche, Russie, Tchécoslovaquie, Suède, Hollande, Japon, Corée du Sud, Angleterre...

D'après le plan de financement, le devis global hors taxes s'élève à 165 millions de francs. Mais pour ne pas le faire exploser, on a laissé de côté les frais généraux et le salaire du producteur. Autant dire qu'à l'arrivée, au lendemain du dernier jour de tournage, on enregistrera très probablement un dépassement de budget.

C'est beaucoup. A titre de comparaison, *Tchao Pantin* avait coûté 25 millions, *Jean de Florette* et *Manon des sources* 120 millions à eux deux. Autres temps? Rien de moins sûr. Car les grands films français de 1992 ont coûté en moyenne trois fois moins cher que *Germinal*, qu'il s'agisse de *Lunes de fiel* (73 millions), des *Visiteurs* (62 millions), de *L'Accompagnatrice* (55 millions)... Claude Berri le sait mieux que quiconque puisqu'il occupe par excellence une situation d'influence au carrefour stratégique de l'industrie cinématographique de ce pays. Pourtant, il n'en démord pas. *Germinal*, qui est à tous égards un projet d'une tout autre ambition, ne peut être qu'un grand spectacle populaire. Or il est impossible de le réaliser à l'économie.

Son budget se décompose ainsi :

– Droits artistiques (adaptation, etc.) : 3,4 millions.
– Personnels (équipes techniques, main-d'œuvre sur le tournage, etc.) : 38 millions.
– Interprétation (rôles principaux, rôles secondaires, figurations, etc.) : 14 millions.
– Décors et costumes (ainsi que meubles, effets spéciaux, etc.) : 27,5 millions.
– Transports (tous déplacements, défraiements, régie, etc.) : 20,5 millions.
– Moyens techniques (matériels de prises de vue, d'éclairage, de son, etc.) : 8,3 millions.
– Pellicules et laboratoires : 7,5 millions.
– Assurances et divers : 2,8 millions.

Quand on y ajoute 10 millions réservés à ce que la production appelle poétiquement les « imprévus » et 12 millions à ce que les banques appellent plus prosaïquement des frais financiers, on atteint effectivement le chiffre fatidique de 165 millions hors taxes.

Et alors? Claude Berri a dorénavant le regard fixé sur la ligne bleue des entrées. Ça l'intéresse plus que le prix de revient du film. Pour qu'il ne perde pas son pari et qu'il puisse enfin respirer, cinq millions de Français devront avoir vu *Germinal* en salles. Un chiffre à faire rêver la plupart des réalisateurs et frémir leurs producteurs. Claude Berri est un des rares à pouvoir l'envisager sans paraître prétentieux. Parce qu'il a déjà fait mieux avec *Jean de Florette* (7,2 millions d'entrées en France) et *Manon des sources* (6,6 millions d'entrées). C'était moins que *Trois Hommes et un couffin*, *L'Ours* ou *Le Grand Bleu*. C'était plus que *Cyrano*, *Danse avec les loups* ou *Les Ripoux*. Mais si l'on considère que le diptyque adapté de l'œuvre de Marcel Pagnol ne constituait qu'un seul et même film, c'est le record absolu de ces dernières années. Dans ces conditions, pourquoi Berri ne prendrait-il pas le risque de se donner les moyens de sa folie?

Désormais, tout est prêt, ou presque. Il ne reste plus qu'à tourner *Germinal*.

Deuxième partie

PENDANT

Juillet 1992. Claude Berri fête ses cinquante-huit ans. Dans quelques jours, il va enfin pouvoir s'immerger dans l'univers de *Germinal*. Mais jusqu'au dernier moment, le producteur est harcelé par les « problèmes ». Aussi le réalisateur ne peut-il sereinement s'élancer pour son marathon de six mois. Le financement du film n'étant pas bouclé, il lui faut encore se battre.

Pourtant, l'air du temps lui est déjà favorable. Le mensuel économique *L'Expansion*, qui consacre son numéro d'été à un « Spécial cinéma », précise à la rubrique « Ce qui est in » : « En France, le film à costumes : *Cyrano*, *Tous les matins du monde*, *Van Gogh*, *Germinal*. » Déjà... C'est peut-être cela qui agace certains, cette consécration prématurée alors que la pellicule n'est même pas impressionnée. Depuis plusieurs mois que la rumeur l'annonce comme « le » film de 1993, d'aucuns s'irritent de cette chronique d'un succès trop annoncé. Il sera de toute façon toujours trop cher, trop riche et trop populaire à leur goût. La réaction ne tarde pas.

9 juillet, au Centre national du Cinéma (CNC), rue Galilée à Paris, dans la grande salle de réunion. Des

rayonnages tapissent les murs. Ils sont remplis non de livres mais de scénarios. Ceux qui arrivent et ceux qui repartent. Six cents sont déposés chaque année, dont les deux tiers pour des premiers films. Au milieu, des tables disposées en carré. Autour, les membres de la commission de l'Avance sur recettes, une des clés du dispositif d'aide au cinéma. Elle allège le risque du producteur tout en accordant une manière de label de qualité. Ici, on ne distribue pas seulement de l'argent mais du symbole. En avoir ou pas, telle est la question. Car les films qui ne bénéficient pas de l'Avance ne connaissent pas seulement un surplus de problèmes financiers : ils sont qualitativement suspects. Cela ne se dit pas mais cela se ressent.

L'écrivain Bernard-Henri Lévy, président de la commission en 1992, est assis au centre, tournant le dos à la fenêtre. A sa gauche, Gilles-Marie Tiné, directeur de la production cinématographique au CNC, chargé de gérer toutes les procédures d'aide. A sa droite, André Avignon, chef du service des aides sélectives. Ces deux hommes ont voix au chapitre mais ne votent ni n'interviennent dans les débats. En face de B.H.L., son vice-président Michel Seydoux. De part et d'autre, quelques-uns des membres de la commission, Claude Chabrol, Marie-France Pisier, Denis Château, Jean-Pierre Ronssin. Certains se sont faits excuser. Ils sont remplacés par leurs suppléants, Frédéric Bourboulon et Bernard Favre.

En 1992, l'enveloppe budgétaire est de 115 millions de francs. En principe, la commission se base sur deux critères. Le premier est d'ordre artistique : la qualité du projet telle qu'elle peut en juger à la lecture du scénario, seul document tangible à sa disposition. Le second est plus strictement économique : outre la prise de risque, l'impossibilité pour le film d'être tourné si l'Avance ne lui est pas accordée. Traditionnellement, des gens de lettres y côtoient des professionnels du cinéma, de manière à ce que la commission puisse apprécier tant l'esprit d'un film que son montage financier.

Le système a fait ses preuves. Pour autant, il n'a pas empêché les erreurs et plus encore les ratages depuis plus de trente ans qu'existe cette procédure d'aide. Dans les années soixante, elle vola au secours des jeunes réalisateurs commerciaux au détriment de ceux qui prenaient plus de risque. Elle aida ainsi volontiers Claude Lelouch, Yves Robert et Robert Enrico au moment même où elle rechignait à soutenir Truffaut, Chabrol ou Rohmer pour ne rien dire de Jean-Luc Godard qui réalisa ses neuf premiers films sans l'Avance.

Cela étant, elle a incontestablement permis à un certain nombre de films de se faire. Certains lui doivent beaucoup, dans tous les sens du terme, puisque cette somme est remboursable en francs courants et sans intérêt. Il s'agit bien d'une subvention déguisée, non d'un acte de coproduction banal. En effet, selon une enquête consacrée à la gestion du Centre national du Cinéma et publiée en juin 1993 dans un rapport de la Cour des Comptes, 9% à peine des avances accordées au cours des années quatre-vingt furent remboursées alors que dans les années soixante, 40% le furent.

Pour astucieux qu'il soit, le système a sécrété ses propres effets pervers. Sur le plan financier d'abord : alors que de plus en plus de films se font sans nécessité artistique, uniquement parce que leur entrepreneur a su séduire des investisseurs, l'Avance apparaît de plus en plus comme la base du montage financier, non comme son complément. Sur le plan artistique ensuite : alors que des metteurs en scène, Claude Berri entre autres, préfèrent rédiger un scénario très charpenté mais sans fioritures – qui lui laissera les mains libres quand il sera au cœur de l'action – plutôt qu'un découpage précis, littéraire et détaillé, on prétend juger un film à venir d'après son script. Or un film, ce n'est pas qu'une histoire mais un regard et des émotions, un rythme et un ton, une couleur et une âme. Toutes choses qui ne sont pas réductibles à l'exposé technique d'une suite de séquences. C'est ainsi que dans une période très récente, la commission est passée notamment à côté de *Delicatessen*, d'un *Monde sans pitié* et de *Toto le héros*, quitte à en « rattraper » certains en leur attribuant la subvention après coup. La cause est entendue : l'Avance sur recettes n'est pas un droit mais un concours. Il n'empêche : sa vocation est d'aider les films à se faire. Les petits et les grands.

Ce 9 juillet 1992, quand le projet *Germinal* vient à l'ordre du jour de la commission, Claude Berri part avec un handicap. Sept ans auparavant, alors qu'elle était présidée par l'éditeur Christian Bourgois qui lui donna une incontestable impulsion, *Jean de Florette* et *Manon des Sources* avaient obtenu 2,5 millions de francs chacun. Cette attribution ne s'était pas faite sans remous. Christian Bourgois était aussitôt monté au créneau pour les calmer, expliquant que cette décision se justifiait sur le plan économique et qu'elle témoignait de l'attachement de la commission à « la défense d'un grand cinéma français ». Ces cinq millions, auxquels s'ajoutèrent deux millions d'aides directes accordés par le ministère de la Culture, furent remboursés intégralement par Renn Productions dans les six mois qui suivirent la sortie des films. Ce précédent, qui aurait dû être favorable au réalisateur, ne le sera pas.

Les délibérations sont secrètes. Il n'empêche : dans ce milieu où tout le monde se connaît, tout se sait. Claude Berri n'a pas que des amis parmi ceux qui siègent ce 9 juillet. C'est un euphémisme de le dire ainsi. Certains règlent leurs comptes. Il en est même qui ne pardonnent pas au patron de Renn d'avoir un jour refusé de produire leur film. Dès le début de la séance, les dés sont jetés. Au premier tour, dans l'ordre des préférences, *Germinal* vient loin derrière les films d'Alain Cavalier (*Libera me*), d'Alain Resnais (*Smoking no smoking*), de Gérard Blain (*Jusqu'au bout de la nuit*), de Marie de Poncheville (*Les Contes secrets de Mongolie*), de Kzrystof Kieslowski (*Bleu*), de Giulano Montaldo (*Piazza Carignano*).

Germinal est peut-être *in* dans l'opinion publique, il est déjà *out* pour les membres de la commission d'Avance sur recettes. Ils n'ont pas à justifier publiquement leurs décisions. C'est préférable, quelques-unes ne s'expliquant que par un sens de l'amitié un peu trop intéressé. Toutefois, certains laissent entendre que la commission n'a pas été convaincue par l'ambition du projet et par la qualité du scénario, que l'énormité du budget a paru rebutante...

D'autres évoquent l'influence prépondérante de Bernard-Henri Lévy, dans ce refus. Il n'aurait pas avalé les quelques critiques qu'un certain Renaud lui sert depuis des années dans ses interviews, ses articles et ses chansons. Il aurait été également indisposé par l'insistance maladroite avec laquelle l'entourage de Claude Berri et surtout la direction d'Antenne 2 auraient fait pression sur lui – ce qui ne manque pas de sel venant d'un expert en « lobbying ». Enfin, cet intellectuel si soucieux de laisser une trace dans la postérité, préférerait que son nom soit attaché à des films d'une certaine ambition intellectuelle et artistique plutôt qu'à de grands succès populaires fleurant la France profonde.

Un mois avant cette séance, répondant aux questions du magazine *Première* (qui ne publiera l'entretien qu'après le vote de la commission), Bernard-Henri Lévy avait donné le *la*. Il ne se contentait pas de déplorer « la grande misère culturelle » et « la médiocrité des sujets et des dialogues » qui lui étaient soumis. L'auteur de *L'Idéologie française*, à qui la simple évocation du terroir donne des furoncles, précisait : « Médiocrité même de ces fameux gros films qui sont supposés être l'étendard de notre cinéma, qui coûtent énormément d'argent et qui sont, surtout, la forme moderne de cette bonne vieille qualité française. » Interrogé plus précisément sur *Germinal*, il répondait : « C'est un beau scénario. Mais je ne pense pas en effet, que l'Avance soit décisive dans son dispositif de financement. » Le président oubliait tout simplement qu'un des critères de sa commission est de prendre en compte le risque financier. En l'occurrence, celui de *Germinal* est réel et énorme.

Bernard-Henri Lévy jugeait absurde d'accorder l'Avance à des films qui se feraient de toute façon sans elle. Ce qui ne l'empêcha pas de militer par la suite pour son attribution à *La Reine Margot* de son ami Patrice Chéreau, un film au budget de 120 millions produit par... Claude Berri. Quelques mois après, pressé par *Le Film français* de s'expliquer sur cette contradiction, il avança que, dans ce cas précis, il s'agissait d'un vrai pari qui méritait d'être encouragé, tandis que *Germinal* aurait pris l'argent d'un autre. Et qu'il était somme toute satisfait du refus de la commission car la demande de Claude Berri lui paraissait « véritablement incongrue ». Autrement dit : plus le budget d'un film est important, moins il rencontre de problèmes de financement! Curieuse logique.

Toute cette agitation très parisienne n'aurait guère d'importance si, à quelques jours du premier tour de manivelle, elle ne plaçait le réalisateur-producteur dans l'obligation de trouver ailleurs plusieurs millions qui viennent à lui faire défaut au dernier moment.

Il a plus de chance dans le Nord que dans la capitale.

Peu après son échec à la commission d'Avances sur recettes à Paris, Claude Berri est auditionné à Lille par la commission « Culture » du Conseil régional Nord-Pas-de-Calais. C'est bien parti car la région est généreuse pour la culture. Elle fait partie de celles qui aident régulièrement des films à être tournés sur leurs terres. De plus, le réalisateur bénéficie du soutien efficace de Jean-Louis Borloo, l'entreprenant maire de Valenciennes.

Pour la circonstance, il s'est fait accompagner par son directeur de production, Patrick Bordier. Bien que la rencontre ne soit qu'officieuse, tous les groupes politiques sont représentés, du Parti communiste au Front national. Berri plaide son dossier, explique pourquoi il a choisi le Nord de la France plutôt que l'Est de l'Europe, expose la manière dont il envisage de tourner son film et insiste sur la mise à contribution de la région et de ses habitants. L'impact économique d'un tel projet sur le Valenciennois pendant près d'un an est évalué à environ 60 millions de francs (dépenses de fonctionnement, décors, figurants, etc.). Puis il répond aux questions des uns et des autres.

Un conseiller régional, Robert Moreau, exprime son inquiétude de voir *Germinal* faire l'objet d'une exploitation ou d'une récupération politiques.

« Quelle sera la philosophie de votre film? demande-t-il.

– Ce sera une réflexion sur le XXe siècle, un film qui devra susciter un débat, provoquer une prise de conscience. Mais sa philosophie! Ce sera à chacun d'en décider. Ce n'est pas à moi de dire : il faut en penser ceci ou cela... Zola fait partie du patrimoine de tous les Français. »

Le conseiller régional est satisfait.

A l'issue de l'examen de passage, Jean-Louis Borloo rassure le « candidat ». Il les a enthousiasmés. Tous croient dans son film, dans sa symbiose avec les gens du Nord.

« Il y avait aussi des représentants du Front national? demande Berri par curiosité.

– Bien sûr. Celui-là même qui t'a interrogé sur la philosophie de ton film. Tu ne l'a pas reconnu? Le " bourreau de Béthune "!

– L'ancien catcheur qui sert de garde du corps à Le Pen?

– Exact. Au Conseil régional, c'est un de leurs trois délégués à la culture... »

La commission officieuse émet un avis favorable sans la moindre réserve. Il sera entériné par la commission permanente à l'unanimité de tous ses membres. Dans les couloirs, juste avant la séance, le débat avait porté sur l'opportunité de mettre en valeur l'image « gueules noires et corons » de la région mais pas sur l'importance de la somme demandée par le producteur : 10 millions de francs. Il est bien entendu qu'il ne s'agit pas d'une subvention mais d'une coproduction qui ne dit pas son nom, autrement dit d'un co-investissement avec, à la clé, un intéressement aux recettes. C'est ce que les élus appellent « une convention-Canada Dry ». Ainsi, ils se sentent coproducteurs sans pour autant être propriétaires d'une partie du négatif.

L'accord sera supervisé par le CRAV (Centre régional de Ressources audiovisuelles) qui a récemment aidé les films de Rachid Boucharef, de René Feret et de Sam Karman à se tourner à Roubaix et Armentières. 65% de ses fonds lui viennent du Conseil régional, 35% de ses recettes propres. Son but est de développer la création cinématographique dans le Nord-Pas-de-Calais. Or, étant une association à but non lucratif, elle ne peut être légalement un coproducteur agrée par le Centre national du Cinéma.

L'accord est conclu. Tout le monde est content. L'« affaire » ne fait pourtant que commencer. Cet engouement unanime des élus régionaux n'est que le début d'un feuilleton à rebondissements qui dépassera de loin *Germinal.*

Claude Berri est déjà ailleurs, par l'esprit si ce n'est par le corps. A Paris pour le début des essais caméra et les essayages de costumes de Bernard Fresson. A Valenciennes pour les coupes de cheveux des figurants, la présentation des enfants à Miou-Miou et la répétition des musiciens qui joueront au bal du Bon Joyeux. A Montlognon, dans l'Oise, où certains acteurs s'entraînent à monter à cheval. A Paillencourt où le directeur de la photographie tourne des plans d'essai et de couchers de soleil. A...

Jusqu'au moment inéluctable où il est l'heure de passer à l'essentiel. Le tournage du film, enfin. Mais comme s'il fallait encore reculer cette échéance fatidique, il est précédé par une période de pré-tournage.

3 août 1992, 1er jour de tournage (pré-tournage)

Il est impensable de réaliser un film, surtout un tel film, en commençant par le début du scénario et en terminant par la fin. Le tournage se fait nécessairement dans le désordre. La séquence 64, située en été, en extérieur et à la campagne, est la première à l'ordre du jour. Sur le script, elle est ainsi décrite :

> Les blés sont déjà grands, d'un vert-bleu qui tranche sur le vert-noir des betteraves. C'est une mer sans fin, ondulante au moindre vent. Les peupliers du canal s'empanachent de feuilles. Les herbes envahissent les terris du Voreux. Les fleurs couvrent les prés. Toute une vie en germe jaillit de cette terre.

Pour cette séquence et la suivante, sept acteurs sont convoqués à Paillencourt. Des voitures de la régie vont les chercher chacun à leur hôtel à 7 heures, pour être habillés et maquillés dans une caravane près du plateau à 7 h 30 afin d'être prêts à tourner à 8 heures. Tout est minutieusement organisé, prévu, détaillé. Rien n'est laissé au hasard, pas même le hasard, les membres de la régie étant reliés entre eux en permanence par des téléphones de voiture et, dès qu'ils en sortent, par des talkies-walkies. A tout instant, le réalisateur peut savoir où est chaque acteur. Ou plutôt, où il en est.

Vingt figurants leur font cortège. Ils seront un couple d'amoureux, un pêcheur avec son chien, des mineurs revenant du travail, d'autres travaillant toujours sur le carreau. Ils écarquillent les yeux. Pour eux, ce « baptême du plateau » est une grande première.

« Mais pourquoi vous ne le tournez pas en patois? Croyez-moi, ça ferait encore plus authentique », risque déjà l'un d'entre eux auprès d'une assistante.

Quand ils arrivent, l'équipe de la décoration a déjà activé le Voreux, bien noirci les terrils, patiné les gouttières, disposé des meules de paille dans les blés coupés du Bois de Bray, aménagé des accès aux talus par des marches naturelles, mis en terre le chemin de halage, masqué l'aspect le plus moderne des berges et la signalisation fluviale du canal de la Sensée. Le responsable des effets spéciaux a fait le nécessaire pour que la cheminée du Voreux fume comme il faut au bon moment. Il est prêt à brûler des pneus pour avoir de la fumée noire et des bottes de paille pour lancer de la fumée blanche. Il a également prévu un énorme ventilateur destiné à faire frémir les blés au cas où le vent ne serait pas de la partie. Mais si le soleil fait également des siennes, on sera bien forcé d'attendre qu'il veuille bien se dégager des nuages. Les blés, eux, sont à point et c'est l'essentiel.

On amène également à pied d'œuvre deux bœufs pour attelage ainsi qu'un cheval pour tirer un engin agricole. On prépare même quelques papillons, en réserve, pour le cas où la mise en scène souhaiterait un vol de lépidoptères au dernier moment. Marcel Laude, l'indispensable accessoiriste, un vieux de la vieille, arrive les bras chargés de fourches et de fléaux, de gourdes et de sacs, sans oublier l'attirail du pêcheur et le bouquet de fleurs des amoureux. Rien ne doit manquer à la seconde où cela sera demandé, même si tout ne doit pas servir. Il n'est pas question de chercher dans le feu de l'action.

Le plan de travail, rédigé la veille par le premier assistant Eric Bartonio, doit avoir tout prévu. Absolument tout. Même de ne pas oublier la clef du portail d'un chemin menant à un décor. Même les heures de récolte sur les parcelles contiguës. Même la circulation sur la route longeant le canal, bloquée par intermittence par des gendarmes reliés à des assistants de la régie postés sur le plateau. Même le trafic fluvial. Même le canot pour ramasser les détritus flottant à la surface du canal et pour faire bouger l'eau quand on le jugera utile. Même et surtout les aléas de la météorologie.

Tout prévoir. C'est une obsession. *In extremis*, Berri fait modifier le plan de travail lorsqu'il apprend que le passage d'une course cycliste est imminent. Non par un amour immodéré du vélo mais pour ne pas risquer de voir surgir le peloton à l'horizon. Ça ferait désordre dans le cadre.

C'est l'heure de la pause déjeuner. L'équipe se donne rendez-vous à Wasnes-au-Bac, « chez Jannick ». Berri est arrivé le premier, toujours aussi pressé d'en finir avec ce qui le sépare de son film. Le repas fait partie de ces rituels superflus mais obligatoires auxquels il sacrifie de mauvaise grâce. A condition d'être assis au bout de la banquette, au plus près de la sortie. Quand Renaud arrive, il ouvre la porte de sa voiture.

« Tu as écouté la radio?

– Non pourquoi?

– Michel Berger est mort... Tennis à Saint-Tropez... Crise cardiaque... »

La nouvelle jette un froid. Un temps, elle assombrit ce banquet improvisé avant que *Germinal* ne reprenne le dessus.

« Après *Jean de Florette*, je suis condamné à faire un grand film classique. Si je le rate, on ne me ratera pas. Renaud, tu cherches quelque chose?

– Le beurre. Pas nécessairement pour le manger. Pour le regarder.

– Vraiment? demande Berri, interloqué.

– C'est un héritage de mon grand-père mineur. Il ne

pouvait pas attaquer un repas s'il n'y avait pas du beurre à table. Par principe. Moi non plus, je suis désolé.

– Jannick, s'il te plaît! Du beurre-à-regarder pour Renaud! »

Effectivement, Renaud ne commence à manger qu'en présence de la sainte motte. Berri n'en revient pas.

« C'est le souvenir de ton grand-père qui t'a motivé pour accepter de jouer Lantier?

– 30% mon grand-père, 30% toi, 30% le rôle.

– Mais il reste 10%..., risque une voix.

– C'est pour l'agent! » lance Berri déclenchant les rires.

Le déjeuner est expédié mais dans la bonne humeur. Chacun goûte d'autant plus ces instants que tous savent qu'ils seront rares. Début septembre, quand le tournage commencera vraiment en présence de centaines d'acteurs et figurants, Berri sera certainement très tendu. Après, ce sera de pire en pire, le climat devenant de plus en plus éprouvant. A la fin, dans les galeries, ce sera...

15 heures. Le soleil n'est pas au rendez-vous. Pendant toute la durée d'un tournage, le cinéma est d'abord un art de l'attente. Pour tous, acteurs et techniciens. Les impatients et grands nerveux feraient mieux de renoncer. A moins qu'ils n'apprennent à tuer le temps, maître-mot.

La pause risque de durer. Berri se retrouve dans la situation de Monet, guettant les allées et venues du soleil pour peindre ses meules de foin. A une nuance près : il est plus facile de déplacer un chevalet que de démonter le rail d'un « travelling », d'installer une caméra et de déranger des projecteurs. Un envoyé de la régie, posté au faîte d'un terril, scrute le ciel armé d'un talkie-walkie.

Au bout du chemin de halage, des techniciens évoquent des souvenirs de tournage avec Yves Angelo. Ils se tiennent de part et d'autre de la caméra, de manière à ne jamais la laisser seule, sans une main pour la caresser. Elle a droit à tous les égards. Avec ce va-et-vient, il est hors de question de la laisser prendre le risque d'être bousculée.

A l'autre bout, seul, assis dans son fauteuil, Berri se perd dans ses rêves. Un peu plus loin, la coiffeuse Isabelle Luzet compulse un catalogue de portraits de femmes de la fin du

XIXe siècle. Sur le côté, des figurants en habit s'allongent sur la rive du canal. Certains bavardent, d'autres fredonnent. A eux tous, ils composent un tableau impressionniste d'où émane un ineffable sentiment de douceur de vivre. La scène est d'autant plus réussie qu'elle n'est pas préméditée. Ce n'est pas du cinéma. On se croirait pourtant dans *La Partie de campagne* de Renoir. A un détail près : la musique.

Elle sourd doucement de la voiture de Renaud. C'est du Brassens, son maître. Il fredonne lui aussi, les pieds en éventail posés à travers la fenêtre. A ses côtés, la petite Sandrine qui jouera Lydie. Elle a 12 ans, l'âge du rôle. Berri ne tarit pas d'éloges sur elle, sur sa gouaille, ses taches de rousseur, ses réflexions.

« Si je devais mettre un visage sur l'affiche du film, ce serait le sien, dit-il. Tout y est. Tout *Germinal.* »

En plus, sa vie c'est vraiment du Zola. Après s'être hissée à travers la portière, elle interpelle l'assistance :

« Je suis la nouvelle secrétaire de Renaud! J'ai le pin's! »

Pendant ce temps, Renaud chante en surimpression sur le disque de Brassens :

« Je me suis fait tout petit devant une poupée... »

Peu après, un talkie-walkie grésille et l'équipe s'agite à nouveau.

« Chuuut! intime Sandrine. Il dort. »

Certes, mais le soleil est là. Pour trente minutes, pas plus. Tout le monde se met en place. Tout est prêt. Pourtant, ça ne va pas. Dans son casque, Pierre Gamet, l'ingénieur du son, a repéré quelque chose qui s'annonce. En effet, une péniche s'avance au loin. Quarante-cinq professionnels du cinéma la regardent donc béatement passer. Puis, quand son moteur n'est plus qu'un murmure et que les remous cessent de clapoter, chacun reprend ses marques. Tout le monde est prêt. Sauf le soleil qui a disparu à nouveau. L'oracle perché sur son terril guette la course des nuages dans le ciel.

« Attention! Tu sais ce que les Romains faisaient à ceux qui leur annonçaient de mauvaises nouvelles? » lui lance Berri.

C'est bon signe. Il n'a pas perdu patience, pas encore. Cette fois, tout est paré. On fait plusieurs prises. La séquence est dans la boîte. Le réalisateur est ravi de constater que ses collaborateurs sont déjà rodés à travailler ensemble alors qu'on vient juste de commencer.

« Quelle équipe! Fredo dit " Moteur! ", Angelo dit " Coupez "! et moi je n'ai plus rien à faire... »

4 août, 2e jour de tournage (pré-tournage)

Avec le même décor, la même préparation et le même casting, on tourne la séquence 71 au crépuscule, dans les champs.

> Étienne se promène le soir dans la campagne. Il suit les sillages dans les blés. Il devine les nids d'amoureux aux remous des épis jaunissants et des grands coquelicots rouges. A travers les épis, on voit le visage de Mouquette riant puis disparaissant comme happée au sol. Jeanlin court après Lydie. Les pieds de Mouquette surnagent au-dessus des épis. Chaval et Catherine s'enfoncent dans les blés. Les yeux clairs de Catherine apparaissent au ras des blés. Étienne se retourne et part.

Renaud est content. Ce sont des scènes muettes. Il n'a pas un mot à dire – pas encore. L'essentiel de son trac vient de là : parler pour la première fois devant la caméra et quelques dizaines de personnes qui vous observent et vous jugent. C'est autre chose que de chanter devant des dizaines de milliers de fans que l'on ne distingue pas. Et puis ceux-ci sont acquis d'avance; nul besoin de les convaincre. Pour l'instant, il se contente de marcher. Mais même cela n'est pas facile. C'est vite dit d'être soi-même. Quand il est lui-même, Renaud met les mains dans ses poches et baisse la tête. Lantier, lui, doit avoir les bras ballants et la tête haute.

Ce qu'il sait de son personnage, c'est d'abord ce qu'il en a lu, tant dans le roman que dans les *Carnets d'enquête*. Pour fabriquer une biographie à Etienne Lantier, Zola s'était en grande partie inspiré d'Emile Basly. Mineur et autodidacte, celui-ci avait fait de la politique poussé par les circonstances. Il était devenu secrétaire général de la Chambre syndicale des mineurs du Nord et député du Pas-de-Calais durant les vingt premières années du siècle. Entre ces deux activités, il avait même ouvert un cabaret à l'enseigne de « Au XXe Siècle » à Denain. Mais Zola récupérera cet épisode-là pour son Rasseneur.

Pour l'heure, Renaud en reste à *Germinal.* Il connaît son personnage sur le bout des doigts. Surtout son rythme propre, au cœur du récit. C'est un homme en trois temps : d'abord timide quand il découvre et apprend; puis assuré quand il devient le chef; enfin désespéré quand la grève se solde par un sanglant échec. Mais contrairement à Jean Gabin, qui avait éprouvé la nécessité de vivre la vie d'un mécanicien de locomotive pendant plusieurs semaines avant de jouer dans *La Bête humaine,* Renaud n'a pas effectué un stage de mineur de fond. Il sait déjà ce qu'est la vérité d'un acteur. Non pas faire vrai mais faire croire, contrairement à ce qui se professe à l'Actor's studio.

Il marche à nouveau à travers champs pour une nouvelle prise. De loin, on pourrait croire qu'il sème. Comme pour préparer les dernières images du film, la germination de la graine. Puis il se promène le long du canal en se dirigeant vers la caméra. Pour ne pas l'intimider, le réalisateur a pris soin de réduire l'équipe au minimum.

La prise paraît bonne. On la revoit à la vidéo. Yves Angelo, le directeur de la photo, la commente :

« Là comme tout à l'heure dans les champs, tout n'est pas parfaitement condamné et c'est tant mieux. Il faut éviter le côté composition de tableaux... quand chaque chose est à sa place... »

Claude Berri acquiesce. Il a surtout regardé Renaud. Et il est rassuré, d'autant plus que ses tout premiers essais faisaient craindre le pire à certains. Parlant pour la première fois devant une caméra, il n'avait pas pu se débarrasser du ton saccadé de ses chansons. Cette fois, Berri est emballé. Il se tourne vers Pierre Grunstein et, tout bas :

« Il est formidable. On dirait que Zola a écrit le rôle pour lui. »

On refait une nouvelle prise.

« Il est bien, rien à redire. Et il n'est pas manchot pour un type qui n'a jamais fait de cinéma. »

Berri se lève et se dirige vers son acteur.

« Renaud, tu as été formidable...

– Et encore, je n'ai pas dit un mot! Attends que je dise... putaing cong! »

Pourtant, quelque chose ne va pas. Ce n'est ni dans son attitude, ni dans son regard. Véronique Lagrange, la script-girl, qui doit avoir l'œil au moindre détail afin de veiller au « raccord » entre chaque plan et éviter tout hiatus, en a remarqué un au doigt de Renaud : son alliance. Or Etienne Lantier n'est pas marié. Il vaut mieux s'en apercevoir maintenant, quitte à refaire la prise dans la foulée.

Dans *Le Corbeau* (1943), Noël Roquevert avait oublié d'enlever sa chevalière en platine. Quand il s'en apercut, le tournage était déjà trop avancé. Il lui fallait la garder pour être « raccord ». Or il devait administrer une violente gifle à sa fille. La scène a beaucoup marqué Ginette Leclerc.

Renaud n'ira pas jusqu'à de telles extrémités. Il s'emploie donc à retirer son alliance. En vain. Rien à faire, elle ne glisse pas. Impensable de la scier. On ne peut pas lui faire ça dès le premier jour. L'accessoiriste est chargé de trouver une solution à base de savon pour le lendemain. En attendant, on filmera du côté où l'anneau n'apparaît pas. L'alliance finira par quitter le doigt de Renaud. Bientôt, elle le quittera tout à fait, des cambrioleurs l'ayant emportée dans la foulée après avoir visité sa maison de Valenciennes.

L'équipe se déploie. Les anciens se retrouvent, d'un tournage l'autre. Les autres font connaissance. Chacun trouve ses repères en toute sérénité, tant que l'atmosphère est encore détendue. Renaud personnalise son fauteuil en inscrivant « Renard » sur le dossier. Une appellation familière réservée à quelques proches. Renard comme l'incarnation de la ruse chez l'animal. Renard comme la fosse de Denain dans laquelle Zola descendit lorsqu'il enquêtait pour *Germinal*.

Il se met en place pour une répétition. Claude Berri, lui,

s'installe dans son fauteuil pliant derrière l'écran de contrôle d'un moniteur vidéo relié à la caméra. C'est ainsi qu'il verra l'essentiel de son film en train de se faire pendant les mois à venir. Par le truchement de l'écran alors que la scène se déroule sous son nez dix mètres plus loin. Les réalisateurs anglais, eux, ont l'habitude d'assister à la prise en direct sur le plateau et de ne la regarder qu'ensuite en vidéo. Pas Berri. Car c'est ainsi qu'il « voit » le mieux la mise en place, le cadrage, le rythme et qu'il les revoit dans l'instant autant de fois qu'il le souhaite. Cela ne l'empêche pas de se lever entre chaque prise pour régler leur jeu avec les acteurs.

Claude Berri ne correspond pas à la définition que Depardieu donne du metteur en scène-type : un technicien plus ou moins bien inspiré. Car il est tout sauf un technicien. Il le sait depuis le tournage de son premier court métrage, *Le Poulet*, il y a trente ans exactement. Son chef-opérateur Ghislain Cloquet, qui se trouvait être également le gendre de Jacques Becker, s'était rendu compte de cette carence dès le deuxième jour. Berri avait bien une vision du monde mais elle ne passait pas nécessairement par un objectif et des focales, toutes choses dont il n'avait encore aucune notion. Aussi, pour l'initier et le rassurer, Cloquet lui avait apporté, tel un talisman, le viseur du metteur en scène de *Casque d'or* et du *Trou*. Quand Berri le porta à son œil mais à l'envers, il comprit qu'il était inutile d'insister. Depuis, ses rapports avec la technique ne se sont pas arrangés, ce qui ne le tourmente pas outre mesure.

Assis derrière son écran vidéo, Claude Berri sacrifie ainsi à une évolution qui, ces dernières années, a peut-être modifié les relations entre les réalisateurs et leurs collaborateurs. Le dialogue et l'esprit critique en souffrent. Quand ils ont l'œil à la caméra, le cadreur ou le directeur de la photographie ressentent les défauts d'un plan. Mais il n'est pas aisé de les exprimer dans un langage aussi concret que celui de la vidéo. La concurrence est impossible. Le réalisateur sera moins enclin à refaire une prise au bénéfice du doute.

Les relations avec les acteurs sont également affectées par

cette innovation technologique qu'est la vidéo, magique objet de culte qui donne au réalisateur l'illusion de voir son film déjà fait. Qu'il s'agisse d'un rôle de premier plan ou d'un petit rôle, Berri n'hésite pas à faire venir le comédien devant l'écran vidéo pour lui montrer ce qui ne va pas et commenter la scène avec lui. En fait, il leur demande d'avoir aussi un point de vue de metteur en scène sur leur travail. En passant de l'autre côté du miroir, ils deviennent juge et partie.

On refait un coucher de soleil. La journée s'achève à Paillencourt. Au même moment à Wallers, les peintres et constructeurs s'activent de plus belle pour que la rue Taffin soit prête à l'heure. Leur travail est impressionnant, d'autant plus qu'il s'effectue au cœur d'un coron à l'abandon. Certains bâtiments tiennent encore, d'autres ne sont que ruines, à l'image du chevalement qui se découpe, lugubre, dans le ciel. Vrais et fausses maisons alternent dans une telle similitude qu'il faut toquer les murs du doigt pour savoir s'il s'agit de briques ou de polystyrène. Nul doute, en revanche, avec le tapis de pavés en latex : ils n'ont pas encore été repeints. Des mansardes en carton-pâte sont rajoutées là où elles manquent. Tout n'est pas fini mais le climat est bien là, le ton et la couleur. Quand les acteurs prendront possession des lieux, ils leur donneront une âme.

Ici aussi, la journée s'achève. Quand on songe que les Houillères y logeaient leurs mineurs, que le coron est aujourd'hui une ville-morte et que tout cela n'est ressuscité que par la magie du cinéma, le silence qui s'abat soudainement sur les lieux donne le frisson. Un gardien s'avance. Il accroche une pancarte : « Chantier interdit au public ». Puis il cadenasse la chaîne.

« Mais non, c'est pas triste! Revenez un dimanche, vous verrez, les foules de visiteurs, tous les anciens avec leur famille. Grâce à *Germinal*, ici c'est Eurodisney! »

5 août, 3e jour de tournage (pré-tournage)

Château de la Follie à Ecaussine, en Belgique toute proche. Bien avant l'arrivée de Miou-Miou et de Bernard Fresson, des chiens et du cheval, l'équipe de la décoration a passé la frontière afin de tracer un petit chemin pour la Maheude, débroussailler les orties, tendre des fils pour détourner les branches d'un tilleul qui pourraient déborder dans le cadre et préparer un filet de tennis destiné, le cas échéant, non à disputer une partie impromptue mais à camoufler les hautes herbes. On a pensé à tout, même à mouiller le sol et à prévoir des gouttes sur les feuilles des arbres.

Deux petites séquences, les 27 et 29, à tourner en extérieur jour. La première à La Piolaine.

> Deneulin à cheval, entre dans la propriété. Les chiens viennent à sa rencontre en aboyant violemment. Francis le jardinier les calme et prend la bride du cheval.

La seconde devant la maison Grégoire :

> La Maheude tenant par la main Léonore et Henri. Les deux énormes chiens aboient furieusement. Les enfants ont peur. Francis les menace avec son fouet. Les chiens se calment. Maheude et ses enfants s'avancent vers la maison.

La journée devrait y suffire. Ce sera sans problème, grâce aux dresseurs d'animaux qui connaissent parfaitement leur métier.

17 au 28 août

Répétitions générales avant le jour J.

A Maresches, la chorégraphe Nicole Deshayes prend en main les acteurs et les figurants qui danseront au bal du Bon Joyeux. A Paillencourt, on vérifie le bon fonctionnement des mécanismes du Voreux : cages d'ascenseurs, berlines, culbuteurs, chaudières, cheminée et poulie-frein.

Pendant ce temps, François Hardy, qui a abandonné pour la circonstance ses écuries de Rambouillet, fait la présentation des animaux du film.

Un doux parfum d'avant-goût flotte encore sur *Germinal*.

29 août

Ce samedi-là, en fin d'après-midi, la mairie de Valenciennes s'est mise en frais. Un cocktail est offert en l'honneur de *Germinal* à la veille du vrai premier tour de manivelle du film. Le grand hall de réception est plein de personnalités bien astiquées, notables et conseillers. Des municipaux, des régionaux et même des généraux. Il ne manque pas un élu. Renaud fait tache avec son chien et son tee-shirt à l'effigie de Che Guevarra. Il n'arrête pas de signer des autographes. Jean Carmet s'exécute également avec le sourire.

Se tournant vers Claude Berri, le maire Jean-Louis Borloo prononce une adresse amicale plutôt qu'un discours de réception. Il n'en sera que plus vivement applaudi :

« *Germinal* est certainement l'œuvre la plus ahurissante, la plus extraordinaire de ta carrière... Tu as mis à contribution les artisans locaux et tu emploies huit cents figurants autour d'une pléiade d'acteurs qui pourront compter sur nous. Je suis certain que tous ensemble, vous saurez transformer le noir de la mine d'Anzin en couleurs. »

Claude Berri ne masque pas son émotion. Comme à son habitude, il est le plus laconique :

« Il y a des gens fantastiques et chaleureux dans cette région. Cela me réchauffe. J'espère qu'on va réussir un beau et grand film qui répondra à l'espérance de tous. Voilà... Merci... »

Il y a 109 ans exactement, Emile Zola et Alfred Giard, le premier magistrat de la ville qui lui avait offert d'être son guide dans les corons du Nord, se rencontraient dans ces mêmes lieux. Pour *Germinal*, déjà. Mais l'écrivain était un socialiste hanté par le souvenir de la Commune et le député de Valenciennes siégeait alors à l'extrême gauche. Autres temps.

30 août

Jour J moins 1. Ah! les dimanches de Valenciennes... Un désert peuplé de mobilier urbain. Il n'y a pas âme qui vive. Dans la rue du Rempart battue par les vents, on peut encore lire une affichette à la vitrine du Lutétia, un café-tabac aux portes closes : « Recherchons figurants pour le prochain film de Claude Berri qui se tourne dans la région. Hommes de 30 à 65 ans (moustaches et barbes bienvenues). Femmes de 30 à 65 ans (cheveux longs). Enfants de 5 à 15 ans (cheveux longs). Envoyer candidatures... »

De l'histoire ancienne, déjà.

Le réalisateur est parti en catastrophe chez le dentiste. A Reims... L'équipe est au repos, dans les chambres d'hôtels, les maisons et les appartements loués pour plusieurs mois. Ceux qui ont cru se changer les idées en se mêlant aux familles bourgeoises du « Relais de l'Escargot », le grand restaurant sur la place, en sont pour leurs frais. Au menu des desserts, on a l'embarras du choix parmi les « Coupes Rougon-Macquart du Kanter » : pour 44 francs, il y a de quoi hésiter entre « Germinal » (glace moka, capuccino, grains de café, genièvre, chantilly), « L'Assommoir » (glace chocolat chaud, whisky) et « l'Abbé Mouret » (glaces caramel, chocolat, crème anglaise, chantilly) qui n'est pas mal non plus.

Inutile de faire diversion en investissant le seul bistrot ouvert. Il n'y est question que de Renaud. Dans *La Voix du Nord*, il appelle à voter « oui » à Maastricht. Et sa photo s'étale en majesté à la une du *Journal du Dimanche* : Lantier dans un fauteuil de producteur. Une belle image signée Benoît Barbier, le photographe de plateau. Elle révèle la nouvelle allure de l'acteur à ceux qui ne connaissent que le chanteur : une coiffure sage et romantique, un mince collier de barbe, le regard serein. La promesse d'un autre Renaud à tous ceux qui ne l'imaginent pas en mineur.

En fin de journée, une agitation fébrile règne dans l'immense hangar réquisitionné pour y entreposer les milliers de costumes. Claude Berri vient d'arriver. Il ne se tient pas la joue. Mais il n'en est pas moins angoissé. Tous ceux qu'ils croisent lui demandent des nouvelles de sa carie. Il n'entend même pas, absorbé par la refonte d'une scène avec son assistant Frédéric Auburtin.

« Gérard » arrive à son tour. Une carrure précédée par une voix. C'est déjà la fête. Comme s'il suffisait qu'on l'annonce pour que la jovialité depardieuse prenne le dessus sur l'anxiété berrichonne. Il connaît tout le monde, lui que tout le monde aimerait mieux connaître. Pierre Vadé, chef coiffeur et posticheur, l'installe dans un fauteuil face à un miroir. Il lui faut trouver une rupture visuelle avec son personnage dans *1492, Christophe Colomb*. Dégager les oreilles, couper dans la longueur, mettre de la graisse et du gel un peu partout pour faire tenir l'ensemble. Ça devrait aller. Enfin, en principe...

« Tu me fais une coupe au bol! Merde! Vous êtes tous les mêmes!

– On se base sur les photos de l'époque...

– Ah bon? Alors pourquoi vous demandez aux figurants d'avoir les cheveux longs?

– Pour pouvoir tailler dedans de manière grossière, justement. Comme les femmes le faisaient à l'époque avec leur mari. »

D'autorité, l'acteur lui arrache son peigne et se recoiffe. A sa manière. Pierre Vadé se croise les bras et l'observe, flegmatique et goguenard. Il a l'habitude, depuis le temps qu'il le pratique. Berri se joint à eux.

« Mais laisse-le faire, Gérard! Il connaît son métier, lui...

– Ah te voilà! J'ai lu *La Voix du Nord*. Cocktail à la mairie et tout. Alors, on fait java sur java? C'est du joli. Pendant ce temps-là, moi je me crève à apprendre mon texte... »

En lui collant une grosse moustache qui le métamorphose, le posticheur lui coupe le sifflet. Depardieu s'observe en silence, un court instant. Il ne se plaît pas. Il aimerait garder ses cheveux longs sur les épaules. Les sacrifier lui en coûterait. On le sent prêt à déployer son talent de comédien pour parvenir à ses fins. Inutile. Berri reste de marbre. Et il insiste :

« Trop long derrière. Faut couper. »

Depardieu se lève, faussement menaçant, et le prend par les épaules :

« Claude! Des mecs qui suent sang et eau dans la mine, tu crois qu'ils ont le temps d'aller au coiffeur, hein? »

Son énorme éclat de rire entraîne celui de toute l'équipe accourue autour du miroir. La présence de Depardieu sur un tournage, c'est la promesse d'une autre ambiance. Son humour ravageur est relayé, dans ses bons jours, par une verve héritée tant de Rabelais que de Céline. Mais quand il fatigue, il peut aussi bien pencher du côté de l'Almanach Vermot.

Il est en pleine promotion de *1492, Christophe Colomb*, il rentre du Japon, de Corée et d'Australie, il a perdu la notion du temps. En route, il a trouvé le moyen de faire des raccords pour *Hélas pour moi,* son film avec Jean-Luc Godard. Et pourtant, c'est encore lui qui, de tous, tient la meilleure forme. Son énergie est stupéfiante, sa vitalité effrayante. On l'observe à l'égal d'un phénomène. Une sorte de joyeux volcan en éruption permanente. Quand il est au repos, on s'inquiète pour sa santé mentale.

Ce jour-là, une fois de plus, par sa bonne humeur communicative, c'est lui qui donne le ton. Ce n'est pas exactement celui de Berri. L'un est aussi drôle, volubile et grivois, que l'autre est sombre, renfermé, laconique. Pas le même tempérament. Ce n'est pas non plus le même enjeu. Pour Depardieu, un rôle parmi beaucoup d'autres. Pour Berri, le film qu'il n'a pas le droit de rater.

L'acteur se rasseoit, vaincu. Le coiffeur joue du ciseau. Puis l'habilleuse ajuste délicatement un chapeau. Silence. On guette la réaction.

« Tu es encore mieux que dans *Jean de Florette* » lui murmure Berri à l'oreille, comme pour le rassurer.

Silence encore. L'expression de son visage est étrange. Soudain il explose, se lève d'un bond, se tord, se fait bossu et déambule dans le hangar en hurlant :

« Aimée! Aimée! »

Du cinéma mieux que le cinéma. Un accessoiriste lui court après, un chapelet d'anneaux à la main.

« Gérard, j'ai besoin de ton doigt pour essayer une alliance!

– Prends la queue de n'importe quel type de l'équipe, c'est comme mon doigt. »

L'accessoiriste a juste le temps de procéder à des mesures. Sur sa main. Cela ne fait que confirmer ses craintes. Son annulaire est encore trop épais pour la plus grosse alliance disponible dans le commerce. Il faudra lui en fabriquer une sur mesure.

L'équipe s'apprête à quitter le hangar. Dehors, la nuit commence à tomber. Tout le monde est redevenu soudain très sérieux. Comme si l'instant était vraiment solennel. Ça ne dure pas après l'ultime harangue de Depardieu :

« Allez, on dilate les sphincters, on respire un bon coup, demain c'est le grand jour! »

Berri l'embrasse, visiblement ému, puis s'engouffre dans sa voiture. Le paysage défile par la fenêtre. Il abaisse le dossier de son siège et se laisse aller, enfin :

« Je n'ai jamais eu autant le trac avant un film. Quelle folie, cette histoire... S'attaquer à Zola! A une telle œuvre! Le plus terrible, c'est la confiance que tant de gens témoignent. Et l'attente que suscite le film. On m'attend au tournant, c'est sûr. Vu le monument, le livre, l'entreprise cinématographique, je suis condamné à réussir. *Tchao Pantin*, c'était inattendu. C'était tranquille à côté. Mais *Germinal*! C'est tellement attendu que ça m'effraie. Il ne faut pas décevoir. Quel morceau ce film! Quelle folie surtout... »

Le soir chez lui, dans la grande maison bourgeoise qu'il a louée pour six mois dans le centre de Valenciennes, il dîne en famille. Le téléphone n'arrête pas de sonner. Des amis, tous du milieu du cinéma. Ils se souviennent que c'est sa veillée d'armes. Ils se manifestent, chacun avec ses mots, comme on le ferait pour un frère aîné qui doit passer son bac le lendemain.

Berri ne sait quoi répondre. Il n'y a que le mot « pari » qui lui vienne spontanément à la bouche. Non le pari logistique et financier, maîtrisable quand on en l'expérience et le savoir-faire, la technique et l'audace. Son vrai pari est moral. Est-ce le moment de parler de générosité à un citoyen-spectateur que l'on décrit volontiers comme étant devenu égoïste, individualiste et consommateur? Est-il bien opportun de l'entretenir de la vraie misère, en regard de laquelle nos misères quotidiennes sont dérisoires? Berri n'en sait rien et ne veut pas le savoir. S'il s'était vraiment posé la question, il ne se serait pas lancé dans cette aventure.

Il fait ce film pour son père. C'est lui le vrai, l'unique fil d'Ariane entre *Le Cinéma de Papa* et *Germinal.* Le pari est celui d'un homme qui devait être fourreur et qui a choisi de ne pas l'être.

Il s'asseoit face à l'échiquier. Une dernière partie, avant d'aller se coucher. Le téléphone sonne à nouveau. En écoutant le rapport détaillé des prévisions de la météo pour le lendemain, il a l'expression d'un malade à qui son médecin précise le nombre de jours qui lui restent à vivre.

Echec au roi. Les Lucky Strike s'écrasent l'une après l'autre dans le cendrier. Le téléphone, encore. C'est Jean-Jacques Annaud qui poursuit un tour du monde triomphal, leur *Amant* sous le bras. Pour l'instant, il fait escale à Chevry-sous-le-Bignon, dans le Loiret, afin de participer avec Christophe Malavoy à une marche de protestation contre la construction de l'autoroute A160 entre Sens et Orléans. Il voulait juste lui dire : « Merde. »

A la veille du grand saut, Claude Berri n'a qu'un film en tête, outre le sien. S'il avait pu choisir, ç'aurait été *La Règle du jeu* de Jean Renoir. Mais ça s'est imposé à lui. Ce n'est pas *Apocalypse now* mais *Au cœur des ténèbres*, réalisé dans les coulisses du tournage du film de Francis Ford Coppola. Fasciné et conquis par ce film, il en a retenu l'incroyable difficulté du projet, l'accumulation des obstacles en cours de route, le pari fou que cela représentait et l'aventure impossible qui s'en est suivie. Berri ne cesse de citer ce petit film en exemple à ses confrères timorés pour leur faire comprendre jusqu'où peut aller un réalisateur-producteur afin de concrétiser son rêve. Au-delà de ses limites naturelles.

Ce soir plus que jamais, il médite la phrase de Coppola qui figure en exergue de *Au cœur des ténèbres* :

« Nous étions trop nombreux, nous avions trop d'argent, trop de matériel et petit à petit, nous sommes devenus fous. »

Et il songe au sous-titre si éloquent de ce film sur le film : *L'apocalypse d'un metteur en scène...*

Echec et mat. Ce soir-là, il gagne. C'est bon signe. Demain sera un autre jour.

31 août, 7e jour de tournage

Artres n'a pas connu une telle agitation depuis... En fait, Artres n'a jamais rien connu de tel. Un matin au réveil, les habitants se sont crus dans la peau de leurs grands-parents, un siècle avant au même endroit. Sur la place devant l'église, un autre village a surgi tel une Atlantide engloutie par inadvertance sous la poussière de charbon.

Un vieux monsieur très digne, portant canne, chapeau et Légion d'honneur, fait son tour du village comme à l'accoutumée. Il semble à peine étonné.

« Je suis né dans cette maison à gauche. Celle de droite, c'était notre sucrerie. Depuis 1830... Tiens, on dirait qu'il se passe des choses... »

Puis il reprend son bonhomme de chemin, comme si de rien n'était. Il vit déjà dans un temps hors du temps pour lequel le cinéma n'est rien.

L'équipe de la décoration, qui y a travaillé d'arrache-pied jour et nuit afin que tout soit prêt à l'heure, peut savourer son œuvre. On s'y croirait. Le moindre détail a été soigné qu'il s'agisse de la baraque du diseur de bonne aventure, de la construction du gallodrome (le ring des coqs de combat) ou de la façade de l'épicerie Maigrat. Tout se voit mais rien ne se remarque. Du moins en sera-t-il ainsi à l'image. Les riverains, eux, notent qu'on a déplacé les poteaux télégraphiques, dissimulé les câbles sous terre et construit une façade à l'ancienne par-dessus celle de leur maison. Ils sont consentants, et pour cause. Tout de même, ça surprend. Le propriétaire de l'auberge sur la place s'inquiète pour ses tuiles les plus anciennes. Non parce qu'on les a noircies mais parce qu'on lui a promis de les « pulvériser » afin de les remettre en l'état quand tout sera fini. Quel chambardement !

Pour le premier jour, Berri est son équipe n'ont pas choisi la facilité. Rien moins que la fête de la Ducasse. Dans le script, cela correspond à la séquence 75 :

> Le long de la route de Montsou, de cette rue large aux maisons basses et peinturlurées, dévalant en lacet, un flot de peuple qui roule sous le soleil, pareil à une traînée de fourmis. Les cabarets crèvent de monde, rallongent des tables jusqu'au pavé où stationnent un double rang de camelots, des bazars en plein vent, des fichus et des miroirs pour les filles, des couteaux et des casquettes pour les garçons, sans compter les douceurs, des dragées et des biscuits. Devant l'église, on tire à l'arc. Des jeux de boules, en face des chantiers. Dans un enclos de planches, on se rue à un combat de coqs, deux grands coqs rouges, armés d'éperons de fer, dont la gorge ouverte saigne. La cohue boit, s'empiffre de bière et de pommes de terre frites sortant bouillantes des poêles de friture.
>
> On suit Étienne à travers cette foule. C'est son regard qui nous intéresse. Chaval achète un miroir et un fichu à Catherine. Mouque ne lâche pas Bonnemort qui traîne la jambe. Jeanlin pousse Bébert et Lydie à voler des bières. Catherine le voit et grille son frère. Étienne assiste à un concours de pinsons. Mouquette est parmi les spectateurs. Une quinzaine de pinsons, aveuglés et immobiles dans leurs cages obscures. Il s'agit de compter celui qui répétera le plus de fois la phrase de son chant. On note sur une ardoise. Les propriétaires les fouettent de la voix, leur criant en wallon de chanter encore, encore. Les spectateurs, une centaine de personnes, demeurent muets, passionnés, au milieu de cette musique infernale de pinsons répétant tous la même cadence, à contretemps. Mouquette ne cesse de regarder Étienne et de lui sourire, engageante. Zacharie et Philomène s'embrassent goulûment. Un homme pince les fesses de Philomène. Elle se retourne violemment et l'insulte. Le premier prix gagne une cafetière en fer battu. Applaudissements.

A la lecture, ça n'a l'air de rien. Pour Zola, ce n'était qu'un morceau de choix. Mais pour Berri, c'est un chemin de croix. Une armée à diriger au mégaphone.

6 heures du matin. Trois cents figurants se rendent à leur convocation à Valenciennes pour y être habillés. Ils seront marchands de gaufres ou marchands de bestiaux, forains à la pousse-berline ou joueur d'orgue de barbarie, coqueleux affairés ou paysans en goguette, cabaretiers affables ou serveuses enjouées, gendarmes à pied ou mineurs endimanchés, adolescents sportifs ou jeunes filles énergiques, joueurs de billon ou grimpeurs de mât de cocagne, cochers ou palefreniers.

8 heures. Au château de Muid, derrière l'église d'Artres, où elle a aménagé ses bureaux, la régie est sur les dents. On vérifie tout : la sécurité aux abords des friteuses pleines d'huile bouillante, le ramassage peu scolaire de chaque acteur au saut du lit et le reste.

8 h 30. Claude Berri fait les cent pas tandis que l'équipe technique installe le rail du « travelling ». Il est escorté dans son va-et-vient par ses deux assistants.

« D'accord, ce n'est pas *Florette*. On n'a pas besoin qu'il fasse beau, on sait qu'on est dans le Nord. Tout de même! Enfin, avec un ciel plombé, ça ira encore du moment qu'on a de la luminosité. Le problème, c'est la pluie... »

Les trois hommes lèvent à nouveau les yeux, scrutent le ciel. Et parlent d'autre chose. Ça ne sert à rien de s'angoisser. Mais Berri, lui, ne sait pas faire autrement. La pluie, un jour pareil, quelle idée... Une catastrophe qu'il ne veut même pas envisager.

Dans une cour de ferme tout près, des caravanes ont été sagement disposées côte à côte. Une par acteur. Ils s'y reposeront et s'y changeront. Un peu plus loin, sous un vaste chapiteau – « le barnum » – les maquilleurs attendent leurs victimes consentantes. Elles arrivent petit à petit.

On entend une voix, faible :

« Vous n'avez pas vu le gros? »

Une autre voix, plus forte, semble lui faire écho de l'autre côté d'un rideau :

« Il est où, le vieux? »

Jean Carmet et Gérard Depardieu se cherchent. Ils vont bientôt se trouver. La journée peut commencer. Leur numéro est aussi bien rodé que leur langage est codé, du moins en public. Ils ne se sont pourtant guère quittés puisqu'ils sont en ménage pendant la durée du tournage. On leur a trouvé un endroit paisible où ils ne seront pas importunés : les dépendances du château de l'Ermitage à Condé-sur-l'Escaut, une ancienne propriété de la famille de Croy où vit la comtesse Antonini. Mais à les voir et à les entendre, qui croirait que dans le film, l'un joue le père et l'autre le fils alors que dans la vie, ils sont frères d'armes? Pas même eux.

C'est ainsi. Dès qu'ils se quittent, ils se manquent. Plongé dans la lecture de *Libération*, Depardieu se laisse choir dans un fauteuil et abandonne son visage aux mains expertes. Subrepticement, Carmet s'asseoit à côté sur un tabouret. Ils s'adonnent alors à un de leurs numéros favoris, jouant de leur sphincter comme d'un instrument à vent. Au premier reproche d'une coiffeuse, d'une habilleuse ou d'une maquilleuse, ils se renvoient la balle :

« C'est lui, je l'ai vu. Vieux dégoûtant! Faire ça devant des jeunes filles...

– Ne l'écoutez pas. Vous voyez bien qu'il ne peut pas se retenir, avec tout ce qu'il bouffe. Aucune éducation... »

Un vrai concours. Mais deux solistes, fussent-ils doués, ne forment pas un orchestre, même dans ce genre de symphonie déconcertante. Tout juste une petite musique de pot de chambre.

Après les vents, le vin. Pas celui qu'on boit, celui qu'on parle. Carmet lance des mots de poète et non d'œnologue tandis que Depardieu boit ses paroles. Il sait comme nul autre évoquer ces petits vins de soif qui lavent la bouche. Il n'est pas question ici d'étiquette ou de cuvée. On discute noblesse du raisin, éthique de la chopine et plaisir du goût. Le vin, Carmet est tombé dedans à sa naissance. Ce baptême d'un autre temps se déroulait en 1920 du côté de Bourgueil, Indre-et-Loire. Le père Carmet, un bourrelier, avait posé une goutte de la sainte liqueur sur les lèvres du bébé et celui-ci n'avait pas grimacé. C'était bon signe.

Cela étant, le pinard comme le reste fait partie du folklore. Leur amitié est fondée sur quelque chose de plus profond. Au-delà de la similitude de leurs origines sociales, il y a eu très tôt entre eux une vibration. Carmet a compris que Depardieu lui avait fait un don quand il a réalisé que celui-ci était la synthèse des gens qu'il avait connus et qui n'étaient plus. Les deux hommes sont inséparables depuis qu'ils se sont rencontrés sur le plateau d'un film de Michel Audiard, *Le Cri du cormoran le soir au-dessus des jonques*. Carmet n'avait pas le moral. Il était au creux de la vague. Depardieu, qui était déjà pourvu d'antennes, sentit sa détresse. Lucide et convaincant, il sut trouver les mots. Ils burent un petit coup, le premier d'une longue série. C'était il y a vingt-deux ans. Naissance d'une authentique fraternité qui est d'abord une fraternité de langage, appellation contrôlée et éprouvée au fil des tournages, de *Sucre* en *Buffet froid*. Carmet lui a fait aimer la terre d'Anjou et apprécié les vertus du fleuve. Depardieu, acteur-viande, lui a redonné du souffle à chaque fois qu'il a cru en manquer.

Ils pourraient rester des heures ainsi. Un figurant, échappé des mains d'une maquilleuse, les ramène à la réalité. Il se risque à les interrompre dans leur divagation bucolique en leur tendant gauchement à dédicacer un vieil exemplaire de *Germinal* en livre de poche. Le premier d'une longue série.

Dehors, Renaud tire nerveusement sur sa cigarette. Il paraît préoccupé. Il l'est, mais autant par ce film muet qui ne pas tarder à devenir parlant, hélas pour lui, que par la pression médiatique. En parcourant la presse, il vient de découvrir qu'il dit « oui à Maastricht » dans *La Voix du Nord* et « non à Maastricht » dans *VSD*. C'est embêtant, surtout qu'il ne s'est jamais prononcé de manière aussi résolue. En fait, il ignore encore si c'est oui ou non.

Un peu plus loin, Sabrina Deladerière, une Lilloise de dix-neuf ans qui joue le rôle convoité de Philomène, fait l'admiration de jeunes comédiens professionnels. Elle n'a même pas suivi de cours d'art dramatique! Elle s'est contentée de répondre à une petite annonce dans la presse locale. Elle s'est présentée, les essais ont été concluants, c'est aussi simple que cela. Ils l'envient mais elle ne fait pas la fière. Elle est seule à savoir qu'avant d'être Philomène, elle était chômeuse. Après le tournage, elle risque fort de le redevenir.

Là-bas à cent mètres, sur le plateau, l'atmosphère est un peu plus tendue. En répétant le plan d'ensemble, on s'est aperçu que quatre antennes de télévision se dressaient encore à l'horizon. C'est à peine si on les voit. Peu importe : il est hors de question de prendre un tel risque. La production s'est pourtant dûment approvisionnée en antennes portatives. Tous les habitants concernés ont accepté de modifier provisoirement leur installation. Presque tous... On en a oublié quelques-uns du côté de la rue des Écoles. Les derniers récalcitrants sont vite ramenés à la raison. De bonne grâce. Sauf un.

« Avec la vieille, vous n'y arriverez pas », préviennent-ils.

Soit. Mais on ne peut tout de même pas bloquer une journée de tournage avec trois cents figurants, des dizaines d'acteurs et de techniciens à cause d'une antenne! Une délégation de la régie se rend aux nouvelles. Quand elle revient au rapport, Berri n'en croit pas ses oreilles :

« Elle ne veut rien savoir. Elle est branchée sur sa télé comme sur une perfusion. Avec une nette préférence pour les émissions de variétés. »

Depardieu se dévoue. Elle ne lui ouvre même pas sa porte, effrayée par l'ombre de sa silhouette. De toute façon, même si elle avait deviné son identité, cela n'aurait servi à rien.

« Elle n'aime que les chanteurs. Elle veut bien envisager de faire un effort si c'est Michel Sardou qui le lui demande, à la rigueur. Sinon rien.

– C'est tout ce qu'elle a dit?

– Elle a ajouté : “ J'emmerde personne, je veux pas qu'on m'emmerde. ” »

Le réalisateur se gratte la tête. Où trouver Michel Sardou? Le temps presse. Il a besoin d'une solution de rechange.

« Un chanteur? Mais on en a un! »

Renaud, à son tour, se rend chez l'acariâtre téléspectatrice. Elle le reconnaît immédiatement.

« Bonjour, monsieur Renaud! »

Ravie, elle lui ouvre grand sa porte et l'accueille. La conversation s'engage, il tente de l'amadouer. A son retour de mission, on lit dans son regard qu'il a échoué.

« Sardou, Sardou, Sar... »

Il faut en finir. On emploie donc les grands moyens. Mais sans tuer personne. L'équipe de décoration s'empare d'une plaque de polystyrène, la gaufre, la façonne, la repeint et la patine. Un camion équipé d'une nacelle se fraie un chemin. La fausse cheminée, plus vraie que nature, masque l'antenne : on n'y voit que du feu. De loin en perspective, ce n'est qu'une cheminée parmi d'autres. Le savoir-faire et l'illusion l'emportent sur le mauvais caractère.

On va enfin pouvoir procéder aux premières répétitions. Les figurants sont en place. Les assistants leur ont expliqué, à tous et à chacun, ce qu'ils devaient faire, comment ils devaient bouger. La foule d'un jour de fête va en tous sens mais ne fait pas n'importe quoi. Il y ceux qui boivent et ceux qui parlent, ceux qui écoutent et ceux qui jouent, ceux qui ne font rien et ceux qui en font trop. Berri grimpe sur un promontoire et les harangue au mégaphone :

« Amusez-vous! Parlez! Chantez! »

Ils ne se le font pas dire deux fois, s'exprimant volontiers haut et fort en patois, leur voix dût-elle être recouverte par la mélodie entêtante de l'orgue de barbarie. Ils choquent les bocks pleins à ras bord. De bière sans alcool, tout de même.

Ça ne va pas. Une deuxième répétition s'impose. De plus amples explications également.

« Il faut que ce soit excessivement vivant et joyeux. Faites un effort! C'est la Ducasse! Alors amusez-vous, y'a à boire et à manger! Merci à tous. »

Une salve d'applaudissements le raccompagne à son fauteuil, derrière l'écran vidéo, toujours. Un coq chante, le ciel se couvre. Il faut attendre. Berri empoigne son mégaphone.

« La lumière est changeante. Quand ce sera bon, il faudra que vous le soyez aussi. »

Patience... Les figurants ne manquent pas de sujets de conversation. Ils sont tous, peu ou prou, pays ou amis, voisins ou cousins. Un camelot continue à faire l'article. Pas pour la caméra, pour le plaisir. Son étal est rempli de boîtes d'allumettes, de gris et de tabac à chiquer pour les mineurs. Il est à la retraite. Jadis, dans le civil, il était marchand ambulant. Il vendait du lait dans les corons. Autant dire qu'aujourd'hui, pour lui, ce n'est pas un rôle de composition.

Un autre camelot vend des chansonnettes et des feuilles révolutionnaires. Celui-là fait la joie de Renaud qui lui achèterait bien toute sa marchandise. Texte en main, il s'amuse à fredonner le refrain de *L'Coron vert* (« Fais-moi ri ri ri ri, Fais-moi risette »), le premier couplet de l'*Histoire d'un Coulonneux* en patois de Roubaix (« T'nest, pou l'Demi-Carême, Mes gins j'va vous t'chanté ») ou encore la *Java des Nouvelles Galeries*. Mais de toutes, c'est certainement *La Carmagnole des mineurs* qui l'enthousiasme le plus. Il n'y résiste pas.

« Faut supprimer les parasites/ Jésuites capitalistes/ L'outil à l'artisan/ La terre au paysan/ La mine au mineur/ Vive le son (*bis*)/ La mine au mineur/ Vive le son du canon... Dansons la carmagnole/ Braves mineurs/ Braves mineurs/ Dansons la carmagnole/ Braves mineurs/ Guerre aux voleurs. »

Le marchand de Bêtises de Cambrai est, à sa manière, le plus atypique de tous les figurants. Mais nul ne le sait. Il manie avec dextérité la seule et unique machine d'époque qui puisse fabriquer ces friandises. On l'a trouvée chez le fournisseur. Mais comme il est le seul à en connaître le fonctionnement, c'est donc lui-même, M. Chavy, actuel directeur général des Confiseries Afchain fabriquant cent-vingt millions de Bêtises par an, qui joue son rôle. Il est l'arrière-petit-fils de M. Afchain, l'inventeur de cette spécialité cambrésienne.

C'est Solange Mauve-Guymont qui l'a contacté. Chargée du « sponsoring » du film (activité autrement appelée « placement de produits »), elle s'est employée depuis un an à trouver des apports publicitaires afin d'en réduire le devis. Après avoir lu le script, elle a indiqué au metteur en scène les passages où elle pensait pouvoir intervenir. Puisqu'un camelot doit, de toute façon, vendre des friandises à la fête de la Ducasse, pourquoi ne serait-ce pas des Bêtises de Cambrai? Puisqu'il est prévu qu'un pâtissier livre des vol-au-vent pour les repas de fiançailles chez les Hennebeau, pourquoi ne pas rechercher un traiteur de la région qui existait déjà il y a un siècle et dont le nom pourrait apparaître sur la porte de la carriole?

Tout est possible à condition que cela n'apparaisse jamais comme de la « réclame » mais que ce soit, au contraire, bien intégré dans le décor, surtout si cela concerne un film d'époque. Selon qu'il s'agit d'un accord financier ou d'un échange-marchandise, les « annonceurs » dont la marque n'apparaît pas à l'image obtiendront en compensation une mention au générique de fin, ils seront invités à visiter les décors, ils assisteront à la première du film. En France, une telle activité n'en relève pas moins de l'artisanat alors qu'aux États-Unis, c'est un métier qui se pratique à une grande échelle dans une parfaite synergie de groupe. On en est encore loin. Il n'y aura pas la moindre allusion aux Chargeurs Réunis dans la bouche d'un mineur!

Pierre Vadé, le chef-coiffeur, se promène entre camelots et forains, l'œil aux aguets, prêt à intervenir. Il tient un peigne entre les doigts mais s'en sert peu, soucieux de donner l'impression au spectateur que les personnages se sont coiffés à la main. Discret et silencieux, il prend garde de ne jamais tripoter les cheveux d'un acteur quand celui-ci se concentre.

Un assistant fait évacuer les quelques « personnes modernes » encore dans le champ. Un autre se promène avec son pulvérisateur pour poser des gouttes de sueur sur le front de ceux qui sont censés produire un gros effort physique. Berri et son équipe visionnent à la vidéo la répétition précédente et en font la critique, le doigt sur l'écran. Soudain, la vigie de la régie, postée sur son monticule, promet un ciel dégagé. Berri bondit sur son mégaphone.

« Mesdames et Messieurs, la prochaine est la bonne. Alors amusez-vous! Ou faites semblant... »

Fredo, l'un de ses deux assistants, passe dans les rangs.

« Qui est-ce qui triche? On a dit : pas de montre et pas de lunettes! Alors, s'il vous plaît, aidez-nous! »

Les quelque trois cents personnes sont immobiles, comme figées par un invisible maître en automates.

« Moteur!

– Ça tourne! lance l'ingénieur du son.

– Annonce... », demande un assistant.

L'homme du clap se présente dans le cadre et annonce le numéro de la séquence.

« Partez! »

En un instant, tout ce monde se met en mouvement. La caméra, fixée sur un bras articulé reposant sur un rail, s'avance tout en s'élevant dans les airs. Ça n'a l'air de rien, mais pour le machino du « travelling », pousser le chariot est un art. Il faut savoir s'arrêter à temps mais sans à-coup, épouser la démarche du comédien. La moindre secousse fait vaciller l'image. Il doit faire corps avec le chef opérateur qui lui-même fait corps avec la caméra.

Le metteur en scène fait alors penser à un peintre qui aurait l'incroyable pouvoir de donner vie à son tableau. Au signal, on lâche les coqs dans le gallodrome. L'échelle sur laquelle se reposait le jeune sportif suspendu au faîte du mât de cocagne, est retirée. Les costauds rivalisent au pousse-berline. Le brouhaha est indescriptible. Au coup de sifflet, tout le monde s'arrête sauf deux figurants : les coqs. Il faut vraiment les séparer pour qu'ils cessent de se battre.

La lumière est bonne, la prise aussi. Mais quelque part, dans les fourrés, quelqu'un a pris une photo avec un flash... Pierre Gamet, l'ingénieur du son, fait signe qu'il a un problème. Il a perçu dans son casque les grondements des Mirages de la base aérienne toute proche. Ils doivent procéder à des essais. On le savait, on s'y fait. Il ne reste plus qu'à attendre leur passage.

Une nouvelle prise. Quand le temps le voudra bien.

« Mesdames, messieurs, nous avons des problèmes avec le ciel. »

Un rayon de soleil perce à travers les nuages. Il promet de durer et c'est la panique. C'est vraiment le ciel qui fait la loi. Le réalisateur n'est le maître qu'après Dieu. Dorénavant, on sait qu'il en sera ainsi pendant toute la durée du tournage en extérieurs.

La luminosité est bonne à nouveau. On s'apprête. Le problème, c'est que les jeunes grimpeurs au mât de cocagne commencent sérieusement à fatiguer après tant de prises et de répétitions. Celui-ci n'en peut plus. Il abandonne. On le remplace. Mais le nouveau, malgré toute sa bonne volonté, n'a pas le bras assez long pour attraper la casserole accrochée là-haut. On l'observe, on l'encourage du geste et de la parole. Rien à faire. Il lui manquera toujours quelques centimètres. Un remplaçant du remplaçant est hissé à sa place par la grande échelle. Celui-ci a la bonne taille. Le problème, c'est que malgré ses jambes nouées, il glisse inexorablement le long du mât. Ça ne va pas. On le hisse encore tout en haut. Trois cents personnes silencieuses regardent en l'air. Il glisse irrémédiablement... Il n'en reste plus qu'un en réserve. C'est le bon. Pas pour longtemps. En arrachant la casserole fichée en haut du mât de cocagne, il se coupe le doigt au niveau de l'articulation et saigne abondamment. Les pompiers s'occupent de lui. Il voulait tellement réussir! Misère... A côté de lui, un gamin fait la grimace. Pendant la répétition, il s'est cogné la tête contre un portefaix. On le rassure.

« C'est le métier qui rentre, mon gars. »

Une pause à nouveau, entre deux gros nuages. Un figurant, plombier-chauffagiste dans le civil, en profite pour aller faire une farce à une de ses anciennes clientes qui habite dans la rue adjacente. Il lui rend une brève visite dans sa nouvelle tenue de travail...

Mais la plupart des figurants restent à leur place, trop heureux d'y être. Il n'y en a qu'un seul qui, depuis deux heures, n'a pas cillé. Entouré de plusieurs bonshommes qui n'arrêtent pas de lui parler, il est immobile devant sa chope.

Stoïque. De temps en temps, il opine du chef, la casquette enfoncée au ras des yeux. Preuve qu'il entend à défaut d'écouter. Il est dans un autre monde. De son poste d'observation privilégié, il imagine la biographie de chacun. Il se fait son cinéma, lui qui tourne pour vivre la vie des autres. Quand on lui demande de résumer son personnage, il dit simplement : « C'est un bonhomme qui crache tellement de charbon qu'il peut se chauffer jusqu'à la fin de ses jours. » C'est Jean Carmet.

Quand Depardieu s'en rend compte, il vole à son secours et vient s'asseoir à ses côtés entre deux prises. Carmet lui fera toujours penser à M. Plume, ce personnage d'Henri Michaux qui invente au jour le jour des réponses provisoires aux question vitales. Quelqu'un d'invexable, qui a le don de conférer de la grandeur aux petits défauts de la nature humaine. Rongé par le sentiment de sa faiblesse et de sa culpabilité, M. Plume apparaît comme l'homme qui ne demande qu'à filer doux même s'il sait que sa perte est inscrite en lui. Un personnage somme toute pathétique et serein, apaisé et blasé quand il y a encore tant de raisons de s'indigner.

Le temps s'arrange. L'affaire du mât de cocagne aussi. Mais un jeune homme s'est fait méchamment piquer par une guêpe. Et les coqs de combat s'y mettent, eux aussi. Leur éleveur, sincèrement désolé, vient plaider leur cause auprès de Claude Berri :

« Ils perdent leurs plumes, il n'y a rien à faire. Il aurait fallu tourner en avril-mai. Là, c'est la saison de la mue. Mais septembre, pour les coqs... »

Berri n'en peut mais. Depuis qu'il a réalisé *Le Poulet* en 1963, il sait qu'il n'aura jamais de chance avec ces volatiles. Il y a trente ans déjà, en tournant son premier court métrage, il s'arrachait les cheveux parce que l'animal refusait de bouger quand il le fallait. En désespoir de cause, il avait demandé à Sam, aubergiste à Pontchartrain, de lui procurer des poulets domestiques susceptibles d'entraîner le sien. En vain. Or à la fin, pour que le film ait un sens, le poulet, qui avait tout de même le rôle-titre, devait impérativement bouger. Finalement, on ne le vit pas se mouvoir en harmonie avec le script mais on l'entendit. Dans *Germinal*, il est plus difficile de tricher. Dans une lutte sanglante à l'issue fatale, on ne peut décemment opposer des coqs à moitié nus. Ça ne ferait pas sérieux. Pourtant, si on ne veut pas épuiser la réserve de combattants, il faut cesser de multiplier prises et répétitions.

Depardieu et Renaud observent le manège, côte à côte. C'est la première fois qu'on peut les photographier ensemble et certains ne s'en privent pas. Les amateurs seulement. Benoît Barbier, le photographe du film, a tout son temps pour cette image-là. Il ne bouge pas de son promontoire sur le parvis terreux de l'église. C'est là qu'il a planté son trépied pour la journée. Le meilleur panorama de la fête, assurément.

Il n'y a pas plus opposé que Depardieu et Renaud. L'un est aussi tonitruant, débonnaire et expansif que l'autre est introverti, timide, réservé. L'un a déjà tout joué, l'autre n'a encore rien joué. L'un est un épicurien, l'autre est très protestant. Ils ont au moins un point commun : quand ils marchent, on se retourne sur leur passage. Un autre aussi, plus enfoui : il y a une vingtaine d'années, quand Renaud faillit faire ses débuts de comédien au Café de la Gare à l'occasion d'un remplacement dans *Robin des quoi?*, on lui préféra un membre de la bande qui, lui, avait déjà fait ses preuves. Un certain Gérard Depardieu... Aujourd'hui, Renaud tente à nouveau de faire ses débuts. Depardieu est toujours là. Il est le plus grand acteur français vivant. Mais c'est Renaud qui a le premier rôle. Le destin a plus d'un tour dans son sac.

Une éclaircie, enfin. Berri se précipite dans le ring des coqs et interpelle les figurants postés tout autour :

« On ne regarde pas la caméra! C'est bien compris? Elle n'est pas là! »

Puis il redescend et empoigne son mégaphone :

« Amusez-vous tous, simplement. Naturellement. Comme dans la réalité. Mais je ne veux pas voir des pantins qui gesticulent! »

Le temps d'une prise puis l'événement tant redouté

survient. Il pleut. Doucement d'abord, violemment ensuite.

Les figurants se réfugient en masse sous la halle tandis que les assistants de la régie distribuent des *K-way* à tour de bras. Bientôt, une partie de l'équipe les rejoint dans leur abri. Pour se protéger et constater les dégâts. Les coiffures sont nettement endommagées. Un cauchemar pour les raccords. Quant aux bottines d'époque, elles sont déjà esquintées par la boue. De plus, il est impensable de faire tourner des acteurs toute une journée les pieds mouillés. Pour y remédier, Solange Mauve-Guymont, chargée du « sponsoring » du film, se procure de toute urgence des chaussures montantes à lacets, solides et imperméabilisées, chez le fabricant Jallatte. Une fois repeintes, elles ressemblent à s'y méprendre au modèle choisi par le chef-costumier.

C'est la pause-déjeuner. Il était temps. Berri maugrée en sc dirigeant vers la caravane de la salle à manger.

« Ce sont des conditions épouvantables. »

Et il ne sait pas encore que les coqs refusent de se battre sur un terrain trempé...

Dès que les gens sont mouillés, l'atmosphère devient plus tendue. A la cantine, de jeunes acteurs, frais émoulus des cours d'art dramatique, bavardent avec Renaud. Le vin aidant, ils le charrient mais n'en pensent pas moins.

« Qu'est-ce que c'est que ces chanteurs qui viennent manger le pain des comédiens! »

16 heures. Il pleut à verse. La météorologie nationale nage, elle aussi. Dans un talkie-walkie, on l'entend annoncer de la pluie pour 16 h 30... Pourtant, Éric Bartonio, le premier assistant chargé de prévoir les problèmes du tournage hors plateau, ne s'est pas contenté d'un seul avis, fût-il autorisé. Il effectue en permanence une synthèse des rapports recueillis auprès des services météo de Villeneuve-d'Ascq, de l'aéroport de Lille et des militaires de la base aérienne toute proche. Rien n'y fait. Berri réunit son état-major de crise. Il est découragé.

« J'aurais dû amener mon jeu d'échecs...

– Allons, Claude!

– C'est vrai, merde! Quelles conditions épouvantables, surtout un premier jour, pour une scène pareille... »

On envisage de bouleverser le plan de travail, autant que faire se peut.

« Encore 45 minutes et on se décide! »

Un acteur venu de Paris s'immerge dans la lecture de *Mineur de fond*, le beau récit d'Augustin Viseux. Stabilo en main, il isole des passages.

« C'est d'une telle force! »

Plus loin, un figurant que son passé de gueule noire dispense de ce genre de lecture, se lisse la moustache, plongé dans une biographie de Dashiell Hammett.

« Pas de doute, c'est supérieur à Chandler! »

A chacun ses vérités littéraires.

La pluie redouble d'intensité. Tout le monde se réfugie dans un grand bâtiment de ferme. Mais cette fois, certains ont veillé au grain. Un figurant sort un saxophone de son étui. L'ambiance change du tout au tout. Paso doble, musette et compagnie.

Au chapiteau du maquillage, Renaud se laisse docilement graisser les cheveux. Anne-Marie Pisani, la Mouquette amoureuse, l'effleure en passant et, sur l'air de « Il est mort le poète » :

« Il est beau... il est beau le Lantier... quand il se fait coiffer... »

Plus loin, abrité sous un parapluie rouge et blanc grand comme un parasol, Depardieu foule la gadoue pour le plaisir. Et il parle, parle, parle... Mais sans jeu car sans public. Il évoque ses rôles passés et à venir, Danton et Apollinaire, Tartuffe et Cyrano, Christophe Colomb et Raspoutine, Marin Marais et Martin Guerre, Rabelais et Ambroise Paré, Charlemagne et Gilles de Rais, le colonel Chabert et Rodin... Et il n'a que quarante-trois ans! La liste est sans fin. Encore n'a-t-il pas lu cette « brève » parue dans *Charlie-Hebdo* :

« Après *Cyrano* et *Christophe Colomb*, Gérard Depardieu sera Mère Teresa dans le prochain film de Luc Besson. »

Un stagiaire de la régie lui tend un journal imprimé en caractères cyrilliques qu'un ami de Minsk vient de lui envoyer. Sous une photo de l'acteur à demi-nu, il est écrit : « Notre futur Raspoutine! » Ça n'arrête pas.

Ce qui l'attire dans ces personnages, historiques ou pas, c'est ce qui les situe en marge, dans une exception. Car il a soif d'être différent de ce qu'il est. Dans le scénario du *Colonel Chabert*, il trouvera bientôt une réplique qui lui va comme un gant : « Je voudrais n'être pas moi. » Depardieu est ainsi fait qu'il ne s'aime que lorsqu'il devient différent de ce qu'il est. Il superpose et arrache ses différents masques à un rythme frénétique. L'acteur endosse les habits des autres pour n'avoir pas à se retrouver face à lui-même.

On croirait qu'il a entrepris d'épuiser le Mallet et Isaac. Pourtant, dans sa façon de souligner l'importance d'un détail physique chez tel ou tel comme dans son penchant pour les personnages antipathiques, il se situe aux antipodes de l'histoire des historiens. Il préférera toujours la vérité à la réalité. Son souci du détail n'est pas celui de la nuance : c'est devenu une véritable obsession. Pour cette raison, il placera toujours le génie de Dostoïevski et celui de Simenon au-dessus du lot.

Quand il est lancé sur le sujet (les bouquins plutôt que la littérature), il est intarissable. En ce moment, il est en plein roman étranger et porte aux nues aussi bien Muriel Spark qu'Ismail Kadaré. Lui qui déteste le faux langage parlé, les dialogues familiers et désinvoltes, il ne dissimule pas son aversion pour ceux des romanciers français d'aujourd'hui. Il leur préférera toujours ceux de Zola ou, mieux encore car plus musicaux, ceux de Pagnol.

On devrait confier à Depardieu la chronique littéraire d'un grand journal ou d'une radio périphérique. Nul doute que cela relancerait les ventes en librairie. Car il est un des rares à parler sans entraves des livres qu'il aime. Il le fait en autodidacte et non en intellectuel, mais avec une sensualité qui le distingue du commun des autodidactes. Sa culture est subtile, elle n'a rien de didactique. Elle est faite de lectures, bien sûr, mais aussi d'écoutes et d'émotions, toutes choses enregistrées à une vitesse foudroyante par un esprit qui fut confus dans sa jeunesse, et qui fit ses humanités sur le tas en jouant du Duras.

Les figurants n'arrêtent pas de l'interrompre pour lui demander un autographe. Il y consent, de mauvaise grâce, annonçant chaque fois que ce sera le dernier. Quand il croit être enfin débarrassé de cette corvée qui lui pèse, un rouquin haut comme trois pommes s'avance vers lui d'un pas décidé et l'interrompt :

« C'est toi, Gérard Depardieu?

– C'est moi. »

D'autorité, le gamin saisit son énorme main et la secoue.

« Moi, c'est Henri. »

Et il s'en va, tout aussi décidé.

« Eh reviens! Salut Henri... »

Depardieu l'interpelle mais il ne se retourne même pas.

Il a eu ce qu'il voulait. Mais que voulait-il au juste?

17 h 15. « Terminé! »

Cette fois, c'est vraiment fini pour aujourd'hui. Les images sont tout de même rentrées dans la boîte. Mais dans quelles conditions et à quel prix... Qu'importe. Le spectateur ne connaîtra de cette journée que ce qu'il en verra à l'écran. Et ce sera bien.

Certes, elle a été terrible. Mais pour beaucoup, cette folle ambiance n'a pas été sans évoquer l'atmosphère qui devait être celle du tournage des scènes de foule sur le boulevard du Crime, dans *Les Enfants du paradis*. Avec un plus du côté des figurants, un plus qui donne son âme au film : leur volonté d'offrir le meilleur d'eux-mêmes. Leur fierté d'être là.

On plie bagages. Une voiture de la production emporte les bobines aux laboratoires Éclair d'Épinay. Développée dans la nuit, tirée le lendemain, vérifiée par un étalonneur qui veillera à l'absence de rayures et à l'équilibre de la lumière, la pellicule sera alors renvoyée à Valenciennes pour la projection des rushes.

Berri rentre chez lui. Il semble préoccupé.

« Qu'est-ce que c'est lourd, les figurants, les costumes, les décors, tout ça... »

Cette première grosse journée de tournage l'a confirmé dans ses doutes, ses craintes, ses angoisses. Mais elle lui a également permis de se forger une conviction : il lui faudra filmer l'époque comme s'il en était le contemporain et non l'historien.

Sur la route de Valenciennes, son chauffeur Rajame allume machinalement la radio. Il tourne le bouton au hasard et tombe sur la fréquence Nord de France-Info :

« La plus grosse production française vient de commencer aujourd'hui à Artres, *Germinal* de Zo... pardon, de Claude Berri... »

4 septembre, 11e jour de tournage

Aujourd'hui, à peine deux cents figurants à diriger. Une paille. On tourne en extérieur jour les séquences 42 et 43 fondues en une seule, au Voreux, sur les bords du canal entre Paillencourt et Wasnes-au-Bac.

> Philomène se dispute avec la Brûlé. Le ciel est gris. Les chevaux tirent des péniches le long du chemin de halage. Les charbonniers marchent sur la route comme une bande de nègres culbutés dans la vase. Ils croisent des mineurs – tout blancs – qui partent pour prendre la relève.

La journée de travail étant prévue de 10 heures à 19 heures, avec une pause-déjeuner d'une heure à 13 heures, on espère pouvoir tourner également la séquence 44 dans un autre décor, un peu plus loin dans les champs, le cabaret de Rasseneur, « A l'Avantage » :

> Les ouvriers s'en vont par bande, les garçons mêlés aux filles. Un couple s'engueule.
>
> ELLE
> C'est pas permis d'être un homme et de s'aplatir comme ça devant un de ces salauds qui nous mangent !
> LUI
> Fallait peut-être lui sauter dessus !...

ELLE

Tends ton derrière!...

Au croisement de deux routes, un groupe parmi lequel se trouve Maheu, Catherine et Étienne s'approchent d'une maison de briques à deux étages blanchie à la chaux derrière laquelle s'allonge un jeu de quilles, clos d'une haie. Sur l'enseigne de l'entrée, on lit : « A l'Avantage, débit tenu par Rasseneur ».

MAHEU

... Ils auront peut-être une chambre pour toi. C'est un ami, je lui demanderai de te faire crédit. Je ne te promets rien. On peut toujours essayer.

Catherine regarde son père et Étienne entrer dans le cabaret. Elle a un petit sourire et disparaît avec les autres, sur le chemin montant qui conduit au coron.

Désormais, les membres de l'équipe ne disent plus « ouvriers » ou « figurants ». Ils précisent avec un certain naturel la fonction exacte de chacun, comme si l'univers de la mine était le leur de longue date. Comme s'ils étaient de la famille. Il n'est plus question que de cribleuses et de trieuses d'escarbilles, d'employés aux culbuteurs et d'ouvriers aux brouettes, de moulineurs et d'engageurs, de porions et de galibots, de piqueurs à la veine et de herscheurs, de lampistes et de haveurs.

Un autre monde. Pour les lecteurs, c'est du Zola. Pour les gens d'ici, c'est leur vie. De l'histoire immédiate plutôt que du passé.

En fin de journée, une partie de l'équipe se retrouve autour de Claude Berri au « Club », un cinéma de Valenciennes, pour la projection des « rushes ». Elle a lieu trois fois par semaine, les lundi, mercredi et vendredi. Rituellement, le réalisateur s'asseoit entre son monteur et son directeur de la photographie. Ils ne sont pas forcément du même avis. C'est un euphémisme de le dire ainsi tant leurs conceptions artistiques divergent. L'un a l'oreille gauche, l'autre l'oreille droite. Pris entre deux feux, Berri écoute, rechigne, écoute, tempête, écoute, critique, écoute, grogne et fait la synthèse de tout ce qu'il n'a pas entendu. On ne l'influence pas. Il refuse par principe puis digère par habitude avant de prendre le meilleur de chacun pour se faire son opinion.

La projection est une épreuve pour certains comédiens. Renaud est catastrophé par ses cernes. C'est signe qu'au fond de lui-même, il n'est pas encore l'acteur qu'il va peut-être devenir. Car il est inconcevable d'aborder un personnage comme celui d'Étienne Lantier avec de telles préoccupations en tête.

Gérard Depardieu, lui, voit bien sur l'écran qu'il a encore grossi. Il paraît être enceint de huit mois mais il s'en fiche. Quel que soit le personnage qu'il incarne, il a dépassé le problème de sa représentation physique. S'il paraît embarrassé par son corps au cinéma, c'est qu'il est d'abord embarrassé dans la vie. Mais la question de son image à l'écran n'est plus son souci.

Yves Angelo, le directeur de la photographie auprès de qui Renaud s'ouvre de son malaise, lui explique à sa grande surprise qu'il ne sera rien pour atténuer ou effacer ses cernes.

« Bien éclairer un visage, c'est d'une simplicité absolue. Il suffit de mettre de la lumière et du polystyrène partout. Le plus difficile, c'est de le rendre vrai en se servant de ses défauts. A certains moments du film, ce sera intéressant de voir tes cernes. A d'autres, non. Mais ils font partie de l'image que ton miroir te renvoie tous les matins. Il serait donc préférable pour le film que tu t'acceptes ainsi. »

5 septembre, 12e jour de tournage

Il faut en finir avec la grande séquence de la fête de la Ducasse. Tout ce qui n'avait pu être achevé la première fois à cause de la pluie doit l'être impérativement aujourd'hui. On fait à nouveau venir les trois cents figurants en costumes, les accessoires, les animaux et le reste. Un maître-mot : être « raccord » avec les images tournées cinq jours auparavant. Un vrai casse-tête chinois.

C'est le moment ou jamais de réparer les ultimes bévues. Les gens des costumes s'aperçoivent *in extremis* que Lantier et Chaval portent le même gilet rouge, alors que tout avait été prévu pour que les acteurs se distinguent les uns des autres dès le premier coup d'œil. On en confectionne un vert, de toute urgence.

C'est également le moment où quelques figurants jugent bon d'abandonner la partie. Ils ne sont pas faits pour l'attente, les intempéries, la station debout des heures durant. Ce ne sera pas un problème de les remplacer.

7 septembre, 13e jour de tournage

Une grosse journée aujourd'hui encore, même si elle ne commence qu'à midi. Le ciel en a décidé ainsi. On tourne à Maresches le début de la séquence 76, le bal dans l'enceinte du cabaret Au Bon Joyeux. Dans l'histoire, elle succède à la fête de la Ducasse. Pour la tradition locale, elle en est le prolongement et l'issue naturelle. Il faudra bien plusieurs journées pour en venir à bout.

> Le Bon Joyeux se compose de deux salles : le cabaret où se trouve le comptoir et les tables, puis, communiquant de plain-pied par une large baie, la salle de bal, dallée de briques rouges avec un plancher au milieu. Une décoration l'orne, des guirlandes de fleurs en papier qui se croisent d'un angle à l'autre du plafond et que réunit au centre une couronne des mêmes fleurs tandis que le long des murs, s'alignent des écussons dorés portant des noms de saints, saint Éloi, patron des ouvriers du fer, sainte Barbe, patronne des mineurs, etc. C'est la veuve Désir qui tient ce bal, une forte mère de cinquante ans, d'une rotondité de tonneau. Dans la tribune grande comme une chaire à prêcher, trois musiciens s'écrasent la tête sous le plafond trop bas.
>
> Maheu, Étienne et Pierron entrent au Bon Joyeux où l'on danse déjà. Ils s'asseoient à une table. Chaval danse avec Catherine. Philomène est seule, debout. Elle regarde les danseurs. Les trois musiciens font rage, on ne voit plus dans la salle que le remuement des hanches et des gorges, au milieu d'une confusion de bras. Les faces rouges, les cheveux dépeignés collent à la peau, les jupes volantes balayant l'odeur forte des couples en sueur.
>
> C'est une mer montante de bière. Les tonneaux de la veuve Désir sont éventrés, la bière arrondissant les panses

coulant de partout, du nez, des yeux et d'ailleurs. Il fait une chaleur de four, on cuit, on se met à l'aise, la chair dehors, dorée dans l'épaisse fumée des pipes. Les galibots culbutent les herscheuses au hasard des coups de reins. Mais lorsqu'une gaillarde tombe avec un homme par-dessus elle, le piston couvre leur chute de sa sonnerie enragée.

Maheu montre à Étienne la Mouquette qui, ronde et grasse comme vessie de saindoux, tourne violemment aux bras d'un grand maigre tout en ne cessant pas de regarder et de sourire à Etienne. La Maheude arrive portant Estelle, suivie de sa marmaille, Alzire, Henri et Léonore. Elle est accompagnée par la Levaque, mère de Philomène. La Maheude s'adresse à Maheu.

MAHEUDE
Ça y est, on s'est mis d'accord...

LA LEVAQUE
Philomène!...

Philomène se rapproche de sa mère.

LA LEVAQUE
Où est Zacharie?

PHILOMÈNE
Je ne sais pas maman. Je l'ai perdu. Je l'attends.

LA LEVAQUE
Retrouve-le! On a une nouvelle pour vous.

Philomène comprend. Elle tombe en pleurant dans les bras de sa mère, puis dans ceux de la Maheude qui tend Estelle à Maheu. Les chopes arrivent. Maheude s'asseoit près de Maheu.

MAHEU
Alors tu as accepté? C'est une paye qui s'en va...

MAHEUDE
Elle est enceinte. Qu'est-ce qu'on peut faire d'autre?

Maheu regarde Philomène. Il la voit courir vers Zacharie. qui arrive avec Levaque. Philomène agrippe Zacharie et l'entraîne vers la table.

PHILOMÈNE
Ça y est... elles sont d'accord... on se marie...

Zacharie est pris d'une crise de fou rire.

Quadrille. Philomène entraîne Zacharie. Chaval danse avec Catherine.

MAHEU

Le jour où celle-là nous quitte aussi, c'est encore une paye en moins. Qu'est-ce qu'on va manger?

MAHEUDE

Pour le moment, elle est encore là. Quand Zacharie sera parti, il faudra prendre quelqu'un en pension.

Maheude regarde Étienne. Maheu voit où sa femme veut en venir.

MAHEU

C'est un brave garçon. Tu n'as pas toujours de mauvaises idées!

Étienne parle avec Pierron.

ÉTIENNE

Si nous nous mettons en grève, tu comprends l'utilité de cette caisse. On s'en fout de la Compagnie. On aura de l'argent pour résister.

PIERRON

Faut que je réfléchisse. Quand on se conduit bien, c'est la meilleure des caisses.

La veuve Désir danse le quadrille avec une extraordinaire agilité. Les enfants sont entrés dans le quadrille. Maheu et Maheude les rejoignent. Un piston pousse des coups de sifflet aigus, pareil à une locomotive annonçant la fin du quadrille. Les danseurs s'arrêtent, fumant comme des chevaux.

Polka. Maintenant le piston siffle une polka et l'assourdissement recommence. Maheu et Maheude dansent la polka. Bonnemort et Mouque regardent en hochant la tête les danseurs qui repartent. Mouquette vient chercher Étienne pour la polka. Il accepte. Rires.

LEVAQUE (gueulant)

Nom de Dieu! On ne s'amuse pas si souvent! Qui veut une chope?

Zacharie et Philomène dansent devant la table. Zacharie rit encore. Les enfants boivent de la bière. Un petit fait pipi sous une table. La veuve Désir se met à l'aise. Une petite fille dans un coin se trousse. Une autre tombe son cavalier par-dessus elle. Le piston couvre la chute d'une sonnerie enragée.

Extérieur fin de jour. Bonnemort et le vieux Mouque quittent le Bon Joyeux. On sent qu'ils ont bien bu. Ils zigzaguent.

Intérieur fin de jour. Sur la piste de danse, les derniers acharnés valsent encore. Les enfants se sont endormis dans les bras de Maheu et de Maheude. A travers la baie, au comptoir, on voit Étienne discutant avec Chaval. Catherine les écoute. Un commencement d'ivresse fait flamber les yeux d'Étienne. Chaval, lui, est complètement soûl.

ÉTIENNE

Pour la justice, je donnerais tout : la boisson et les filles. Il n'y a qu'une chose qui me chauffe le cœur, c'est l'idée que nous allons balayer les bourgeois. Chaque membre devra verser vingt sous par mois. A coup de vingt sous, on aura un magot. Et avec de l'argent, on sera fort! La grève pourra durer des mois.

CHAVAL

Ta caisse! J'en suis! Tape là-dedans!

Ils se serrent la main sous le regard de Catherine. Zacharie et Philomène dansent la valse. Maheu propose à Étienne d'habiter chez eux après le mariage de Zacharie.

MAHEU

Étienne, si tu veux, tu pourras venir en pension à la maison. Tu seras moins seul.

MAHEUDE

Après le mariage!

MAHEU

Bien sûr!

Cette fois, il n'y a « que » cent cinquante figurants. Ils seront mineurs endimanchés ou marchands de frites, commissaires de bal ou joueurs de quille. Les musiciens de l'orchestre, eux, sont des vrais. On dansera la polka bien sûr, mais aussi une mazurka et une valse, la gigue anglaise et la valse lente sous l'œil de la chorégraphe qui fait répéter depuis des jours et des jours.

Claude Berri est content des figurants. Surtout de l'un d'entre eux. Celui-ci lui pose moins de problème qu'il ne le craignait : le bébé de la Maheude. Au moment du « casting », il avait eu le choix entre plusieurs. On lui avait même trouvé des jumeaux. C'était commode : si l'un était fatigué, l'autre aurait pu le remplacer au doigt de pied levé. Mais non. Procédant comme avec n'importe quel comédien, il s'est laissé porter par son instinct. Celui-ci l'a séduit par sa bonne bouille et son regard, jugé exceptionnel.

Pendant les répétitions, le bébé est en latex. Mais quand on tourne, sa maman, discrètement assise derrière la caméra, met Alexandre Lekieffe dans les bras de Miou-Miou. Pour le faire pleurer à volonté, il suffit de ne pas l'allaiter à son heure. Ses cris se déclenchent alors comme un mécanisme d'horlogerie. Pour le faire taire en direct, il suffit de le nourrir. Il est parfaitement réglé. De tous les acteurs présents, il est peut-être celui qui anticipe le mieux les souhaits du réalisateur. Et il n'a que quatre mois et demi! Et pas exigeant avec ça. Pendant le tournage d'une scène, il regardait obstinément vers le haut et non dans l'objectif. Il a fallu que le perchiste baisse sa perche pour qu'Alexandre-le-bienheureux consente à baisser son regard. Il n'en demandait pas plus.

« Quel talent ce gosse! En plus, il est beau... »

Certes, mais il a tendance à grandir et à grossir. C'est fâcheux. Sur un tournage de six mois, ça risque de poser problème. D'autant plus qu'au début, son identification étant impossible, on le faisait passer pour une fille. A vrai dire, il se métamorphose de semaine en semaine. Il devient de plus en difficile de tricher sur son sexe. Ce qui provoque cette précision surréaliste au bas de la feuille de service de la journée :

« Note mise en scène : Dû à la vraie nature du bébé de la Maheude, " Estelle " devient " Maxime ". »

On répète. Une fois, deux fois, trois fois. Renaud est plus angoissé que jamais. Jusqu'à présent, il n'a eu à dire qu'un mot : « Bonjour. » Aujourd'hui, c'est sa première scène avec des mots qui font des phrases.

« Nous allons balayer les bourgeois... La grève pourra durer des mois... »

Immanquablement, il s'accroche avec le réalisateur. Il voudrait marteler son propos, appuyer sa conviction. Rien à faire. Berri lui demande de parler comme dans la vie quotidienne, sur le ton de la conversation, afin de ne pas surcharger les effets. Renaud plie, comme de juste eu égard au rapport de force. Mais il n'en est pas moins déchiré entre une double certitude : il lui faut exprimer plus d'enthousiasme mais Berri a certainement raison de l'en dissuader.

Même quand il marche, il se fait reprendre. Claude Berri le lui a souvent dit, depuis le temps qu'ils en parlent : un acteur, c'est quelqu'un qui sait se montrer. Or Renaud a tendance à vouloir occuper ses mains, cueillir une fleur, triturer une tige alors que le metteur en scène lui demande de garder les bras ballants, tout bêtement. Son agent, Bertrand de Labbey, le lui demande également. Alors Renaud s'y résoud. D'ailleurs de lui-même, il ne tarde pas à reconnaître que cette manière de surjouer trahit la réaction naturelle d'un débutant.

On reprend.

« Pour la justice, je donnerai tout : la boisson et les filles. Il n'y a...

– Coupez! Ce n'est pas de ta faute Renaud. On a entendu passer un train. Il était loin, mais quand même. »

On la refait. Berri demande que le plateau soit dégagé afin que son acteur soit moins intimidé, moins tendu. Le premier jour, quand il a vu Renaud arriver sur le plateau avec son chien et sa canne à pêche, il a tiqué. Puis il s'y est fait quand il a compris que le débutant en avait besoin pour être moins stressé. Berri tend l'oreille, arrache son casque et trépigne devant son écran :

« Il parle tellement bas qu'on n'entend rien... »

La troisième prise est la bonne. On tourne un plan rapproché.

« Non, coupez! Tu clignes des yeux, chéri. »

Une autre.

« Elle est bonne! Mais on la refait. Par sécurité. »

Cette fois, il n'y a rien à redire. Berri se laisse enfin aller dans son fauteuil.

« Il a une telle intensité dans le regard. Et puis ce visage... »

Renaud a même la chance de bénéficier des conseils avisés de Depardieu. Rien de technique. Plutôt un soutien et un encouragement amicaux, mais qui ont une toute autre valeur quand c'est lui qui les prodigue. « Gégé » peut être aussi généreux avec certains qu'il peut se montrer pervers avec d'autres, des acteurs vulnérables ou désagréables qui se posent en rivaux et qu'il s'ingénie à déstabiliser.

Tout le monde est en place pour un autre plan. Une fois, deux fois... On le refait pour la cinquième fois. Berri engueule brutalement une jeune figurante pas très concentrée, non sans exprimer ses regrets aussitôt :

« Excusez-moi. S'il n'y avait pas ces problèmes de lumière... »

Bis repetita. Cette fois, il semble enfin satisfait.

« Merci à tous, elle est bonne, on ne la refait pas... »

Une salve d'applaudissements et les hourras des figurants expriment leur soulagement. Très provisoirement.

« ...enfin, on ne la refait pas comme ça... »

Pendant la pause, les figurants sortent leurs appareils photos et leurs carnets d'autographes. Cette fois, Depardieu n'y tient plus. Il laisse éclater sa colère. Renaud n'en pense pas moins mais jusqu'à la fin du tournage, il se prêtera au jeu. Depuis le début, il a bien signé deux cents exemplaires de *Germinal* en édition de poche. Il s'isole dans un coin et se plonge dans la lecture d'un livre d'Henri Marel publié par l'université de Glasgow : *Germinal, une documentation intégrale*.

Pendant ce temps, Depardieu et Miou-Miou s'installent sur un banc pour une répétition. On ignore ce que Maheu murmure à l'oreille de la Maheude mais ces quelques mots déclenchent son fou-rire. Elle tient le bébé-jouet dans les bras. Le maquilleur lui enduit les doigts de fond de teint. Cela leur donne une couleur rougeâtre qui crée l'illusion des mains abîmées par la lessive. Juste avant de tourner, le bébé en chair et en os vient chasser sa doublure en latex.

« Moteur! »

9 septembre, 15e jour de tournage

Le bal au Bon Joyeux, encore. Une séquence pareille, ça se soigne. Il faut mettre les bouchées doubles si on veut en finir vendredi comme prévu. Berri commence à s'angoisser, non pour ce qu'il tourne mais pour ce qu'il a tourné.

« Dans l'avant-dernière prise du Voreux, j'ai l'impression qu'il y avait deux bagnoles au fond...

– Mais non, Claude. On a vérifié aux « rushes », il n'y a rien.

– Je n'aime pas beaucoup le gros plan du Voreux. Trop descriptif. Il faut animer le fond, ça manque de détails. Et puis je préfère les grands « travellings » de 40 mètres comme dans *Florette*, quand on suivait Ugolin qui courait. »

Même dans cette dilection, Berri reste un homme d'images qui a du mal à s'émanciper de la littérature. Car, ainsi que Julien Gracq l'a relevé, c'est Balzac qui a inventé le « travelling » aéropanoramique dans *Les Chouans*.

Entre les prises, alors que chacun s'affaire pour d'ultimes réglages toujours trop longs à son goût, le metteur en scène reste assis face à son écran noir. Mais il n'en continue pas moins de marcher dans sa tête. En ce moment, il imagine de monter toute une exposition avec les photos, les costumes et les décors du film dans sa galerie de tableaux, l'Espace Renn, puis de la faire tourner dans les FNAC. En surprenant la conversation d'un figurant qui veut forcer son fils à « faire du cinéma » comme son père, il lui vient une idée de scénario, une de plus. Ça n'arrête pas.

15 heures. La farandole est en place. Elle se déploie autour du Bon Joyeux telle une joyeuse guirlande d'hommes, de femmes et d'enfants. Le mégaphone crépite.

« Ne mettez pas le paquet. Ce n'est qu'une première répétition! » lance Frédéric, l'assistant.

Maquilleurs et habilleuses tentent de poser une dernière touche. Berri n'y tient plus.

« Soyez gentils, arrêtons les raccords et dégageons le champ ! »

Sans aucune malice, quelques figurants, des paysans du coin qui jouent leur propre rôle, le prennent au mot. Ils dégagent de leur champ. Il faut les rattraper aussitôt.

Un quatuor de pompiers, toujours prêts, éloignent les enfants qui courent autour des bassines d'huile bouillante. Ils sont là pour prévenir. Pour l'instant, ils n'ont eu à intervenir que pour des bricoles : un pouce cassé, une légère brûlure, un évanouissement, une crise d'épilepsie... Pendant la polka endiablée, Anne-Marie « La Mouquette » Pisani a reçu un bonhomme de 120 kg sur le dos. Elle s'en est tirée avec un méchant malaise et une dizaine de bleus en souvenir. Un incident vite oublié, d'autant que, peu après, un groupe de figurants lui a réservé une émouvante surprise. Ils lui ont fait croire que Berri l'avait convoquée dans une caravane pour régler une scène. Quand elle y a pénétré, elle a été reçue par une gerbe de fleurs, une plante et deux tableaux représentant les gens du Nord. Elle se marie à la fin du mois...

« Attention ! Moteur demandé... »

Ça ne va pas. Mou, trop mou. Tous les bras n'étaient pas tendus. On la refait. Auparavant, Berri explique à tous la manière dont ils seront filmés pour leur faire comprendre qu'ils doivent fournir un ultime effort.

Les enfants ne l'écoutent pas. Ils continuent la farandole. Pour eux, pas pour la caméra. Ils sont d'autant plus heureux qu'aujourd'hui, c'est la rentrée des classes. La petite Sandrine, qui joue le rôle de Lydie, a fait sensation à Douai auprès de ses camarades quand une voiture de la production, aux portes frappées du sigle « Germinal », est allée la chercher à la sortie de l'école. Elle produit un effet semblable en débarquant sur le plateau en costume d'époque, son cartable sur le dos. De la graine de comédienne, à n'en pas douter.

C'est prêt ? C'est prêt. Mais le soleil fait à nouveau des

siennes. Berri bout. Son doigt tendu, il menace le ciel et prend à témoin le photographe de plateau.

« Mais c'est l'enfer! Tu te rends compte qu'on passe plus de temps à attendre que les nuages bougent qu'à tourner! Quand je pense qu'entre 11 heures et 13 heures, on était écrasé de soleil et qu'on ne tournait pas...

– Je l'ai toujours dit : la cantine, c'est la mort du cinéma. »

On piétine à nouveau. Berri entame son deuxième paquet de cigarettes. L'atmosphère est tendue, Depardieu la détend. Son sens de l'humour fait mouche à chaque fois. D'autant qu'il se fait mieux entendre sans mégaphone que d'autres avec. Il tourne tout en dérision.

« Judith et Henry sont-ils là? »

Judith Henry, elle, est lasse de faire de la figuration intelligente même si elle la sait indispensable. Depuis le début du tournage, elle n'a pas encore eu droit à une seule scène de comédie alors qu'elle brûle de jouer. Elle aura bientôt de quoi se rattraper. En attendant, « Catherine » répond trois cents fois par jour « Bonjour... oui, ça va... » à trois cents figurants d'une gentillesse désarmante.

Miou-Miou s'éloigne sur un sentier en lisière du bois. Seule. Deux pompiers la rattrapent dans sa promenade. Rien de grave : une photo, une seule. Elle y consent de bonne grâce avant de se perdre à nouveau dans ses pensées. Mais ce n'est pas le photographe de plateau qui l'importunera.

Benoît Barbier a le talent de se faire oublier. Sur le plateau, il se refuse à décalquer les plans du film puisque par définition le cinéma est l'art du mouvement tandis que la photographie est statique et figée. Il cherche à faire une image dans l'image, non à réaliser une pure reproduction de ce que filme la caméra. En dehors du plateau, il se promène et se fond dans le paysage, un petit Minolta dans sa poche. Outre sa discrétion, cet appareil a la particularité d'être doté d'un objectif panoramique. Il lui permet des instantanés sur les à-côtés qu'il n'obtiendrait pas autrement et donne des allures d'amateur à ce professionnel. Ainsi, quand il opère, on le remarque d'autant moins.

On tourne plusieurs plans rapprochés. D'abord des enfants assis dans l'herbe. La caméra ne veut que leur regard. Dans un bel élan, ils sont censés suivre un vol de pigeons dans le ciel. Rien à faire : ils regardent tous dans des directions opposées. Une fois, deux fois, trois fois. Las! Aux grands maux, les grands remèdes. Fredo, l'assistant à la réalisation, attache un pull-over au bout d'une longue branche et court frénétiquement. Et ça marche!

On passe à un autre décor sans quitter les lieux. Dans un coin du Bon Joyeux, Jean Carmet est assis sur un banc contre le mur, entre deux vieux. Il tiennent une chope à la main. La farandole doit passer devant eux. Berri prodigue ses derniers conseils.

« Et pour le regard? demande Carmet.

– Il est vague, vague...

– On boit?

– On boit, on réfléchit... »

Assis par terre avec Judith Henry, Depardieu s'est tapi hors-champ pour ne rien rater de la scène.

« Ma parole, c'est l'Actor's studio! » lance-t-il.

Carmet est le seul à n'avoir pas éclaté de rire. Impénétrable. A peine l'esquisse d'un sourire à la commissure des lèvres. Il faut dire que, depuis le début, il a décidé de jouer son personnage sur le mode lent et vieux. Depardieu ne cesse de le charrier à ce sujet. Pour le provoquer, il tente une expérience. Il a remarqué la présence sur le plateau d'un figurant que tout le monde tient pour un mythomane. Celui-ci se promène en permanence avec une valise-présentoir contenant une multitude de pin's. Ce personnage plutôt collant s'emploie à les vendre à tous et à chacun en précisant que c'est pour « la défense de la cause ». Mais nul n'a réussi à savoir de quelle cause il pouvait bien s'agir. Depardieu l'entreprend et l'assure que Carmet est un bon client, entièrement acquis à « la cause ». Entre deux prises, le mythomane va donc proposer avec insistance sa marchandise à Carmet trop poli pour le rembarrer tandis que, dans son coin, Depardieu les observe en se tenant les côtes.

Plus loin, Renaud joue aux quilles à l'ancienne. C'est une

des distractions préférées des gens du Nord, avec les cartes et la crosse, les combats de coqs et les concours de pinsons. Assise sur une marche, une figurante profite d'une pause entre polka et mazurka pour s'absorber à nouveau dans la lecture de l'*Aventure sémiologique* de Roland Barthes. Etudiante en 5e année de lettres à l'université de Valenciennes, elle rêve d'être décoratrice de théâtre ou de cinéma. Elle paraît jeune et réservée. Son visage est d'une grande pureté de traits. Si elle a voulu être là, ce n'est ni pour le maigre cachet ni par fidélité à de quelconques racines, mais dans le fol espoir de nouer des contacts avec les gens de l'équipe technique. Espoir vite déçu : ils n'arrêtent pas de travailler...

A l'intérieur du Bon Joyeux, deux enfants font un puzzle. Il faut tuer le temps pour ne pas qu'il vous ronge. La fête de la Ducasse et le bal du Bon Joyeux laisseront, dans l'ensemble, un beau souvenir aux figurants. Pour les Laude, accessoiristes de plateau de père en fils, il peut aussi se résumer à quelques chiffres : 700 litres de bière sans alcool, 800 saucisses, 300 kg de frites, 7 cochons grillés...

17h30. *Germinal* est le tournage le mieux fréquenté de Paris. Pourtant, Claude Berri a horreur d'être visité en plein travail, observé dans le feu de l'action. Il ne viendrait à l'idée de personne de s'installer dans le bureau de quelqu'un. Or le plateau est le bureau de l'équipe. Quand un intrus s'y glisse, il la dérange. Les acteurs ont l'habitude d'être regardés. Ils le sont déjà par les millions d'yeux que représente la caméra. Mais quand on observe les hommes de la technique à l'égal de bêtes de cirque, cela les indispose à juste titre. Un plateau de cinéma n'est pas un zoo.

Cette fois, Berri avait dit qu'il ne tournerait pas à plateaux fermés. Mais il n'imaginait pas qu'il assisterait à un tel défilé de personnalités. C'est pourtant son choix. Celui de la médiatisation du film, présenté comme un événement un an avant sa sortie. Pendant *Uranus*, il avait opté pour le parti inverse.

Ouvrir le plateau de *Germinal*, c'est aussi une manière d'impliquer un peu plus et de remercier toutes les institutions qui ont facilité le tournage ou participé au financement, et de préparer à l'avance la promotion du film. L'industriel François Pinault, les metteurs en scène Milos Forman et Patrice Chéreau, les producteurs Jean-Louis Livi et Alain Goldman, le dessinateur Cabu, l'éditeur Claude Durand, Jérôme Seydoux, Hervé Bourges, Bernard Pivot, Daniel Toscan du Plantier, Hubert Védrine secrétaire général de l'Elysée, Jean Cluzel l'inspecteur général des Finances chargé d'une mission de réflexion sur le cinéma français, Gilles-Marie Tiné l'homme des aides et subventions au Centre national du Cinéma, d'autres s'y succéderont. Certains jours, on refuse du monde. Il faut mettre un holà car le film suscite une curiosité qui va crescendo.

Les gens du pouvoir semblent particulièrement sensibles à *Germinal*. Il faut dire que Claude Berri a fait porter un exemplaire du scénario au président de la République, et que François Mitterrand est, de longue date, un très fervent lecteur de Zola.

Michel Charasse, ministre du Budget, est venu faire un tour il y a peu. C'est un « copain » de Claude Berri. Il était là pour la grande fête de *L'Amant*. Mais ça se passait à Joinville. Son expédition dans le Nord fut, elle, une véritable aventure. Il était tard. La nuit était tombée. Un orage d'une rare violence noyait la région. Pierre Grunstein était allé le chercher à l'aéroport de Lille où un avion des Douanes l'avait déposé. Leur voiture se faisait attendre. Le ministre n'arrivait pas. Nul indigène n'avait signalé un individu à bretelles et cigare égaré dans le pays. Pour lui faire visiter le décor avant de se rendre au restaurant, Berri et Miou-Miou enfilèrent des cirés jaunes et se postèrent sur le bas-côté de la route afin de guetter sa voiture. Michel Charasse finira par arriver. Il visitera le Voreux en s'enfonçant dans la boue et, ruisselant et trempé comme les autres, goûtera la fameuse cuisine de Jannick au cours d'un repas aussi arrosé que le paysage.

Aujourd'hui, c'est le tour de Jack Lang, ministre de la Culture et de l'Education nationale. Il est dans le coin, à Béthune, pour faire le point sur la rentrée scolaire avec le recteur de l'Académie de Lille. Artres et Maresches ne sont pas loin. Une virée sur un plateau de cinéma avec un casting pareil, ça ne se refuse pas. Surtout si le photographe de l'AFP est prévenu.

L'hélicoptère du ministre se pose non loin. Au moment où il arrive en voiture près du plateau du film, Marie-Christine Blandin, la « verte » présidente du conseil régional du Nord-Pas-de-Calais, gare la sienne un peu plus loin. Une simultanéité qui ne doit rien au hasard. C'est à peine s'ils se saluent. Il ne faut pas être grand clerc pour deviner qu'ils n'entretiennent pas les relations les plus cordiales. Pendant toute la durée de la visite, ils prennent soin de s'éviter. Heureusement qu'on ne tourne pas dans les galeries, ils auraient été forcés de se marcher dessus. L'importante surface de ce décor permet de conserver les distances. Mais autant Jack Lang est très « reçu » par Claude Berri, Renaud et surtout Depardieu qui lui fait faire le tour du propriétaire, autant Marie-Christine Blandin a droit au service minimum. Le ministre lui a volé la vedette.

Tout le monde le photographie sauf le photographe de plateau. Il peut : c'est un des rares membres de l'équipe à être autonome. Il n'assiste personne et personne ne l'assiste, ce qui ne l'empêche pas de prêter main-forte quand les circonstances l'exigent. Mais pas aujourd'hui. Benoît Barbier préfère poser ses appareils, n'ayant pas le goût de ce genre d'exhibition. Quand Michel Charasse était venu, Claude Berri lui avait demandé de le photographier au restaurant. Ne se sentant pas l'âme d'un *paparazzo* mais ne pouvant décemment refuser, Barbier résolut de rémunérer l'employé d'un magasin de photo de Valenciennes pour appuyer sur le bouton à sa place.

Lang se promène avec Depardieu, son prestigieux guide, tandis que Marie-Christine Blandin reste plantée devant le moniteur vidéo. Tous veulent saluer le ministre. Même le mythomane-à-la-valise n'hésite pas à l'entreprendre afin de lui placer ses pin's.

« Pour la défense de la cause! »

Les figurants se régalent. Ils ne perdent pas une miette de ce spectacle dans le spectacle. Les commentaires vont bon train. Un temps, le Café du Commerce se transporte sous les projecteurs en veilleuse.

« Le père de la Blandin est peut-être directeur d'IBM mais il vient d'un milieu modeste... Et puis elle au moins, on dit que son parrain, c'est un mineur. Alors que lui, avec son allure, ça m'étonnerait...

– Tout de même, c'est bizarre. Depuis deux mois qu'on est là, elle n'a pas jugé utile de venir à *Germinal*. Et aujourd'hui, Lang se fait annoncer à six heures et elle débarque cinq minutes avant...

– Tout ça, c'est pas du cinéma, c'est de la politique! Il a dit oui à Maastricht, elle a dit non. Alors forcément, ils peuvent pas se voir! »

L'Europe, il n'est question que de cela. Renaud s'est enfin décidé, lui qui, dans sa préface à une biographie de Georges Brassens, écrit : « Il n'y a pas de mal à croire, il faut simplement éviter d'être sûr ». Il votera « oui » à Maastricht. C'est la prestation télévisée de François Mitterrand face à Guillaume Durand qui l'a décidé. Il en a été bluffé et le dit à Jack Lang, ravi. Cela ne l'empêchera pas, une fois de plus, d'être bientôt brocardé pour son indécision chronique par Guy Bedos, au cours de son spectacle à l'Olympia avec Muriel Robin :

« J'ai envie... J'ai envie que Renaud, le chanteur énervant, règle enfin son œdipe avec le président, tourne avec Depardieu et moins à tous les vents. »

14 septembre, 19e journée de tournage

21 heures. Claude Berri sort du cinéma. Il vient d'assister à une projection de « rushes ». Au dîner, il se laisse aller.

« Pour le moment, ce n'est qu'un hors-d'œuvre. Mais il y a déjà un ton. Le film se jouera de toute façon plus tard. Dans les galeries, dans la mort de Gérard et celle de Zacharie, dans le désespoir de la Maheude, les bagarres, le froid, la boue, la neige... Renaud? Ça commence en douceur. Il est formidable. Mais il faut que je lui apprenne à respirer.... Le bal? Ça va être très bien. Ce qui me préoccupe, c'est que d'après le pré-minutage de la scripte, il arrive au bout d'une heure de film. Mais peut-être qu'une fois monté, ça apparaîtra comme une respiration.... Les acteurs! Ah les acteurs! Milo va être terrible en Chaval. Miou, elle est belle mais qu'est-ce que ce que je peux y faire. On va la fatiguer de plus en plus pour lui creuser le visage.... Les figurants? Formidables. Certains m'ont paru tellement bons que je les ai immédiatement engagés pour jouer des petits rôles à la place de certains acteurs professionnels que j'avais prévus. Mais il y en a aussi qui en font trop. Pour le moment, autour du ring des coqs de combat, je n'ai qu'un visage, celui du gars qui crie : " cinq! " alors qu'il m'en faut plusieurs. »

Après dîner, il allume machinalement la télévision. Ce soir, Canal Plus donne « Carte blanche » à Gérard Depardieu pour qu'il choisisse et présente un film. Il rend hommage au maître Jean Renoir en sélectionnant *La Règle du jeu* :

« Je l'ai vu treize ou quatorze fois. Artisanat, sens de la famille... Tout ce qui manque un peu dans le cinéma actuel. »

23 septembre, 27e journée de tournage

10 heures du matin, sur la mince bande de terre entre le canal de la Sensée et le Voreux. Dans le script, elle n'a l'air de rien, cette séquence 18. Une phrase à peine : « Des chevaux de halage tirent une péniche sous la pluie. » Pourtant, que d'énergie, d'astuces et de patience il faudra réunir pour la mettre en boîte!

La technique n'est jamais un problème. Sauf quand les éléments naturels sont contre vous. Il ne pleut pas? Il doit pleuvoir, c'est écrit dans le scénario. Il pleuvra donc.

Jean-Pierre Maricourt, l'homme des effets spéciaux, a tout prévu. Il est là pour ça. Quand tout fonctionne bien, c'est normal. Mais si d'aventure quelque chose d'important ne marchait pas, on ne lui pardonnerait pas. C'est la règle du jeu. Il a fait *Diên Biên Phu*. Le film, pas la guerre. Car des effets spéciaux, il y en a pratiquement sur tous les films puisque la notion commence justement avec la fabrication du brouillard et de la pluie. A chacun ses recettes. Aucune école ne prépare à cette technique un peu particulière, sinon l'école de la vie. Les indispensables notions de chimie, il les a acquises par curiosité et sur le terrain. Mais les comédiens ne risquent rien. Sa femme est son cobaye.

Ancien plombier-chauffagiste et ancien mécanicien automobile, Maricourt a fait ses débuts derrière les caméras alors qu'il était cascadeur à la Vallée des Peaux-Rouges, quand on lui demanda de s'occuper également des armes et des explosifs. Depuis, il ne s'est pas arrêté. Si ce n'est au cinéma, c'est à la télévision. Il passe deux mois par an sur « Fort Boyard ». Entre deux films, il cherche sans cesse à perfectionner les machines à brouillard et les cannes à pluie, les mortiers et les ventilateurs, les impacts de balles et le sang des couteaux... C'est sans fin, même si nombre de techniques se retrouvent d'un film à l'autre. Dans ce métier là, il faut savoir tout faire tout le temps, de la menuiserie à la soudure en passant par les gaz et les explosions. Mais quand on travaille dans l'urgence d'un tournage, tout faire, c'est aussi tout prévoir.

Hier encore, Jean-Pierre Maricourt a procédé à d'ultimes répétitions avec ses rampes de lances à eau. Mais lorsque la pression est au maximum, elles ne montent pas à plus de 47 mètres. C'est gênant car le canal fait 50 mètres de large. Or il faut l'arroser sur 200 mètres de long. C'est beaucoup mais indispensable : il y a 48 mètres de péniche, 30 mètres d'attelage, les chevaux...

On pourrait tricher et s'arranger autrement mais le réalisateur a une idée très précise de l'image qu'il veut tourner : on doit voir passer la péniche sous la pluie, tirée par des chevaux, le Voreux en second plan. D'où la nécessité absolue pour toute l'équipe technique de s'installer de l'autre côté du canal.

Maricourt a donc fait spécialement fabriquer huit lances pour prolonger les rampes à eau. Une fois installées sur des grues avec des diffuseurs, elles augmenteront la surface de couverture de la pluie. Pendant les répétitions, tout a fonctionné à merveille. Un léger vent soufflait dans le bon sens. Il accompagnait la « pluie » du bon côté du canal, au-dessus de la péniche.

Ce matin, au moment de tourner, non seulement le vent est beaucoup plus violent mais il souffle dans l'autre sens. Il rabat toute la « pluie » sur la caméra et les projecteurs! Si la distance était plus courte, on pourrait envisager de le combattre avec un énorme ventilateur. Si la scène ne se déroulait qu'à terre, on aurait pu essayer. Mais dans un canal, on doit voir la surface de l'eau mitraillée par la pluie. Dans de telles conditions, c'est perdu d'avance.

On se résoud donc à tourner la séquence par temps sec. En fin de journée, avant de plier bagages, on la refait. Il pleut enfin. Pour de bon. Une pluie pas très franche, collante, irritante au toucher, mais tellement agréable quand elle correspond aux indications du scénario...

24 septembre, 28e journée de tournage

Aujourd'hui, le travail ne commence qu'après déjeuner. La journée doit durer de 13 h à 20 h 30. On tourne la séquence 67 « Chez Rasseneur » à Paillencourt, en intérieur comme si l'aube se levait. Les fenêtres sont badigeonnées de givre artificiel. Cet endroit stratégique avait été inspiré à Zola par « Au XXe Siècle » que tenait la femme de Basly, le mineur devenu député, et par « La Cantinière », un estaminet d'Anzin où le romancier avait fait une halte.

> Souvarine boit son café. Etienne descend l'escalier. Ils se saluent par un signe de la tête. Etienne s'asseoit à une table. Mme Rasseneur lui apporte son café et ses tartines.

Peu de figurants, peu de costumes et peu de maquillage puisqu'ils sont tous censés être « propres ». C'est Lemaire, une entreprise valenciennoise, qui a accepté de nettoyer en un temps record les vêtements des figurants au fur et à mesure des prises de vues. Encore n'est-ce qu'une de ces opérations « sponsoring » invisible à l'œil nu, du moins jusqu'à la mention du nom de la société dans le générique de fin, et l'apparition de neuf des costumes de *Germinal* dans la vitrine du teinturier au moment de la sortie du film. Il en est d'autres, nettement plus apparents.

Puisque, à la fête de la Ducasse, au bal du Bon Joyeux et chez Rasseneur, on doit boire, autant qu'on boive une étiquette. A l'époque, on buvait du genièvre et de la bière. La « Bière du Pêcheur » avait alors beaucoup de succès. On a donc choisi la seconde solution et contacté la brasserie Fischer à Strasbourg qui a repris l'exploitation de cette bière. C'est ainsi qu'à la suite d'une négociation avec la direction de l'entreprise, la marque est reproduite au pochoir sur les murs de l'estaminet. Mais la décoration devant prioritairement trouver son compte dans ce genre d'opération, on n'ira pas jusqu'à placer un tonneau en second plan, le pêcheur de la bière en question étant vraiment trop alsacien pour les gens du Nord...

Il n'y a pas de petites économies, surtout pour les plus gros budgets de production. Même si, en réalité, les figurants ne boivent que de la bière sans alcool. Pour la même raison, quand on tournera la scène des fiançailles chez les Hennebeau, le Chambertin indiqué dans le script se métamorphosera en un champagne Veuve Clicquot-Ponsardin 1885. Mais pour que ce partenariat convienne bien aux deux parties, encore faudra-t-il s'assurer que la séquence ne sera pas coupée au montage...

On s'active pour la préparation de la prochaine. Il ne faut pas oublier la pipe et le lapin de Souvarine. Mais c'est dans le regard de Laurent Terzieff que tout se joue. Selon Zola, le nihiliste doit considérer ces gens avec, sur le visage, l'expression d'« un mépris silencieux, l'écrasant mépris de l'homme prêt à donner sa vie, obscurément, sans même en tirer l'éclat du martyr ».

Du grand art. Pour un tel comédien, c'est donc du sur-mesure. Par son intelligence et sa rigueur, par ses mains et par sa voix, par sa silhouette et sa présence, il dégage un tel magnétisme sur l'équipe qu'on devine, dès la première prise, que la partie est gagnée.

Il s'est provisoirement évadé du Théâtre La Bruyère où il met en scène *Temps contre temps*, la pièce de Ronald

Harwood dans laquelle il joue le double rôle d'un père neurasthénique et de son fils pianiste virtuose. Mais dans l'instant présent, il « est » Souvarine avec une force et une grâce qui laissent pantois. Son personnage lui apparaît comme un intellectuel qui s'exprime avec ses mots à lui et sa manière de les prononcer, qui ne sont pas ceux des gens du peuple. Il est à la fois ange de la mort et incarnation du destin, cet homme qui ne fait jamais grève et qui se défie de l'action de masse. Dans l'esprit de Terzieff, il conserve une résonance actuelle tant il préfigure un mouvement qui va de la Bande à Bonnot aux Brigades rouges.

Le comédien s'est laissé imprégner par l'imaginaire de son personnage, quelqu'un d'un peu lent, perdu dans ses songes et qui s'exprime inopinément. Aussi décide-t-il de le jouer à certains moments calme et rêveur, à d'autres excité et amer.

Sur le tournage, isolé dans son coin, Laurent Terzieff continue à travailler son texte. Convaincu, à la relecture du scénario, que le style de Zola est encore trop marqué par l'esprit littéraire de l'époque, il s'emploie à le casser et à le rendre vivant, à l'assouplir et à lui donner de la fluidité. Certaines phrases lui paraissent mal fichues, quelques tournures lui semblent plus journalistiques que romanesques, quelques passages trop répétitifs mais le souffle de l'épopée est bien là et c'est l'essentiel. La dimension lyrique de l'œuvre transcende son vérisme.

Terzieff a une idée très précise de son rôle et de la manière de dire du Zola à l'écran. Mais c'est à peine s'il s'autorise à les exprimer. Par amitié pour Claude Berri et par respect pour le travail du metteur en scène, il se permet juste de lui signaler que plusieurs phrases attribuées à Souvarine seraient mieux à leur place dans la bouche de Lantier, et que les allusions à Bakounine et à ses idées gagneraient à être précisées sur le plan politique. Sans plus.

4 octobre

C'est dimanche. Le jour du Seigneur, on ne travaille pas. Le seul jour de repos dans l'organisation du tournage. Claude Berri visite à nouveau le centre historique minier de Lewarde, près de Douai, en compagnie de Jacques Sallois, le directeur des Musées de France. Pour se changer les idées.

Dans un des rares bistrots ouverts à Valenciennes, quelques personnes sont attablées autour d'une pittoresque partie de belote-anisette. Probablement une réunion de l'Amicale des anciens du lycée de Mostaganem.

« Vous savez qu'ils tournent un film ici?
– Comment si je le sais? Je me suis même présenté pour être figurant!
– Jure!
– Sur la tombe de ma mère! 20 000 francs par jour ils m'ont proposé, dis...
– Et alors?
– Et alors ils m'ont dit, un peu gênés, que je n'avais pas tout à fait le physique et l'accent du Nord. Moi! Pourtant, je suis du Nord, hein?
– Ouais... Du nord de l'Afrique! »

17 octobre

Claude Berri fait un saut à Paris pour un avant-vernissage dans sa galerie d'art. Il passe sans transition du noir des terrils au bleu de Klein. Huit monochromes y ont été réunis sous le titre « Une zone de sensibilité ». D'un univers l'autre.

Là-bas, dans le Nord, quand on guette la météo ou qu'on prend le temps de régler les projecteurs, il n'est qu'impatience, angoisse et tension. Ici, chez lui, il peut passer des heures à aligner des tableaux contre le mur et à les regarder en fonction des variations de la lumière naturelle.

23 octobre, 50e jour de tournage.

Retour à Paillencourt. On tourne de nuit, jusqu'à 1h30 en principe. Au menu, la séquence 63 consacrée au Voreux en activité nocturne entre chien et loup.

> Le Voreux s'assoupit de son air de bête mauvaise, vague, piqué de quelques lueurs de lanternes. Les trois brasiers du terri brûlent en l'air, détachant par instant les silhouettes démesurées du père Bonnemort et de son cheval jaune. On entend la respiration grosse et lente de la machine qui souffle jour et nuit.

Avec la fête de la Ducasse et le bal du Bon Joyeux, cette première vision du Voreux la nuit restera incrustée, dans la mémoire de l'équipe, comme un souvenir inoubliable. Plus tard, quand ils évoqueront le tournage de *Germinal*, beaucoup penseront d'abord à cette image.

Ce soir, il n'y pas de projection de « rushes ». Mais Berri a besoin d'être rassuré sur le travail accompli. Il se rend donc dans un des quartiers généraux de la production à Valenciennes, dans la salle de montage où Hervé de Luze travaille parallèlement au tournage. Il veut juste vérifier si tout s'emboîte, si les scènes fonctionnent, s'il n'y a rien à rajouter.

Pour l'heure, il ne s'agit que d'un bout à bout. Il est trop tôt pour couper quoi que ce soit. Mais Berri est tellement impatient et stressé qu'il faut l'empêcher de jouer du ciseau. Pourtant, depuis le temps qu'il fait des films, il sait parfaitement qu'à ce stade, ce n'est jamais qu'un puzzle et qu'il ne lui faut pas espérer visionner une continuité avant janvier. Peu importe. Il brûle de voir son film déjà débarrassé de ses scories. Hervé de Luze s'arme de patience. Parce qu'il le connaît depuis l'aventure de *Tess* et qu'ils travaillent régulièrement ensemble depuis *Tchao Pantin*. Le montage étant le prolongement naturel du tournage, Berri y développe la même énergie dans l'angoisse et la nervosité.

Germinal est tourné dans un grand désordre de séquences.

Mais vu l'ampleur de l'entreprise, il est impensable de procéder autrement. Heureusement, le récit est très linéaire, ce qui facilite les choses mais favorise chez le metteur en scène une conception un peu plate du montage. Tout en étant, comme ses autres collaborateurs, au service de la réalisation, le monteur fait valoir dès à présent son point de vue, à la demande insistante de Berri. Et comme ils sont également têtus, la lumière reste allumée tard dans la salle de montage.

Hervé de Luze s'efforce de le convaincre d'être moins carré et moins classique, plus poétique et plus suggestif. D'être moins fidèle à son script, lui-même si fidèle au roman. De ne pas hésiter à trahir ses grands auteurs, Zola après Aymé et Pagnol. De rester très français sans être franchouillard. D'éviter le théâtre filmé. En un mot, il voudrait que le réalisateur laisse exploser le grain de folie qu'il a en lui. Le film y gagnerait dans son mouvement et sa fluidité.

Le visionnage à la table de montage est parfois impitoyable. Pour les acteurs et pour Berri lui-même. Mais à la différence de la projection des « rushes », il n'y a pas de public. Dès le début, on se rend bien compte que dans la première scène dialoguée du film, quand Bonnemort s'adresse à Lantier, le monologue est pesant. Trop long, trop didactique, trop documentaire. C'est encore très littéraire. Plus tard, il faudra tailler dans le vif. Berri a bien conscience de ce que sa mise en scène a de statique, travers inévitable quand on fait porter tout son effort sur les visages.

En repassant la séquence d'ouverture, il comprend que, pour une fois, Renaud n'avait pas tort. Il n'arrivait pas à dire : « Ho! C'est une fosse ici? » Il y avait un hiatus à la fin qui rendait la phrase difficilement prononçable. Berri s'entêtait. De guerre lasse, il concéda une prise selon le vœu de Renaud : « Ho! Ici, c'est une fosse? »

A la réflexion, elle passe mieux que la précédente...

A ce stade du film, l'escale régulière que Berri effectue à la table de montage lui est très profitable. Pour l'instant, il ne se pose pas de problèmes de construction ni de rythme.

Il se sert de ce qu'il voit au montage pour corriger ce qu'il n'a pas vu au tournage. Il est désormais intimement convaincu que la lumière de *Tess* était un modèle du genre, que le sombre relève d'une certaine tradition française à laquelle les laboratoires participent en tirant les nuits noires et que si les nuits peuvent être claires dans les films américains, il n'y a pas de raison qu'il n'en soit pas de même de ce côté-ci de l'Atlantique.

La main droite gantée de blanc, pour éviter les empreintes de doigt sur le négatif mais aussi pour ne pas se couper, Hervé de Luze repasse les « rushes » d'une séquence dans laquelle Jean-Roger Milo tient le rôle principal. Il est fascinant car sans équivalent, même si on se surprend à penser au jeu d'un Antoine Artaud ou à celui d'un Robert Le Vigan. Une vraie rigueur dans son personnage. Elle se manifeste par un rythme très syncopé. Avec lui, il devient périlleux de monter un champ/contre-champ. Même sur une surface aussi réduite que celle de cet écran, son talent éclate dans toute sa puissance et sa vérité.

28 octobre, 53e jour de tournage

On est toujours chez Rasseneur. Plusieurs séquences au programme. Sous la plume de Zola, ça occupe des dizaines de pages. Dans le scénario, beaucoup moins. Sur la feuille de service, elles sont résumées d'une phrase :

« Maheu présente Etienne à Rasseneur... Etienne évoque la possibilité d'une grève... Etienne fait voter la grève... Les mineurs sortent de chez Rasseneur... »

Depardieu n'a pas beaucoup à intervenir sur ces plans-là, mais il est toujours présent. Berri est fasciné par sa générosité, sa disponibilité, sa bonne humeur. On se le dispute dans nombre de projets de films en Europe et ailleurs et lui, il accepte de passer toute la journée sur le plateau pour ne dire parfois qu'une phrase hors champ. Il ne se plaint jamais. Berri anime la troupe, Depardieu la réanime. L'un tend l'atmosphère, l'autre la détend. L'un fait peur, l'autre fait rire. Au moindre coup de pompe, au plus infime coup de froid, comme s'il en était responsable.

Entre eux aussi, le numéro est bien rodé en public. Ils peuvent tout se dire, tout se permettre. Quand Berri pique une de ses fameuses colères, Depardieu est le seul à oser le tourner en dérision pour faire retomber la tension qui électrise tout le monde :

« Faites-lui sa piqûre! Que ça le calme une fois pour toutes, le barbu!

– Toi, ça va... »

Berri n'est pas en reste. Il s'inquiète de l'effet produit par la promotion de *1492, Christophe Colomb* sur la silhouette déjà fort arrondie de son héros. La fréquentation des restaurants d'hôtels lui a fait prendre sept kilos de plus.

« Si tu dois faire un raccord pour *Les Valseuses*, ça va être un peu juste...

– T'inquiète! En quelques jours, ça s'arrange. Si je veux... »

En rentrant à Valenciennes, content de sa journée, Claude Berri se demande s'il ne va pas prolonger le tournage jusqu'en avril. Cela lui permettrait de tourner au printemps, de finir le film comme il l'a commencé. La barbe de Renaud aura eu le temps de pousser. C'est indispensable car il n'est pas question de filmer un postiche en gros plan. Et tant pis pour le dépassement du budget!

Le soir chez lui, à l'issue du dîner, Berri invite le monteur Hervé de Luze, Renaud, les femmes et les enfants à monter dans sa chambre à coucher. Sur sa table de travail, un fouillis de feuilles de service, des notes éparses, *Nous trois* de Jean Echenoz, *Le Capital* de Karl Marx (dont Zola ne connaissait que des résumés) et une chaine stéréo. Il veut leur faire écouter de la musique. Mais pas n'importe quelle musique. Celle qui sera peut-être la bande originale de *Germinal*. Une décision difficile à prendre.

Au départ, il avait songé à s'adresser à des professionnels éprouvés. Dans un premier temps, elle avait été confiée à Georges Delerue. Sa mort prématurée a poussé le réalisateur à se retourner vers Ennio Morricone. Mais ça n'allait pas non plus. Aujourd'hui, il n'en reste plus que deux en compétition.

L'une est du toulousain Jean-Louis Roques. Il fait partie

depuis douze ans du groupe qui accompagne Renaud. L'accordéon, le synthétiseur et le piano, c'est lui. La musique de certaines chansons, aussi : *Tonton*, *Le Petit Voleur*... Berri l'a rencontré une première fois au début de l'année quand ils répétaient au Casino de Paris. Un soir, le musicien-compositeur trouve un message de lui à son hôtel :

« C'est Morricone qui fait la musique de *Germinal.* Mais j'en ai besoin d'une autre pour la Ducasse et le Bon Joyeux. »

Ravi, Roques lit le scénario et se met au travail. Non seulement il n'a jamais écrit pour le cinéma alors que c'est là un de ses vieux rêves, mais de plus, on lui propose de jouer le rôle de l'accordéoniste parmi les musiciens du bal. Que demander de plus! En remettant son travail au réalisateur, il lui propose timidement de s'essayer lui aussi, juste pour voir, à ce qui pourrait être « la » musique du film. En acceptant, Berri ne se perd pas en explications superflues, comme à son habitude.

« Ce sera symphonique. »

Mais encore? C'est tout. C'est peu. Mais c'est suffisant pour fabriquer une heure de musique. Roques n'y croit guère mais se lance tout de même. Au *feeling*. Comme celui qui n'a rien à perdre. Sans se demander comment procèdent ceux dont c'est la spécialité. Il sait instinctivement que la musique doit être en phase avec les images, qu'elle ne peut pas être le support du film et qu'il n'est pas question de raconter le film avec la musique. Il lui faut surtout éviter d'être descriptif. Il s'interdit de souligner les effets. Il a juste une petite idée en tête : mélanger les sons produits par un orchestre symphonique aux cuivres d'une harmonie municipale du Nord, mêler ce qu'une fanfare peut avoir d'épique au côté humain de l'accordéon.

Pour mieux saisir l'atmosphère et le climat de *Germinal*, Jean-Louis Roques s'est souvent rendu sur le tournage. Il a acquis la conviction qu'il s'agissait de quelque chose de très français et que son travail ne serait réussi que s'il arrivait à synchroniser sa musique avec la couleur du film. Un jour, un thème échoue dans le creux de son oreille. Il l'essaie au synthétiseur et réalise un enregistrement sommaire. C'est peu dire qu'il a des supporters en Renaud et Hervé de Luze, le monteur, qui l'aide beaucoup de ses conseils.

L'autre musique envisagée comme bande originale du film est entièrement due à l'initiative de Claude Berri. Un soir, après avoir décommandé Ennio Morricone, il avait été emballé par un clip de Meccano, un groupe à la mode, diffusé sur M6. Il ne lui en fallait guère plus pour leur passer commande. Le réalisateur ne pouvait s'empêcher de songer à l'impact que pourrait avoir l'éventuel succès de leur musique sur le film, comme ce fut le cas pour l'air de cithare composé par Anton Karas pour *Le Troisième Homme* (1949).

A son auditoire assis par terre autour du lit, Berri fait écouter anonymement la cassette de Roques et celle de Meccano. Une fois, deux fois, trois fois. La première est épique et efficace. Elle développe de toute évidence une mélodie chaleureuse et entêtante. La seconde est également puissante mais trop sophistiquée, totalement en rupture avec le propos de *Germinal*. La première est au service du film, elle y colle parfaitement. La seconde est au service de sa propre image de groupe-star, il faudrait y faire coller le film.

La musique de Jean-Louis Roques fait l'unanimité. Et il ne s'agit encore que d'une maquette, réalisée avec l'orphéon et le synthétiseur. Claude Berri prend acte de l'enthousiasme général mais ne se prononce pas encore. Le doute toujours, et l'habitude de laisser une porte ouverte, sait-on jamais. Cet instinctif a appris à se méfier de ses premières réactions. Par principe, il les laisse décanter par un temps de réflexion.

Il est tard. Chacun rentre chez soi, la musique de *Germinal* dans le creux de l'oreille. Celle de Jean-Louis Roques.

29 octobre, 54e jour de tournage

On tourne en extérieur l'arrivée de Maheu juste devant chez Rasseneur. Puis une autre séquence, à l'intérieur de l'estaminet, quand Lantier évoque la possibilité d'une grève. La journée s'achève, le temps est clément. En principe, il ne devrait pas y avoir trop de problèmes. Et pourtant...

« On soulage la circulation! » lance à la cantonade Frédéric Auburtin, le premier assistant à la réalisation.

Aussitôt, un régisseur répercute dans son talkie-walkie :

« Gendarmerie, soulagez la circulation... »

Là-bas, au loin, des automobilistes bloqués sur une file cessent de maudire le cinéma.

Pierre Gamet, l'homme du son, dont le calme et la maîtrise de soi sont notoires, commence à manifester des signes d'énervement. Dès les repérages, quand il avait su que Claude Berri avait jeté son dévolu sur ce coin du Nord, il l'avait prévenu qu'ils auraient à souffrir des nuisances du monde moderne. Quand ce n'est pas un avion, c'est le train. Quand ce n'est pas un tracteur, ce sont les détonations du fusil d'un chasseur. Mais c'est le prix à payer. Berri sait que Pierre Gamet est un défenseur acharné du son direct. C'est donc en toute connaissance de cause qu'il a choisi de tourner ici, malgré la proximité d'une base aérienne. Dès la préparation, il a accepté de s'en accommoder et d'attendre chaque fois le temps nécessaire. Et on imagine le sacrifice que cela suppose pour un homme aussi dépourvu de patience. Le bruit n'était donc pas son souci premier, alors qu'il l'était pour Alain Corneau par exemple, lorsque celui-ci a jeté son dévolu sur un château de la Creuse pour le tournage de *Tous les matins du monde*.

Aujourd'hui, c'est encore le moteur d'une péniche. Pourtant, un champ nous sépare du canal. Il n'empêche : dans le casque, c'est perceptible. Pierre Gamet, muet, continue à secouer la tête de gauche à droite.

« Tu l'entends encore la péniche? s'inquiète Berri.

– Mais non! Ils sont à la rame maintenant... », répond Depardieu qui s'impatiente.

Après quelques instants d'écoute en solitaire, il opine du chef. On va la tourner. Enfin, bientôt...

« Une minute! On vérifie la fenêtre! »

Régulièrement, les servants de la caméra s'assurent qu'une poussière ou un cheveu ne s'est pas glissé sur la pellicule. Que de précautions, d'énergie, de patience pour tourner deux minutes utiles par jour...

On se transporte à l'intérieur du décor. Cette fois, le problème ne vient pas du son mais d'une appréhension que connaissent tous les comédiens quand ils ont sur le bout de la langue les mots qu'ils ne veulent surtout pas prononcer.

Jean-Pierre Bisson, qui joue le rôle de Rasseneur, en fait l'expérience. C'est son tour. Demain, ce sera celui d'un autre.

« Ils te suivent dans ta caisse d'épargne mais combien d'entre eux ont adhéré à l'Internationale? C'est...

– Caisse de prévoyance! lance Berri. Pas caisse d'épargne...

– Zut! »

Moteur demandé. Ça tourne. Clap. Annonce...

« Ils te suivent dans ta caisse d'ép... de prévoyance... Ah non! »

Bisson s'en veut. Il fait les cent pas et dit cent fois « caisse d'épargne ».

« Ça devait arriver, je le sentais! Maintenant que je l'ai dit, je me sens mieux. »

Effectivement. La prochaine prise est la bonne.

Hors champ, debout à côté de la caméra, Laurent Terzieff s'apprête à lui donner la réplique.

« Des bêtises! A ce train-là, vous mettrez mille ans pour renouveler le monde... et ce n'est pas demain la veille que les frères de tous les pays vous viendront en aide. »

Comédien jusque dans la moindre de ses fibres, il joue des mains, des lèvres et des sourcils comme s'il était encore à l'image. La troisième prise est la bonne. Il est 23 heures.

« Journée terminée. Demain, 8h30 pour la préparation, 9h30 pour les autres! »

Pendant qu'un assistant de la régie distribue les feuilles de service pour la journée de travail qui s'annonce, un autre tend un parapheur ouvert à Claude Berri. Un court instant, le metteur en scène redevient producteur-distributeur et signe son courrier du jour qui repart aussitôt pour Paris dans la voiture des « rushes ».

Ses proches collaborateurs le tiennent régulièrement au courant de la marche de ses affaires, sans trop l'encombrer de détails superflus. Mais aujourd'hui, il lui importe en particulier de savoir ce qui s'est décidé au Conseil régional Nord-Pas-de-Calais au sujet de son film. La commission « Culture, Jeunesse et Sports » s'est en effet réunie ce matin. Dominique Riquet, chirurgien urologue, adjoint au maire de Valenciennes et surtout président de ladite commission, est depuis le début entièrement acquis au projet. Il en est le plus fervent avocat. L'accord entre la Région et la Production prévoit des mesures d'accompagnement : un bref court métrage sur le Nord-Pas-de-Calais dont la projection précédera celle du film dans toutes les salles de France, une conférence de presse lors de la signature du contrat de co-investissement, la mise en place de visites sur le tournage pour les classes A3 de la région, la coproduction d'un film sur le film qui pourrait servir d'outil pédagogique...

Il est urgent de prendre des dispositions avant que le tournage ne s'achève. Après avoir demandé la convocation d'une nouvelle et ultime réunion destinée à mesurer l'impact financier de l'accord sur la région, les commissaires ont décidé à l'unanimité d'abonder le fonds de coproduction et de financer *Germinal.* Le chèque de dix millions de francs, qui commence à se faire attendre, finira bien par être signé. En principe...

Entre Paillencourt et Valenciennes, certains font un petit crochet par Wasnes-au-Bac. Une halte « chez Jannick », qui n'est jamais que le prolongement naturel de « chez Rasseneur ».

Depardieu est devenu un des piliers de l'endroit. Il y vient quatre fois par jour. Pour recharger les accus entre deux séquences. Il est ici chez lui. Depuis le début du tournage, le restaurant ne désemplit pas. On vient de toute la région dans l'espoir de le croiser. Aujourd'hui, ce sont des militaires de la base aérienne. Il ne fait pas le fier et leur offre une tournée générale. Ceux-là n'ont pas perdu leur soirée.

L'autre jour, des gamins y ont eu droit. Mais quand une haute personnalité artistique lilloise a débarqué en faisant savoir qu'elle avait fait le voyage « pour voir mon ami Depardieu », celui-ci s'est aussitôt enfermé dans son refuge privilégié pour n'en plus sortir : la cuisine. A l'abri des regards, derrière les fourneaux. Comme à son habitude, il a mis son nez dans toutes les casseroles, s'est assis à la table des employés et a dévoré un bœuf bourguignon. Pendant ce temps, dans la salle, des bourgeois banquetaient en regrettant son absence.

Quand la tornade *Germinal* a commencé à souffler sur son établissement, Jannick a failli perdre le nord. Elle l'a vite rattrapé. Il faut dire que la plantureuse patronne, une forte personnalité, est animée en permanence d'une verve et d'une bonne humeur désarmantes, rehaussées par un accent ch'timi à couper au couteau. L'émotion des premiers jours est passée. Quand elle parle de Depardieu aux visiteurs qui la questionnent, elle ne dit plus « Marco Polo » mais bien « Christophe Colomb ». Elle n'est plus impressionnée. Désormais, il fait partie de la famille, de même que les autres membres de l'équipe. Une famille attachante pour laquelle elle ouvre tous les jours jusqu'à 2 heures du matin. Au cas où le tournage se serait prolongé. Elle a remarqué que dans cette famille-là, on est payé à la semaine et qu'il est des semaines où certains règlent l'addition pour d'autres.

Les premiers temps, la fréquentation amicale des acteurs l'a grisée. Mais on se fait à tout, même à ça. De toute façon, son préféré n'est pas le plus beau, le plus drôle ni le plus célèbre. Mais pour elle, il est le plus simple, le plus naturel et le plus généreux. C'est Claude Berri. A ses yeux, il n'est pas synonyme d'argent et de pouvoir. Il est tendresse et émotion. L'homme dont on dit qu'il fait peur dans le triangle d'or du cinéma francais est le même qui fait fondre Jannick, restauratrice à Wasnes-au-Bac.

3 novembre, 58e jour de tournage

Ça ne va pas. Juché sur un muret devant le bureau de la Compagnie, Renaud doit haranguer la foule des mineurs et il n'y arrive pas. Depuis le début, il redoute cette scène. Paradoxalement, il est moins impressionné par les « Césars » au milieu desquels il joue, que par ces figurants auxquels il doit parler de la lutte des classes. Lui qui n'en connaît que la version Mai 68, à eux qui la vivent dans leur chair depuis des générations! Leur passé de souffrance impose le respect. Or Renaud, qui est un homme tout en générosité, naïveté et utopie, est malade à l'idée de passer auprès d'eux pour un donneur de leçons. Cela ne fait qu'accentuer son trac.

« Camarades, camarades! Approchez! De 50 à 40 centimes de moins par berline, c'est une honte. Dans ce cas, si la Compagnie veut la grève, elle va l'avoir! »

Ça ne passe pas. Berri le sent bien qui trépigne derrière l'écran de la vidéo. Il se lève, se rasseoit, jure et écrase une cigarette aussitôt après l'avoir allumée.

« Coupez!... Renaud, bordel! »

Au lieu de franchir les quarante mètres qui les séparent afin de lui signifier discrètement ses reproches, « Germinator » laisse éclater sa fureur en prenant tout le monde à témoin. Une certaine gêne s'installe. On le sait maladroit dans ses rapports humains, inattendu, incontrôlable. Mais si Berri était le premier à rire des colères de son père, les siennes ne font sourire personne. Lorsqu'on lui reproche la brutalité avec laquelle il peut s'exprimer au cours du tournage, il se réfugie derrière un mot de Polanski : « Quand un chirurgien demande un bistouri en pleine opération, il n'y met pas les formes. »

Renaud, qui d'habitude le juge « un peu métal », n'a pas besoin, cette fois, de le voir pour deviner sa rage. Cela suffit à lui couper ses effets. Pourtant, quand il répète dans sa salle de bains, ça marche. Au Zénith, devant des milliers de personnes, ça marche aussi car il est dans son rôle. Il est plus sûr de lui. Mais là...

Plus la tension monte, plus il est paralysé, plus sa voix devient blanche. Dès qu'il entend un « Moteur! » lancé comme on pousse un cri de rage, elle se brise et se voile. Les syllabes restent bloquées au fond de la gorge. Surtout si le hurlement reprend : « Renaud, articule! » On n'entend plus alors qu'un fausset. Pour se donner du courage, il rumine ce que lui a dit Depardieu pour l'aider :

« T'en fais pas! On est tous pareils. Quand un metteur en scène dit " Moteur! ", même le cœur des chevaux se met à battre plus vite... »

Renaud cherche ses forces dans un compliment que lui a prodigué il y a peu Hervé de Luze. Un soir, rivé à sa table de montage, tandis que les images défilaient devant eux, il lui avait dit :

« Tu me fais penser à Serge Reggiani dans *Casque d'or*.. »

Il avait fait mouche. Et encore, l'un et l'autre ignoraient que trente ans auparavant, à la sortie du *Germinal* d'Yves Allégret, la critique avait reproché à « son » Lantier joué par Jean Aurel de n'avoir rien de commun avec le Manda du film de Jacques Becker...

Il n'empêche. Ça ne sort pas. Deux cents personnes sont là, gênées, qui l'observent. Et Berri qui devient de plus en plus odieux. A la treizième prise, il bondit de son fauteuil et jette rageusement son casque à terre :

« Coupez! On la garde. Tant pis, ça s'arrangera au doublage! »

Cette humiliation suprême, claironnée plutôt que murmurée, est accueillie par un silence assourdissant. Renaud laisse éclater sa colère, à sa façon. Il fait un bras d'honneur en direction de Berri au moment où celui-ci s'apprête à lui tourner le dos. Tout le monde l'a vu, sauf celui à qui le geste s'adresse. Cela vaut mieux ainsi. Mais l'irréparable est commis.

« Pourquoi tu ne prends pas un mégaphone pour dire que je suis à chier! Comme ça, tout le monde le saura! »

Renaud craque. Personne ne lui a jamais parlé ainsi. Sans quitter les vêtements de Lantier, il saute dans sa voiture. Direction : Paris. C'est décidé, il plaque le film. Ses idées se brouillent dans sa tête. Il pense à un incident qu'on lui a conté à propos du tournage de *La Lune dans le caniveau* :... Beinex et Depardieu étaient à bout, l'atmosphère était très tendue sur le plateau... « Une prise, une seule! » avait exigé l'acteur avant de s'engouffrer dans la voiture... qui devait passer devant la caméra... elle est passée mais ne s'est pas arrêtée, Depardieu ayant continué jusqu'à Paris... Si ce n'est pas vrai, c'est vraisemblable...

Sur le chemin, avant même de dépasser Valenciennes, Renaud s'arrête dans un bistrot où il retrouve des figurants et boit plusieurs cafés d'affilée. Il mûrit ce qu'il dira à Berri, quand il lui téléphonera dès son arrivée : ... Faut que je me rassemble un peu... donne-moi deux jours... si tu veux, tu peux retirer le manque à gagner de la production sur mon cachet...

Il n'ira pas jusque-là. La pause-café a un effet bénéfique. Il est vrai qu'elle a été arrosée de genièvre. Renaud fait demi-tour et réintègre le plateau pour la quatorzième prise. Germinator est plus calme, lui aussi. Chacun reprend ses marques. La foule des figurants se met en place. On se borne à modifier un emplacement. Ça se passe mieux. La quinzième prise est la bonne. Mais Renaud semble décidé.

« Demain, je me casse. »

Il passe le reste de la journée à maugréer.

« Je voulais pas faire ce film, je l'avais prévenu que j'étais pas comédien... »

Le soir venu, Berri vient lui parler.

« Excuse-moi pour ce matin. Il paraît que j'ai été dur avec toi, mon chéri... »

Après la maladresse, la tendresse. C'est tout lui. Son sourire est un cadeau car il ne sourit jamais. Renaud est amer, tout de même. Humiliation en public, réhabilitation en privé. C'est injuste. Mais il est ébranlé. Il a compris que les circonstances justifiaient cette tension et cette agressivité quand il a saisi que Berri jouait sa vie avec ce film.

Tout cela n'aurait donc servi à rien? Pas tout à fait. Renaud a retenu la leçon, tant morale que professionnelle. Berri aussi, même s'il sait qu'il sera toujours aussi abrupt dans ses relations avec les gens. Désormais, quand une prise est mauvaise, après avoir hurlé « Renaud!... », il s'arrête net, s'avance et lui formule ses critiques à l'oreille.

« Il y a un problème, mon chéri... »

4 novembre, 59e jour de tournage

Déjeuner à la cantine. Judith Henry en profite pour faire part au metteur en scène d'une question qui la chiffonne. Elle a relu le scénario et ne comprend pas ce qui justifie les exigences de la séquence 166, quand elle est censée rouler sa berline dans la galerie :

> Catherine s'arrête un instant pour essuyer la sueur qui coule sur son visage... Elle enlève sa veste puis sa culotte... Elle étouffe à nouveau. Cette fois, elle enlève sa chemise. Elle est nue, le corps noir recouvert de charbon...

Elle trouve cela absurde. Son personnage est censée être beaucoup plus jeune. Au volume de sa poitrine, on comprendra tout de suite qu'elle n'a pas l'âge du rôle. Et puis quoi, elle ne voit pas l'intérêt de se balader à poil au fond d'une mine. Même s'il y fait très chaud. Même si Chaval est torse nu. Berri ne dit rien. Renaud vole au secours de Judith.

« C'est *Germinal* ou *L'Amant de la mine du Nord*, ce truc? » demande-t-il avec des accents durassiens tout en mangeant ses nouilles préférées.

Il ironise mais il n'en mène pas large. Car il s'inquiète, lui aussi, de scènes apparemment très chaudes dans lesquelles il semble jouer un rôle pour le moins actif. C'est le flou avec lequel ces séquences ont été écrites qui l'angoisse le plus. Les deux comédiens interrogent le réalisateur du regard. Berri esquisse un petit sourire légèrement sadique et plie sa serviette. Comme d'habitude, il a terminé son repas quand les autres en sont encore aux hors-d'œuvre. Il se lève.

« Ne vous inquiétez donc pas! On en est encore loin. On verra bien, plus tard... »

C'est ça. Judith Henry est toujours aussi perplexe. Quant

à Renaud, son inquiétude n'a pas diminué, même s'il a déjà subi le baptême du feu il y a peu, quand il s'est agi de tourner une scène pour laquelle le script indiquait laconiquement : « Étienne sort nu du bain. » En fait, il avait pris les devants dès le 13 juillet. Très sérieusement. Preuve que la question le turlupinait vraiment, et deux fois plutôt qu'une. Par l'intermédaire de son agent, il avait ressorti son contrat afin qu'on y rajoute un avenant ainsi libellé :

« Article I. Pour des raisons de pudeur extrême, voire maladive, relative à son éducation puritaine, Renaud Séchan se voit accorder par Claude Berri la satisfaction des exigences ci-dessous exprimées :

Séquence 84. Renaud se lavera dans le baquet, comme c'est écrit dans le scénario, mais n'en sortira pas. S'il devait être filmé sortant de l'eau, il serait cadré au-dessus de la ceinture ou bien doublé par un acteur doté, le pauvre, de la même morphologie... »

Il faut croire qu'il s'est bien remis de l'épreuve. Le récit qu'il en fit dans une savoureuse chronique de *Charlie-Hebdo* en témoigne :

« J'ai exigé une doublure, un qui serait foutu comme moi, mais on n'a pas trouvé, même en Belgique. Finalement, la scène, je l'ai tournée, les machinos, la scripte, les électros, les assistants, le chef opérateur ont vu ma bite, depuis on m'appelle Monsieur. »

6 novembre, 61e jour de tournage

Le cinéma « Le Club », à Valenciennes. En fin de journée, Claude Berri y retrouve une partie de ses collaborateurs pour la projection des « rushes » qui viennent d'arriver du laboratoire d'Épinay. Avec le contrôle vidéo sur le tournage et le bout-à-bout des images sur la table de montage le soir, c'est une indispensable béquille pour un homme sans cesse envahi par le doute.

En visionnant les séquences tournées deux jours auparavant, il a un déclic. Désormais, il sait que telle doit être la couleur du film. Il faut le tourner par temps gris, choix qui s'inscrivait déjà implicitement dans la décision de tourner en hiver dans le nord de la France. Il s'en ouvre aussitôt à son voisin de droite Yves Angelo, qui éclaire *Germinal*.

Jusqu'à présent, celui-ci avait à l'esprit une lumière qui ne soit pas basée sur une vraie couleur. Plutôt sur un mélange diffus de crasse, de sueur, de poussière. Quelque chose de brumeux et d'encombré, comme une pièce qui n'aurait pas été nettoyée de longue date. Résolument hostile au racolage et à la sophistication, il avait d'ores et déjà opté pour une lumière brute, réaliste, émotionnelle qui ne flatte pas l'œil. Il s'adapte donc, le travail de la lumière étant toujours subordonné à celui de la mise en scène et aux impératifs du temps. Mais il envisage aussitôt les problèmes qui ne manqueront pas de se poser, à commencer par les scènes de nuit dans les champs. En principe, on ne devrait rien y voir. Que faire? Impossible d'être réaliste, ridicule d'être onirique. Il faudra se résoudre à un compromis : voir dans une logique de nuit.

Désormais, le problème est de concilier ce ton gris que Berri appelle de ses vœux avec la couleur naturelle du film, ce jaune rouge que l'on retrouve moins dans le feu des braseros que dans son reflet au fond d'un regard. Yves Angelo part du principe que dans un film, la photographie est réussie quand elle tient sa ligne, ses paris et ses options du début à la fin. Pour y parvenir, il faut qu'il y ait une unité entre l'état d'esprit du metteur en scène, sa volonté et la facture de l'œuvre. Peu importe que Claude Berri ait tort ou raison du moment qu'il a fait son choix et exprimé un point de vue sur son film. Peu importe que son manque de rigueur dans sa manière d'aborder une journée de tournage ou sa façon d'avancer au fur et à mesure donnent l'impression de compromettre la vision d'ensemble. Sa détermination témoigne de son tempérament et de sa sincérité. Mais Berri n'en reste pas moins insatisfait de son propre travail.

Pour bien faire, il faudrait le respecter moins et le bousculer plus, tout en sachant toujours jusqu'où aller trop loin. Rien de moins évident, même pour le plus attentif des collaborateurs. Berri souffre d'avoir eu dès ses débuts un style empreint de naïveté, forme qui convient à ses films sans lui convenir à lui. Il aimerait tant avoir les audaces d'un Renoir, être moins direct dans sa façon de filmer. Il voudrait tant gagner en poésie ce qu'il perdrait en efficacité. S'il est vrai qu'un film est réussi lorsqu'il ressemble à celui qui l'a fait, *Germinal* devrait être l'œuvre d'un cinéaste instinctif qui ne place rien au-dessus de la vérité des personnages.

Yves Angelo entend prendre le contre-pied de ce que les gens attendent d'un tel roman. Car « normalement », cette histoire devrait engendrer un spectacle à l'image esthétisante. Or il ne saurait s'y résoudre naturellement, sa sensibilité ne le portant pas dans cette direction. Aussi, tout en se mettant au service du réalisateur, il ne s'interdit pas de transformer les choses à sa manière, en les détournant et en les contournant, au besoin en les salissant. Il cherche surtout à varier les cadrages, les éclairages et surtout les ambiances à l'intérieur même des décors. En extérieur, il faudra peut-être se résoudre à adopter un autre parti pris esthétique, celui qui consisterait à rendre la nuit moins noire pour que les détails, les costumes et l'arrière-plan ne soient pas noyés.

Berri a peut-être trouvé la couleur de son film, mais la partie n'est encore ni jouée ni gagnée.

7 novembre, 62e jour de tournage

A Maresches, dans le décor du Bon Joyeux, on achève le tournage des séquences 131 et 132. A l'issue d'une réunion, Rasseneur réprouve une nouvelle fois la grève, ce qui n'empêche pas les délégués d'adhérer à l'Internationale.

Renaud est content. Hier, on a fait répéter *La Carmagnole des mineurs*. Dans ces moments-là, les figurants méritent doublement le surnom que Berri leur a donné : « le chœur des mineurs ».

Aujourd'hui, tout le monde a hâte d'en finir. Pas question de bâcler mais, pour une fois, pas question de traîner. Ce samedi soir, c'est fête. Les gens de l'équipe ont organisé une sauterie au Little Rock Café de Valenciennes.

En principe, ce sera une petite chose sans prétention.

Mais on assure qu'il y aura de la musique en « direct-live ». Un groupe s'était déjà constitué pendant le tournage de *Jean de Florette*. Il se retrouvera en partie ce soir, loin, très loin des collines provençales. Fredo, le premier assistant à la réalisation, amènera sa batterie, Pierrot, l'ingénieur du son, sa guitare électrique et Eric, son assistant, sa guitare basse. Jean-Louis Roques, le compositeur de la bande originale, a promis de se joindre à eux avec son synthétiseur. Ils n'osent demander à Renaud d'en faire autant. Mais dès qu'il en entend parler, le chanteur n'hésite pas.

Non seulement il est de la fête, sa guitare sous le bras, mais il leur réserve une sacrée surprise. En effet, en quelques heures, Renaud a réussi à mettre en musique les dialogues de *Germinal*. La soirée part sur les chapeaux de roue. Magie de la spontanéité et de l'improvisation. Une ambiance inoubliable grâce à ce nouveau groupe qui gagne à être connu, « Sir Etienne et les frères Chaval ».

Berri est aux anges. Il n'a jamais « entendu » son film de la sorte. Du Zola, revu et corrigé par lui, sur la mélodie de *L'Eté indien* de Joe Dassin! Et sans aucune répétition! Il en a les larmes aux yeux. Assis au bord de la scène, bouche bée, le regard admiratif, les mains prêtes à applaudir, il guette les trous de mémoire de Renaud pour lui servir de souffleur. Il connaît le texte par cœur, lui. Et pour cause!

« Ah! si Pluchart était là... euh...

– ... ça ne tarderait pas à aller mieux. Des patrons, il en fait trembler plus d'un!

– Ça ne tarderait pas... »

En attendant Renaud chanter le scénario accompagné par son groupe de choc, il lui vient une idée folle bien dans sa manière : monter une comédie musicale. Après *Les Misérables, Germinal!* Son projet provoque immédiatement des éclats de rire. Mais une voix intérieure, celle de son père, lui murmure : pourquoi pas...

Il fait une chaleur de four. L'assistance est ravie et déchaînée. Elle reprend les paroles en chœur. Renaud improvise désormais sur le thème de *Oh les filles! Oh les filles!*, un tube du groupe « Au Bonheur des dames », en y impliquant directement les membres de l'équipe de tournage.

« Un jour Berri me dit " Fiston, la chanson c'est pas [mal,
Mais j'te propose un rôle canon dans mon film [*Germinal* »
Sur un tournage, c'est l'panard, on sort tous les soirs
Alors... le premier soir [...]
J'suis sorti avec ma coiffeuse,
Celle qui m'tripote toute la journée
Avec sa copine l'habilleuse
Elles sont toujours à m'arranger
Quand j'ai voulu les tripoter
Elles m'ont dit d'aller m'rhabiller [...]
Je suis sorti avec Gérard
Il a bouffé un pied-paquet
Une andouillette et un homard
Une entrecôte, un cassoulet
J'lui ai dit " tu manges trop, t'es con
Attention à ton gros Colomb ! "
Oh ! la mine, oh ! la mine !
Elle m'a rendu marteau !
Oh ! la mine, oh ! la mine !
On se lève trop tôt !... »

Depardieu, qui s'est contenté de participer depuis la salle, s'enhardit pour faire un bœuf. Entre Renaud et lui, il n'y a pas plus de rapport de force ce soir sur la scène que ce matin sur le plateau de tournage. Même s'ils sont tour à tour, l'amateur et le professionnel, le débutant et l'ancien. A la demande générale, Depardieu saisit le micro et se lance dans une interprétation très libre de *Honky tonky woman* des Rolling Stones. Porté par l'enthousiasme du public, il bisse avec *Smoke on the water* de Deep Purple. Il remporte un franc succès, bien que ses paroles soient difficilement compréhensibles, même pour des Anglais bien intentionnés.

9 novembre, 63e jour de tournage

Un certain émoi plane dans les bureaux de la régie. Il y a un « corbeau » dans l'équipe. Sur le réfrigérateur de la cantine, une main anonyme a apposé cette affichette :

« Tout figurant qui prononcera une phrase de plus de cinq mots devient un acteur de complément et doit exiger un double cachet, etc. Signé : Le Corbeau. »

Renaud débarque dans le bureau de Patrick Bordier, le directeur de production, un tract en main.

« Tu as vu? Chez les figurants, on ne parle que de ça. La révolte gronde... »

Le texte a effectivement beaucoup circulé. Il faut crever l'abcès sans plus attendre. Dans toute production d'un film à grand spectacle, une grève des figurants est un luxe que nul ne peut s'offrir. Patrick Bordier sait d'expérience que, sur un tournage, tout se sait. Il mène une rapide enquête. Le résultat de ses recherches l'étonne à peine.

Le Corbeau n'est autre que Renaud.

Il est tellement dans son personnage qu'il se prend vraiment pour Étienne Lantier. Il lui arrive d'ailleurs de recevoir, chez lui à Valenciennes, des lettres qui lui sont naturellement destinées mais qui sont nommément libellées au héros du roman. Mieux : les figurants, qui l'ont désormais identifié au héros de Zola, se prennent pour des grévistes. Depuis le début du tournage, il n'a pas cessé de parler avec eux, de les écouter, de les soutenir. C'est peu dire qu'il les pousse à la contestation. Dans ces moments-là, Lantier s'adresse toujours à des mineurs mais il n'y a ni micro ni caméra. Il est comblé, lui qui aimerait bien un jour incarner à l'écran Ravachol ou Che Guevara à défaut d'avoir été Souvarine.

S'il est vrai que quelques-uns ont des velléités de grève, il ne se prive pas de les encourager. C'est bien lui qui jette de l'huile sur le feu, en utilisant inconsciemment les mots mêmes de Lantier. Et comme son empire sur eux va croissant, cette histoire prend de l'ampleur. De la provocation, à n'en pas douter. Pour le plaisir et pour le jeu, mais aussi parce qu'il est sincèrement convaincu que « le chœur des mineurs » est sous-payé et exploité. Avec les engagements politiques qui sont les siens, il eût été étonnant qu'il ne prenne pas fait et cause pour eux. Rien ne l'indigne comme l'injustice. Ce n'est pas seulement le sentiment de son inutilité sur le tournage qui le ronge, mais la disproportion entre son traitement et celui des figurants. Coupable de sa réussite, il l'est même sur le plateau.

Mais pour eux, ce n'est pas une question d'argent, sinon pour une minorité. 200 francs par jour, 300 francs s'ils tournent de nuit, un peu plus s'ils ont les pieds dans l'eau. C'est le prix mais il n'a pas été fixé à cette hauteur dans le seul but de rogner sur les charges sociales. De toute façon, sur ce plan-là, Patrick Bordier avait pris soin, dès le départ, de dresser une barrière entre les figurants et la Production. Il avait confié la gestion quotidienne des 12 000 cachets de figuration et de la main-d'œuvre, représentant une masse financière de 3,5 millions de francs, à l'association valenciennoise « Solidarité aux sans-emplois ». C'est elle qui les paie. Puis elle adresse ses factures à la Production, ce qui a évité à celle-ci l'engagement d'une comptable supplémentaire et d'une assistante.

Il est des figurants qui dépensent en essence et en transport ce qu'ils gagnent en une journée. Pourtant, ils ne réclament pas une augmentation de leurs primes mais de la reconnaissance. Ils ont la considération de Claude Berri, pas toujours celle de la Production. Du moins est-ce ainsi qu'ils ressentent les choses. Or la Production, elle, a d'autres chats à fouetter. Elle a un film particulièrement lourd sur les bras, un tournage difficile à organiser, des problèmes d'intendance à n'en plus finir, des factures qui pleuvent et un budget à respecter. L'« esprit de la mine », elle y a été sensible au début. Aujourd'hui, il y a d'autres urgences.

L'affaire agite la troupe pendant quelques jours. Jusqu'à ce que Berri y mette un terme, afin qu'elle ne dégénère pas ni ne porte préjudice au film. Il se glisse discrètement derrière l'oreille du meneur et lui murmure :

« Renaud, ça me ferait plaisir si tu arrêtais de parler

d'Assedic et de congés-spectacles aux figurants. On fait un film. On est tous sur le même bateau. »

C'est tout, mais ça suffit. Quand il parle ainsi, gentiment mais fermement, Berri a une telle autorité dans le ton qu'il n'a pas besoin d'en rajouter pour se faire comprendre. Lantier calme ses troupes aussi vite qu'il les avait excitées. Il dissuade les plus impulsifs de publier une lettre ouverte dans le journal. L'incident est clos. Il n'y a plus d'affaire. Mais il y a encore un film à faire.

11 novembre, 65e jour de tournage

Changement de décor. On tourne à Oignies, dans ce qui fut le puits No 9. Après que Chaval a fait volte-face devant les mineurs, les exhortant à reprendre le chemin de la mine, Deneulin savoure son triomphe en regardant par la fenêtre. Il observe la reprise du travail avec satisfaction. Mais tandis que Lantier s'enivre au genièvre, les mineurs s'apprêtent à faire irruption dans son bureau pour le mettre en pièces. Le tout tient en trois séquences et il est prévu de les tourner dans la journée, entre 9 heures et 17 heures. L'équipe a du pain sur la planche.

Au rez-de-chaussée de l'installation désaffectée mais restaurée par les petites mains de la décoration, les mineurs de Jean-Bart font face à ceux du Voreux. Ils sont cent d'un côté, trente de l'autre, de part et d'autre de la cage d'ascenseur. Certains sont pour la grève, d'autres contre. L'affrontement est imminent. On est dans l'ambiance. Hélas! même quand on tourne en intérieur, le ciel réussit à imposer sa loi. En effet, la lumière des projecteurs vient de l'extérieur. Elle est diffusée par des réflecteurs en polystyrène. Mais dehors, le vent souffle avec une telle violence que lorsqu'il entend « Moteur! », il s'ingénie à souffler deux fois plus fort, emportant le matériel sur son passage. Le ciel est bleu et noir. Un ciel somptueux. On le croirait peint par Ruysdael. En d'autres circonstances, Claude Berri y serait sensible. Aujourd'hui, ça le rend d'une humeur massacrante.

Les figurants l'ont compris. Devant Germinator, ils se tiennent à carreau, comme au garde-à-vous. Pas un bruit.

« Partez! »

En une fraction de seconde, la troupe silencieuse et figée n'est plus que mouvement et grondements. Isolé dans une pièce du hangar, assis sur une caisse de Coca-Cola, Jean-Roger Milo attend qu'on l'appelle. Seul dans ce décor de fin du monde, il rumine les mots de Chaval en tirant sur un cigarillo :

« Ce n'est pas notre intérêt non plus... s'il fait faillite, que deviendra-t-on? Reprenons le travail tout en poursuivant les discussions... »

Il grogne, se lève, donne des coups de pied dans le mur, frappe l'air de ses poings, grogne encore et se rasseoit. C'est peu dire qu'il joue autant avec son corps qu'avec sa voix. Il a toujours eu un rapport très physique avec la vie, même si, désormais, il s'efforce de corriger un peu le tir. Ce qui l'attire en Chaval, c'est la chair plutôt que les mots. Mais ce n'est pas de lui qu'il faut attendre des dissertations sur son personnage. Milo est trop instinctif pour disséquer et analyser. Trop immergé dans un monde intérieur de sensations, de songe et de poésie pour s'interroger sur ce qu'il est et ce qu'il fait. Trop pudique pour en rajouter sur l'expérience de la violence, de la délinquance, de la drogue. Il sait qu'il doute et qu'il cherche mais ne veut pas en savoir plus long, de peur d'y perdre sa raison. Ceux qui se racontent le fatiguent. De ce côté-là, il ne fatiguera personne. Il ne se sent pas tenu de fournir le mode d'emploi. Quand on le somme de s'expliquer sur la violence qu'il a en lui, on le fait sortir de son rêve et le cauchemar commence.

Milo est cassé de partout et ce n'est plus du cinéma. Galères et gamelles. Il a vécu, comme on dit quand on ne veut pas en dire davantage. L'ingratitude l'a longtemps stimulé, le poussant à en faire toujours plus. Aujourd'hui, il entend vivre au jour le jour en se disant que chaque jour est unique. Il ne veut pas savoir ce que c'est qu'un acteur, un itinéraire, un parcours. Ne parlons pas de carrière. Naître et mourir, voilà bien un programme. Il est constamment agité par un mélange de contradictions. Parfois, il se demande s'il en sait beaucoup plus que l'homme de Tautavel.

« Chaval! Où est passé Chaval? »

On l'appelle sur le plateau. Il est temps de sortir du rêve éveillé.

Tout le monde est en place pour une nouvelle répétition. Dans ces scènes de violence contenue, les mineurs semblent encore meilleurs que dans toutes les autres. C'est qu'ils ne jouent pas : ils sont.

Un figurant au hasard. Grand, carré, des yeux très clairs, le regard encore ébloui par l'épopée à laquelle il participe. Ce qu'il vit depuis plusieurs heures, en vérité il le revit. Il s'appelle Christian Haleba. Ce puits d'Oignies où l'on tourne, il y a travaillé de l'âge de seize ans à sa fermeture en décembre 1990. Il y aura passé en tout trente ans et six mois. D'abord comme galibot, autrement dit manœuvre au service des voies, avant d'être affecté à l'abattage, détachant la houille de la paroi dans une veine, puis de faire l'école des cadres. Il a fini comme sous-chef porion, contremaître travaillant sous les ordres de l'homme qui dirige la fosse.

Il l'a aimé, son métier. Les mineurs, il en parle comme d'une confrérie. On comprend qu'il ait eu un pincement au cœur ce matin en enfilant à nouveau des vêtements de travail. Même si ce n'était pas pour de vrai. Quand il s'est jeté dans les échauffourées, il s'est cru dans la peau de son père et de son grand-père. On ne sort pas indemne d'un tel retour de mémoire. Surtout que dans la mêlée, il a retrouvé certains de ses anciens ouvriers. Nul ne doute de sa sincérité quand il dit qu'il n'aurait pas cherché à être figurant si *La Reine Margot* ou *Cyrano de Bergerac* avaient été tournés dans la région. Une annonce aperçue dans le journal a décidé instinctivement le retraité à revenir à Oignies. Comme avant.

Finalement, rien n'a changé pour Christian Haleba. Si ce n'est que l'ingénieur, on lui donnait du « Monsieur ». Alors que Berri, tout le monde l'appelle Claude puisqu'il appelle chacun par son prénom. A ses yeux, c'est la seule différence entre fiction et réalité.

« Moustache! On t'entend pas! »

Claude Berri a oublié le prénom d'un figurant. Il s'appelle Paul Sarcalsky, cet ouvrier cégétiste familier des grèves dures. Son père a passé près de quarante ans dans la mine. A ses côtés, un autre qui n'est pas le moins original. Il a quarante-six ans dont trente et un de service, ici même, à Oignies. Il ne lui reste plus que quatre jours avant de partir à la retraite, les Houillères ayant continué à l'employer comme gardien des lieux. C'est reparti pour une nouvelle prise. Le mégaphone hurle.

« Ne regardez pas la caméra! Votre regard suit l'ascenseur qui descend. »

Elle est bonne. On ne la refait pas.

Changement de décor. On grimpe un étage. Là-haut, l'équipe de la décoration a reconstitué le bureau de Deneulin, le directeur, joué par Bernard Fresson. Au mur, dans un cadre, le graphique des variations des cours et revenus des actions de la Compagnie du Nord de 1845 à 1879. Sur une table, les authentiques livres de compte des associés de la Compagnie des mines d'Anzin. Rien n'y manque, on a fait dans le détail. C'est d'autant plus remarquable que tout cela est destiné à être réduit en poussière dans quelques instants. Car c'est là qu'on va tourner le saccage du bureau par les ouvriers déchaînés, conduits par un Lantier ivre de genièvre.

Une bouteille à la main, Renaud feuillette les livres de la Compagnie par curiosité, en attendant que la préparation s'achève. Il réagit toujours ainsi quand il trouve des archives dans le décor. Il va directement à la lettre « M » dans le fol espoir d'y retrouver la trace de ses aïeux.

« Tiens, tu vois... 1912... Mériaux, maître-porion... C'est peut-être le frère de mon arrière-grand-père... Salut l'ancêtre! »

Il est content. Il n'a pas perdu sa journée.

Une dizaine de mineurs sont prêts pour les répétitions. Au signal, ils pénètrent dans le bureau et miment parfaitement les gestes de la mise à sac, détruisant les meubles avec des haches imaginaires. Mais sans rien casser. Ils sont très maîtres d'eux-mêmes. Et pour cause! Ce sont, pour la plupart, non des anciens mineurs mais des cascadeurs de cinéma.

Quand on tournera la scène, il faudra vraiment tout réduire à néant. Mais en principe, on ne la refera pas deux fois.

« Moteur demandé... Ça tourne!... Annonce... Partez! »

La petite troupe s'exécute. Elle casse tout, méthodiquement. Berri fait la grimace. Ça ne va pas. C'est trop mécanique. Il ne sent pas la scène de cette façon. On la repasse à la vidéo. Elle sonne faux. On n'y croit pas. Elle manque de mouvement, de monde et de violence. Le verdict est sans appel.

« C'était rien du tout. »

Décorateurs et accessoiristes sont de nouveau en pleine action. Ils reconstruisent tout dans l'urgence : le bureau, la bibliothèque, les chaises... Heureusement, ils avaient prévu de doubler certains meubles, pour le cas où. En une demi-heure, un décor à l'identique est prêt. Après avoir fait le point avec Frédéric, son assistant, Berri décide de changer son fusil d'épaule, même s'il n'est pas sûr que cette nouvelle idée soit plus efficace que la précédente. Il renvoie les cascadeurs à leurs cascades et décide de n'utiliser que d'anciens mineurs. Des vrais. De ceux qui ont déjà fait grève dans leur vie et qui ont déjà eu à piétiner le bureau de leur directeur. Il en prend beaucoup plus que prévu dans le scénario. Le risque est évident. Il faut que la prise soit bonne car il ne va pas faire reconstruire indéfiniment le décor. Même s'il est le producteur du film. Il va retrouver les figurants à l'entrée du bureau pour les chauffer.

« Les amis! A l'intérieur, il y a deux caméras, l'une mobile et l'autre immobile. Ne regardez ni l'une ni l'autre. Cassez tout et déconnez bien! De la violence et de la bonne humeur! »

Les figurants se frottent déjà les mains. Ils ont bien l'intention de s'en donner à cœur joie. Certains retroussent leurs manches. Berri revient sur ses pas pour un dernier conseil.

« N'oubliez pas : pensez à la revanche... »

Après ces mots, les figurants cessent de plaisanter. Ils

prennent leur rôle au sérieux, prêts à en découdre comme jamais auparavant. Frédéric continue à les chauffer en leur faisant répéter *La Carmagnole des mineurs*. Ils sont à bloc. Ils piétinent en cadence dans le couloir.

« Les directeurs ont bien promis
De rendre les mineurs soumis
Mais leur truc est raté
Grâce à la vérité
On les verra disparaître
Vive le son
On les verra disparaître
Vive le son du canon... »

Ils sont prêts pour l'ultime répétition. La caméra et le son aussi. Tapi derrière son écran, Berri donne le signal aussitôt transmis, d'un assistant à l'autre.

« Partez! »

Les figurants reprennent leur chant en pénétrant dans le bureau à la queue leu leu. Ils se poussent, se bousculent et se jettent sur le mobilier.

« Coupez! Coupez! Arrêtez, bon Dieu! »

Ils sont entrés trop tôt dans la pièce. Berri hurle, Fredo souffle dans son sifflet à en déchirer les tympans. Rien n'y fait. Ils n'entendent pas tant ils sont galvanisés par leur violence. Ils cognent comme des brutes sur le bureau, entreprennent de défoncer l'armoire à coups de hache. Il faut envoyer des assistants pour les ceinturer. Plus de peur que de mal. La démonstration fut spectaculaire mais les dégâts sont minimes. Tandis que l'équipe de la décoration remplace les carreaux cassés, répare un tableau au cadre chancelant et redresse un pan de bibliothèque renversé, Frédéric inspecte ses troupes.

« Pourquoi vous avez cassé des choses? On avait dit qu'on faisait semblant, non? Allez, on la refait. Mais cette fois, c'est pour de bon. Il n'y en aura pas d'autre. »

Dans son coin, Berri commente la scène avec Pierre Grunstein.

« Il faut que ce soit du Vigo, comme dans *Zéro de conduite*. Le même sentiment de révolte quand les gosses fichent le dortoir en l'air, et la même haine quand ils bombardent les notables du haut de toit...

– Il faut que ce soit plus violent encore... »

Mise en place, Carmagnole, piétinements, signal, c'est parti ! Ils font preuve d'une sauvagerie inouïe, s'acharnant sur le moindre bout de bois encore vaillant, hurlant à s'en exorbiter les yeux, la haine au ventre. Arborant le visage hideux de la populace déchaînée, ils sont saouls sans avoir bu. L'ivresse de la revanche, probablement. En moins de deux minutes, le bureau de Deneulin n'est plus qu'un nuage de poussière. On ne peut pas les arrêter. Les caméras ne filment plus, mais ils gesticulent et s'égosillent de plus belle dans cet indescriptible capharnaüm, tandis que les feuilles échappées des dossiers continuent de virevolter. Malgré le mégaphone et les coups de sifflet. Forcément, ils tapent comme des sourds. On y croit parce qu'ils y croient. Et ça, ce n'était pas prévu dans le scénario.

Berri est fou de joie. Il saute sur sa chaise comme un gosse. Il lève le pouce en l'air et esquisse un sourire de satisfaction. Enfin...

« Ils sont formidables. Ça laisse bien augurer pour demain, à la lampisterie... »

12 novembre, 66e jour de tournage

Pour le mineur, la lampisterie est un lieu de mémoire privilégié. La lampe est ce qui l'identifie. Chaque jour, il prend la sienne au guichet. Elle est poinçonnée à son chiffre. La lampe, c'est la pointeuse car un mineur dépouillé de sa lampe n'est plus un mineur. Quand il n'en a plus, c'est qu'il est mort ou renvoyé.

Le local a été soigneusement reconstitué à la fosse d'Oignies, non loin du bureau de Deneulin. L'effet est saisissant. On ne peut s'empêcher de songer à l'évocation que Zola fit de ces centaines de lampes lavées de la veille et « allumées comme des cierges au fond d'une chapelle ardente ». A l'époque, c'étaient des lampes « Davy », par allusion non à l'attaché de presse du film mais au chimiste qui eut l'idée, un jour de 1817, de protéger leur flamme par un grillage métallique afin d'éviter les explosions.

Des lampes suspendues à un râtelier sur plusieurs rangées, du matériel de réparation, des burettes d'huile, des chiffons, des registres... On a tout vérifié à l'aube, rien n'y manque. Pas même la vraie hache de Maheu et les outils factices que certains figurants devront lancer à travers la pièce. Les séquences du jour sont brièvement décrites dans le script :

« Maheu arrive en courant dans la lampisterie. Une vingtaine de mineurs, tout excités, s'aspergent d'huile. On casse tout à coups de hache. Maheu grimpe la petite échelle qui monte au chevalement... Maheu redescend la petite échelle du chevalement. »

Quarante mineurs, quinze cribleuses et cinq lampistes sont choisis parmi les figurants. Beaucoup ont vécu la grève, la vraie, à l'endroit même où on va jouer la fausse. Dès 8 heures du matin, ils sont fin prêts, maquillés et costumés. Ils attendent, dans un hangar à part, qu'on vienne les chercher. Sur la porte, une inscription rappelle un passé pas si lointain : « CGT »... Les petites mains des costumes recousent des boutons, tandis qu'à la radio, Bashung exhorte sa Joséphine à « oser, oser... » Au mur, un panncau qu'on ne remarque plus, à force de passer devant :

« Vous êtes en 1880 et nous vous demandons d'enlever tous bijoux modernes (montres, boucles d'oreilles, etc.). »

Frédéric Auburtin, l'un des deux assistants à la réalisation, vient d'arriver. Le travail avec les figurants le passionne particulièrement, surtout avec des gens de cette pâte humaine. Il a toute latitude pour agir comme il l'entend. Berri lui fait confiance; il est chaque jour un peu plus impressionné par ses réserves d'énergie et sa capacité d'initiative. Et puis son assistant n'essaie jamais de faire le film à sa place.

Il est juché sur une chaise. La soixantaine de figurants présents fait cercle autour de lui. Ce n'est pas une harangue, ni un appel à la grève – il ne manquerait plus que ça. Plutôt une explication de texte, avec force gestes. Il ne conçoit pas qu'on puisse diriger des figurants en leur demandant simplement d'aller à gauche ou à droite du cadre. Ils doivent d'abord comprendre ce qu'ils font et pourquoi ils le font. En fonction de ce qui vient avant et de ce qui viendra après.

« Alors voilà... Aujourd'hui, ça se passe dans la lampisterie. Il y a le Maheu qui monte au chevalement avec une hache pour sectionner le câble. On va désigner six lampistes de Jean-Bart... Arrive la bande à Lantier... On ne veut pas des bagarres, pas vraiment, plutôt des échauffourées...

– Et les cascadeurs?

– On y a renoncé. Pour les mêmes raisons qu'hier.

– Bravo!

– Mais surtout, vous cassez toutes les lampes!

– Ouaaaaaais! Vive Fredo!

– Attention. On va faire des plans très brefs... dix secondes à peine...

– Ouaaaaaaais! Ça suffit pour tout casser!

– Oui, enfin... N'oubliez pas que celle-là, on ne pourra pas souvent la refaire. Ne vous acharnez pas sur les lampes. Elles viennent de Pologne. On a eu du mal à se les procurer. Vous tapez dedans avec vos haches, mais vous ne les achevez pas au sol.

– Un mineur, ça s'acharne pas sur des lampes. »

Frédéric en prend acte. D'autant qu'Yves Pourre, le figurant chargé de jouer le rôle du responsable de la lampisterie, a vraiment occupé cette fonction pendant six ans. On comprend qu'il ait refusé de figurer parmi les casseurs. Frédéric explique la manière dont l'incendie doit se dérouler et appelle à la prudence.

« Beaucoup de violence, beaucoup de haine, c'est compris?

– Et de respect pour l'outil de travail, aussi!

– On compte avant tout sur l'hystérie collective. Gardez du jus parce qu'on va la répéter plusieurs fois. Ne vous donnez pas entièrement au début. Et maintenant, en piste! »

La procession se dirige vers la lampisterie. Chacun est à

son poste. Ils sont rodés maintenant. « Partez! » Un ouragan pénètre dans le local. Ça cogne et ça hurle.

Un faux incendie se déclare. Avec du vrai feu. L'homme des effets spéciaux a faufilé dans les meubles des rampes à gaz métalliques branchées sur des tuyaux souples. Elles sont alimentées à distance par des bouteilles de gaz propane. Le sol de la lampisterie est recouvert d'isorel noir et mou savamment sali. Avec une bonne couche d'hydrocarbure coupé d'huile de paraffine, il fait buvard. Il suffit de tourner la mollette pour faire grimper les flammes d'un coup.

Un carnage, sous l'œil ébahi de deux visiteurs de marque qui ne pensaient pas assister à une scène pareille : le directeur des Houillères et celui de la fosse N° 9 de Oignies. Ils n'en reviennent pas. Surtout qu'en croisant le regard de leurs anciens patrons, certains des anciens mineurs sont fiers et rien provoquants.

Juste après la prise, les figurants se précipitent spontanément sur Claude Berri et font cercle autour de l'écran-vidéo pour s'observer en pleine action. Comme des comédiens éprouvés. Nul ne dit « Les ai-je bien descendues? » mais tous pourraient le dire. Tout le monde est très content, à l'exception de Jean-Pierre Maricourt, le spécialiste des effets spéciaux. Car dans leur fureur, ils n'ont pas seulement cassé du mobilier : ils ont aussi fichu en l'air le mécanisme à incendie qu'il y avait dissimulé. Il ne lui reste plus qu'à recommencer.

On s'empresse de tourner une scène en principe moins compliquée : Maheu se frayant un chemin parmi les casseurs pour grimper sur l'échelle qui mène au toit. « Moteur »! Depardieu se lance, il monte mais ne redescend pas comme prévu. Il y a tellement de flammes au bas de l'échelle que la fumée l'asphyxie. Ça lui rappelle un mauvais souvenir, quand on mit le feu à une charrette dans *Dites-lui que je l'aime*. En de semblables circonstances au cours du tournage de *1492, Christophe Colomb*, il se fit remplacer par des cascadeurs. Mais aujourd'hui, on n'a pas prévu de doublure pour cause d'asphyxie. Et il n'y arrive pas. Là-haut, il est comme paralysé. On évacue la fumée. D'un coup de clé à molette, l'homme des effets spéciaux réduit l'intensité des flammes. Il faut dire aussi qu'il n'y était pas allé de main morte avec les vapeurs, diffusées par des extincteurs privés de leurs diffuseurs. Il répond avec flegme, en lâchant son leitmotiv favori :

« Tout ça, c'est pas bien méchant. Ça a des noms barbares mais ça n'est jamais que du CO_2... »

Cette fois, ça devrait aller. Au bout de l'échelle, il y a la pause-déjeuner.

12 heures. « Vous avez une heure pour reconstruire le décor! »

Jamais un réalisateur n'a été aussi libre que Claude Berri sur ce film. Parce qu'il est son propre producteur, il assume dans l'instant les probables dépassements de budget. Il n'a de comptes à rendre à personne. Son producteur exécutif et son directeur de production ne sont là que pour le protéger contre ses propres excès. Il peut se permettre de casser un décor qui ne devait pas l'être, de rajouter dix figurants là où il ne devait y en avoir que cinq, d'inventer une scène imprévue qui nécessite des moyens importants, d'immobiliser acteurs et techniciens au-delà de la durée prévue. C'est son luxe et il en jouit, non par goût ou par caprice mais parce que son instinct le lui dicte et qu'il s'est donné les moyens de lui obéir. Mais paradoxalement, l'impatience qu'il manifeste en toutes choses fait que cette énorme production est tournée sans qu'on donne du temps au temps. Comme dans les films à petits et moyens budgets.

En raison de sa situation atypique dans le cinéma français, Claude Berri a une expérience particulière de la solitude. Car lorsqu'on est à la fois scénariste, réalisateur, producteur et distributeur de son propre film, on n'a jamais personne à épater en cours de route. Personne si ce n'est le public, au bout du chemin.

A la cantine, il partage la table des responsables des Houillères et du puits.

« Si vous n'aviez pas fait *Germinal* ici, le site aurait été vandalisé. Les machines et le reste. Même pour un franc, on n'arrive pas à le vendre. La Ville ne veut pas l'acheter. Ce n'est pas classé, mais si tout est rasé, ce sera une catastrophe psychologique et morale. Ce site, c'est leur vie. »

Retour sur le plateau. Une dernière prise. Cette fois, Marcel l'accessoiriste aura du mal à récupérer intacte une de ses chères lampes.

« Coupez! Superbe! »

On arrose le tapis à incendie à coups d'extincteur. Quelques méchantes flammes semblent réticentes. Un début de panique se crée dans les rangs. Des voix crient.

« Pompiers! Pompiers! »

Quelques secondes après, quand ceux-ci arrivent prêts à intervenir, l'incendie est déjà circonscrit. Jean-Pierre Maricourt, l'homme des effets spéciaux, tient bien son affaire en main. Il admoneste les figurants qui ont perdu leur sang-froid.

« Qui c'est qui a gueulé " Pompiers! "? Et pourquoi pas " Au feu! " tant que vous y êtes! Ce n'est que du cinéma, les gars... »

14h30. La séquence est finie, pas la journée de travail. Cap sur Estevelles, dans la direction de Lens, à 9 km de là. Toute l'équipe a rendez-vous à la fosse N° 24.

On se croirait dans une ville-fantôme de l'Arizona. Lugubres, ces chevalements tous cassés qui se détachent sur un ciel de suie, ces vastes hangars aux toits troués, ces poutres qui pendent dans le néant, ces machines à l'abandon, ce silence de mort.

La séquence à tourner, devant ce qui est censé être la chaudière de Jean-Bart, tient en une phrase : « Jeanlin lâche la vapeur des machines. » Plus patient et plus efficace, plus créatif et plus énergique que jamais, Frédéric explique à nouveau aux figurants réunis autour de lui ce qui va se passer.

« On a mis de la vapeur indolore à la place de la vapeur normale à 150 degrés. Mais si vous la prenez dans la figure, faites comme si ça vous brûlait! »

Pour cette prise, le jeune Albano Guaetta a le rôle principal. Les autres sont là en second plan. Depardieu est resté dehors. Depuis dix jours, il ne fait que de la figuration mais il tient à être là. Enfermé dans sa voiture, il est absorbé par la lecture d'un article de *L'Express*, « Vie et mort de Momo des Minguettes ».

Renaud, qui supporte de moins en moins l'inactivité entre les préparations de chaque séquence, trompe l'attente en essayant de se rendre utile. Mais il est sous surveillance. Pour des questions d'assurances, il n'est pas autorisé à prêter main-forte n'importe comment, n'importe où, à n'importe qui. Pas question qu'il se blesse. Ainsi lui refuse-t-on de manier la tronçonneuse alors que chez lui, dans le Vaucluse, il coupe des arbres deux mois par an. On le protège. Parfois d'ailleurs, il y songe avant les autres. Cassé de partout après plusieurs bagarres avec Jean-Roger Milo, acteur physique s'il en est qui contrôle mal sa violence et se donne à fond, Renaud a jeté l'éponge et réclamé une doublure parmi les cascadeurs. Dans l'intérêt de tout le monde.

A Paris, les assureurs y veillent un an déjà avant le premier tour de manivelle, neuf mois en ce qui concerne les comédiens les plus importants. Leur travail s'achève quelques mois après la fin du tournage, quand des copies de travail et un internégatif sont livrés. Le cabinet de courtage Le Chartier Malatier, qui a choisi la compagnie Zurick International France, assure en permanence une quarantaine d'acteurs sur le tournage. En ce qui concerne la pellicule, ou plutôt le négatif, l'assurance couvre tous les dommages pouvant atteindre le support, de la perte pure et simple aux rayures en passant par les incidents de laboratoire. Le gros matériel de tournage est assuré en même temps qu'il est loué. Pour *Germinal*, le taux de la prime varie entre 1% et 1,5% du budget en fonction des franchises.

Sur un tournage, tout peut arriver : une tache rouge dans l'œil, un pied brûlé, une pneumonie, une fracture de la jambe, un accident de la route et même un infarctus, comme ce fut le cas pour Martin Sheen pendant le tournage d'*Apocalypse now*. Tout, avec ce que cela suppose en coûts supplémentaires et en dépassement de budget, quand l'acteur principal est soudainement indisponible pendant plusieurs jours. Sur *Germinal*, il n'y aura pas de problème majeur. Même si les assureurs ont craint jusqu'au bout des problèmes en raison de la durée et du lieu du tournage.

Aujourd'hui, on autorise Renaud à badigeonner de graisse les machines qui paraîtront à l'image et à actionner le clap pour l'annonce. C'est sans danger. A ses moments perdus, l'acteur principal de *Germinal* se transforme alors en un de ces factotums que l'équipe affuble du doux sobriquet de SARL : stagiaire à responsabilité limitée...

Même dans un espace aussi réduit, Berri se réfugie derrière son écran-vidéo. Il sait qu'il ne lui est pas indispensable puisqu'il s'en est passé pour la plupart de ses films. Mais il sait également que quand on y a goûté, on ne peut plus s'en passer et on se demande comment on faisait avant cette invention des dieux de la technique. Exactement comme pour la télécopie et le traitement de texte.

« Moteur demandé! »

Jeanlin court vers la machine. Il ne boite pas assez. On la refait. Il boite trop. On la refait. Il est bien. C'est la vapeur qui est trop forte. Elle le noie dans un nuage qui rend impossible l'identification. On la refait. La vapeur part trop tard. On la refait. Trop tôt. On la refait. Jeanlin et la vapeur sont enfin parfaitement synchronisés. Pas les figurants au fond à gauche qui ont un peu traîné. On la refait. Une jeune comédienne maugrée dans son coin.

« Ce film, c'est beaucoup de prises et peu de plans. »

Un visiteur observe les yeux grands ouverts dans un recoin. C'est Daniel Fremaux, le maire d'Estivelles. Il a passé trente ans au fond. Il a connu le dernier cheval descendu à 203 mètres de profondeur. On l'appelait « Espadrille ». Son grand-père est descendu dans la fosse à dix ans, son père à treize ans. Pour lui, *Germinal* est une aubaine. Grâce au film, il restera au moins quelques images de la fosse N° 24. Bientôt, tout cela sera rasé pour laisser place à de nouvelles usines. Dans la meilleure des hypothèses, on conservera le terril pour l'aménager en lieu de promenade.

Une journée épuisante pour tous s'achève enfin. La soirée commence. Certains vont revoir *M le Maudit* au ciné-club Atmosphère de Valenciennes. D'autres n'hésitent pas à prendre leur voiture pour aller savourer des films en exclusivité et en version originale dans un nouveau complexe cinématographique à... Bruxelles. Les techniciens du film, eux, ont rendez-vous après dîner au gymnase de Wallers pour disputer un tournoi de football en salle. D'autres encore vont retrouver leurs proches. En effet, plusieurs membres de l'équipe de tournage ont, comme on dit, des liens de parenté. Ce n'est pas du népotisme mais l'habitude et le goût de travailler ensemble. Quand on dit que le cinéma est une grande famille, ce peut être dans tous les sens de l'expression : épouses et concubines... mon père ce héros... mon oncle... maris et femmes... cousins, cousines... Demandez le programme! D'autres enfin vont affronter leur solitude, au restaurant puis dans leur chambre d'hôtel.

Pendant ce temps, Claude Berri joue aux échecs.

C'est l'heure du dernier journal télévisé de la nuit. On annonce un arrêt de travail de vingt-quatre heures dans les mines de Gardanne, pour protester contre la suppression de soixante-dix emplois et contre la réduction de 50 000 tonnes de la production annuelle. *Germinal* dans les Bouches-du-Rhône?... Hier à Prague, des mineurs venus de tous les bassins houillers et des mines d'uranium de la région ont manifesté en masse contre le projet de privatisation et de restructuration des mines. *Germinal* en Bohême-Moravie?... Il y a un mois encore à Londres, en annonçant le prochain licenciement de 30 000 mineurs, le premier ministre John Major suscitait le tollé dans toute l'Angleterre. Et ce titre dans *Charlie-Hebdo* : « Etrangers sans frontières : 30 000 figurants anglais débarquent sur le tournage de *Germinal.* »

Qui ose dire encore que *Germinal* ne sera qu'un film d'époque?

13 novembre, 67e jour de tournage

On tourne à partir de 9 heures à la trouée d'Arenberg. Claude Berri est à pied d'œuvre une heure avant parmi les tout premiers, comme à son habitude. Tout en étant immergé dans l'univers de son film, il prépare les prochains dans sa tête. Ceux qu'il réalisera et ceux qu'il produira. Ce matin, après avoir lu le récit d'un fait divers new-yorkais dans *Le Figaro*, l'histoire d'un juge très craint et respecté qui se livrait à un chantage machiavélique pour dissimuler son propre adultère, il trace des plans sur la comète. Il voit déjà Claude Miller derrière la caméra, Philippe Noiret devant... C'est un volcan à idées. Il procède par explosions de pensées. Depuis peu, il a également un projet en tête pour Renaud. Car il n'est pas question de le lâcher après *Germinal*. Il le verrait très bien en François Villon dans un grand film sur la vie mouvementée du poète et voleur.

« Tu te rends compte, Villon... »

Depuis quelques jours, il revient régulièrement à la charge. Renaud fait mine de considérer l'idée avec désinvolture. Pour le faire rager.

« Je préférerais Che Guevara. Un peu de " body-building ", et hop! »

En vérité, il est harponné. Déjà, il se surprend à fredonner *La Ballade des Pendus* avec la voix de Brassens.

Heureusement, un projet chasse l'autre. Sinon, une vie n'y suffirait pas. Mais bientôt, quand Berri n'y pensera déjà plus, c'est Renaud qui lui reparlera de Villon...

Le réalisateur s'asseoit dans son fauteuil et ouvre le script à la séquence 165 :

> La calèche des Hennebeau avance dans la forêt. Negrel sur son cheval suit derrière. Une bande de mineurs arrive dans l'autre sens. Les mineurs dévisagent silencieusement ce luxe qui les force à se ranger sur le côté.

Tout est prêt : les huit acteurs principaux, les deux cents figurants, les filets de camouflage pour couvrir le ponton sur l'axe du passage à niveau, la machine à diffuser du brouillard artificiel, les fausses pierres ultra-légères destinées à être lancées sur la calèche, les outils des mineurs, le contrôle des abords de la forêt et des chemins de traverse par la gendarmerie... Pour demain et les jours suivants, pour les scènes de révolte des mineurs et de saccage sur le carreau, on sait déjà qu'il faudra prévoir des chevaux capables de franchir un mur de flammes, de la transpiration sur le visage des grévistes censés avoir grimpé aux échelles avec difficulté, des flaques d'eau un peu partout et ne pas oublier d'effacer au fur et à mesure les traces des tracteurs sur le sol.

Prévoir... Une obsession.

La pluie commence à tomber. On ne l'avait pas prévue, du moins pas à cette heure. La météo elle-même... Les gouttes se font plus épaisses, plus insistantes. Tout le monde se réfugie dans un bâtiment. Ça s'éternise. Cette fois, autant prendre le drame du bon côté. Deux heures durant et *a cappella*, figurants, techniciens et acteurs regroupés en arc de cercle autour de Renaud et Claude Berri, entonnent des chansons paillardes, poursuivent par des chants régionaux avant de clore le spectacle en beauté par l'inévitable « tube » de Pierre Bachelet. Les gens du cru en connaissent tous les paroles sur le bout des doigts. Et pour cause...

« Au nord, c'était les corons
La terre, c'était le charbon
Le ciel c'était l'horizon
Les hommes des mineurs de fond
[...] Et j'avais les terrils à défaut de montagne
D'en haut je voyais la campagne
Mon père était gueule noire comme l'étaient ses parents
Ma mère avait les cheveux blancs
Ils étaient de la fosse comme on est d'un pays
Grâce à eux je sais qui je suis
Y'avait à la mairie le jour de la kermesse
Une photo de Jean Jaurès
Et chaque verre de vin était un diamant rose

Posé sur fond de silicose
Il parlait de trente-six et des coups de grisou
Des accidents du fond du trou
Ils aimaient leur métier comme on aime un pays
C'est avec eux que j'ai compris
Au nord... »

16 novembre, 68e jour de tournage

12 heures. Vêtu de sa tenue de mineur, le visage encore barbouillé de noir, Depardieu pénètre dans la cantine bondée et se fraie un chemin juqu'à la cuisine. Car c'est seulement après avoir soulevé les couvercles, humé le contenu des casseroles et goûté à leur contenu que Maheu se met à table, parmi les acteurs, machinos et figurants.

« Désolé Gérard, y a plus de Barilla... »

C'est parti. Inévitable. Depuis ce matin, la télévision diffuse le nouveau spot publicitaire du fabricant de pâtes. Mais ce très court métrage de 30 secondes est médiatisé depuis des semaines par l'agence qui en est l'auteur (TBWA-de Plas), afin que nul n'ignore la participation de l'acteur français et celle du réalisateur américain, Ridley Scott. Ni le montant supposé très élevé de leurs cachets respectifs.

La presse ne l'a pas raté : « Barilla sauce Depardieu... » « Alimentaire, mon cher Gérard... » Dans la culture gastronomique de Renaud, ce genre de pâtes occupe une place privilégiée. En spécialiste chevronné, il rassure Depardieu sur son choix :

« La Barilla, c'est la Rolls des nouilles. »

A table, Depardieu se fait gentiment charrier. Pour les nouilles et pour la pub. Il avait toujours refusé d'en faire. Pourtant, on l'a vu dans un film d'Air France...

« C'était par amitié... »

Ah! bon, ça s'appelle comme ça maintenant. Mais Barilla...

« Par amitié auchi », répond-il la bouche pleine en déclenchant un éclat de rire général. On aura compris. Cela dit, nul ici ne peut décemment lui en faire le reproche. Ni Miou « Woolite » Miou, ni Jean « Cochonou » Carmet, ni Anny « Vichy Célestins » Duperey...

18 novembre, 70e jour de tournage

Arc-bouté sur son tabouret, Claude Berri écoute plus qu'il ne regarde les images à la table de montage, une fois n'est pas coutume. Gros plan sur Lantier qui parle, un long moment. Renaud est saisissant, Berri enthousiasmé. Pourtant, à l'oreille, ça n'était pas joué d'avance.

La voix de Renaud est blanche, sans timbre. Au début, ça allait. Puis c'est devenu mauvais. Avec le temps, ça s'est arrangé. Il a gagné en assurance ce qu'il a perdu en spontanéité. Mais parfois, dans les scènes intimes, son filet de voix est à peine audible. Plutôt que de le bloquer avec ça, on laisse la caméra tourner. Il sera toujours temps de tout rattraper au moment de la post-synchronisation.

Cela dit, malgré sa bonne volonté, ses efforts et ses progrès, le fait est qu'il n'a pas une voix de comédien. Le contraste est d'autant plus saisissant qu'elle surgit entre les voix magnifiquement posées d'hommes de théâtre tels que Laurent Terzieff, Bernard Fresson et Jacques Dacqmine, celle plus douce et mélodieuse de Gérard Depardieu ou celle puissante et cassée de Jean-Roger Milo.

Sur ce plan-là, Renaud s'améliorera mais on ne le changera pas. Et c'est tant mieux. Sa voix est ce qu'elle est mais c'est la sienne. A trop vouloir la métamorphoser, on risquerait de lui faire perdre sa singularité, une indéniable qualité d'émotion.

19 novembre, 71e jour de tournage

Premières répétitions. L'assistant d'un assistant canalise les mineurs vers le plateau.

« Vous par ici, vous par là... Voilà, dans le cinéma, c'est ce qu'on appelle la direction d'acteurs! »

A force de considérer tous les figurants comme un bloc homogène, on en oublie que ce n'était pas le cas avant le tournage. Certains ont du mal à jurer comme des charretiers. Ce sont les mêmes qui, entre deux prises, s'expriment dans un langage très châtié, plein de référence à l'univers romanesque de Zola. Des anciens « mineurs », certes. Mais ils ont du mal à avouer qu'ils étaient cadres aux Houillères et non ouvriers à la veine. Ça s'entend. Qu'importe : leur émotion est tout aussi authentique. Ils sont vrais et cela seul compte.

« Journée terminée! »

Claude Berri lit et signe son courrier, debout, appuyé sur une table bancale. Il a l'air détaché de tout ça, des affaires et du cinéma. En ce moment même à Strasbourg, quelque soixante-dix réalisateurs et producteurs de cinéma de toute l'Europe sont réunis afin d'échafauder une stratégie de résistance face à « l'invasion du cinéma américain ». Berri en paraît loin, même s'il se tient chaque jour au courant. Même s'il prend le temps, en qualité de président de l'ARP (Acteurs, Réalisateurs, Producteurs), de dicter une lettre à Jacques Delors, président de la Commission européenne, afin de s'inquiéter du respect des droits d'auteur en cas de retransmission par câble et de radiodiffusion par satellite. En vérité, il est entièrement immergé dans l'univers de *Germinal*.

Exceptionnellement, on ne se quitte pas. La production sacrifie à un rituel. Elle offre quelques tournées générales dans l'ancienne salle des fêtes de Wallers. L'ambiance est particulièrement chaleureuse et émouvante. Claude Berri est à la fête. C'est peu dire qu'il est touché par ces témoignages d'admiration et d'affection. Surtout quand, à ses côtés, des figurants lancent : « J'ai 45 jours de tournage! » avec la même fierté qu'ils évoquent leurs trente-cinq ans de mine. On le croirait bouleversé s'il n'arborait constamment un masque sinistre à la Buster Keaton. Il se lève et se réfugie aux lavabos. Pour pleurer.

20 novembre,

14h30 à Lille. Au Conseil régional Nord-Pas-de-Calais, la commission permanente se réunit sous la présidence de

Marie-Christine Blandin. Entre autres questions, la sécurité dans les lycées est à l'ordre du jour. Joëlle Longueval, qui appartient au groupe Borloo, intervient :

« Il y a des problèmes de sécurité, mais il y a aussi tous les problèmes de ces lycées que j'appelle type-Zola ! Parce que vraiment, *Germinal*, on le trouve dans nos lycées à l'heure actuelle... »

Justement. Le film est, lui aussi, à l'ordre du jour. Après examen, la commission permanente décide d'allouer une subvention complémentaire au CRAV (Centre régional de ressources audiovisuelles) afin que cet organisme puisse entrer en coproduction sur *Germinal* à hauteur de dix millions de francs.

Enfin ! Cela dit, le chèque n'est toujours pas signé...

En attendant, sur le plateau, on fait la quête dans les rangs. Pas pour combler l'éventuelle défaillance du Conseil régional. Pour aider Michel Petit, figurant sur le film avec son fils : une friteuse ayant pris ses aises sur son foyer, la cuisine de son appartement a été ravagée par un incendie pendant qu'on tournait. Chacun donne ce qu'il peut.

Depardieu est d'avis que Renaud donne beaucoup trop. Il est effrayé de le voir aligner les zéros sur un chèque. Renaud pense que Depardieu ne donne pas assez. Il est déçu de ne pas le voir faire autant que lui. Pourtant, tous deux ont du cœur et sont également généreux. Mais chacun à sa manière, en fonction d'un passé qui lui est propre et des relations complexes qu'il entretient avec l'argent. L'un en paysan très cossu, fils d'ouvrier sans le sou. L'autre en artiste dont le luxe est de n'avoir jamais à compter. L'un n'arrête pas d'amasser pour conjurer le spectre du manque. L'autre voudrait tout donner pour se faire pardonner d'en avoir tant quand la plupart ont si peu.

Changement de programme. On s'adapte comme on peut aux infortunes du ciel. Une sacrée révolution dans l'intendance. Il faut décommander des figurants, aller chercher d'autres acteurs, préparer en un temps record de nouveaux décors, prévoir des costumes différents... S'il est vrai que le cinéma n'est pas une science exacte, il s'est si bien professionnalisé sur le plan de la technique et de l'organisation, que les ratés sont de plus en plus rares. Le plan de travail a prévu qu'en cas de temps gris, on se replie sur le magasin de Maigrat pour tourner en extérieur, devant sa porte. Cap sur Artres.

L'épicier a été particulièrement odieux. A la dizaine de femmes venues le supplier de prolonger leur crédit, il répond avec son cynisme habituel. De son rire gras, il annonce qu'il veut bien coucher avec la Brûlé, mais pas avec la Levaque. Comme elles s'accrochent toutes à ses basques dans l'espoir d'obtenir du pain, il les pousse dehors jusqu'à en brutaliser une. Elles se retrouvent dans la rue, les mains vides. On en est là, à la séquence 134.

Une fois n'est pas coutume, à cet instant précis de l'histoire, le scénariste est plus long que le romancier alors qu'en général, il a eu tendance à condenser, resserrer, supprimer.

Sous la plume de Zola, la scène tient en une phrase :

« Les autres, sur le trottoir, le traitèrent de vendu, tandis que La Maheude, les deux bras en l'air dans un élan d'indignation vengeresse, appelait la mort, en criant qu'un homme pareil ne méritait pas de manger. »

Sous la plume de Berri, c'est moins sec et mieux mis en... scène :

Il ferme sa porte et met une barre de fer. A travers la vitre, il leur fait des gestes obscènes. Elles l'insultent.

MAHEUDE

Qu'il crève! Un homme comme ça ne mérite pas de vivre.

On voit passer le curé de Montsou, l'abbé Joire. Le dos rond, il court de son air d'homme gras et doux. La Maheude le voit. Elle s'avance vers lui.

MAHEUDE

Monsieur le curé!

Elle le supplie du regard. Elle en bégaye. Il ne s'arrête pas.

L'ABBE JOIRE

Bonsoir, bonsoir, ma brave femme

Il s'éloigne.

Entre la solution Zola et la solution Berri, il y en a une troisième : la solution Miou-Miou. C'est la meilleure car la plus puissante. Non que la comédienne ait songé à modifier la scène telle qu'elle figure dans le script. Mais en l'interprétant avec sa force de conviction, elle la transfigure et lui donne sa vérité.

Miou-Miou n'a pas même besoin de souligner les effets, comme le souhaitait le romancier, en levant les bras au ciel pour exprimer son indignation ou en hurlant à la mort. Quand elle sort de chez Maigrat et que l'abbé passe son chemin sans l'écouter, tout en elle est désespoir. Mais il n'y a rien de trop. Elle est sur le fil. Sa présence à l'image est si forte qu'elle n'a même plus à parler. Les mots seraient superflus. Ils formeraient des phrases et cela ferait de la littérature.

Son regard désemparé, ses bras relâchés en signe d'impuissance, le mouvement éperdu de sa tête, la précipitation de ses gestes, sa façon indécise de se tenir en regardant les gens s'en aller dans l'affolement général, tout en elle se conjugue pour conférer sa vraie dimension à cet instant pathétique. On aimerait l'aider à ne pas vaciller. C'est probablement cela, une véritable actrice.

Elle avait eu raison d'insister pour en être, Miou-Miou. La Maheude, c'est bien elle. Pas de doute possible. On ne pourra plus lire le roman sans la voir et l'entendre entre les lignes.

25 novembre, 76ᵉ jour de tournage

On piétine, on enrage. Il fait un temps magnifique. Le ciel est désespérément bleu. Difficile dans ces conditions de filmer les mineurs se rendant à Montsou. Ce ne serait pas « raccord » avec les séquences précédentes. La pluie, on peut la fabriquer. Pas les nuages.

A la cantine, Jacquot Grousset se doute qu'aujourd'hui, ses clients arriveront en avance et repartiront sans se presser. C'est un personnage, lui aussi. Un des rares catcheurs et lutteurs professionnels à avoir réussi sa reconversion. Le jour où il a abandonné le ring, il s'est acheté un chapiteau pour accompagner l'accordéoniste André Verchuren dans ses bals. Mais c'est en 1975 qu'il a changé de cap en entrant définitivement dans la grande famille du cinéma dont il est devenu l'une des figures familières.

Cette année-là, il eut l'occasion de faire le cascadeur dans *L'Année sainte* de Jean Girault et dans *Armaguedon* d'Alain Jessua. Au cours du tournage, apprenant que M. Jacquot était pâtissier-cuisinier de formation, le directeur de production lui demanda de prendre en charge également les casse-croûte de l'équipe. Il n'en fallait pas plus pour lui donner le virus des tournages. Depuis, il n'a pas arrêté, de *Tess* à *L'Amant* en passant par beaucoup d'autres. *Fort Saganne* demeure son meilleur souvenir en raison des problèmes qu'il lui fallut surmonter. Il a dû apprendre à s'approvisionner à 500 km d'une capitale, se résoudre à payer 90 francs pour un camembert, négocier de la salade à dix francs avec les Libanais de Nouakchott...

Aujourd'hui, sa société « Locafête », forte de cinq équipes, est présente sur une quarantaine de films chaque année. Mais pour *Germinal*, Berri et Depardieu n'envisageaient pas que le patron en personne ne fût pas des leurs pendant toute la durée du tournage. Il connaît leurs goûts, leurs habitudes, leurs manies. Pourtant, il n'est pas traiteur mais loueur de matériel. Il achète tout à Lille ou Valenciennes. Qu'importe : pour eux, la cuisine de ce tournage, c'est Jacquot et nul autre. Il est venu avec cinq personnes, un camion-remorque de 21 mètres comprenant une cuisine et une salle à manger, un camion-épicerie et un groupe électrogène. Tout ça pour servir en moyenne 150 repas chaque jour, avec des pointes à 250. Dans toutes les conditions. Le Nord est une partie de plaisir pour celui qui a vaincu le désert mauritanien. Si l'accès au plateau est trop périlleux, il laisse ses camions s'embourber et continue à pied, le plus près possible de sa cible, pour y planter son chapiteau. Des acteurs et des techniciens, ça doit manger à l'heure en toutes circonstances.

M. Jacquot est irremplaçable. Sympathique, rapide et disponible. En plus, chez lui, c'est bon.

26 novembre, 77e jour de tournage

La scène est tragique. Carmet et Depardieu ne sont jamais aussi drôles que dans ces moments-là. Aujourd'hui, ça va sûrement être un festival, hors champ bien sûr.

Véronique, la scripte, tient son scénario ouvert à la séquence 185 :

> Mme Hennebeau, Lucie, Jeanne, Cécile et Négrel arrivent à la maison Hennebeau par l'arrière. Des grévistes arrivent dans la ruelle et les voient. Ils se précipitent sur eux. Mme Hennebeau, Lucie et Jeanne se mettent à courir vers la maison, Negrel en tête sur son cheval. Cécile s'affole et part dans une autre direction. Elle est encerclée par la foule.
>
> CRIS
> Vive la sociale! A mort les bourgeois! A mort!
>
> UNE FEMME
> Attends! On va t'en mettre au cul de la dentelle!
>
> LA LEVAQUE
> Elles se collent du poil sur la peau quand on crève de froid!
>
> LA MOUQUETTE
> Foutez-la-moi toute nue, pour lui apprendre à vivre!
>
> CECILE
> Mesdames, Mesdames, je vous en prie, ne me faites pas de mal.
>
> Rose ouvre la porte. Mme Hennebeau, Lucie et Jeanne s'engouffrent dans la maison. Negrel s'aperçoit de l'absence de Cécile et repart la chercher. Bonnemort attrape Cécile par le cou. Il commence à serrer.
>
> LES FEMMES
> Le cul à l'air! Le cul à l'air!
>
> Maheude arrache Cécile des mains de Bonnemort.
>
> MAHEUDE
> Laisse-la donc! C'est la demoiselle de la Polaine!
>
> Negrel arrive à cheval, il fend la foule, cravache ceux qui ne se rangent pas assez vite. Il saute de son cheval,

attrape Cécile par la taille et de l'autre main, manœuvrant le cheval avec une adresse et une force extraordinaires, il s'en sert pour fendre la foule qui recule devant les ruades.

On patauge dans la boue en attendant que les machinos finissent d'installer le matériel. Anny Duperey en civil est sur le plateau bien qu'elle ne soit pas prévue par la feuille de service. Détendue, elle bavarde avec les gens de l'équipe. Ce petit coin du Nord est probablement le seul endroit de France où nul ne songe à lui faire dédicacer *Le Voile noir*, le livre à grand succès qu'elle a consacré à son enfance. Ici, elle est Mme Hennebeau.

Carmet, Depardieu et Renaud reviennent d'une auberge toute proche en fredonnant. Ils ont l'air plutôt gais et ne marchent pas très droits. Avec un sens de l'humour qui n'appartient qu'à lui, Claude Berri prend Renaud à part : « Tu devrais éviter de faire boire Gérard... »

Un comble pour Renaud, qui est plutôt porté sur la bière mais qui a du mal à résister quand Depardieu veut lui faire connaître les petits vins du pays après lui avoir fait goûter « son » Anjou. Cette fois Renaud, qui aime bien faire le clap à la place de Toufik pour tromper l'ennui, parvient à claquer les deux bouts de bois l'un contre l'autre, mais pas à articuler distinctement les numéros de la séquence et de la prise...

La préparation technique et la météo se sont à nouveau liguées pour faire traîner les choses jusqu'à la pause-déjeuner. A la cantine, Renaud essaie d'écrire sa chronique hebdomadaire à côté de Depardieu et Carmet. La tâche paraît insurmontable. Ils n'arrêtent pas de parler. Aussi décide-t-il d'en faire les héros de son article. La solution s'impose d'elle-même, et pas seulement parce que cette semaine, il est à court d'inspiration. Ils lui font irrésistiblement penser à ces deux fameux personnages de Wolinski accoudés au zinc du Café du Commerce, le grand qui râle tout le temps contre tout et tous, et le petit qui lui répond sur un tout autre sujet. Renaud n'a qu'à prêter l'oreille et reproduire ce qu'il entend. C'est un festival. Ils lui écrivent son papier. Il tape sur son clavier dès que Depardieu part sur les chapeaux de roues :

« Ah les salauds! Pierre Bergé qui annonce qu'il votera Léotard... Comment ils retournent tous leurs vestes! Les rats quittent le navire, ah! les salauds!

– J'aimerais bien des ris de veau, moi, ce soir... Tiens, t'as vu? Boucheron a ouvert un resto à Buenos Aires. J'irais bien bouffer là-bas, moi, un de ces quatre...

– Mais tais-toi donc, vieille carne! Tu penses qu'à manger! Après tu fais que péter et ça gêne le p'tit!

– Ça s'appelle « Chez Agnès »... Ça doit être Mme Boucheron... On y va, on bouffe, on baise Agnès et puis on s'barre sans payer. »

Le tandem ne lui offre pas seulement la matière de son article. Jean Carmet lui en fournit même la chute :

« Alors, ça avance ta chronique? T'es gentil, cette semaine, t'évites d'écrire que je bois... Sinon j'leur raconte, moi, à *Charlie*, dans quel état t'arrives le matin sur le tournage, qu'on dirait que t'as passé la nuit dans une bétonnière... Dis donc, elles ont l'air bonnes, tes nouilles... J'vais p't'être manger ça, moi aussi, avec un vieux Bourgueil, histoire de faire passer le Saint-Emilion de ce matin qui était un peu vert. Qu'est-ce que t'en penses, Gérard? »

Le plateau de fromages est expédié au moment de rejoindre le plateau de tournage. Cécile, jouée par Cécile Bois, est prête. Elle appréhende cet instant en dépit de l'entraînement suivi pendant le pré-tournage. Frédéric Van Den Driessche se présente sur sa monture. C'est un cavalier impeccable, jusque dans son maintien. D'un bras puissant, il arrache Cécile du sol pour la faire monter en amazone. Rien à faire. Une fois, deux fois, trois fois. Elle ne parvient pas à grimper en marche, ni même à l'arrêt. Elle réussit juste à se faire écraser le pied. Anny Duperey risque discrètement une suggestion à l'oreille de Berri.

« Si on lui enlève son corset, ça ira mieux. »

Deux habilleuses s'affairent aussitôt. On essaie à nouveau. Berri l'encourage. A sa manière.

« On recommence au galop. Enlevé, c'est pesé! Ou sinon, ce n'est pas la peine d'insister. »

Sans plus de succès. C'est haut et effrayant, un cheval qui piaffe. On n'insiste pas. Le metteur en scène, rejoint par les acteurs, en vient à se demander si la scène est finalement si importante.

« Je ne vois pas ce qu'on peut faire avec ce cheval...

– Un steak? propose Carmet.

– En tout cas, pas du Gaspard-Huit comme dans *Le Capitaine Fracasse*, on n'est pas dans un film de cape et d'épée, estime Depardieu, pour une fois sérieux.

– Et alors? Ce n'est pas indigne, reprend Carmet. Moi, j'ai joué dans *Les Trois Mousquetaires* de Borderie. C'est passé l'autre nuit, sur Canal.

– Tu t'es levé pour regarder?

– Tu sais bien que je ne dors pas...

– On laisse tomber le cheval », tranche Berri.

Jean Carmet se prépare pour la scène de l'étranglement. Mais il n'a pas pour autant recours à ses fameuses petites fiches sur lesquelles il a la manie de noter tout ce qui concerne le tournage en cours : raccords, scènes difficiles, modifications, enchaînements... Il fait les cent pas, là-bas à l'orée du bois. Avant la prise, il sort de sa poche un bâton de menthe, s'en imprègne les doigts puis les pose sur ses paupières. L'effet est immédiat : ses yeux rougissent et larmoient. Ce n'est qu'un « truc » mais depuis qu'il l'a découvert, il y a dix ans sur le tournage de *Canicule*, il en use à la moindre occasion. Soudain, on l'entend pousser des cris rauques et saccadés. Sans raison apparente. On s'inquiète pour lui.

« Ça va, Jean?

– Mais oui, mon petit. Ça va. C'est pour me prouver que j'existe. Et aussi par complicité avec Berri. S'il gueule, je hurle. »

Ce soir à 20 h 30 à la télévision, il existera tant et si bien qu'il aura le don d'ubiquité. On le verra en même temps sur deux chaînes concurrentes dans *Le Sucre* et dans *La Victoire en chantant*.

Pour la troisième fois consécutive, Carmet se précipite sur

Cécile pour l'étrangler. Il sait d'expérience qu'il est meilleur dans les premières prises. « Coupez! » La pauvre grimace de longues minutes, comme si elle éprouvait des difficultés à avaler. Elle commence à avoir mal au trapèze. Il l'a vraiment serrée... Berri trépigne devant son écran.

« Elle est bonne mais... il y a trois secondes de trop. Le rythme, bon Dieu, le rythme! »

Cécile est allongée à terre. Carmet est sur elle. La caméra se rapproche. Elle va filmer un gros plan sur les mains. Le réalisateur prodigue un ultime conseil.

« Le visage moins en arrière, Cécile! Et les yeux! Exorbités, les yeux! »

Sérieusement secouée depuis le début de la journée, la pauvre Cécile fait de son mieux. Elle a déjà été maintes fois bousculée et projetée à terre par la populace en furie qui lui a déchiré ses vêtements. Elle a failli être piétinée par un cheval. Et maintenant, ce vieux dégoûtant qui n'arrête pas de l'étrangler. Depardieu, assis derrière la vidéo à côté de Berri, met son grain de sel.

« C'est de ta faute, Jean! Il faut que tu la guides! »

Carmet ne s'en laisse pas conter. Tout en exerçant ses doigts, accroupi sur la jeune fille, il répond du tac au tac.

« Ta gueule, toi! Va boire ta Badoit! Non, pas ça, tu es déjà assez gonflé. De l'Évian plutôt! Ou du blanc, c'est pareil... »

Le réalisateur s'impatiente.

« Bon, on la tourne, oui ou non? Allez Jean, étrangle-la cette fille, qu'on en finisse! Le soleil s'en va. Vite! »

Une prise, puis une deuxième. Ce n'est pas encore ça.

Depardieu revient à la charge.

« C'est la faute de Carmet! Il doit la guider!

– Ta gueueueule! »

La scène est en boîte. Cécile a survécu. Mais les deux compères n'ont pas fini leur numéro. Le moindre de leur dialogue provoque un éclat de rire général. Seul Berri reste de marbre. De temps en temps, sans quitter des yeux son écran de contrôle, il grommelle :

« Quand vous aurez fini de péter... »

Certains prétendent que Claude Berri rit à l'intérieur.

D'autres assurent qu'il n'est pas accessible à ce genre d'humour, surtout quand il tourne un film aussi lourd. Mais le personnage est tellement complexe et indéchiffrable que nul ne parvient à deviner, à travers ses mots, s'il se livre à un humour à froid dont il serait le seul à détenir le code. Carmet veut le tester. Habillé en Bonnemort, c'est-à-dire comme un clochard, le pardessus élimé, la casquette crasseuse et le reste assorti, il l'interroge :

« Tu ne trouves pas que je suis trop élégant?

– Ce n'est pas grave, on ne verra que tes mains... »

La journée est finie. On plie bagages. Sur le chemin du retour, on écoute la radio dans la voiture. Il n'est question que des violences qui ont éclaté à Paris au cours des manifestations paysannes.

Ce soir, il n'y a pas de projection de « rushes ». Berri se retrouve en manque d'images. Il fait donc halte dans la salle de montage. Hervé de Luze s'emploie à calmer ses angoisses.

« Les raccords exacts sur le ciel, on s'en fiche. Dans les films américains, ça ne compte jamais. Bleu-gris dans un plan et gris-bleu dans le suivant, quelle importance? »

On passe à une séquence qui pose vraiment problème. La scène se déroule chez les Hennebeau. Tandis que doit retentir au loin une Marseillaise, Jacques Dacqmine regarde son valet Hippolyte et sa cuisinière Rose fermer les volets.

« Monsieur, je ne garantis pas le dîner de ce soir. Le pâtissier de Marchiennes devait apporter des croûtes de vol-au-vent. Je ne veux pas rater mon dîner à cause de leur révolution.

– Un peu de patience, Rose. Rien n'est perdu. Le pâtissier peut encore venir. »

Le monteur revient en arrière. Il repasse deux fois la séquence. Ça ne marche pas. Le rythme n'est pas bon : il ralentit l'action. Il faut la supprimer. Le réalisateur téléphone à son directeur de la photographie pour le prévenir.

27 novembre, 78e jour de tournage

Aujourd'hui, le plateau s'est transporté à Artres. Nous sommes dans le bureau de M.Hennebeau, reconstitué dans le décor naturel d'une grande maison bourgeoise louée à cet effet. Il y a des livres et des documents un peu partout : des Dalloz, *Le Moniteur*, la *Revue agricole et littéraire du Nord*, Victor Hugo raconté par un témoin de sa vie... Renaud ne résiste pas. Il referme le couvercle de son inséparable Macintosh et se plonge dans un gros recueil : *État nominatif des ouvriers ayant reçu leur livret*. Autrement dit, la liste des licenciés du 26 juillet 1878. Il la parcourt en suivant avec le doigt. Les motifs et attendus du renvoi le stupéfient un peu plus de ligne en ligne.

« Décout Louis, mauvais sujet, chef de bande très redouté des ouvriers... Derasmes Jean-Baptiste, chef de bande, a proféré beaucoup de menaces... Blois Armand, chef de bande très méchant et très craint de ses camarades... Depret Adolphe, jeune homme s'étant montré très exalté... Jeton Hippolyte, grossier personnage remarqué pour sa jactance... »

Jacques Dacqmine est assis derrière la table, l'allure plus martiale et le regard plus sévère que jamais.

Debout face à lui, une délégation de quelque vingt mineurs conduits par Maheu, Lantier, Pierron et Levaque.

Maheu parlera pour tous. Il est le plus sage et le plus juste. Pour se pénétrer de son rôle à cet endroit précis de l'histoire, Depardieu n'a nul besoin de se replonger dans le script ni même dans le roman. Il lui suffit de lire *Libération* du jour. Dans le bassin houiller du Kouzbass, au cœur de la Russie profonde, des délégués des « gueules noires » sont venus réclamer une augmentation de salaire à l'envoyé spécial du président Eltsine. Il ne se passe guère de semaines sans que *Germinal* trouve ainsi des résonances frappantes dans l'actualité.

Berri donne un dernier conseil.

« Pierron, baisse le menton quand Hennebeau parle.

Comme ça, quand il dira ton nom, tu n'auras qu'à lever le menton pour qu'on comprenne qu'il s'agit de toi. »

Depardieu s'avance, se détache du groupe dont il est le porte-parole. Son texte est difficile. C'est une longue tirade ininterrompue. Une hésitation et tout peut chavirer. C'est parti.

« Monsieur le directeur, nous voulons seulement la justice, nous sommes fatigués de crever de faim, il serait temps que nous ayons au moins du pain tous les jours. Vous savez bien que nous ne pouvons pas accepter votre nouveau système de tarif. On nous accuse de mal baiser. C'est vrai... Non, c'est pas vrai! »

Tout le monde part d'un grand éclat de rire, à la suite de Depardieu. Berri secoue la tête, navré. Ce n'est pas le jour. Depardieu se reprend, en essayant de contenir son fou rire.

« Ah! je le savais! Boiser, boiser, boiser... Maintenant, ça va aller, Claude... »

On la refait. « Ça tourne! » En une fraction de seconde, Depardieu passe de la déconnade de collégien au sérieux le plus impénétrable.

« Monsieur le Directeur [...] On nous accuse de mal boiser. C'est vrai, nous ne donnons pas à ce travail le temps qu'il faudrait. Payez-nous davantage, nous baiserons mieux, nous... ah! non, la vache! »

C'est reparti. Cette fois, l'éclat de rire général est tempéré par la tête d'enterrement de Berri. Il n'apprécie pas du tout. Il s'énerve. Dans ces moments-là, il pourrait faire sien le mot d'Alfred Hitchcock : « J'envie Walt Disney car il peut déchirer ses personnages. » A ceci près que Berri, lui, adore ses acteurs. Malgré tout. Pour en avoir fait l'expérience lors de leurs précédents films, il sait que Depardieu a plus de mal à tourner une petite scène qu'une grande. Car il aura tendance à traiter la première avec plus de désinvolture, persuadé de savoir son texte à la dernière minute, quand il travaillera énormément la seconde.

Les uns et les autres gardent un profil bas et un sourire en coin. Depardieu est décidément irrésistible. Il s'excuse avec un sourire désarmant. C'est plus fort que lui. Mais dès qu'il entend « Moteur demandé! », il redevient aussi solennel que la situation l'exige.

« Monsieur le Directeur [...] Payez-nous davantage nous boiserons mieux, nous mettrons aux bois les heures voulues, au lieu de nous acharner à l'abattage. Il faut que le travail soit payé pour être fait. Vous baissez le prix de la berline et vous prétendez compenser en payant le b...oisage à part. Ce n'est pas possible. On y perd. La Compagnie met deux centimes par berline dans sa poche, voilà la vérité. »

On la refait par sécurité. Pendant la préparation de la séquence suivante, Berri sort sur le perron boire un café. En entendant Depardieu, affalé dans un fauteuil derrière lui, pousser un soupir de soulagement, il sourit enfin.

« Ah! mon Claude, quelle journée! Je suis crevé. J'ai trop boisé... »

Il faut y retourner pour une formalité. Un dernier plan serré du visage de Pierron exprimant la surprise et la gêne quand Hennebeau lui demande son avis sur les chiffres réellement pratiqués par la Compagnie. Les mineurs sont à nouveau alignés face à Jacques Dacqmine posté hors du champ, face à eux, tout près de la caméra. Depardieu dit son texte. Il fait l'imbécile.

« ...Nous ne redescendrons dans la fosse que si la Compagnie accepte nos conditions. Nous voulons cinq centimes par bouteille et que le boisage soit payé à part...

– Non, non, non! l'interrompt Berri, qui laisse éclater sa colère.

– Mais, j'ai bien dit " boisage "?

– Oui, et dans le script c'est écrit " cinq centimes par berline " et non " par bouteille "! »

On la refait. Il remet ça, cette fois sans le faire exprès. Tout le monde s'esclaffe sauf un qui écume derrière son moniteur de contrôle.

« Arrête de faire le con, Géraaaard! »

Une troisième prise s'impose. Depardieu et Renaud, debout côte à côte face à la caméra, ont du mal à se contenir. Entre « Moteur » et « Annonce », juste avant le clap, ils se marmonnent quelque chose d'inaudible pour tous sauf pour Pierre Gamet, l'ingénieur du son, qui réussit à dissimuler son fou rire. Mais Berri a mis son casque, lui aussi.

« Arrêtez vos conneries Gérard et Renaud, nom de Dieu!

– Qu'est-ce qu'on a fait?

– Vous marmonnez!

– Nous? »

Ils ont l'air de gamins surpris en flagrant délit. Au cours d'une vérification de dernière minute, un assistant se prend malencontreusement le pied dans un câble, celui de la vidéo sur laquelle Claude Berri est branché en permanence comme un malade sous perfusion. L'atmosphère devient soudain un peu plus lourde. Depardieu s'emploie à l'alléger en fredonnant une improbable *Marseillaise.*

« Allons zenfants de la batterie... »

La troisième prise est la bonne.

« C'est fini pour tout le monde. Ce soir, pas de " rushes ". A demain. »

Fin de la journée, du stress et de la tension. Berri esquisse un sourire malicieux.

« Demain, on coupe les couilles à Maigrat... »

Puis il s'approche de Depardieu.

« Si ça continue, on va devoir te cantonner à ne jouer que des comédies! »

Alors le grand homme saisit le petit homme, manque le soulever du sol, l'étreint puis l'embrasse. Dans deux jours, en visionnant les « rushes » sur le grand écran du cinéma de Valenciennes, on saura enfin ce que les deux acteurs se marmonnaient.

« Dis donc Gérard, c'est logique qu'il y ait de la buée dans un bureau?

– Bien sûr. Je dirais même plus : c'est normal! »

28 novembre, 79e jour de tournage

La lecture de la feuille de service laisse augurer une journée compliquée, délicate et agitée, à l'image de la scène qui sera tournée : « ... dix femmes en colère... doublure cascade Maigrat... sexe Maigrat... prévoir jets de pierre, saccage, vitres de rechange et préparation de terre mangeable pour mettre dans la bouche de Maigrat... Fourche pour sexe Maigrat... couteau de la Brûlé... »

On l'aura compris : ça va être sa fête à l'épicier sans pitié, celui qui abusait des femmes dans le besoin. Il s'est barricadé mais Maheu a réussi à défoncer sa porte à grands coups de hache. Pour jouer cette scène, Depardieu n'a pas ménagé sa peine. Il a cogné de toutes ses forces, sinon de tout son cœur. Dans ces moments-là, on découvre un autre homme, derrière le masque et l'attitude du déconneur. On imagine que le-plus-grand-acteur-français se souvient alors de l'enfant qu'il était à Châteauroux, quand il y avait de la viande à table au début du mois grâce aux allocations et qu'après, lorsqu'il n'y avait plus de quoi la payer, on l'envoyait à la boucherie chevaline subir les paroles humiliantes du boucher : « Il faudra que ton père vienne me voir! Je veux le voir! » L'enfant baissait la tête et demandait deux cents grammes. Depuis qu'il est dans le cinéma, Depardieu dit souvent : « Si je fais l'acteur, c'est pour manger de la viande. »

Maigrat s'est enfui par le toit mais en s'accrochant à la gouttière, il a glissé et s'est écrasé au sol. On en est là, à la séquence 192.

Les femmes entourent la cadavre encore chaud. On l'insulte avec des rires.

MAHEUDE
Je te devais soixante francs... Te voilà payé, voleur! Tu ne me refuseras plus de crédit. Tiens, je vais te nourrir maintenant.

De ses doigts, elle gratte la terre, en prend une poignée qu'elle lui emplit dans la bouche, violemment.

MAHEUDE
Tiens, mange donc!
La Mouquette le déculotte, tandis que La Levaque lui soulève les jambes.

UNE VIEILLE
Faut le couper comme un matou!

Étienne regarde la scène, écœuré de cette violence. Maheu se remet à défoncer l'épicerie à coups de hache. Catherine arrive dans son vieux paletot d'homme, noire, haletante. Elle s'approche de son père. Il la repousse.

CATHERINE

Sauvez-vous ! Sauvez-vous !

Elle s'approche d'Étienne.

CATHERINE

Sauve-toi, voilà les gendarmes ! C'est Chaval qui est allé les chercher. Sauve-toi, je ne veux pas qu'on te prenne.

Ils se regardent.

Cris *off*.

Vue par Étienne et Catherine, la vieille qui a accroché sur un bâton le sexe mort de Maigrat. Au loin une clameur qui se rapproche.

CRIS

Les gendarmes ! Les gendarmes arrivent !

Débâcle. Tout le monde se sauve. Le cadavre de Maigrat fait seul une tache d'ombre sur la terre blanche.

Claude Berri aime à dire qu'il est facile de faire mourir un acteur à l'écran. Il suffit d'avoir un bon accessoiriste. Mais pour la mort de Maigrat, ça ne suffira pas. Et ce n'est pas d'aujourd'hui qu'elle pose problème.

C'est un des passages les plus violents du roman, qui n'en est pourtant pas avare. Zola voulut y mettre de la sauvagerie afin que, de son propre aveu, le lecteur soit terrorisé. Il s'agissait d'effrayer le bourgeois avant de faire pleurer Margot. Dès qu'il a eu en tête le projet de son livre, l'écrivain a d'ailleurs été assailli, en premier lieu, par des images de violence : attaques, lapidations, meurtres... C'est peu dire que la trame de son roman en gestation lui apparaissait comme immédiatement conflictuelle. Dès l'origine, au stade de l'ébauche, elle était déjà sanglante. C'est dans un second temps seulement, quand il s'est mis à sa table de travail, que *Germinal* est devenu un « roman socialiste » et le récit d'une rivalité amoureuse.

Il faut dire que Zola n'a reculé devant rien dans sa description de l'acte :

« Et la Brûlé, de ses mains sèches de vieille, écarta les cuisses nues, empoigna cette virilité morte. Elle tenait tout, arrachant dans un effort qui tendait sa maigre échine et faisait craquer ses grands bras. Les peaux molles résistaient, elle dut s'y reprendre, elle finit par emporter le lambeau, un paquet de chair velue et sanglante, qu'elle agita avec un rire de triomphe. [...] La Brûlé, alors, planta tout le paquet au bout de son bâton; et, le portant en l'air, le promenant ainsi qu'un drapeau, elle se lança sur la route, suivie de la débandade hurlante des femmes. Des gouttes de sang pleuvaient, cette chair lamentable pendait comme un déchet de viande à l'étal d'un boucher. »

Craignant les réactions des ligues et des lecteurs les plus conservateurs, le directeur du *Gil Blas* dans lequel le roman parut en feuilleton en 1885, demanda au romancier de s'autocensurer en châtrant son texte du passage sur la castration. Zola y consentit à condition qu'elle soit évoquée à défaut d'être décrite, ainsi qu'il le précisa au secrétaire de rédaction :

« Veuillez retrancher et remplacer par des points, c'est de beaucoup le plus pratique : le journal aura témoigné de sa chasteté, et ma conscience d'écrivain sera au repos. »

Plus tard en 1963, quand Yves Allégret s'empara de *Germinal* pour le porter à l'écran, il trébucha lui aussi sur cette scène délicate. Dans son impitoyable critique publiée par les *Lettres françaises*, Armand Lanoux ne manqua pas de lui en faire le reproche. Comme si le ratage de cette scène portait en lui la faillite du film :

« Il est impossible au spectateur, s'il n'a pas lu *Germinal*, de comprendre que cette foule devenue sauvage, le châtre. C'est la scène la plus épouvantable de l'œuvre entière de Zola. Une réplique estompée soigneusement étouffée, où il est question de matou – d'ailleurs extraite du texte – est tout ce qui demeure de la volonté de l'auteur. Maigrat n'est pas châtré. C'est le roman qui l'est! »

Pour Claude Berri, c'est, parmi quelques autres, la scène à ne rater à aucun prix. Gérard Croce tient le rôle de Maigrat. Pour courir sur le toit de son magasin, il s'est fait doubler par un cascadeur. Mais pas pour tomber au sol, d'autant qu'il y était attendu par un grand matelas gonflable. Paradoxalement, il appréhende un peu plus la scène suivante. Il s'est fait à l'idée que ses bijoux de famille apparaissent à l'image. En revanche, il craint un peu plus les réactions de la Brûlé. Il faut dire que son rôle est tenu par la terrible Julia, une étonnante femme du cru qui ne manque pas d'énergie, de verve et de culot.

Tout le monde se met en place. Gérard Croce fait le mort. Berri prend Julia dans un coin. Avec Albano « Jeanlin » Guaetta, elle est à ses yeux la grande révélation du casting des non-professionnels. Il lui explique bien ce qu'il attend d'elle.

« Tu lui arraches son pantalon, tu brandis ton couteau en l'air au-dessus de ta tête puis tu l'abats à quelques centimètres au-dessus de ses couilles, pas moins. Et là, on coupe. L'image, pas les couilles. Le spectateur devinera la suite.

– Oui mais pourquoi on...

– Parce que, Julia. Ce n'est pas prévu dans le scénario. Ou sinon, on ne te donnerait pas une vraie lame qui brille bien à l'image, mais un couteau des effets spéciaux, avec du sang à injection à l'intérieur et une lame rétractable.

– Ah! bon... »

Les répétitions se passent bien. On la tourne.

« Faut le couper comme un matou! »

Galvanisée par les hurlements de la foule, les yeux exorbités, la bouche tordue, Julia brandit son couteau. Elle est saisissante. Mais soudain, alors que personne ne s'y attend, elle attrape à pleine main le sexe de Maigrat, tire dessus comme si elle allait l'arracher et, d'un coup sec, abat son couteau à la racine des parties.

Secoué et pour le moins surpris, Gérard Croce sent sur lui quelque chose d'inhabituel et de froid. Pourtant, il fait déjà très froid. Mais avec une parfaite maîtrise, il demeure inerte. Il ne cille pas et continue à faire le mort comme si de rien n'était. L'équipe en a le souffle coupé. Lui, ça a failli être autre chose. Berri est ravi.

Gérard Croce se relève, abasourdi. Il peut enfin s'éponger le front tandis que Julia savoure son triomphe. Il n'est tempéré que par la mine interloquée des membres de l'équipe.

« Mais Julia, qu'est-ce qui t'a pris...

– Ben quoi, faites pas cette tête-là! Je l'ai tout de même pas châtré, votre acteur!

– Non, mais tu aurais pu...

– Penses-tu! J'avais retourné la lame du côté qui coupe pas juste avant d'arriver aux roubignoles! »

Et elle part d'un grand éclat de rire. Dans son coin, Claude Berri rit sous cape. C'est à se demander s'il n'avait pas tout prévu et si, pour les séquences les plus délicates, sa stratégie ne consiste pas à en dire le moins possible dans le script pour ne pas effrayer les comédiens et laisser libre cours à leur instinct, qu'il s'agisse d'amateurs ou de professionnels. Il s'en défend mollement, un sourire en coin. Cette séquence à l'évolution aussi forte qu'inattendue est dans la boîte. C'est l'essentiel. Il n'y aura pas d'autre prise. Aucune n'aurait une telle authenticité. Et puis si elle devait être refaite dans ces conditions, il n'est pas dit que cette fois, Gérard Croce ne demanderait pas à être doublé...

4 décembre, 84e jour de tournage

La météo est incertaine. On prévoit donc de tourner deux types de séquences en fonction du ciel. L'une en cas d'aube lumineuse suivie de soleil, devant le Voreux, quand Maheu propose à Etienne de revenir chez lui, puis à l'extérieur de Requillart quand Négrel fait déblayer l'entrée du puits. L'autre en cas de temps gris, nuageux et pluvieux sur la route aux abords du Voreux quand Lantier apostrophe le capitaine des gardes.

Mais comme cette évolution est incontrôlable, il faut que des centaines de soldats et d'ouvriers se tiennent prêts avec tous leurs accessoires, outils et lampes de mineurs, sabres et chassepots. Dans un cas comme dans l'autre.

5 décembre, 85e jour de tournage

Sur la feuille de service, la séquence 218 est résumée en une courte et simple phrase : « La troupe tire sur les mineurs en grève. » Dans le script, elle occupe plus de sept pages. Quant au roman...

C'est la scène clef de *Germinal*. L'instant précis où l'utopie bascule dans la tragédie. Plusieurs journées seront nécessaires pour en venir à bout. Zola y avait mis toute la charge symbolique qu'elle pouvait contenir. A ses yeux, il n'y avait pas meilleure illustration de la lutte entre le Capital et le Travail que cet affrontement entre des ouvriers désarmés et des soldats prêts à les tuer au nom de l'ordre et de la propriété.

Ils sont presque tous là, ceux qui composent le « chœur des mineurs » depuis le début. Ils l'ont attendue, cette scène, comme si elle était le fil d'Ariane de toute leur tradition orale. L'un d'eux, qui ne fait pas partie du noyau dur de la bande à Maheu, a joué des coudes pour être présent aujourd'hui. Quand bien même n'apparaîtrait-il que quelques secondes à l'image, il a tenu à en être. Pour rendre hommage à son grand-père. Ce retraité de Preux-au-Bois s'appelle Roger Dargent. Son grand-père également. Il était mineur et c'est lui qui servit de modèle au peintre anzinois Lucien Jonas. Son portrait de profil, le pic sur l'épaule, figure au recto du billet de 10 francs que la Banque de France mit en circulation de 1941 à 1951. Avec la Normandie au verso.

Lantier qui s'interpose et tente d'éviter le pire, le capitaine des gardes qui ne veut rien entendre, le flot des mineurs qui ne cesse de monter, la Brûlé qui insulte les soldats, la Maheude qui tend son enfant à leurs baïonnettes... Nulle part mieux que dans cette séquence, ils sont le peuple des ténèbres. Ces damnés de la terre semblent ivres de haine, de revanche, de violence. Le barrage ouvre enfin ses vannes. Aujourd'hui plus que jamais, ils doivent se souvenir des deux premiers commandements du figurant : ne pas baisser la tête, ne pas regarder la caméra. Le mégaphone lance d'ultimes recommandations.

« Quand on les reçoit sur la figure, les fausses pierres font mal quand même. Alors doucement ! Je vous rappelle qu'il s'agit d'un massacre. Vous êtes pétrifiés. Attention ! »

Depardieu s'avance vers les soldats et présente sa poitrine nue à la pointe des baïonnettes. C'est une des rares scènes où, du rôle de second, il passe à celui de meneur.

« Lâches, vous n'osez pas... Nous sommes dix mille

derrière. Vous pouvez nous tuer, il y en aura encore dix mille à tuer. »

Et il se tait, puis les regarde avec des yeux exorbités, les mains gardant sa poitrine découverte, offerte à une mort quasi certaine. Son regard est plein de mots : vous pouvez y aller sans remords, ce n'est pas de l'homme, c'est de la viande de pauvre... Mais son jeu est d'une telle force qu'il n'a plus besoin de paroles. Il fait et tout est dit.

C'est dans ces moments-là que se manifeste avec le plus d'éclat sa sincérité vis-à-vis de son personnage. Quand il joue, il ne calcule pas. Il donne d'instinct ce qu'il ressent. Son cœur est intact : c'est lui le moteur de tout, et non la tête. A cet instant précis, l'authenticité de Depardieu ne dépend même plus de lui. Elle le dépasse pour s'exprimer dans toute sa force brute.

La générosité de Depardieu n'est pas affaire d'argent ou de tournées générales. Cet acteur très conscient de sa valeur marchande est vigilant sur la négociation de ses cachets. Il passe pour un homme très enraciné, les deux pieds dans la glèbe, qui a tout le temps besoin de certitudes sonnantes et trébuchantes. Pas pour le luxe, et moins encore pour l'ostentation. Pour se rassurer.

Il est certes trop narcissique, trop sûr de lui, comme la plupart des grands acteurs. Mais dès que quelque chose d'intéressant se présente, il s'ouvre aux autres, très curieux des gens. Sa générosité s'exprime par cette attention à des inconnus et des anonymes et par d'imperceptibles détails. Sur le plateau, elle se manifeste par son fabuleux instinct. Ce comédien hypersensible travaille de l'intérieur, sans jamais rien s'approprier de l'extérieur. Ça sort de lui, du ventre, sans prudence ni mesure. Il se sent, comme disait Balzac, sujet à l'incroyable dispendiosité des pauvres, à une certaine sauvagerie dans sa manière de donner ce qu'il a à donner.

La répétition s'achève. Les soldats se mettent en place. Depardieu ne joue jamais deux prises de la même manière. C'est en général vers la troisième qu'il est le meilleur, et à la dixième qu'il est le moins bon.

Un carnage, sous le regard indifférent de Souvarine. Pour

ceux qui les vivent sous l'œil de la caméra, ces moments sont si exceptionnels qu'ils en oublient ce qui, d'ordinaire, excite leur curiosité dans la magie du cinéma : les fausses pierres avec du faux sang à l'intérieur prêt à gicler sur le front au moindre choc, le mécanisme des impacts de balles sous les uniformes des soldats, les baïonnettes inoffensives...

La journée de tournage s'achève tôt, en milieu d'après-midi, car ce soir, à l'initiative de la Production, c'est fête. Encore? Encore. Juste le temps pour les mineurs de se démaquiller et de se changer. Tout le monde a rendez-vous à 19 heures au Canotier, un restaurant sur la digue du canal, à Paillencourt. Les quatre membres de l'équipe du casting sont sur les genoux. Pour une fois, ils rentreraient bien chez eux. Mais pour connaître les figurants mieux que personne, ils savent que ceux-ci ne leur pardonneraient pas leur absence. Ce serait sacrilège de rater la Sainte-Barbe, patronne des mineurs.

Moules-frites et vin à volonté. Renaud chante, Miou-Miou danse. Une ambiance inoubliable. En marge du film mais toujours dans le film. On n'arrive pas à quitter *Germinal.*

11 décembre, 89e jour de tournage

Il y a peu, Claude Davy, l'attaché de presse du film, a convoyé un certain nombre de journalistes parisiens sur le plateau. La pression des médias était tellement forte qu'il a dû dire plus souvent non que oui aux nombreuses sollicitations des journaux, radios et télévisions. Certains se livrèrent à une véritable surenchère pour être les premiers à « en parler », à défaut d'être les seuls. Deux pages! Quatre pages! La couverture! Le 20 heures!... Et tout cela alors que le film n'existe pas encore. Berri est comblé et inquiet.

« Quelle attente, bon dieu! Je n'ai jamais vu ça sur un film, en tout cas jamais sur un des miens. »

Pendant une pause qui promet de s'éterniser en raison du mauvais temps, les journaux passent de main en main : *Le*

Figaro, Première, Le Nouvel Observateur, L'Evénement du Jeudi, France-Soir, Le Journal du Dimanche... Une véritable revue de presse s'instaure en plein milieu du champ battu par les vents. Elle est, de surcroît, commentée à voix haute par ceux-là même qu'elle désigne. Une épreuve pour un journaliste oublié sur le plateau. Et une sacrée leçon.

« Ils disent tous la même chose... ils utilisent les mêmes jeux de mots : Berri va au charbon, Renaud a mauvaise mine... ils ont tous les mêmes clichés, il n'y manque pas une " gueule noire ", pas un ciel à la Vlaminck... La misère, pas le misérabilisme... Trop anecdotique... Trop répétitif... Le mythe du cinéma, pas la réalité... Ils ne parlent que des vedettes et des figurants, ils ont oublié tout ce qu'il y a entre... Ils ont même oublié Zola, l'ambition sociale et morale du projet... Ils n'ont passé qu'une journée sur le tournage, qu'est-ce qu'ils ont pu voir? Rien... »

Claude Berri, lui, s'angoisse surtout de voir son film réduit à des chiffres astronomiques, ceux du budget, du coût des décors et du reste. Plus on parle du budget, moins on parle du film. Le titre d'un article l'ennuie particulièrement : « Opération *Germinal* ».

« Et quoi encore? Ce n'est tout de même pas James Bond, ce qu'on fait là... L'argent, l'argent, l'argent! Il y a autre chose dans *Germinal*, non? »

Il se fait vite une raison. On en parle et c'est déjà bon signe. Tous les reportages sont bienveillants sinon laudateurs. Il ne faut pas trop en demander. Quand le film sortira dans dix mois, il aura été précédé par sa légende. Pour le meilleur et pour le pire.

En attendant, les libraires de Valenciennes se frottent les mains. Dès la veille des grandes vacances, *Germinal* est redevenu une de leurs meilleures ventes. Depuis, ça n'arrête pas. Le Furet du Nord en vend une centaine par mois. Tous les éditeurs publient leur *Germinal*, jouant sur la qualité de l'appareil critique, le prestige du préfacier ou l'originalité de la couverture pour séduire les lecteurs. Mais ceux-ci y sont insensibles. L'édition qui remporte le plus franc succès à Valenciennes est celle du Livre de Poche. Parce que c'est la moins chère, tout simplement.

13 décembre

Des remous agitent le Landerneau politique nordiste. Dix jours après l'annonce de sa démission du Conseil régional par Gérard Vignoble, député-maire de Wasquehal, *La Voix du Nord* y revient. Elle publie sa lettre ouverte à la présidente Marie-Christine Blandin. Les griefs sont divers et variés, de sa politique d'infrastructures routières, à l'octroi de vélos de service au personnel et aux élus, en passant par ses alliances politiques dictées par l'opportunisme et... *Germinal.*

« Votre dernière initiative annoncée ces derniers jours par la presse régionale me laisse à nouveau pantois... Vous offrez généreusement un milliard de centimes à une superproduction cinématographique qui ne manquera pas, malgré sa qualité certainement indéniable, de perpétuer une image de notre région faite de gris ciel, de corons noirs, de puits de mine et de misère. Si nous n'oublions pas et si nous nous inclinons avec respect devant les luttes et les souffrances du peuple de notre région qui ont marqué cette page de notre histoire au travers de la mine, mais aussi du textile et de bien d'autres pans de notre économie, il nous faut transformer notre image de marque pour enfin réussir cette reconversion indispensable pour l'avenir de nos populations. Vous êtes-vous demandé, madame la Présidente, ce qu'ont pu penser les 217 000 demandeurs d'emploi de notre région ou encore les 42 000 RMistes du département du Nord à la lecture de cette annonce? »

Ils n'en pensent pas moins. Car depuis peu, le Café du Commerce valenciennois se fait l'écho d'une véritable « affaire *Germinal* ». Il appert que les services de la présidente du Conseil régional n'ont pas su « communiquer » l'événement comme il se devait. Ils l'ont si peu et si mal explicité que l'homme-de-la-rue est convaincu qu'il s'agit non d'un acte de coproduction classique avec intéressement aux recettes mais bel et bien d'une subvention à fonds perdus.

La rumeur a pris. Tant et si bien qu'on a désormais du mal à trouver des conseillers régionaux qui aient soutenu le projet alors que le vote a été acquis à l'unanimité des membres de la commission. Pendant ce temps à Paris, le directeur financier de Renn Productions attend toujours un chèque de dix millions de francs qui ne vient pas.

16 décembre

L'« affaire » a servi de détonateur. Désormais, quand on évoque le film au zinc, on n'hésite plus à parler aussi d'argent.

« Vous avez vu le casse de la Banque de France de Toulon aux infos à la télé? 160 millions de francs! Le budget de *Germinal*, qu'ils ont volé... »

Les échotiers de la presse locale en sont conscients qui caressent leurs lecteurs dans le sens du poil. Est-ce bien raisonnable? s'interrogent-ils à propos du mythique milliard le jour où, sur la péniche-cantine accostée près du Voreux, le réalisateur-producteur et la présidente du Conseil régional signent un protocole d'accord pour une convention de co-investissement. Revenant à nouveau sur « la générosité de Marie-Christine Blandin », ils ne se contentent pas de publier la lettre ouverte d'un comédien de la région Denis Cacheux, reprochant à « Claude Terril, grand chef des aberricains » d'avoir ignoré les comédiens locaux au moment du casting. Bientôt, ils s'intéresseront aussi aux gains des acteurs. Signe des temps : Depardieu, que l'on croyait intouchable, est dans leur collimateur. Un jour, on pourra même lire cette « brève » des plus sarcastiques dans *La Voix du Nord* :

« Le cachet de celui qui incarna Christophe Colomb et a joué avec un talent consommé au mineur sous le nom de Maheu, une star populaire s'il en est, serait de l'ordre de 100 000 francs par jour de tournage (80 au programme). Une somme rondelette qui a permis à la star d'acheter ses journaux tous les matins dans une bonne maison de presse valenciennoise mais aussi de mettre un peu de beurre sur les pâtes qu'il sert pour Barilla. Ces fameuses pâtes qu'apprécient les figurants de la même production rémunérés, eux, 200 francs par jour. Faut pas rêver! »

Entre eux, pendant les pauses sur le plateau, les figurants en parlent de plus en plus souvent. Jamais à propos de Renaud, Miou-Miou ou Jean Carmet. Toujours par référence à Depardieu. Certains ont lu l'enquête que le magazine *Studio* vient de consacrer aux coulisses du ciné-business sous le titre de « Hollywood-sur-Seine ». Et ils sont effarés.

Ils y apprennent que Claude Berri est l'homme qui fait peur à tout le monde dans le milieu du cinéma. Mais ce n'est pas vraiment une surprise pour eux qui le fréquentent quotidiennement depuis des semaines et souvent lui font la bise après avoir été tyrannisés par lui pendant toute la journée. Ils y découvrent surtout les salaires minimum garantis, pour une semaine de 39 heures, auxquels ont droit les membres de l'équipe, qui ne sont que des techniciens après tout, et pour certains, même, des ouvriers. Enfin, ils y trouvent confirmée la rumeur selon laquelle Depardieu est l'acteur français le mieux payé, capable de ne prendre que 800 000 francs pour un film à petit budget tel que *Drôle d'endroit pour une rencontre*, mais dix millions de francs pour *1492, Christophe Colomb*, sans parler de son intéressement aux recettes.

Depuis qu'ils savent, certains figurants ne le regardent plus d'un même œil. Avant, c'était un mythe vivant. Depuis qu'ils l'ont touché du doigt, certains en doutent. Ce sont en général les mêmes qui s'offusquent de la grivoiserie de ses blagues.

Pendant une longue pause non loin du plateau, une discussion s'instaure entre eux sur les mérites respectifs des principaux membres de l'équipe. Ils font cercle autour de la buvette. Un chômeur douaisien de vingt-deux ans, qui joue le rôle d'un soldat, s'enhardit et se laisse aller à un commentaire débité d'une traite :

« Miou-Miou, elle est sympa. Depardieu, il est un peu à part. Carmet, il est toujours calme. C'est le seul à ne pas trop râler. Renaud, il s'intègre aux mineurs. C'est lui, le plus sociable. Un jour, il a dit : " Arrêtez de prendre des photos, vous êtes en train de prendre mon âme petit à petit. " C'était pas méchant. On a continué et il n'a rien dit.

Berri non plus, il n'est pas méchant. Il est exigeant, c'est pas pareil. A part ça, je sais pas si c'est parce qu'on est dans une très grosse production, mais on a toujours du café quand on en demande. »

Il est vrai que, outre les facilités offertes par la buvette, la fabrication de ce film a quelque chose d'exceptionnel. En général, un tournage est assez compartimenté. Sitôt après avoir joué leurs scènes, les acteurs de premier plan remontent dans leur voiture ou leur caravane, les autres dans leur autocar. Dans *Germinal* en revanche, les comédiens sont étroitement mêlés aux figurants pendant la journée de travail. Ils se côtoient en permanence sur le plateau, au maquillage, à l'habillage. Il n'y a plus de frontières, même s'ils ont chacun leurs endroits. Des silhouettes anonymes peuvent alors se retrouver dans l'intimité de vedettes internationales.

Depardieu avait vécu quelque chose de semblable avec les paysans des fermes de l'Émilie, pendant le tournage de *1900* de Bernardo Bertolucci. Cette fois, dans le nord de la France, il a élevé à temps une barrière pour ne pas se laisser submerger. Pas Renaud : question de tempérament et d'expérience. L'un se préserve d'un excès de familiarité, l'autre la recherche. L'un est un vieux routier des tournages, l'autre pas. L'un joue Maheu parce qu'il a déjà tout joué et qu'il peut tout jouer. L'autre est Lantier parce que c'est la première fois.

Il est également vrai que les gens vont plus facilement vers un chanteur que vers un acteur. Avec le premier, le courant passe naturellement; par le truchement du disque et de la radio, il fait partie de leur vie quotidienne. Avec le second, l'écran fait écran.

21 décembre, 98e jour de tournage

« Ça va, Claude?
– Deux jours au jus... »

La pause de Noël approche. Il était temps. La fatigue se ressent chez tous et chacun. Les techniciens, constamment sur le pont depuis quatre mois, sont épuisés. Leur faculté de résistance a été mise à rude épreuve. On les sent prêts à entonner le « chant des artisans ».

Malgré l'ambiance, la machine à projets n'est pas en panne. Pour ne pas mourir d'ennui entre deux réglages de projecteurs, Berri a une nouvelle idée de film. L'histoire d'un couple qui n'arrive pas à se séparer, Agnès Varda et Jacques Demy quand ils vivaient chacun de part et d'autre de la rue Daguerre. Ça s'appellera *De l'autre côté de la rue*. Un jour, qui sait...

Irrépressible, ce besoin d'agir. Cet homme s'incarne vraiment par ses actes, non par ses paroles. Il n'existe que par ce qu'il fait. Mais autant il est impulsif dans ses intuitions, autant il a besoin du temps de la réflexion et de la décantation pour s'accomplir. Aux échecs, quand on le presse, il perd.

L'équipe d' « Envoyé spécial », l'émission-phare de France 2 qui fait un film sur le film, est à nouveau dans les parages. Celle de France-Culture également. Il va encore falloir parler. Dur, dur. Pas doué pour le commentaire, Claude Berri. Il aurait aimé avoir la faculté d'écrire et de parler d'un Truffaut. Il sait faire mais il est incapable d'expliquer ce qu'il fait. Quand il s'agit de cinéma, c'est patent. Pour la peinture, c'est flagrant. Une fois, une journaliste de Canal Plus en fut pour ses frais. Elle l'interrogeait en sa galerie devant ses tableaux de Robert Ryman, d'immenses toiles blanches immaculées.

« Mais pourquoi...

– Parce que. Ça me touche. Que voulez-vous que je vous dise d'autre?

– Je ne sais pas moi...

– Ça me bouleverse, voilà.

– Mais encore?

– C'est comme les *Nymphéas* de Monet. Sauf qu'il n'y a pas de nymphéas. »

Quand on tente de le mettre devant ses contradictions apparentes, son avant-gardisme en art et son classicisme au cinéma, il s'insurge. Parce que cela n'aurait pas de sens sur le plan esthétique d'être avant-gardiste quand on réalise *Jean de Florette, Uranus* ou *Germinal*. Et parce que selon lui, au cinéma, il n'y a guère que Jean-Luc Godard ou le Fellini de *Huit et demi* à s'être comportés en artistes contemporains.

22 décembre, 99e jour de tournage

Il pleut sur Paillencourt. Il fait très froid. Le vent est coupant et le paysage triste à pleurer. Les quelques figurants présents sont stoïques. Les éléments les ont transformés en hommes de boue. Mais ils résistent.

Le long du canal, le chemin de halage est encombré de voitures de la régie, de camions de l'équipe technique et de groupes électrogènes. Quand le plateau se déplace, c'est toute une ville qui bouge. La campagne de *Germinal* n'est pas seulement un paysage mais une véritable expédition militaire.

Des machinos s'affairent aux pieds d'un terril, en plein milieu d'un champ. On va tuer Jules, la sentinelle. Jeanlin se précipite et plante son couteau. Une fois, deux fois... La sixième est la bonne. Difficile d'assassiner quand on a seize ans et qu'on n'en a pas franchement l'habitude.

Jean-Pierre Maricourt lui a bricolé un « effet spécial » des plus courants dans la profession. Sous la vareuse du soldat, à hauteur de la poitrine, il a sanglé des plaques de balsa comme les coiffeurs en utilisent pour affûter leurs rasoirs. Le couteau a une lame doublement rétractable. Elle est souple et clinquante. Quand on l'enfonce dans le « cœur », elle se rétracte aux trois quarts afin que le dernier quart reste planté dans le balsa grâce à deux aiguilles fichées de chaque côté du manche. Quand on retirera l'arme du corps, il faudra utiliser un autre couteau dont la lame, non rétractable, aura été glissée dans les interstices. Quant au sang, c'est un sacré cocktail : eau, sucre de canne, glucose, jus de betterave et sirop de framboise!

La sentinelle est occise. Voilà une bonne chose de faite. On va pouvoir emmener Lantier se faire insulter par des mineurs chez Rasseneur. Là au moins, le froid est plus supportable.

Pendant qu'on installe la caméra et les projecteurs,

Véronique Lagrange s'asseoit sur les marches de l'escalier, son scénario ouvert à la séquence 223. C'est la « script-girl », terme pléonastique s'il en est. Il est si exceptionnel de rencontrer un « script-boy » que, de mémoire de technicien, on peut les compter sur les doigts d'une main : il y en avait un sur *Le Crabe-Tambour* de Pierre Schoendorffer, et les plus cinéphiles se souviennent qu'avant de passer à la réalisation, Louis Daquin avait été « secrétaire de plateau », comme on disait alors, sur *La Rue sans nom* (1933) de Pierre Chenal.

Elle est la greffière de *Germinal*. Son journal de bord, plus technique que poétique, servira de référence au montage. Pour chaque plan tourné, elle rédige un résumé de l'action et décrit les gestes et mouvements de chacun des acteurs dans la colonne de gauche. Dans celle de droite, elle reproduit les phrases du dialogue. Une littérature sèche, brute, au présent de l'indicatif. Une feuille par plan avec, obligatoirement, la date, la nature du décor, le nombre de prises... Et les indications de base : jour ou nuit, intérieur ou extérieur, muet ou sonore. Sans cesse à l'affût, elle veille aux raccords et à la continuité. Dans un champ/contre-champ, elle doit avoir l'œil au moindre détail et prendre garde que rien ne choque d'un plan à l'autre, qu'il s'agisse des gestes et des positions, du décor et des costumes.

Laurent Terzieff s'installe dans son coin. Il n'a rien à dire, rien à faire. Qu'à être là. Une douzaine de mineurs sont attablés et accablés. Ils jouent aux cartes pour oublier leurs morts. Jean-Pierre Bisson les interpelle.

« Vous savez bien que je ne vous ai jamais trompés, moi. Si vous m'aviez écouté, vous n'en seriez pas là. »

Tapi dans un coin, un assistant actionne un signal lumineux. Dehors, Renaud le reçoit, ouvre immédiatement la porte et pénètre dans l'estaminet. Il croise le regard de Terzieff, toujours aussi impassible. Puis il est pris à partie par un mineur.

« Salaud! Tu es content? Tu nous as bien mis dans la merde!... Tu vas me le rendre, mon petit-fils, hein? »

Le groupe devient menaçant. Jean-Roger Milo s'en mêle.

Il veut l'agresser. Bisson s'interpose et emmène Renaud dans la cuisine.

La répétition est bonne. Quelques réglages suffiront. Désormais, il n'y a plus d'acteurs mais des personnages. Quand la porte s'ouvre au signal, ce n'est pas Renaud qui entre mais Étienne Lantier.

Pendant les ultimes préparatifs, un homme « essaie » tous les coins du décor, le regard attentif au moindre détail. Debout, assis, couché au sol ou juché sur un tabouret, il teste. Parmi les membres de l'équipe technique, il est un des plus discrets. Par déformation professionnelle. C'est le perchiste du film.

Pendant la journée, Bernard Chaumeil ignore le poids exact de cette perche de cinq ou six mètres. Le soir venu, quand il ressent la fatigue, il peut l'évaluer. Contrairement aux apparences, il n'exerce pas un métier physique mais tout d'adresse et de précision. Le perchiste entretient des rapports mystiques avec sa perche. Il la cajole, la nettoie à la moindre éclaboussure. Peut-être même qu'il lui parle. En tout cas, il fait corps avec elle tant elle semble être le prolongement naturel de son bras. On ne le voit jamais mais il est toujours là où il faut.

Ça fait vingt ans que Pierre Gamet, l'ingénieur du son, fait équipe avec lui. Parfaitement complices, ils se comprennent sans se parler. Un signe de tête, un clin d'œil, une moue appuyée, un battement de cils suffisent. Ils sont inséparables. Quand Jean-Luc Godard a sollicité Pierre Gamet pour le tournage de *Détective*, il lui a précisé qu'il avait l'habitude de se passer de perchiste. Alors lui Gamet lui a répondu qu'il devrait également se passer d'ingénieur du son. C'étaient les deux ou rien. Godard s'y est résolu. Depuis, il n'emploie pas un mais deux perchistes.

Le rôle de ce tandem est essentiel dans un film tourné en son direct. Gamet, l'homme du son sur le plateau, ne goûte guère la synchronisation et le port des micros HF sous le vêtement, ce qui ne l'empêche pas d'en utiliser de temps à autre, par nécessité ou par sécurité. Mais cela donnera un son égal et uniforme, sans âme et sans émotion. C'est désormais la règle dans la plupart des films américains.

Cela produit un son standard qui donne aux acteurs sensiblement la même voix et la même force quelle que soit leur situation dans l'espace. Alors que le son direct, lui, restitue entièrement l'esprit de l'image. Il donne sa profondeur au champ. La perche, seule, permet de saisir dans l'instant l'émotion de l'acteur. Elle existe par et pour les dialogues.

Gamet et Chaumeil font partie de ceux qui connaissent presque par cœur le scénario, en tout cas les débuts et les fins de tous les dialogues. C'est préférable pour tendre le micro dans la bonne direction et anticiper avant de passer d'un comédien à l'autre. Pierre Gamet a en mémoire et dans le creux de l'oreille le timbre de voix, le rythme et la diction de chacun des acteurs. Il les prévoit pour mieux les suivre. Notamment Depardieu avec qui il a fait au moins sept films. Il est de sa « famille ». Il se montre d'autant plus attentif au travail du perchiste qu'il a lui-même commencé dans le métier en tendant la perche, jusqu'à ce que, en 1974, Alain Tanner lui donne sa chance en lui confiant la maîtrise du son pour *Le Milieu du monde*.

Bernard Chaumeil, lui, a le cadre dans l'œil. D'instinct et d'expérience, il tient toujours sa perche à cinq centimètres au-dessus de la limite. Tout aussi naturellement, il s'arrange pour qu'elle ne soit pas dans le champ ni dans la lumière et qu'elle ne fasse jamais porter une ombre sur un personnage ou un élément du décor. L'intérêt de son travail réside moins dans l'exécution que dans la préparation, surtout quand il y a du mouvement et qu'il faut épouser les déplacements de chacun sans être jamais vu ni entendu. Le problème, c'est de ne jamais se laisser emporter par le cinéma ni séduire par l'acteur quand il parle, au risque de rater la réplique suivante.

« Attention... Tout le monde se remet en place! »

Jamais l'équipe technique d'un film n'a encore inspiré de chorégraphie. C'est pourtant un bien beau ballet qui se déploie soudain sur le plateau. Et la gestuelle de l'ingénieur du son et du perchiste n'est pas la moins fascinante.

Berri, le maître de ballet, reprend les rôles un à un et les joue. Depuis le début du film, il n'a pas cessé. Pour être un

La fin de l'été et le début du tournage, c'est encore la fête. Ils ne sont pas allés au charbon, Claude Berri, Judith Henry et les autres. Bientôt... *(Photos Benoît Barbier.)*

Jean Carmet dit Bonnemort,
la mémoire vivante de la mine,
le rescapé des coups de grisou.
(Photo Didier Crasnault.)

Jean-Roger Milo dit Chaval qui nourrit pour Lantier une de «ces haines d'instinct qui flambent subitement».
(Photo Didier Crasnault.)

Miou-Miou dite Constance Maheu dite La Maheude, résignée au sort
«mais juste et peu à peu affolée par l'idée de justice, en arrivant aux violences extrêmes».
(Photo Didier Crasnault.)

Au bal du Bon Joyeux, quand le metteur en scène se fait chorégraphe.
(Photo Benoît Barbier.)

Judith Henry dite Catherine Maheu, résignée elle aussi, «produit et victime du milieu, elle cède aux circonstances selon sa nature». Celle que toutes les jeunes filles du Nord rêvent d'incarner à l'écran. *(Photo Didier Crasnault.)*

Gérard Depardieu dit Toussaint Maheu, mineur de père en fils, un esprit juste, raisonnable, consciencieux, bon ouvrier sans hauteur ni bassesse. Ici pendant une pause, entre deux vieilles connaissances, l'accessoiriste de plateau Marcel Laude et le chef-coiffeur Pierre Vadé. *(Photo Didier Crasnault.)*

Plus que de simples figurants, des gens du Nord fidèles à leur mémoire. Ils sont l'âme du film, ceux que Claude Berri appelle «le chœur des mineurs».
(Photos Didier Crasnault.)

Quand la moustache du posticheur métamorphose Christophe Colomb en Toussaint Maheu. *(Photo Didier Crasnault.)*

Depardieu au micro et Renaud à la guitare, soutenus par un orchestre constitué par l'équipe de la réalisation. C'est ce qui s'appelle faire un bœuf ! Une folle soirée un samedi au Little Rock Café de Valenciennes. *(Photo Pierre Borowsky.)*

Face au sacro-saint écran de contrôle vidéo si cher au cœur du réalisateur, de gauche à droite, Rajame, son manipulateur attitré, Claude Davy, attaché de presse du film, Yves Angelo, directeur de la photographie, Eric Bartonio, premier assistant, Depardieu, acteur, Claude Berri et, de dos, Véronique Lagrange, la scripte. *(Photo Didier Crasnault.)*

Les galeries de la mine de Germinal reconstituées sur le plancher des vaches dans un hangar de Trith-Saint-Léger. *(Photo Didier Crasnault.)*

En toutes circonstances au fil du tournage, on soigne les répétitions avec les figurants.
Frédéric Auburtin, en haut, s'y emploie en particulier, de même que Claude Berri, en bas.
(Photos Didier Crasnault et Benoît Barbier.)

Germinal est le tournage le mieux fréquenté de Paris : Jack Lang, Milos Forman et d'autres feront le voyage dans le Nord. Toutes choses qui glissent sur l'imperturbable Jean Carmet, en grande conversation avec Pierre Grunstein, producteur exécutif.
(Photos AFP et Benoît Barbier.)

«Pour jouer, c'est facile,
il suffit d'être soi-même.
Après ça va tout seul...»
Conseils d'un ancien à un bleu.
*(Photos Benoît Barbier
et Didier Crasnault.)*

metteur en scène exigeant, il n'en est pas moins un acteur frustré. Pendant les répétitions, il trépigne comme un comédien en chômage technique. Du geste et de la parole, il mime tous les rôles, les grands et les petits. Il sait exactement ce qu'il veut et ce qu'il attend de chaque comédien. Parce qu'il saurait le faire s'il était à leur place. Il s'estime capable de jouer tous ces rôles, et surtout de les « marcher ».

Sur ce plan-là, il s'est enhardi depuis *Le Vieil Homme et l'Enfant*. Il avait été tétanisé dès le premier jour de tournage par son acteur principal à qui il avait osé suggérer timidement quelques indications de jeu.

« On ne dirige pas Michel Simon! » avait hurlé celui-ci en le renvoyant derrière la caméra. Depuis, ça s'est arrangé pour Claude Berri. Aujourd'hui, il dirige tout le monde tout le temps. Son but n'est pas d'expliquer le personnage mais d'essayer de rendre sensible le mouvement intérieur qui gouverne sa vie, ou tout au moins ses actes à cet instant précis de sa vie.

Il s'asseoit à la table des joueurs de cartes et complimente doucement un ancien mineur devenu acteur par la force des choses.

« Tu étais très bien, Maurice. Mais... »

Puis il se lève brusquement et, la voix et les mains tremblantes, des larmes dans les yeux, hurle à Lantier accoudé au bar :

« Tu vas me le rendre mon petit-fils, hein? Tu vas me le rendre!... Voilà Maurice, comme ça, ce serait mieux. »

C'est même mieux que dans le script. Car Berri est de ceux qui justifient l'absence de découpage précis par son désir de laisser en permanence la porte ouverte à une certaine improvisation. Et tant pis si c'est interprété comme un manque de rigueur. Fort de sa double expérience de réalisateur et d'acteur, il préfère réagir instinctivement à chaque plan. Il sait ce qu'il veut, plus ou moins, mais il refuse de se laisser bloquer par une préparation trop détaillée.

On se remet en place. Berri retourne derrière son écran de contrôle. Un dernier conseil.

« Tout le monde boit et joue aux cartes. Mais faites gaffe quand vous reposez les verres sur la table. C'est une cacophonie dans le casque. »

La prise est bonne. Malheureusement, en la repassant aussitôt à la vidéo, on s'aperçoit qu'en bousculant Rasseneur, Chaval a fait valser son écharpe sur son visage. L'effet est un peu ridicule. Il atténue la solennité de l'instant. On va la refaire. Yvon Moreno, l'envoyé spécial permanent de la décoration sur le plateau, profite de ce bref répit pour remettre du givre aux vitres. Tout va bien. On la tourne une bonne fois pour toutes.

« Moteur!

– Non, non! Arrêtez! »

Cette fois, c'est la technique qui a un problème. Et quel problème! La condensation a rendu l'objectif inutilisable. Et il n'y en a pas d'autres de la même focale. Des mains et des regards experts se penchent sur l'objet satanique. Il y a bel et bien de la buée sur la lentille frontale et sur toutes celles placées derrière, dans le tube. Un technicien en est réduit à réchauffer l'objectif avec un sèche-cheveux. On y mettra tout le temps nécessaire. Il n'y a qu'à attendre et prendre son mal en patience. Paralysés alors qu'ils sont pour une fois à l'abri des caprices du ciel, les membres de l'équipe s'observent stupidement avant d'éclater de rire devant le comique de la situation.

« On rigole, on rigole, mais en être là à l'époque où on envoie des gens sur la lune, ça a quelque chose de dérisoire, soupire le premier assistant.

– Pourtant, malgré toute la technologie dont on dispose, on fait bien encore le point avec un décamètre, objecte le directeur de la photographie.

– Et pour faire tenir le papier calque sur les projecteurs, on se sert bien de pinces à linge, ajoute le chef électricien.

– Fait chier, l'objectif... » conclut le metteur en scène.

Berri fulmine. S'il osait, il dirait : virez-moi cet objectif et engagez-en un autre! Il jette un coup d'œil au plan de travail. Le tournage n'a que deux jours de retard par rapport au programme. C'est la seule bonne nouvelle de la journée.

13 heures. L'heure de la pause déjeuner. Ça tombe bien. Le camion de la cantine n'ayant pu accéder au lieu de tournage en raison de l'étroitesse des chemins boueux, la salle à manger a été installée à l'intérieur d'une péniche, le long du canal de la Sensée. Tout le monde s'y retrouve.

« Tu as lu *Le Nouvel Observateur*, Claude?

– Pas encore.

– Il y a une interview de Michel Serrault. Il parle d'un livre de Jean Guitton qui lui a donné l'idée d'un très beau rôle qu'il aimerait jouer, celui du père Pouget.

– Qui ça?

– Un curé interdit d'enseignement dans les années trente, un homme brimé, brisé, seul contre toute son époque...

– Un curé?... Très bien. Pour Renaud. »

Renaud vient d'arriver. Il veut faire un cadeau à tous et à chacun, alors qu'il a déjà offert pots, tournées générales et soirées au Little Rock Café. Il pénètre dans la salle les bras encombrés d'une immense caisse en carton. Puis il passe entre les tables et distribue des tee-shirts qu'il a fait fabriquer spécialement sans en parler à personne. Au recto, une discrète indication à hauteur du sein gauche : *Germinal.* Au verso, un magnifique tableau en couleurs, nature morte au chevalement, lampe et rivelaine ainsi légendée : « *Germinal.* Août 1992-avril 1993. Valenciennes. Je l'ai fait! ». Une sacrée surprise pour Noël. Ça, c'est Renaud.

Puis il s'asseoit, goûte à peine au repas, s'isole un peu et ouvre son Macintosh. Alors le chanteur-acteur s'efface et laisse place à l'amateur de bons mots et de contrepèteries. Avec une jubilation non dissimulée, il tape sa chronique hebdomadaire pour *Charlie-Hebdo*. Du Renaud pur jus, à mi-chemin entre Alexandre Vialatte et Pierre Desproges : « La semaine dernière, je vous ai parlé du Nord-Pas-de-Calais, aujourd'hui, je vais vous parler du Vaucluse-Pas-de-Calais-non-plus... » Et de traîner joyeusement dans la boue la région que Claude Berri ne cesse de porter aux nues depuis qu'il s'y est fait construire une somptueuse maison : « Le Lubéron est au Vaucluse ce que la myopathie est au sauteur à la perche : un handicap », écrit-il de cet endroit qu'il présente comme un parc naturel d'un genre un peu particulier, une réserve de luxe et de mauvais goût destinée à protéger les derniers socialistes.

Puis il referme le couvercle, sort une lettre de sa poche et s'absorbe dans sa lecture. Il n'en est pas peu fier. C'est une admiratrice, Mme Bonnel de Colombes, qui a reconstitué son arbre généalogique côté nordiste, après bien des recherches dans les registres d'état civil. Il est curieux, ému et fasciné.

« Mon grand-père, ça je sais... Mais avant... Pierre-Joseph Mériaux, mon arrière-grand-père, né en 1858 à Saint-Saulve... un autre qui s'appelle pareil, né en 1811 à Anzin, maître-porion... Là, il y a les collatéraux : ils étaient manouvrier, fileuse, tisserand, mineur, journalier... Ils venaient de Liévin et de Wasnes, de Valenciennes et de Sallaumines... Ils s'appelaient Leclercq et Delattre, Cuvellier et Trognon... Elle est remontée loin! Il y a même l'aïeul Jean-Baptiste Mereau, marchand de lin, né en 1756 à Wasnes... Quel voyage! Et quel retour... »

Renaud avait ouvert la lettre, Lantier la referme.

16 heures. Retour au plateau. On la refait une dernière fois, pour plus de sûreté. Mais on n'ira pas plus loin. Claude Berri s'est extrait de son bunker vidéo avec l'air de celui qui n'a plus envie d'y retourner.

« Coupez! Elle est bonne. Joyeux Noël à tous! »

Tout le monde s'embrasse comme si c'était la fin du film. Et pour cause! Quatre-vingt-dix-neuf jours de tournage, cela suffit à faire un film. Normalement. On n'est pourtant qu'à mi-parcours.

Ils sont pressés de quitter le Nord pour retrouver leur famille à Paris ou à Marseille, à la mer ou à la montagne, ou ailleurs encore. Malgré le froid, toutes les voitures démarrent au quart de tour, une fois n'est pas coutume.

La douzaine de figurants mineurs requis par cette séquence prend place dans un minibus de la régie, dont les portières sont frappées aux armes de *Germinal*. Leur chauffeur se fait attendre. Le champ est bientôt désert. Le dernier assistant de la régie à quitter les lieux vérifie que rien n'a été oublié. Son talkie-walkie grésille.

« Ne craignez rien. Votre chauffeur s'est embourbé. Il ne va pas tarder. Joyeux Noël! »

Il n'y a plus personne. Plus rien qu'un minibus incongru dans le paysage. A l'intérieur, les plaisanteries vont bon train, en patois plus qu'en français. Ils ont le moral. C'est à celui qui trouvera la chanson la plus paillarde, la blague la plus salace. Certains rient à s'en décrocher les mâchoires. Jusqu'à ce que « leur » film revienne sur le tapis. Alors la gaieté se fait plus mélancolique.

« On est rodés maintenant. Dommage que ça s'arrête bientôt. Vraiment dommage...

– C'est le métier qui rentre, mon vieux.

– Non, c'est la vie. »

Quelques rires forcés, une blague de circonstance. Un temps, puis l'un d'entre eux, le regard perdu dans le vague à travers la buée des fenêtres, dit doucement :

« Si un jour ils font un film sur la misère dans le Nord en 1992, ils n'auront pas besoin d'acteurs. Les figurants suffiront. On n'aura même pas à faire semblant. »

Le chauffeur arrive enfin. Chacun fixe l'horizon sans piper mot. Le minibus s'ébranle dans un silence de mort jusqu'à Valenciennes. Joyeux Noël...

1992 s'achève, dans le Nord comme partout ailleurs dans le monde. A Londres, pour les fêtes, la BBC offre à des millions de téléspectateurs *Jean de Florette* et *Manon des sources* deux soirs de suite. A la meilleure heure d'écoute et en version française sous-titrée. A Bulqiza, des unités spéciales de la police albanaise tirent des coups de feu pour déloger des mineurs qui ont entamé depuis plusieurs jours une grève de la faim à 700 mètres sous terre. Pour réclamer des hausses de salaires et obtenir la libération de leurs syndicalistes emprisonnés. A Paillencourt, une association se crée pour sauver et conserver le décor de *Germinal*. A Paris, le *Journal officiel* publie le décret sur la dissolution des Houillères du Bassin du Nord et du Pas-de-Calais, marquant ainsi la fin d'une aventure industrielle qui aura duré près de trois siècles.

Une page est tournée, définitivement. Mais pour le « chœur des mineurs », elle pèse des tonnes.

6 janvier 1993, 101e jour de tournage

L'équipe s'est retrouvée hier après la pause des fêtes. *Allegro ma non troppo*. Elle a l'impression de se lancer dans le tournage d'un second film qui porterait le même titre. Ce sera bientôt patent quand on changera de décor pour s'enfermer définitivement en intérieur, dans les galeries reconstituées sous un hangar. Un tout autre monde. En attendant cette révolution, on vit les derniers jours de l'ancien régime.

Claude Berri a encore le cerveau embrumé des images des films qu'il a revus entre Noël et le Jour de l'An, *Ivan le Terrible, Alexandre Nevski*... Il faut pourtant s'y remettre. Ils en sont tous au même point, quelle que soit leur responsabilité dans la bonne marche du film. Chacun guette le retour de Depardieu. Mais son humeur est restée égale. Il assure l'ambiance et demeure l'indispensable boute-en-train du tournage, en dépit de ses problèmes familiaux. En public, il ne laisse rien paraître de ses inquiétudes. En privé, avec ceux de son clan, c'est autre chose. Il est « en famille ».

Renaud, quant à lui, a connu un retour de vacances agité. Il a été cambriolé en son absence. Peu lui chaut qu'on lui ait pris du matériel hi-fi ou divers appareils. Mais il ne se remet pas de la disparition de sa guitare chérie, sa compagne de toutes les tournées. Il n'en connaît pas le prix mais la valeur. Dans le fol espoir de la récupérer, il a envoyé à *La Voix du Nord* un petit billet amer et ironique, truffé d'allusions à *Stances à un cambrioleur* de son cher Brassens. Au cas où les monte-en-l'air valenciennois, touchés par ce cri du cœur du chanteur abandonné par son intrument, auraient un bon mouvement. Mais il n'avait nullement imaginé que le journal en ferait également une dépêche pour l'AFP. Résultat : toutes les radios se sont jetées sur un incident dont on il ne voulait surtout pas faire un événement. Certaines l'ayant piégé au téléphone, Renaud a désormais un motif supplémentaire de se méfier des journalistes.

19 heures. Il pleut sur Artres. Tant pis. On la tourne quand même. Renaud et Judith Henry marchent dans la rue en se dirigeant vers la caméra. C'est tout ce qu'ils ont à faire. Pourtant, le plan n'est pas dans la boîte. La première prise est gâchée par les murmures des badauds agglutinés loin du plateau, derrière des barrières. La deuxième par le passage du train. La troisième par des klaxons de voitures... Les nerfs sont mis à rude épreuve pour une reprise. Qu'importe. On attend. La quatrième devrait être la bonne.

« Moteur! »

C'est alors que les cloches de l'église en contrebas de laquelle est installé le plateau, se mettent à sonner. Assourdissant et interminable. Dix minutes plus tard, Berri est à bout. Il hurle.

« On la tourne, nom de... »

Elles lui obéissent et se taisent aussitôt. Magie du cinéma. A moins que les cloches d'Artres, elles aussi, aient peur de Claude Berri.

7 janvier, 102e jour de tournage

Une voiture de la régie est allée à Paris à 15 h 45 cueillir Laurent Terzieff dans sa loge du théâtre La Bruyère. Deux heures plus tard, il patauge avec les autres dans la boue de Paillencourt. On l'habille, on le maquille. Il a juste à sortir du Requillart, à marcher et à s'éloigner dans le champ. Pourtant, cette scène avait déjà été tournée. Mais en visionnant les « rushes », quelqu'un s'est aperçu qu'on avait « oublié » d'allumer le Voreux en second plan.

15 janvier, 107e jour de tournage

Le Centre national du Cinéma vient de rendre publiques ses statistiques sur l'état de la production française en 1992. Signe des temps, *Libération* en publie un compte rendu sous un titre qui fait tilt : « Production germinante ».

Le journal passe de main en main à la cantine. Chacun imagine les néologismes qui ne manqueront pas de fleurir si d'aventure le film était mal accueilli à sa sortie par certaines gazettes mal intentionnées :

« Germinable... Germinus... Germinul... »

Il n'y en a qu'un que cela ne fait pas sourire car cela ne l'amuse pas d'envisager le pire. Il est vrai que lorsqu'il se montre tyrannique sur le plateau, il n'est plus désigné que comme « Germinator »...

16 janvier, 108e jour de tournage

C'est le grand jour pour les étudiants du lycée professionnel Charles-Deulin de Condé-sur-l'Escaut. Ceux qui ont choisi l'option « administration » du BTS (brevet de technicien supérieur) d'audiovisuel, ont droit aujourd'hui à un conférencier de marque : Patrick Bordier, le directeur de production de *Germinal*, mais aussi de *Mon père ce héros*, d'*Uranus*, de *Cyrano de Bergerac*, de *Pirates*...

Deux heures durant, il détaille le budget et la fabrication, les coulisses et l'administration du film. Il s'emploie à en dire beaucoup tout en prenant garde de ne pas en raconter trop. Inutile de préciser que l'auditoire est captivé. Ils s'y voient tous, un jour. Un de leurs anciens, Laurent Chiomento de Fresnes-sur-Escaut, est bien stagiaire à la régie de *Germinal*.

Les questions fusent. Quelques-unes sont aussi précises qu'informées. Et pour cause : il y a des figurants parmi les étudiants. Un statut d'exception qui les distingue de leurs camarades. Hier encore, ils n'étaient que des étudiants parmi les figurants.

20 janvier, 111e jour de tournage

Entre le retour à l'improviste de Catherine chez elle et le départ de Maheu et Lantier pour le travail, on a juste une heure pour investir la cantine.

La rumeur se confirme. Jean-Jacques Annaud va réaliser ses prochains films avec les Américains. Il vient de signer avec la compagnie Columbia. Claude Berri est déçu. Il lui avait jadis présenté Gérard Brach, qui est devenu son scénariste attitré. Il a produit et distribué ses deux derniers films – *L'Ours* et *L'Amant* – quand il ne les a pas initiés. D'autant plus déçu qu'en réponse à une question du *Film français*, Annaud devait déclarer :

« Claude Berri est plus que mon producteur : c'est un de mes rares amis, avec lequel il est doux de s'engueuler. Je lui demande d'être avec moi quand les choses vont mal; nous nous oublions quand les choses vont bien. Nous sommes partenaires en solitude... Je travaille actuellement à un sujet trop cher, qui sera forcément arrêté. Et qui ne pourra plus être français. »

L'argent, toujours. Comme si c'était un problème! Pour ça et pour le reste, Paris n'est peut-être pas le Pérou mais Los Angeles non plus. L'Amérique, d'autres en sont déjà revenus. Claude Berri se console en savourant la « chute » d'un article de Gérard Lefort dans *Libération* d'aujourd'hui :

« Dernier détail : si *About Love, Tokyo* est un film foudroyant d'intelligence sur les travailleurs immigrés, que fait pendant ce temps-là le cinéma français sur le même sujet? Comme d'habitude, il roupille. Ou pire, il rêve en ronflant. En attendant *Germinal.* »

Demain, Renaud va devoir tourner avec la Mouquette la fameuse scène d'amour qu'il redoute tant. Il est inquiet. Très inquiet. Son éducation, sa timidité, sa pudeur, sa femme, sa fille... Il a ses raisons. Entre la poire et le fromage, il s'en ouvre au réalisateur.

« Tu m'as bien dit que tu ferais une ellipse? »

Berri s'amuse à le faire marcher, avec un rien de sadisme dans le sourire.

« Ah ça!... On verra bien. Et toi, quelle sera ta position?

– La position du démissionnaire. »

Sur le plateau, c'est l'attente, pour changer. Cette fois, il est prévu qu'elle dure plus longtemps que d'habitude en raison d'une préparation délicate. Tandis que les machinos s'affairent, d'autres prennent leur mal en patience et s'installent dans leurs songes.

Renaud a définitivement attrapé le virus du cinéma. Il ne se voit pas comédien pour autant, même s'il n'imagine pas non plus qu'il fera le chanteur toute sa vie. Jouer devant la caméra, c'est l'ennui. Deux heures de travail par jour ne lui suffisent pas. Ça l'angoisse même. Et puis demander à un acteur de dire des morceaux de dialogue avant de l'arrêter au bout de quinze secondes, lui paraît aussi aberrant que de suggérer à un artiste de chanter phrase par phrase. Il rêve plutôt de faire un film en participant à toute l'aventure du début à la fin, de l'écriture au lancement en passant par les repérages, les costumes, les décors, le tournage, le montage, la musique. Une idée lui est venue tout récemment en lisant un livre de Christian Jacq sur la découverte, en 1922, de la tombe de Toutankhamon dans la Vallée des Rois par l'égyptologue anglais Howard Carter, quand il travaillait avec Lord Carnavon. Il s'y voit déjà, aux côtés de Depardieu bien sûr.

Depardieu, lui, est au téléphone. Avec ou sans fil, cet appareil est le cordon ombilical qui le relie au monde en permanence. Il appelle partout et tout le temps, quelles que soient les circonstances. C'est ainsi qu'il continue de suivre sa famille, ses amis, ses affaires où qu'il soit. Rien ne pourrait l'en dissuader. En toutes choses, il aime avoir le pouvoir décisionnaire, celui de trancher. Pendant le tournage de *Fort Saganne* en plein désert mauritanien, alors que la production était depuis des jours impuissante à établir une communication avec Paris, il l'avait épatée par sa débrouillardise et sa pugnacité. Grâce à un machino qui se trouvait être également radio-amateur à ses heures, il avait fait bricoler un système qui lui permettait d'être en liaison permanente avec son fief de Bougival...

Assis dans un bureau que la régie a installé provisoirement dans une des rares maisons en dur de la rue Taffin, au cœur du coron où l'on tourne, le personnage est fascinant à observer et à écouter – même pour ceux qui croient le connaître. Sa mémoire est aussi stupéfiante que sa curiosité est sans limite. Il entend tout, retient tout, lit tout, s'intéresse à tout. A croire qu'il a un radar invisible au-dessus de la tête. Rien ne lui échappe, surtout pas les ragots les plus anodins dont il fait son miel. C'est un formidable colporteur de rumeurs. Son flair, plus animal que cérébral, le trompe rarement sur la vraie nature des gens. Il sait parfaitement qui est qui dans tous les milieux qu'il est amené à fréquenter. Comme s'il avait pris soin de se renseigner auparavant, l'enjeu fût-il dérisoire.

Au stade où il en est, il se fait volontiers initiateur et opérateur des films dans lesquels il joue. Souvent, l'idée vient de lui et c'est autour de lui, de sa présence et de sa participation que le projet se monte. Il y a peu, lorsque Milos Forman est venu lui rendre visite sur le tournage, Depardieu a essayé de le convaincre de se lancer avec lui dans une nouvelle aventure, un grand film international pour tous les publics : *Les Misérables*, non dans la langue de Hugo mais dans celle de Dickens. Il y serait Jean Valjean, naturellement. Le metteur en scène d'*Amadeus* et de *Valmont* s'est montré très sceptique en raison de l'anglais encore hésitant de Depardieu et du succès remporté par la comédie musicale. Or pour l'acteur, c'est au contraire d'un excellent augure si l'on songe que l'histoire de Cyrano de Bergerac avait d'abord été rendue populaire aux États-Unis par le *Roxane* interprété par Steve Martin. Il faudra en reparler, avec Milos Forman, avec Emir Kusturica ou d'autres encore car Depardieu n'abandonne pas facilement. Cela dit, il ne veut pas tourner pour tourner puisqu'il vient de refuser des offres des studios Disney qui le voyaient en Porthos dans leur version des *Trois Mousquetaires*.

Mais il a aussi l'intelligence et l'habileté de savoir se glisser dans des films dont il n'est pas la vedette. C'est le cas pour *Germinal* comme ce le fut pour *Tenue de soirée* et *Jean de Florette* dont Michel Blanc et Daniel Auteuil tinrent respectivement les rôles-phares. Il le fait par stratégie, pour ne pas s'absenter de l'écran, pour ne pas laisser passer la promesse d'un grand film sans en être, pour occuper le terrain. Il le fait par appât du gain, bien qu'il n'ait rien de commun avec un quelconque homme d'argent. Il le fait aussi par amitié et par plaisir. Il le fait surtout pour assouvir son besoin viscéral de tourner.

Depardieu ne résiste pas à l'appel des hauts plateaux. Le tournage, c'est ce qu'il préfère dans un film. Il a besoin de cette atmosphère et de cette activité comme Georges Simenon de l'écriture : pour conserver un équilibre relatif. En cela, il partage l'état d'esprit d'un enquêteur que la recherche sur le terrain excite beaucoup plus que l'écriture de son livre. Taraudé en permanence par un irrépressible besoin de faire, de parler et de bouger, jamais il ne se sent mieux que pendant un tournage. C'est là qu'est sa famille, là qu'il est enfin en parfaite identité avec lui-même.

Quand il ne tourne pas, il se demande ce qu'il pourrait bien tourner. Cela pourrait être sa discipline de travail. Et comme ce boulimique ne sait pas résister à son instinct, il est sans cesse entre plusieurs rôles. Le soir, lorsqu'il quitte le plateau de *Germinal*, il s'immerge dans l'édition de la Pléiade de *La Comédie humaine* de Balzac. Il est toujours Maheu par toutes ses fibres mais il réussit déjà à se projeter dans la peau de ce colonel Chabert qu'il incarnera bientôt.

S'il est chez lui, en région parisienne, il faut qu'il s'occupe. Car il ne sait pas ne pas travailler. En ce sens, il est aux antipodes de son père qui pouvait passer des heures, immobile, absorbé dans la contemplation d'une mouche en plein vol. Il lit, scie du bois ou fait la cuisine, trois activités de prédilection auxquelles il consacre beaucoup de temps. Mais le cas échéant, il peut aussi bien passer l'aspirateur pour ne pas rester sans rien faire. Dès qu'il s'ennuie, il se crée des faux problèmes. Inévitablement, ses défauts s'en trouvent accentués : ce besoin d'être toujours en représentation et d'entretenir un spectacle permanent autour de lui, cette habitude de dramatiser sa vie quotidienne...

Berri profite lui aussi de cette pause qui s'éternise pour s'étourdir dans ses rêves d'acteur et ses projets de réalisateur. Sauf qu'aujourd'hui, ils ont plutôt les contours d'un cauchemar de producteur. Il ne cesse de refaire des calculs dans sa tête. Le budget de *Germinal* n'est pas encore totalement bouclé. Quand il le sera enfin et que le film aura attiré un minimum de cinq millions de spectateurs sur la France, il commencera à respirer. Au-delà, il sera gagnant. En deçà, il préfère ne pas y penser.

Il s'installe à son tour dans le bureau de fortune de la régie, devant le téléphone monopolisé depuis une heure par Depardieu. Il jette un regard sur les messages qui lui sont destinés. Roger Thérond, le patron de *Paris-Match*, a appelé : il veut envoyer des reporters sur le tournage. Jean-Claude Fasquelle, le patron des éditions Grasset, a appelé : il lui ouvre les colonnes d'une des revues qu'il contrôle pour qu'il y défende l'usage de la langue francaise au cinéma. Jacques Séguéla, le publicitaire, a appelé : il cherche à joindre Daniel Auteuil et Emmanuelle Béart pour leur faire vanter les mérites d'un camembert.

Emile Zola n'a pas appelé et, ça, c'est bien dommage.

21 janvier, 112e jour de tournage

Bruille-Saint-Amand, à 25 km de Valenciennes. Trois séquences doivent y être tournées aujourd'hui. Dans la première, Maheu pêche à l'embarcadère du canal. Pas de problème. Dans la deuxième, La Mouquette fait les yeux doux à Lantier. Pas trop de problème. Dans la troisième, ils passent à l'acte. Beaucoup de problèmes.

L'endroit est désert. Ici, il n'y a pas si longtemps, s'élevait une décharge publique. C'était moche, sale et puant. Pourtant, au moment des repérages, Berri et son équipe ont eu le coup de foudre pour ce site jugé idéal – en fonction de critères, il est vrai, strictement cinématographiques. Pas âme qui vive à la ronde, pas de maisons, pas d'antennes de télévision, pas de poteaux télégraphiques, pas de lignes à haute tension, rien. Rien que la terre, les arbres et le canal. Un jour, on y a envoyé un bulldozer qui a tout nettoyé, remblayé, comblé. Peu après, la maison de la Mouquette était prête.

Pour le pêcheur, on a tout prévu : la canne, les lignes de rechange, l'épuisette, la besace, l'eau et même les poissons au cas où ils auraient décidé de faire la rivière buissonnière. Mais pour les amoureux, on n'a rien prévu. On verra, comme dit Claude Berri.

7h30. Yvon Moreno, l'homme de la décoration sur le plateau, est le premier au travail. Il déballe son matériel de la camionnette. Il doit veiller à tout, en priorité aux raccords de teinte et aux questions de patine. Mais il doit s'assurer également qu'on pourra bien ouvrir de l'intérieur une porte qui normalement ne s'ouvre que de l'extérieur. Tout vérifier pour tout prévoir, toujours. L'aube se lève. Marc Vadé, le régisseur général, arrive à son tour et débarque du matériel.

7h45. Les électriciens, dirigés par Denis Moncel, prennent position avec leurs trépieds, câbles et projecteurs. Ils sont suivis de peu par Gérard Depardieu et son beau-frère Patrick Bordier, le directeur de production, qui inspectent les lieux avant de repartir vers les tentes des costumes et maquillages.

8h45. Plusieurs voitures arrivent en commando. C'est le patron, escorté du directeur de la photographie, de l'ingénieur du son, de la « script-girl » et d'un stagiaire de la régie, les bras chargés d'un large plateau de croissants chauds.

Le temps est idéal. Des nuages menacent d'éclater. Dans le scénario, il est précisé qu'il pleut. Si tout va bien, Dieu assurera donc les effets spéciaux. Cela n'empêche pas Claude Berri de laisser exploser sa toute première colère de la journée.

« Mais où sont les acteurs? Merde! Vous allez voir qu'on va les attendre! »

Le ton est donné. Il est parti pour être non pas tyrannique mais odieux. Dans l'échelle de Richter de l'irascibilité berrichonne, c'est un cran au-dessus. Aujourd'hui, les membres de l'équipe, entre eux, ne l'appelleront pas « Germinator » mais « Saddam Hussein ».

Frédéric, le premier assistant, est plus patient que jamais. A nouveau, il prend sur lui. Il plaide. Habillage et maquillage étant les deux mamelles du tournage, tout cela prend du temps, il faut comprendre; et puis la voie d'accès est difficilement praticable, de plus... Rien n'y fait. Berri est furieux.

« Quand je pense qu'on pourrait tourner dans un quart d'heure et qu'on est là à les attendre!... »

Deux assistants d'assistant balaient énergiquement le chemin afin d'effacer les traces de pneus inscrites dans la boue. D'autres remplissent des sacs poubelles de feuilles mortes afin de dégager la vue. Berri tue le temps en vérifiant les accessoires.

« Marcel, elle n'a pas l'air trop riche, trop neuve, cette canne à pêche?

– Pas de problème, j'en ai une autre. »

Tout le monde s'affaire même ceux qui n'ont encore rien à faire. Tout est bon pour ne pas paraître désœuvré en croisant le regard de Saddam Hussein. Il bout.

« On va être battus... Battus par la météo! Les acteurs, ils vont m'entendre... »

La tension monte mais nul ne s'en inquiète bien qu'aucun comédien n'apparaisse à l'horizon. Tous connaissent cette facette de son caractère. C'est à prendre ou à laisser. Dans l'adversité, ils font bloc. Sur un tournage aussi long et éprouvant, même les marginaux les plus isolés finissent par acquérir l'esprit d'équipe.

On sait que quand Claude Berri tourne, la terre devrait s'arrêter de tourner. Il ne fait pourtant pas exception dans la profession. Des metteurs en scène coléreux, insupportables voire infernaux sur des tournages, tous en ont pratiqués récemment encore, comme Claude Sautet et Maurice Pialat pour ne citer qu'eux.

Ils savent que Berri, lui, peut être cela et le contraire. Il met toute sa concentration dans chacun des plans qu'il va tourner. On comprend qu'il soit hypertendu. Il donne l'impression de jouer à chaque fois son va-tout comme si c'était toujours une question de vie ou de mort. Mais comme ici tout se passe nécessairement en public, un incident a vite fait de virer au psychodrame.

Depardieu vient d'arriver. En une fraction de seconde, il a saisi l'ambiance. Il fait semblant d'être gêné et pouffe dans son mouchoir. « Ses » enfants sont là : Alzire, Henri, Léonore. Mais pas de Renaud. On sait pourtant où il est, minute par minute, puisqu'un stagiaire de la régie le suit à la trace, son téléphone portatif étant en liaison permanente avec celui de sa voiture. Mais on n'ose pas donner la véritable explication de son retard à Berri : il a voulu venir par ses propres moyens, comme à son habitude, sans chauffeur, et cette fois, il s'est égaré... On le guide mais ça prendra du temps. Chacun guette et craint l'engueulade qui ne manquera pas de se produire quand il arrivera enfin. Si c'est comme l'autre fois, il risque de repartir aussitôt en sens inverse. Les grommellements du réalisateur annoncent le pire.

Le temps est gris. Branle-bas de combat. Les servants de la caméra l'entourent de mille soins. Dans son casque, l'ingénieur du son perçoit un léger ronflement. Et il n'y a pas de péniche en vue. On habille donc l'appareil d'un manteau qui l'insonorise. Tout est prêt. Maheu s'asseoit sur la berge avec ses enfants. Le pêcheur pêche. On va la tourner... Plus tard. Car une péniche fait son apparition, suivie par une deuxième, puis une troisième... Soudain, le trafic sur le canal devient intense.

« Mais c'est les 24 heures de Lille! lance Fredo.

– Je le maudis, ce décor... », ronchonne l'ingénieur du son.

On regarde religieusement passer la procession fluviale.

« Moteur!

– Moteur demandé!

– Ça tourne...

– Annonce!

– 120 sur 2, première! »

Toufik, le Paganini du clap, disparaît du champ. C'est alors qu'une voiture surgit dans le fond du cadre. Renaud attend la fin de la prise et pénètre sur le plateau, pas vraiment décontracté, en dépit de la canne à pêche et du panier qu'il tient à bout de bras. Lui, c'est un pêcheur, un vrai. Sachant que sa journée serait difficile en raison de la nature torride de la séquence au programme, il a prévu de se détendre au lieu de déjeuner. Juste avant ce passage à l'acte si redouté.

On s'attend à ce que Saddam Hussein l'agresse. Il s'en abstient. Ce qu'il fait est pire encore. Il le croise et le frôle sans le voir, ne le saluant même pas. Puis, sèchement, à la cantonade :

« Renaud est là. On va enfin pouvoir tourner. »

Il y a du monde derrière la caméra et l'écran de contrôle de la vidéo. Beaucoup trop à son goût. Habilleurs, coiffeurs, maquilleurs, accessoiristes, figurants, acteurs, il les fait tous dégager.

« Ça s'agglutine trop! Reculez! »

Depardieu saisit l'occasion pour dédramatiser la situation et faire retomber la tension.

« Ah! oui que ça s'agglutine! Ça veut son chèque! Ah les bêtes! Mais ce n'est que demain la fin de la semaine! En plus, ça vous démange, hein les filles? »

Désormais et jusqu'à la fin de la journée, il s'emploie à mettre « chatte » dans toutes ses phrases. Effet garanti. Sauf sur Berri qui est dans un autre monde. Leur dialogue indirect est un morceau d'anthologie, chacun suivant sa propre idée fixe.

« Coupez! On la tire, elle est bonne!

– C'est bien mon avis aussi... »

On se prépare pour la séquence suivante. Elle sera tournée à l'intérieur de la maison de la Mouquette. Claude Berri s'inquiète à nouveau auprès de l'accessoiriste. Pour les « détails ».

« Dis-moi Marcel, quand la Mouquette est chez elle, supposons qu'elle mange, qu'est-ce que ça pourrait être?

– Ben, on peut tout lui faire. Tu veux une omelette?

– Réfléchis et fais-moi des suggestions. Je veux quelque chose qui fume. »

Marcel Laude passe son chemin en se grattant la joue, songeur. Justement, c'est la pause déjeuner. A la cantine, il n'est question que de ça. Non pas de l'omelette mais de « la » fameuse scène qui empêche Renaud de dormir. On peut en parler d'autant plus librement qu'il est à la pêche. Dans le script, ça tient en quelques phrases :

> Mouquette regarde Étienne qui entre chez elle. Sa grosse figure ronde n'a rien de beau, mais ses yeux luisent d'une flamme pleine de désir. Étienne la regarde. Un bon feu brûle dans la cheminée [...] Dans la pénombre de la chambre, Étienne fait l'amour à Mouquette. Elle se livre à lui avec une maladresse de vierge.

Bigre. Une telle description laisse le champ ouvert à toutes les interprétations. Dans ses *Carnets d'enquête*, Zola accordait une grande importance à ce qu'il appelait « l'instinct génésique ». Les gens du Nord lui ont d'ailleurs longtemps reproché d'avoir présenté les jeunes ouvrières comme des filles sexuellement précoces ou comme des débauchées uniquement préoccupées de fornication. Soit. Mais encore? Berri élude la question.

« On verra...

– Mais c'est dans une heure!

– Ce matin, je n'avais pas la moindre idée de la manière dont on allait la tourner. Maintenant, je sais à peu près ce qu'il doit faire pour que le spectateur comprenne qu'il la baise. Elle lui roule une pelle, il regarde ses miches. Ses miches de pain sur la table, bien sûr. Après...

– Mais tu vas lui en parler avant?

– Je vais lui dire : si tu acceptes de lui rouler une pelle, je te dispense de lui faire l'amour...

– Mais, Claude, même l'embrasser, il ne veut pas! »

Certains membres de l'équipe, qui ont participé au tournage de *Détective*, ne peuvent s'empêcher de sourire en évoquant le jour où le personnage principal refusant de se mettre nu face à la caméra, Jean-Luc Godard se déshabilla complètement devant toute l'équipe et lui dit : tu vois, ce n'est pas plus compliqué que ça...

« Claude, tu vas devoir y passer! Il faut donner l'exemple! »

Ce ne serait vraiment pas une épreuve pour celui qui a déjà joué nu face à la caméra de Patrice Chéreau dans *L'homme blessé*. Il n'a pas fini d'éplucher sa mandarine que déjà, il se lève. En passant entre les tables, il suggère à la Mouquette de ne pas trop manger afin de se réserver pour le repas à répétition qui l'attend.

« Allez, je vais voir sur le plateau ce qui se passe... »

Il ne s'y passe rien. Et pour cause : tout le monde déjeune. Mais c'est plus fort que lui : il a régulièrement besoin de se rassembler, seul. Nul ne connaît ses contraintes pour cette scène, délicate à mettre en place eu égard à la personnalité de l'acteur. Elles sont stipulées dans le fameux avenant que Renaud a fait rajouter à son contrat :

« Séquence 147. Renaud sera filmé dans la pénombre, faisant l'amour à la Mouquette (pour de faux), le corps recouvert d'un drap, au moins à partir de la ceinture. Il sera le seul à déterminer si cette pénombre est suffisante, en accord toutefois avec le chef opérateur et le directeur des lumières. Il n'embrassera pas la Mouquette sur la bouche ni, encore moins, sur la poitrine, et ses mains ne prodigueront nulle caresse, se limitant à la position classique dite " du missionnaire ", mains sur les épaules de sa partenaire. »

Tout le monde est à nouveau en place. Mais à l'intérieur de la maison en chaleur, Berri a fait place nette afin de ne pas intimider plus encore son acteur. Renaud est satisfait. Il a obtenu un compromis : un vrai baiser de cinéma. Les lèvres, pas la langue.

Sur la table de nuit, un missel et vespéral édité à Tournai, la collection du journal *L'Ouvrier* pour l'année 1886. Au mur, à côté du lit, un almanach des Postes de 1862. Sur la grande table, des miches de pain et une assiette de choux-fleurs et patates. Ça fume...

Il n'y a jamais eu aussi peu de monde autour de la caméra. Le strict minimum. Même Berri a pris soin de planquer son écran de contrôle dans un renfoncement derrière lequel il se dissimule. « Moteur! »

Mouquette est à table. Elle mange. Lantier entre. Elle se lève et se dirige vers lui. Ils s'enlacent. Elle l'embrasse, sensuellement et langoureusement, pose la tête sur son épaule tandis qu'il contemple le pain sur la table.

On la refait sept fois de suite, ce qui correspond à la moyenne du tournage, sans dire à Renaud que la première était parfaite. Puis, tout le monde se regroupe autour de la vidéo pour vérifier. Berri est content. Il sait désormais quel est le registre dans lequel Renaud est le meilleur : la nuance, la demi-teinte.

« Elle est bonne! On passe au plan suivant, sur les miches de pain. »

Renaud, faux-derche, fait mine d'être déçu.

« Alors, on baise pas? »

22 janvier, 113e jour de tournage

5 heures du matin. Eric Bartonio, le premier assistant chargé notamment de la logistique du tournage, n'a pas fermé l'œil de la nuit. Il a encore dans le creux de l'oreille la dernière phrase que Claude Berri a prononcée hier soir en quittant le plateau.

« Même la météo a bien joué aujourd'hui... »

Dans sa bouche, cela signifie qu'elle a intérêt à continuer. Si l'expert en effets spéciaux fait la pluie et le beau temps, le premier assistant s'emploie à ce qu'on n'ait jamais recours à cette intercession entre le film et les éléments naturels. Avant même que l'aube se lève, il téléphone aux services de la météorologie nationale dès leur ouverture pour faire le point. Comme tous les jours à la même heure. Une routine indispensable.

Aujourd'hui, le réalisateur l'a chargé d'une mission supplémentaire, plutôt délicate. Il doit téléphoner à la mère du bébé pour lui demander de ne pas trop le nourrir. Il faut qu'il pleure pendant le tournage d'une séquence mais on ignore encore à quelle heure. Cela dépendra du temps. Il ne reste plus au petit Alexandre qu'à scruter le ciel de Valenciennes. Lui aussi, comme un vrai « pro »...

On reprend le script à son tout début afin de préparer la séquence 4, dans une chambre de la maison des Maheu, quand Catherine se réveille la première pour aller travailler. Le réalisateur a demandé qu'on utilise la « steadycam ». Le mot magique est lâché.

Marc Koninckx, qui est son servant attitré, est harnaché comme un gladiateur prêt à pénétrer dans l'arène. Cet ancien cadreur a été l'assistant de l'inventeur de la « steadycam », à Londres sur des films publicitaires. C'est lui qui l'a formé en un temps où les experts dans le maniement de cet engin étaient des techniciens d'autant plus recherchés qu'ils n'étaient pas légion. Par habitude et par déformation professionnelle, il marche toujours un peu en arrière de sa caméra. Elle est peut-être synonyme de mouvement mais à l'image, on ne doit jamais sentir qu'elle bouge. Tout un art.

Ah ! la « steadycam »... Si on écoutait Berri, on tournerait tout le film avec cette étrange machine née en 1978, et aujourd'hui régulièrement employée sur les plateaux de télévision. Son extrême mobilité convient parfaitement à sa propre impatience. Avec un tel engin à sa disposition, il est comblé, lui qui n'aime pas construire ses plans au préalable.

Sur le plan technique, c'est sa grande révélation des dernières années avec l'écran de contrôle vidéo. Il est vrai qu'elle présente de nombreux avantages. Pendant la préparation, elle est plus facile et plus rapide à installer que la caméra traditionnelle montée sur un socle ou sur le rail d'un « travelling ». Pendant la prise, elle confère à l'image un mouvement plus naturel, plus fluide, moins rigide. Cet appareil au nom moins barbare qu'il y paraît (contraction de « steady » qui signifie stable et de « cam » pour ne pas dire caméra) est bien autre chose qu'une caméra à l'épaule. Il est constitué de deux parties : d'une part, un bras articulé, muni de ressorts amortissant les chocs, qui donne à l'opérateur ainsi harnaché des allures de porte-drapeau ; d'autre part, un contrepoids qui maintient la caméra dans les trois axes, vertical, horizontal et diagonal. Enfin un gyroscope. Tout un dispositif destiné à isoler la caméra des mouvements du caméraman. L'ensemble, tout compris, pèse près de 40 kilos.

Pour filmer, l'opérateur tient le support principal en équilibre devant lui, comme s'il s'agissait d'un arc. Il ne regarde pas dans un viseur à l'œil mais vers un petit écran incorporé au contrepoids, à hauteur des cuisses. Il peut ainsi avancer, reculer et se mouvoir en tous sens. Mais il perd en intensité dans l'image ce qu'il gagne en mobilité dans la prise de vues. Ses problèmes lui sont également spécifiques, comme ses atouts. Ils surgissent surtout en extérieur quand le vent est de la partie.

Le système qui assure son équilibre reposant sur un jeu flottant de rotules, la moindre brise met l'édifice en péril et fait trembler l'image. Il se révèle alors indispensable de faire suivre l'opérateur, dans tous ses déplacements, par un assistant muni de plaques coupe-vent pour le protéger du souffle. Et il n'est que le sixième homme de la petite équipe qui fait escorte à l'opérateur dans toutes ses évolutions. Il y a celui qui le guide en le tenant par les épaules, comme s'il s'agissait d'un aveugle ; celui qui fait le point en permanence au jugé, par télécommande, grâce à une longue expérience des distances et des déplacements ; celui qui tient le câble reliant l'appareil à la vidéo ; sans oublier bien entendu l'ingénieur du son et le perchiste qui s'adaptent à cette étrange chorégraphie. On l'aura compris, il s'agit d'un travail de spécialiste qui requiert, outre une formation idoine, une excellente condition physique.

On refait une prise. Elle semble bonne mais Berri en demande une autre. Comme son maître Jean Renoir, il pourrait dire :

« C'est parfait. On ne peut pas faire mieux. Recommençons! »

23 janvier, 115e jour de tournage

Une séquence toute simple à tourner. Mais elle revêt une toute autre dimension quand c'est Gérard Depardieu qui la joue. Berri l'observe comme s'il le découvrait. Il paraît fasciné. Il y a de quoi.

Pendant la répétition, l'acteur n'arrête pas de bouger, de toucher, de flairer. Il vit par tous les sens. Quand il s'absente du plateau pour marcher alentour, il ne se promène pas, il rôde. Sans arrêt en train de chercher pour chercher. S'il passe devant une commode placée dans le décor, il ne peut s'empêcher d'ouvrir le tiroir. S'il y trouve un outil oublié, il ne peut se défendre de l'empocher.

Et il parle, il parle, il parle... Son grand talent, c'est de tant parler sans jamais saouler.

25 janvier, 117e jour de tournage

Parallèlement au tournage de séquences en intérieur, une autre équipe de réalisation, plus réduite et très spécialisée, est à l'œuvre depuis peu. Mais les effets spéciaux dont elle est experte sont sans rapport avec ceux quotidiennement pratiqués sur le plateau par Jean-Pierre Maricourt. Il s'agit cette fois de trucages visuels. Une notion qui commence avec la fabrication de génériques de début et de fin et se prolonge à l'infini.

Frédéric Moreau, qui en a la responsabilité, a constitué une véritable équipe de quinze personnes pour les mener à bien. A majorité anglaise, elle travaillera essentiellement dans les réputés studios de Shepperton, près de l'aéroport londonien de Heathrow. Il tient Georges Méliés, prestidigitateur et illusionniste du septième art, pour le véritable créateur de cette spécialité. Comme si depuis le début du siècle, on n'avait rien trouvé de mieux dans ce domaine, si ce n'est la technologie.

Quand il n'en était encore qu'au stade de la préparation et des repérages, Claude Berri avait déjà prévenu ses collaborateurs : ce ne sera pas un film-catastrophe. *Germinal* n'est pas *La Tour infernale.* Autrement dit, contrairement à ce qui se passe dans le roman, le Voreux ne s'effondrera pas. Le dévoreur ne sera pas dévoré, englouti par la terre. La mine n'implosera pas, non plus. Les bonnes raisons ne manquent pas à celui qui ne demande qu'à être convaincu : ce n'est pas très crédible, c'est plus fort sur le plan littéraire que sur le plan visuel. Et puis à quoi bon mobiliser de très gros moyens, fort dispendieux, pour une scène qui risque d'être coupée au montage? Il suffira que le cuvelage cède, entraînant les cages dans sa faillite.

Les premières rencontres de Frédéric Moreau avec l'équipe de *Germinal* datent de décembre 1991. Ensemble, ils ont envisagé ce qui pouvait être fait et ce qu'il était souhaitable d'éviter.

Le premier « effet spécial » important, celui qui se révèle prioritaire, concerne la cage d'ascenseur. Dans la mesure où les galeries on été reconstituées au niveau du sol, dans un hangar, il est primordial de donner l'illusion au spectateur qu'elle s'enfonce bien, très profondément, sous terre. Sous la plume de Zola, dès l'ébauche des *Carnets d'enquête*, on pouvait lire :

« Au jour, quand on voit, sensation d'enfoncement, de fuite sous vous, par la disparition rapide des objets. Puis, une fois dans le noir, plus rien. »

Au début du roman, cela deviendra une des scènes les plus frappantes par sa force symbolique, le puits avalant les hommes par bouchées de vingt pour les enfouir dans ses entrailles : « Pendant une demi-heure, le puits en dévora de la sorte, d'une gueule plus ou moins gloutonne, selon la profondeur de l'accrochage où ils descendaient, mais sans un arrêt, toujours affamé, de boyaux géants capables de digérer un peuple. Cela s'emplissait, s'emplissait encore, et les ténèbres restaient mortes, la cage montait du vide dans le même silence vorace [...] Enfin, une secousse l'ébranla, et tout sombra, les objets autour de lui s'envolèrent; tandis qu'il éprouvait un vertige anxieux de chute, qui lui tirait les entrailles. [...] Puis, tombé dans le noir de la fosse, il resta étourdi, n'ayant plus la perception nette de ses sensations.[...]

Tous étaient à l'aise. Lui, par moments, se demandait s'il descendait ou s'il montait. Il y avait comme des immobilités, quand la cage filait droit, sans toucher aux guides; et de brusques trépidations se produisaient ensuite, une sorte de dansement dans les madriers, qui lui donnait la peur d'une catastrophe. Du reste, il ne pouvait distinguer les parois du puits, derrière le grillage où il collait sa face [...] Le froid devenait glacial, on enfoncait dans une humidité noire, lorsqu'on traversa un rapide éblouissement, la vision d'une caverne où des hommes s'agitaient, à la lueur d'un éclair. Déjà, on retombait au néant. [...]

Cette chute devait durer depuis des heures. [...] Lorsque la cage, enfin, s'arrêta au fond, à cinq cent cinquante-quatre mètres, il s'étonna d'apprendre que la descente avait duré juste une minute. »

Cette scène avait tant marqué le traducteur autrichien de *Germinal* qu'il s'en était aussitôt ouvert au romancier :

« Quelques pages sublimes, je pleure, de plaisir exquis et de jouissance artistique, comme j'en ai jamais senti. La descente de la cage que je viens de traduire m'a tellement impressionné et m'a paru si belle que j'ai laissé un moment mon travail pour vous envoyer ces lignes. »

Sous la plume de Claude Berri scénariste, la même scène produit nécessairement beaucoup moins d'effet sur le lecteur. Elle ne prend que quelques lignes. Un filet d'eau coule sur l'épaule d'Étienne, la vision d'une sorte de caverne lui apparaît furtivement et la profondeur du puits s'exprime, sèchement et directement, par le dialogue. L'intervention des effets spéciaux est indispensable pour rendre le monde de sensations créé par la littérature.

Par ses trucages, Frédéric Moreau doit donc donner l'illusion que la cage s'enfonce à plus de 500 mètres de profondeur à raison de 10 mètres/seconde. Dans un premier temps, à l'époque du pré-tournage pendant l'été, il avait visité une ancienne mine près de Rodez, dans l'Aveyron, en compagnie de Claude Berri, de son premier assistant, du chef-décorateur et du directeur de la photographie, tous harnachés comme des mineurs de circonstance. La lumière était froide et belle malgré l'orage. Une expérience qui lui sera fort utile dans la recherche non d'une technique mais d'une qualité d'émotion. Dès lors, il lui faut rêver ses plans en attendant de pouvoir les réaliser. La production ne lui oppose qu'une seule contrainte : il doit livrer son travail au plus tard deux semaines après la fin du tournage du film.

Dans le Valenciennois même, où il s'est rendu à plusieurs reprises afin de humer l'atmosphère du plateau et de discuter avec le chef-décorateur et le monteur, Frédéric

Moreau installe son « blue-screen ». Il s'agit, comme le nom l'indique, d'un écran peint et éclairé en bleu devant lequel on filme Renaud, Depardieu et Judith Henry assis dans leur wagonnet, à la grande joie de Claude Berri. Rien de moins évident, pourtant, que de jouer et de mettre en scène des situations de comédie dans le vide imaginaire et statique d'un écran de couleur. Cela permettra, dans un second temps, de lui substituer un autre fond tout en conservant les mêmes personnages en premier plan.

Après quoi, une maquette en miniature de la cage d'ascenseur est construite en bois, plastique, fer et polystyrène. Plus tard, en studio, elle sera filmée en plongée au moment où elle s'échappe vers le fond dans un puits également reconstitué en miniature mais dont la maquette atteint tout de même une quinzaine de mètres. Les lumières des mineurs éclairant les parois, et la vitesse de la cage en pleine descente se conjugueront pour donner à ce mouvement d'ensemble une impression de profondeur, d'engouffrement, d'engloutissement.

Ce n'est qu'une première étape. Car après ce plan, le spectateur n'aura l'impression de descendre que d'un point de vue extérieur à l'action. Afin qu'il soit en parfaite identité avec les personnages, il doit véritablement les accompagner dans leur descente. Pour rendre l'ambiance sombre et humide qu'ils ressentent et restituer la vision des parois qui défilent, l'équipe de Frédéric Moreau construit trois autres maquettes de galeries annexes. Les briques des parois sont en plastique et les personnages assis dans le wagonnet sont des poupées articulées. L'une d'entre elles est télécommandée afin de lui faire bouger la tête. En variant l'horizontalité de la prise de vues au passage de ces galeries, la caméra ne devra surprendre qu'une impression fugitive d'activité intense. Des wagonnets entrevus, des lumières vacillantes, des mineurs aperçus au travail...

Après quoi le membre le plus fameux de cette équipe, Derek Meddings qui réalisa nombre d'effets spéciaux pour les James Bond, filme le lâchage de la fausse cage d'ascenseur jusqu'au fond du puits. Les cordes, nouées en spirales et repeintes à l'identique, donnent parfaitement l'illusion des gros câbles. Trois prises sont prévues. Mais dès la première, tout se passe bien. Les assistants lâchent tout et la maquette de la cage s'écrase. La corde a très bien joué son rôle.

Tout cela étant dit, il va de soi qu'il en est des trucages comme de l'élégance : les plus réussis sont ceux qui ne se remarqueront jamais à l'écran. Ingratitude de cette spécialité qui exige qu'on ne puisse lui rendre hommage que par défaut, en faisant silence...

27 janvier

Renaud finit la soirée dans un bistrot de Valenciennes. Quelques-uns de ses jeunes fans, l'ayant reconnu, le rejoignent à sa table.

« Ça marche le film?

– Ouais.

– C'est quel genre?

– C'est Zola. Vous avez lu son bouquin, *Germinal*?

– Euh... ouais. C'est toi qui joues le rôle de Germinal?

– Dites, si vous connaissez les types qui m'ont taxé ma guitare, dites-leur qu'elle ne vaut rien sur le marché mais que pour moi, elle vaut beaucoup. Sentimentalement. Alors si jamais je la retrouve, comme ça, eh bien il n'y a plus de plainte, plus rien, j'oublie tout et je suis heureux. »

Le lendemain soir en rentrant chez lui, Renaud découvrira sa guitare devant sa porte.

C'est peu dire qu'il est aimé par les gens du coin. D'aucuns diront qu'il fait tout pour, au contraire d'un Depardieu. Ce matin encore, sans prendre le temps de quitter les vêtements de Lantier, il a accepté de faire un saut à l'école primaire d'Artres à la demande des enseignants. Dans le cadre de leur leçon de musique, les élèves ont ainsi pu répéter la *Ballade nord-irlandaise* devant son créateur...

On ne sera donc pas étonné d'apprendre qu'un groupe d'une trentaine de mineurs devenus figurants ne laisseront pas Renaud Séchan, acteur et petit-fils d'Oscar Mériaux, quitter le Nord sans lui offrir et lui dédier ce texte, véritable cri du cœur :

« Dans ce pays là-bas qu'on appelle le Nord
Les hommes ont la chaleur plantée au fond du corps
Et si leurs yeux parfois sont un peu embués,
C'est peut-être qu'un gars leur a donné du vrai
Non pas du sentiment comme celui qu'on vend comme dans les émissions à la télévision
Mais du sentiment vrai qu'on a sans dire un mot.
Tu vois notre Renaud, tu as su mettre ça dans nos cœurs de ch'timi
Les hommes qui sont là héritent d'un ami.
Au pays des mirages, il nous reste des images
Celles d'un « Jésus » chanteur flanqué d'une bande d'apôtres
distribuant le vin qui réchauffe les cœurs.
Au pays des mineurs quand les maisons s'enflamment...
Au Beaujolais nouveau
Aux moments partagés
Ce cadeau c'est pour ça!
Pour ta sincérité, ta générosité.
C'est pas pour toi seulement, c'est aussi pour Oscar.
Là-haut sur son nuage il doit bien s'amuser.
Mais tu vois quand tu es près de nous
tu dois sentir sa main un peu te caresser l'esprit.
Après *Germinal* chacun reprendra le cours de son existence
Mais sache que si un jour t'en as envie
Il y aura toujours du café chaud, des nouilles et de l'amitié
Au pays des chevalets. »

28 janvier, 120e jour de tournage

La mine, enfin. La vraie, si l'on peut dire. Non plus sa surface mais ses tréfonds. Nous sommes dans le boyau, les vaisseaux qui irriguent la terre, le ventre de la bête.

C'est à Trith-Saint-Léger, à quinze minutes de Valenciennes, dans un vaste site industriel situé au bout de la rue... Émile-Zola! Près du château d'eau, le long du canal au fond des entrepôts, là où Usinor s'érigeait il n'y a pas si longtemps encore, Renn Productions a trouvé le lieu idoine : un hangar de 6 000 m² d'un seul tenant.

Il était évidemment hors de question de tourner dans une vraie mine désaffectée, tant pour des raisons techniques et logistiques que par souci de sécurité. Ce n'est pas un réflexe conditionné par les contraintes de l'époque puisque, en 1912 déjà, quand il tourna son adaptation de *Germinal* sous le titre *Au Pays des ténèbres*, Victorien Jasset avait fait reconstituer les galeries sur le carreau d'une mine du Nord avec de vrais blocs de charbon. En 1948, Louis Daquin procéda de même pour *Le Point du jour*, puisqu'il fit construire une galerie de 2 000 m² également sur le carreau de la mine.

Parallèlement au tournage du film de Claude Berri, l'équipe de la décoration a donc construit et aménagé un labyrinthe de 600 mètres de galeries divisé en trois secteurs, des piscines pour l'inondation, le cuvelage, la cage d'ascenseur, les écuries... Si l'extérieur du Voreux est à Paillencourt, l'intérieur est à Trith. Coût de l'opération : 5,5 millions de francs. Juste assez pour augmenter l'angoisse du directeur de production.

Depuis le début du tournage, Patrick Bordier, qui est à la fois l'homme qui fait arriver les trains à l'heure et le gestionnaire du film, est obsédé par le dépassement du budget. Car celui-ci a effectivement débordé dès le premier tour de manivelle, la construction des impressionnants décors du film ayant coûté plus cher que ne le prévoyait le devis. Et cet handicap de départ n'a pas cessé de s'accentuer. Chaque semaine, Bordier fait le point de la situation sur l'écran de son ordinateur, l'œil rivé sur la ligne bleue horizon des deux colonnes fatidiques : « économies » et « dépassements ». Ce qui a été payé et ce qui reste à payer. Toutes les dépenses y sont, poste par poste, sur neuf lignes, de manière à présenter la plus pointue des prévisions hebdomadaires. L'informatique au secours de l'angoisse.

A Trith-Saint-Léger, on n'a jamais cessé de vouloir tout prévoir afin d'offrir le meilleur confort de tournage au réalisateur, bien que la notion soit toute relative dans un tel cadre. Ici mieux qu'ailleurs, on saisit à quel point un chef-décorateur n'est pas celui qui choisit le tableau sur le mur ou la forme du fauteuil mais celui qui doit se faire tour à tour ingénieur, peintre, architecte et décorateur. Il est à la tête d'un grosse équipe dans laquelle un chef-constructeur côtoie un géomètre pour l'étude des sols ou encore un entrepreneur et bien entendu des ouvriers parisiens qui travaillent de concert avec la main-d'œuvre locale. Près de cinquante personnes ont œuvré en permanence pour que ces galeries soient opérationnelles en temps et heure.

Le souci du détail a été tel au cours de ce travail de reconstitution qu'on peut dire sans craindre d'être démenti que la mine du film sera plus proche de la réalité que la mine du roman. Et tout cela grâce au « carton-pâte », du moins grâce à ce que cette expression, devenue générique, recouvre : des poutres en sapin, du papier kraft et de la résine, de l'élastomère et du ciment projeté, du faux-charbon en caoutchouc mais aussi 50 tonnes de vrai charbon importées de Decazeville pour le son plus que pour l'image, des murs en fausses briques découpées une à une au « cutter » dans des plaques de polystyrène. Même le suintement des parois a été prévu, ainsi que le canon à air chaud pour que les comédiens n'attrapent pas froid quand ils seront dénudés, la poussière en suspension, les corps gras pour rendre l'eau de l'inondation plus dense sans qu'elle vire au noir, la température des piscines équilibrée avec la température ambiante pour éviter buée et vapeurs d'eau, une couverture de polyane destinée à empêcher l'évaporation...

Tout cela pour tenter de rendre l'atmosphère de ce que Zola appelait « une bastille d'un genre nouveau » et pour en restituer la chaleur suffocante, la pesanteur de plomb, l'absence de circulation d'air et la pestilence des haleines. Et pour suggérer qu'un mineur descendu au fond n'est plus qu'une forme spectrale.

Ainsi peut-on dire qu'ils ont tenté le double pari de l'exactitude et de la vérité. C'est dans cet esprit que Stanley Kubrick a réussi *Les Sentiers de la gloire* (1959), un des films les plus puissants jamais tournés sur la guerre, la désobéissance et l'absurdité des règlements militaires. Mais hormis quelques anciens combattants vétilleux, nul ne se soucia de savoir que les tranchées du film étaient beaucoup plus larges que celles de Verdun, de manière à laisser passer le rail du « travelling »...

Dès la conception, l'équipe de *Germinal* devait résoudre un problème prioritaire, tous les autres lui étant subordonnés : celui de la lumière. Plus que jamais, elle est une musique. Forts du précédent du *Brasier*, ils savaient qu'ils ne filmeraient pas, eux, des gueules noires dans le noir. Et ce n'est pas un impératif dicté par la perspective de diffusion du film à la télévision, pas plus que la prédilection pour les gros plans. Que l'écran soit petit ou grand, on doit voir les personnages et les décors. *Germinal* ne sera pas un combat de nègres dans un tunnel. Ce n'est pas seulement une question d'intensité dans l'éclairage mais de décoration. C'est pourquoi les parois des galeries ont été quelque peu éclaircies, avec de la peinture noire dont la brillance peut être perçue comme celle des suintements d'eau.

Le manque de recul et la réduction de l'espace limitent forcément le nombre de projecteurs. Pour y suppléer, quelque sept cents douilles repeintes en noir ont été dissimulées dans les parois tout au long des galeries. En principe, celles-ci n'étaient éclairées que par des lampes de mineurs disposées sur tout le parcours. S'il fallait être fidèle à la réalité, on n'y verrait pas grand-chose. Aussi a-t-on disposé derrière chaque lampe une ampoule krypton de 100 watts en moyenne, naturellement invisible à l'image. Ce sera suffisant pour identifier les visages. Pour ce qui est du décor, les parois proprement dites, il suffira de les arroser en permanence. La brillance leur conférera du relief.

Yves Angelo, le directeur de la photographie, doit également se servir des variations de lumière pour donner l'illusion de la distance et de la durée. En effet, quand ils touchent le fond, les mineurs ont un certain parcours à accomplir. Il est censé être long. Mais il est impensable de rendre ce sentiment de « longueur » dans l'espace et dans le temps en filmant une procession de mineurs en marche pendant des dizaines de minutes. Or rien ne ressemble plus à une galerie qu'une autre galerie. Seul le jeu sur la lumière permet de rendre sensible au spectateur cette longue marche souterraine. Au début du parcours, elle sera donc relativement claire et pas trop contrastée. Mais au fur et à mesure que les mineurs avanceront dans la veine, l'image sera de plus en plus sombre et contrastée.

Le décor est fin prêt. L'équipe de tournage, qui a eu l'occasion de le visiter à plusieurs reprises en cours de construction, l'investit déjà. Elle le découvre dans ses moindres recoins, ses plus infimes détails, jaugeant ses capacités. Pierre Gamet, l'ingénieur du son, est rassuré. A l'examen, après différents tests, il est globalement satisfait de l'acoustique de la galerie. Le son est mat et étoffé. Ça ne résonne pas. En revanche, le moindre bruit à l'extérieur est immédiatement perceptible dans le casque. Les stagiaires de la régie devront être particulièrement vigilants pour faire cesser tout mouvement dans le hangar à chaque prise.

On ne peut qu'être fasciné par le travail accompli, même si de prime abord, on a le sentiment qu'il y en a trop, en tout cas plus que nécessaire. La réaction la plus attendue est, bien entendu, celle de ces figurants qui ont passé l'essentiel de leur existence au fond. Leur avis sera considéré comme un label. Ils inspectent cette mine de cinéma dans un silence de cloître, caressent chaque paroi du regard et de la paume, hument la poussière de charbon comme on le ferait d'un bon millésime, se laissent porter par leurs pas dans le dédale des boyaux. Quand ils en ressortent, ils ont le sourire aux lèvres et les larmes aux yeux. Une fois que les mots leur reviennent, ils expriment autant l'admiration que l'émotion. C'est peu dire qu'ils sont impressionnés. Selon eux, tout y est, jusqu'à l'odeur de la mine, cet indéfinissable mélange de poussière de charbon, de sciure et de sueur. Chacun peut dire :

« Il n'y a pas deux puits semblables. Mais celui-ci ressemble au mien... »

C'est gagné. La mine existe. Il ne reste plus qu'à la faire vivre.

3 février, 125e jour de tournage

En plein air, au beau milieu du champ d'Alphonse Champagne, il faisait froid et il pleuvait. Le vent coupait les lèvres. On s'enfonçait dans la boue jusqu'aux genoux. Mais au moins, on respirait. Désormais, il va falloir apprendre à vivre de longues journées dans un boyau étouffant. L'atmosphère y est plus pesante, la circulation difficile. On se marche dessus. Le sol est un embouteillage de câbles. On y voit mal.

Berri avait bien prévenu qu'on ne tarderait pas à regretter les rigueurs de l'hiver en extérieur. L'ambiance est à nouveau tendue.

Un assistant lui apporte un téléphone.

« C'est Dustin Hoffman. Il est de passage à Paris. Il voudrait vous parler...

– Eh bien qu'il vienne!

– Il n'a pas le temps, et c'est loin...

– Et moi, je tourne!... En plus, je parle pas anglais. »

Plus on s'enfonce dans le tournage, plus il souhaite accélérer le mouvement et plus l'équipe veut prendre le temps de bien faire son travail. D'autant que dans les galeries, les réglages entre chaque plan sont plus longs en raison de l'exiguïté des lieux. La situation est plus maîtrisable mais plus compliquée que lorsque la météo s'en mêle. Quand il comprend que son impatience indispose tout le monde, Berri ronge son frein. Jusqu'à la prochaine explosion. Heureusement que Depardieu, assis à ses côtés, est toujours là pour meubler l'attente de ses bons mots, sentences et commentaires.

« Dire qu'on joue la misère... Hé toi, le technicien là-bas, tu te fais dans les 9 000 balles par semaine, c'est ça? Renaud qui a plein de disques d'or et moi n'en parlons pas.... Ah! misère!... »

Entre deux prises, tandis qu'Yvon arrose les parois avec son pulvérisateur d'eau mêlée à des colorants et de l'acétone afin qu'elles suintent en permanence, un figurant s'est retiré dans un coin du décor en attendant qu'on l'appelle. Il est plongé dans *Le Parfum* de Patrick Süskind.

« Ah! filmer les odeurs... »

Ça y est. Le virus du cinéma, lui aussi. Pourtant rien ne l'y prédestine. Jean Collot, du Quesnoy, trente-huit ans, père de quatre enfants, est charpentier de son état. A l'origine, il avait été embauché comme constructeur par l'équipe de la décoration. Repéré par Berri à cause de sa longue et épaisse barbe rousse plus vraie que nature, il est figurant depuis deux mois et demi. Un statut qui lui vaut d'être régulièrement sollicité par les écoles de la région pour raconter son expérience sur *Germinal.* Et après, quand ce sera fini? Charpentier, toujours. Dans le cinéma, peut-être.

Sur le plateau, Joël Lavau, le chef-maquilleur, procède à d'ultimes raccords sur le visage des acteurs censés avoir pioché pendant des heures au fond de la mine. Des cosmétiques, un mélange de poudres à base de pigments noirs et de l'eau pour la sueur, tout simplement. Il a renoncé à la suie : ils ne supporteraient pas, ils sont trop délicats. De toute façon, il suffit de faire croire, pas de faire vrai.

Une équipe de télévision réussit enfin à bloquer Depardieu dans un coin pour une interview réalisée dans le cadre d'un grand reportage sur les coulisses du film. Il y consent pour faire plaisir à Berri, car rien ne l'indispose comme d'avoir à justifier et disséquer son rôle. Il aime faire et non expliquer, montrer et non démontrer. Tout discours sur le métier lui paraît abscons pour ne pas dire con. Mais puisqu'il le faut, il s'y prête. Il joue le jeu, évoque Zola, son propre père, le message de *Germinal*...

Quand les envoyés spéciaux plient bagages et se retirent, il soupire. Zola n'est vraiment pas son écrivain préféré. Son père tournait tout en dérision, même s'il prenait le communisme et les luttes ouvrières un peu plus au sérieux que le reste. Quant au message de *Germinal,* il s'en méfie comme de tous les messages... Alors son masque s'arrache tout seul.

Un autre Depardieu réapparaît. Il a toujours une allure

de camionneur mais ses failles intérieures sont un peu plus apparentes, de même que sa vulnérabilité et la part de féminité qu'il a en lui, sa fragilité et ses incertitudes, et cette expérience de la solitude qui lui vient du plus profond de l'enfance. Plus proche des hommes car plus loin du mythe, il devient plus touchant. Il fait penser alors à un personnage de Simenon, un monstre hypersensible et banal, un individu vacillant dont la solidité n'est qu'un leurre.

Il est tout le temps sur le point de déchirer son passeport, de passer enfin la ligne afin de se projeter vers un inconnu qui l'attire irrésistiblement. Il voudrait rompre les amarres et partir parce qu'il est à la recherche d'une morale. La part d'enfance qu'il a encore en lui le pousse à imaginer qu'ailleurs, plus loin, il y a toujours quelque chose de merveilleux à découvrir. Mais rien ne dit qu'il y trouvera ce qui est déjà en lui. Ou ce qui n'y est pas.

Depuis quelques années, sa fuite en avant donne le vertige. « On boit pour être ensemble mais on est saoul tout seul », disait souvent Antoine Blondin. On tourne pour être ensemble mais... Depardieu donne l'impression d'enchaîner film sur film pour n'avoir pas à rentrer chez lui et affronter ses problèmes. On le sent lourd, pesant, mal dans cette peau. Il se dit volontiers « ecchymosé de moi-même ».

En fait, il préférera toujours Céline à tous les Zola, la viande aux idées, surtout lorsqu'il les perçoit comme immédiatement politiques ou réalistes. Ne dit-il pas souvent : « Un Depardieu, c'est un animal qui mord si jamais quelqu'un essaie un peu de le ferrer »? Il privilégiera toujours les sentiments, les émotions et l'instinct dans tous les actes de sa vie quotidienne. C'est pourquoi on l'imagine bien, un beau jour, décider de tout plaquer, de tout laisser en plan pour se consacrer aux gens, au vin, aux livres. Mais que décide-t-on vraiment quand on est pris dans un tel engrenage? La France ne lui suffit déjà plus, il lui faut l'Amérique à tout prix. C'est bien parti. Et après?

4 février, 126e jour de tournage

Les figurants font antichambre dans le salon de maquillage. En attendant d'être tout à fait noirs, ils discutent de problèmes municipaux. Le fauteuil leur tend les bras, chacun à son tour. Au moment de s'abandonner aux mains expertes et douces de la maquilleuse, un vieux mineur s'autorise un conseil de « pro » :

« Fais-moi plus noir que les autres. Quand on est censé avoir passé deux jours au fond, on est plus noir que ceux qui remontent en surface après n'y avoir passé que quelques heures. »

Renaud fait irruption dans la pièce.

« M'sieurs dames! Personne n'a *Tiercé Magazine*? Ça urge! »

C'est Depardieu qui l'a contaminé. Depuis quelques semaines, ils jouent ensemble aux courses. Mais Renaud n'arrive pas à comprendre pourquoi il ne gagne jamais, lui... Le nez dans son nouveau journal préféré, il ressort aussitôt et croise Claude Berri qui le cherche :

« Ah! Renaud... Ce n'est pas très sûr qu'on puisse refaire deux fois la prise. Quand le cheval aura pigé qu'on va l'attacher, il ne se laissera peut-être pas attacher une seconde fois.

– Le cheval?... »

Aujourd'hui, il n'est question que de cela : la descente du cheval dans la galerie. Une scène spectaculaire mais des plus délicates à exécuter. Les répétitions sont plus importantes que d'ordinaire.

On se retrouve au carrefour de la galerie principale, l'endroit le moins étroit quand on est sous terre.

« Trop de monde! » lance Berri à la cantonade.

Il est vrai qu'aujourd'hui exceptionnellement, il y a quatre équipes de filmeurs qui se font face : celle de la caméra fixe, celle de la « steadycam », celle du « making-off » chargée par la production de réaliser un film sur les coulisses du film et celle d'« Envoyé spécial », l'émission de France 2, qui en fait autant. A force de se marcher dessus dans l'espoir de s'éviter, ils vont finir par se filmer les uns et les autres. Une étrange sensation naît de ce cinéma qui se mord la queue. Comme un fascinant jeu de miroirs. Seul un caricaturiste pourrait rendre la vérité de cet instant. Justement, Cabu vient d'arriver. *Charlie-Hebdo* lui a demandé un reportage, textes et dessins, sur le film. Il ne pouvait pas tomber mieux.

« Ah! te voilà!

– C'est toi, Renaud?

– Ben oui...

– Si tu ne m'avais pas reconnu, je ne t'aurais pas reconnu.

– Pardi, en gueule noire! Alors, comment tu trouves l'endroit?

– Impressionnant. Quand tu passeras chez Anne Sinclair, elle devrait faire son émission ici. C'est chouette...

– J'irai pas. Elle n'a qu'à inviter Zola. Et puis tiens, regarde, j'ai reçu cette lettre d'un fan ce matin : ... Ne va pas à « 7 sur 7 »! C'est pas pour toi, Renaud! Il a raison. »

Pour les répétitions, on utilise un faux cheval conçu par François Hardy dans ses écuries de Rambouillet. Il est revêtu d'une vraie peau de cheval, mais à l'intérieur, il est en fer et ses membres sont articulés. A plusieurs reprises, on descend le mannequin savamment harnaché dans un système de cordages. Les quelques mineurs préposés à l'opération répètent méthodiquement chacun de leurs gestes sous la direction de Mario Luraschi. Ce spécialiste de quarante-cinq ans, qui fut longtemps cascadeur, en est à son 283e film, entre *Les Visiteurs* et *La Reine Margot*. Généralement, quand un cheval déboule sur l'écran, ceux de la profession savent que le visage et la silhouette de Mario apparaîtront dans le plan suivant. Le *show* Buffalo Bill à Eurodisney, c'est encore lui. Ses bêtes sont considérées comme de vrais « pros » par les metteurs en scène. Elles connaissent les caméras et les claps et sont sensibles au signal « Moteur! ». Comme n'importe quel comédien.

Mario Luraschi se dit plus volontiers « homme de cheval » que « dresseur ». Pourtant, en préparant cette séquence si particulière, il a consacré six semaines à familiariser deux juments de 850 kilos à être suspendues avec les harnais spécifiques à la descente en galerie, puis à être couchées. Le procédé est plus coûteux mais préférable à la piqûre anesthésiante.

Dans un silence religieux, on fait descendre le cheval, le vrai. Tout le monde recule comme si c'était le plan de tous les dangers. Un vétérinaire se tient prêt à lui administrer une dose de tonicardiaque pour le soutenir, eu égard au caractère inhabituel de sa position : héliporté par un treuil, sur le dos, les quatre fers en l'air... Mario fait son office avec doigté, s'aidant de petits coups de sifflets destinés à apaiser l'animal. Celui-ci réagit au moindre bruit. On l'entrave. Tout se passe bien. Deux prises suffiront. La jument, une boulonnaise nommée « La Parisienne », joue impeccablement son rôle, surtout quand elle se relève et s'éloigne d'un bon pas vers le fond de la galerie, emmenée par un mineur qui, dans le civil, n'est autre que son légitime propriétaire. Berri est aux anges. Quel tempérament d'actrice! La tension est telle que dès que le « Coupez! » retentit, l'équipe applaudit. Collé contre une paroi, Cabu dessine sur son petit carnet.

« Si je comprends bien, c'est le seul cheval sur lequel Renaud et Depardieu n'ont encore rien joué... »

Pause déjeuner. A la cantine, il n'est question que de la prestation de l'animal. Jusqu'à ce que circule un exemplaire de *La Voix du Nord*. Sa une provoque la grimace. Il y a de quoi. A côté d'une photo du film, on peut lire ce titre en manchette : « En finir avec les clichés! », ce surtitre : « Et zut à Zola! Nos femmes sont belles et nous sommes positifs... » et ce texte : « Nous autres gens du Nord en avons assez des paysages et des images “ à la Zola ” que va perpétuer le film tourné, chez nous, à grands frais. La région et ses hommes ont un tout autre caractère. Nous sommes solides, francs et joyeux... »

Claude Berri lit attentivement la page. Il n'en revient pas. Zut à Zola... L'attaque paraît incongrue, surtout dans ce coin du Nord où il n'est pas une commune qui ne compte sa rue Émile-Zola, son collège Émile-Zola, sa bibliothèque Émile-Zola! A l'intérieur, on découvre un long article d'hommage à Henri Marel, un universitaire spécialiste de l'auteur des *Rougon-Macquart*. C'est à n'y rien comprendre, car depuis le début du tournage, *La Voix du Nord* ne manque pas une occasion de lui faire écho avec une bienveillance rarement prise en défaut. Berri interroge Eric Bartonio, son assistant, qui a le contact avec la presse locale.

« Mais qu'est-ce qui leur prend tout d'un coup? Tu crois qu'il faut répondre?

– Non, non. C'est un règlement de comptes entre la rédaction centrale à Lille, qui a la maîtrise de la une, et l'édition de Valenciennes qui nous est très favorable. C'est une histoire qui nous dépasse. Le film n'est qu'un prétexte.

– Ah! bon. Alors on répond pas. »

Berri parcourt d'un œil distrait le reste du quotidien. Cette attitude est exceptionnelle chez un homme qui, pendant le tournage, ne s'absente jamais de son film, que ce soit par le corps ou en esprit. Il ne pense qu'à ça jusqu'à en être littéralement obsédé. Quand il lui arrive de s'en échapper, c'est pour mieux y revenir.

« Tiens, il y a un article sur le film de Spielberg à Auschwitz... Pourquoi pas. C'est la conscience des origines qui remonte. Il a le droit de se faire plaisir. C'est son *Germinal* à lui. »

Chacun regagne le plateau. Seul, Cabu reste dans le camion-réfectoire. Il dessine ce qui deviendra la semaine prochaine une page de *Charlie-Hebdo* sous le titre « *Germinal*, enfin un film français politique! » Sous son crayon, la buvette installée dans la cour transforme cet ancien site d'Usinor en Hollywood-sur-Ch'timi, les galeries enveloppées d'une bâche de plastique protecteur et solidement encordées deviennent des œuvres de Christo, la descente du cheval de mine relève du *reality-show*, les caravanes dans lesquelles se reposent les acteurs ressemblent furieusement à des corons-à-roulettes et les services du maquillage seraient bien inspirés de lancer des produits dérivés de *Germinal*, notamment un parfum « Neuf heures au fond »...

8 février, 129e jour de tournage

Aujourd'hui, Souvarine provoque le drame en sabotant le cuvelage du Voreux. C'est un des nœuds de l'histoire. Plus tard au montage, quand on s'apercevra que le film est encore trop long, on pourra toujours couper certaines scènes. Mais celle-là, il est hors de question d'en faire l'économie. Elle est un des piliers porteurs de l'échafaudage romanesque.

Sous la plume de Zola, elle occupe trois bonnes pages, consacrées pour l'essentiel à la description de la technique de sabotage et de l'exécution de l'acte. Elles s'achèvent par ces phrases :

> « Dès ce moment, une rage l'emporta. Les haleines de l'invisible le grisaient, l'horreur noire de ce trou battu d'une averse le jetait à une fureur de destruction. Il s'acharna au hasard contre le cuvelage, tapant où il pouvait, à coups de vilebrequin, à coups de scie, pris du besoin de l'éventrer tout de suite sur sa tête. Et il y mettait une férocité, comme s'il eût joué du couteau dans la peau d'un être vivant qu'il exécrait. Il la tuerait à la fin, cette bête mauvaise du Voreux, à la gueule toujours ouverte, qui avait englouti tant de chair humaine! On entendait la morsure de ses outils, son échine s'allongeait, il rampait, descendait, remontait, se tenant encore par miracle, dans un branle continu, un vol d'oiseau nocturne, au travers des charpentes d'un clocher. Mais il se calma, mécontent de lui. Est-ce qu'on ne pouvait faire les choses froidement?
>
> Sans hâte, il souffla, il rentra dans le goyot des échelles, dont il boucha le trou, en replacant le panneau qu'il avait scié. C'était assez, il ne voulait pas donner l'éveil par un dégât trop grand, qu'on aurait tenté de réparer tout de suite. La bête avait sa blessure au ventre, on verrait si elle vivait encore le soir; et il avait signé, le monde épouvanté saurait qu'elle n'était pas morte de sa belle mort. »

Sous la plume de Claude Berri, la même scène est naturellement plus ramassée dans un souci de rythme et d'efficacité :

> Souvarine descend une échelle qui mène au cuvelage. Il arrive au cuvelage. Il sort une chandelle de sa poche, l'allume, puis déplie sa veste. Des outils, un vilebrequin armé de sa mèche, une petite scie très forte, un marteau et un ciseau se trouvent roulés dans la veste. Il commence par scier un panneau dans la cloison du goyot, de manière à communiquer avec le compartiment d'extraction. Il constate l'état du cuvelage. Avec son vilebrequin, il commence à desserrer les vis. Un filet d'eau se répand.

Le metteur en scène, comme le romancier, s'étend sur la description de l'acte lui-même. Mais contrairement à son inspirateur, il ne souffle mot de l'attitude, des traits et de la psychologie qui seront ceux de Souvarine en pleine action. Berri et Terzieff en décideront tout à l'heure : rien n'est encore figé.

En attendant, Frédéric Moreau est à pied d'œuvre à Trith-Saint-Léger pour les effets spéciaux relatifs au sabotage de la mine. Ses trucages doivent être « raccords » avec la fin de la séquence 233 : des mineurs paniqués se mettent à courir dans la galerie, un torrent leur barre la route au moment où ils arrivent à l'accrochage, ils avancent avec de l'eau jusqu'aux genoux, le cuvelage a crevé...

Après le torrent de la meute en grève, le vrai torrent, l'un préfigurant l'autre. Frédéric Moreau veut donner au spectateur le sentiment que la pression de l'eau est vraiment intense quand elle envahit les galeries. Il songe même à une déferlante mais Berri l'en dissuade : pas de film-catastrophe!

Finalement, de retour dans les studios de Shepperton auprès de ses maquettes, il se résoud à opérer en deux temps. L'explosion du cuvelage sous la pression de l'eau, tout d'abord. Elle est filmée en plusieurs plans par plusieurs caméras de manière à ce que l'on voie bien l'eau boueuse chargée de débris rebondir contre les parois. La chute de l'ascenseur, ensuite. Elle est filmée en plongée dans la maquette du puits, des masses d'eau entraînant la cage vers le fond et arrachant les câbles.

Le grand art de l'illusion.

16 février, 133e jour de tournage

Ceux qui avaient du mal à se mettre dans le bain y sont désormais jusqu'aux genoux. Le tournage des scènes d'inondation est, en un sens, plus éprouvant que ce qui avait précédé. Chaque mouvement requiert beaucoup plus d'efforts. Il faut pousser pour avancer. Tout le monde patauge désormais dans une piscine d'un mètre de haut et d'une contenance de 700 m³, aménagée tout autour d'une galerie par les spécialistes de Carré Bleu International.

Les membres de l'équipe technique, protégés par de hautes cuissardes de pêcheurs, et les acteurs, qui portent des combinaisons Aqua Man sous leurs costumes de mineurs, avancent désormais dans 50 cm d'eau. Ils en ont jusqu'aux genoux et non, comme on pourrait s'y attendre, jusqu'à la poitrine. C'est moins haut et moins spectaculaire que dans le roman. Mais c'est également la limite à ne pas dépasser si on ne veut pas effrayer le cheval.

Pourtant, bien qu'elle ait été parfaitement aménagée, la piscine a bien failli pousser *Germinal* là où Claude Berri ne voulait justement pas l'emmener : vers le film-catastrophe, ou plutôt vers le tournage-catastrophe. En effet, la personne chargée de vérifier l'étanchéité ignorait l'existence d'un sous-sol. Par endroits, c'est creux. L'autre jour, on a constaté une fissure dans un coin. L'eau s'est infiltrée jusqu'à devenir tourbillon. Le niveau est descendu plus vite que le remplissage. Le produit fourni pour assurer l'étanchéité n'accrochait pas à la ferraille. La pression de l'eau sur les parois étant d'une tonne/m², la fissure est vite devenue un trou, colmaté à temps. On l'a échappé belle car la piscine contient tout de même 700 000 litres d'eau...

Il n'y aura pas de *remake* de *La Tour infernale* à Trith-Saint-Léger.

18 février, 135e jour de tournage

Dans le script, la scène de l'éboulement au fond de la galerie n'a l'air de rien : paniqués par l'effondrement du cuvelage, les mineurs fuient en un sauve-qui-peut général quand un énorme bloc s'abat devant Catherine et Lantier, les isolant des autres. Mais Jean-Pierre Maricourt, l'homme des effets spéciaux sur le plateau, sait qu'elle sera des plus complexes, des plus délicates et des plus difficiles à exécuter. L'éboulement est un classique du genre, la figure imposée du film minier.

Dans un coin du plateau, un figurant observe avec plus d'attention que les autres. Il faut dire que René Lukaciewicz est plus qu'un figurant. Depuis la préparation du film, il fait partie de la famille. Cette séquence, il l'a guettée plus que toute autre. Car, en 1972, lui-même s'est vu mourir. L'éboulement avait provoqué la panique. Dans sa course folle, il avait perdu sa lampe. Il est resté un quart d'heure dans la nuit, autant dire toute une vie. René s'en est sorti avec le pied cassé. Vingt ans auparavant, dans les mêmes circonstances, son père eut moins de chance. Il y laissa sa peau.

« S'il avait survécu, il m'aurait empêché de descendre... »

On s'active sur le décor. En principe, il est prévu d'utiliser de la pentrite pour l'explosion. Elle libérera aussitôt un sas construit par l'équipe de la décoration, rempli de vingt tonnes de charbon qui s'écrouleront en rideau devant les deux acteurs protégés par une vitre. On procède à des essais. Ils se révèlent concluants, même s'ils n'ont pu être menés à leur terme. Théoriquement, tout devrait fonctionner.

Jour J, heure H. Les deux caméras sont prêtes, le son et les deux acteurs également. Chacun retient son souffle car ce n'est pas le genre de séquence qu'on aura le loisir de tourner plusieurs fois. Il ne faut pas la rater.

« Moteur!... »

Une forte explosion retentit dans le hangar. Mais rien ne s'écroule comme prévu devant Renaud et Judith Henry. A peine quelques gravats. La montagne a accouché d'une souris. Le sas n'étant incurvé qu'à 45%, l'énorme chargement n'a pas glissé comme dans un silo à grains ou à béton. Le brai (résidu pâteux de la distillation des matières organiques) s'est aggloméré. Tout s'est tassé. Rien n'a vraiment bougé. Pire : les points de rupture sont devenus des points de support. Les essais auraient dû être plus poussés car il ne suffisait pas d'être sûrs des explosifs. Le reste comptait tout autant. Les spécialistes n'ont plus qu'à modifier leur méthode pour attaquer la deuxième prise.

Ils installent de solides câbles de 12 mm de diamètre tout autour des poteaux de soutènement de la galerie. Ainsi, quand l'explosion se produira, il suffira de tirer dessus avec un engin de chantier pour que tout s'effondre dans un même élan.

« Moteur!... »

La pentrite joue bien son rôle. L'engin également. Mais pas les câbles, ils rompent alors qu'ils sont prévus pour tirer dix tonnes! Contrairement à la galerie, Berri est effondré. Une erreur est humaine, mais deux erreurs sont impardonnables. Il ne sait plus quoi penser. Il n'a même plus envie de hurler, c'est dire. Le découragement qui se lit dans son regard et dans ses gestes est plus éloquent que tout.

Pour une fois, l'antienne des figurants se justifie : « C'est laborieux... » La décoration et les effets spéciaux, qui ont eu le tort de se vouer une trop grande confiance mutuelle, planchent de concert dans la fièvre sur un troisième essai. Sa conception est on ne peut plus simple, tellement simple qu'on se demande pourquoi on ne l'a pas envisagée d'emblée. Cette fois, on modifie l'inclinaison du sas. Mais au lieu de procéder à une nouvelle explosion, on installe l'engin de chantier sur le contrefort de la galerie. Au bout de la pelleteuse, il n'y a qu'un vulgaire godet contenant 7 m^3 de charbon. Au signal communiqué par talkie-walkie à un assistant juché sur la cabine, il suffira au conducteur d'en verser le contenu dans le sas. Alors un mur d'éboulis finira bien par apparaître devant Renaud et Judith Henry qui n'en peuvent mais. Ça ne peut pas rater.

« Moteur!... »

A ce moment précis, Fredo, le premier assistant à la réalisation se met à hurler dans son talkie-walkie :

« Stop! Stooooop! Arrêtez tout! »

La caméra a une panne. Mais le conducteur, assourdi par le vacarme de son engin, n'entend pas. Il verse tout le contenu de la benne dans le sas. Une fois la caméra réparée, il ne reste plus qu'à recommencer. La dernière prise est la bonne. Enfin... Berri est atterré, la production enragée et Jean-Pierre Maricourt inconsolable. Il est conscient du préjudice qu'il porte tant au film qu'à sa propre réputation. Même s'il n'est pas le seul responsable. Il est payé pour que ça marche. Or les nouvelles vont vite, le milieu est minuscule et tout se sait dans le métier, surtout quand il y a des pépins. Dès le lendemain soir à son hôtel, mortifié, il recevra des coups de fil de réconfort de collègues et néanmoins amis. Ils trouvent les mots qui mettent du baume au cœur :

« Ce sont des choses qui arrivent à tous, on n'est pas infaillibles... »

A l'écran, rien n'y paraîtra. *Germinal* aura son éboulement dans les règles. Les spectateurs n'en sauront rien d'autre car ils n'en verront rien d'autre et cela seul compte. Le reste n'est même pas littérature mais cuisine.

21 février

C'est dimanche. Chez lui à Valenciennes, Claude Berri a juste le temps de disputer une partie d'échecs avant de passer à table. Il allume machinalement la télévision. Au journal de 20 heures sur TF1, il est question de guerres et de révolutions, d'accidents et de drames. La vie, quoi. Des images des dommages causés par les pêcheurs bretons à Rungis lui font lever le sourcil :

« Cette violence dans le désespoir, cette colère, on dirait les mineurs de Jean-Bart... »

Puis un reportage de cinq longues minutes, consacré au

« film-événement » de l'année, est diffusé. Six mois avant sa sortie. Berri repose son cavalier, médusé. Passé l'instant de la surprise, il écoute, attentif.

Le ton est donné : son film est d'ores et déjà traité comme un phénomène de société. Il a de quoi se réjouir mais il rechigne. Une phrase dans son interview risque d'être retenue et montée en épingle, au détriment du reste :

« C'est un film politique... »

Il l'est, mais il n'en est pas moins une histoire romanesque comme Zola l'a voulue. Pour redresser la barre, il s'efforcera, dorénavant, d'évoquer *Germinal* comme un film romantique.

22 février, 137e jour de tournage

Une certaine lassitude s'installe. Mais la tension permanente l'empêche de devenir routine. Chacun a hâte d'en finir.

Depardieu fait le tour du site industriel sur un vélo tout-terrain trop petit pour lui. Dès qu'il s'arrête, on l'interroge sur son voyage en Russie. Il a en effet profité de quelques jours de répit dans son plan de travail pour y faire un saut. Avec une délégation de l'ARP (Acteurs, Réalisateurs, Producteurs) il a visité des studios et déjeuné avec Gorbatchev. Puis il a effectué des repérages pour la reconstitution de la bataille d'Eylau, clou de l'un de ses nombreux prochains films, *Le Colonel Chabert*. Dommage qu'il n'ait pas eu le loisir de pousser jusqu'aux mines de charbon de Vorgachorskaïa, théâtre d'une grève dure violemment réprimée qui suscite un gros titre dans *Libération* : « *Germinal* en Sibérie ».

Renaud écoute dans sa voiture la maquette de son nouvel album en ch'timi tout en faisant son tiercé. A force de fredonner leurs airs devant lui, les figurants l'ont contaminé. Depuis deux mois, il enregistre des chansons du folklore local avec son groupe dans un studio lillois. A ses moments perdus, il se rend dans l'atelier de menuiserie d'Arenberg, sis dans l'ancien Foyer du mineur. Des retraités, auxquels il a fourni de grosses quantités de bois, y fabriquent à son initiative des dizaines de petits claps « *Germinal* » qui seront offerts en souvenir à chacun, comme il est d'usage, à la fin du tournage. Il ne sait plus quoi inventer pour tromper l'attente et l'ennui entre « ces petits bouts de phrases répétés » qui ne le mobilisent que deux heures par jour. L'absence de risque que cela suppose le mine par-dessus tout. Il compare le tournage d'un film à l'enregistrement d'un disque. A ses yeux, la vraie prise de risque a lieu au théâtre pour un acteur et en récital pour un chanteur :

« Là au moins, on a un contact direct, on donne le meilleur de soi-même. Du travail sans filet. Ça passe ou ça casse. »

Jean-Roger Milo se demande toujours s'il va accepter la proposition de Patrice Chéreau de jouer dans *La Reine Margot*. Prévoir est un cauchemar. En ce moment et depuis des mois, il est Chaval. Mais plus tard, aura-t-il envie de tirer l'épée? Plus que jamais, il se sent comme un homme sans bagages soucieux de se donner tout entier dans chacun de ses actes. Quand la préparation entre chaque séquence s'éternise, il se réfugie dans sa caravane et s'oublie dans la fréquentation fiévreuse des poètes, le Corbière des *Amours jaunes* qui le fascine depuis longtemps, mais aussi Mallarmé, Verlaine et Rimbaud, sans oublier Hugo qu'il place au plus haut. Ce pur autodidacte s'est approprié leurs mots dans le désordre pour son usage courant. Les benêts croient à une manifestation de confusion mentale alors que c'est sa poésie à lui.

Marc Koninckx, l'homme de la « steadycam », profite d'une longue pause pour se replonger dans une lecture révélatrice de son prochain emploi du temps : la biographie de *La Reine Margot* par André Castelot...

Berri fait les cent pas. Provisoirement, il ne pense plus à ses prochains films. Le week-end dernier, à Paris, il s'est étourdi dans la contemplation des dessins de Giacometti chez Lelong. Il a le cerveau plein de peinture, d'expositions, de musées et de galeries d'un tout autre type. Jamais comme depuis ces derniers mois, il n'a vécu une vie en noir et blanc. La reprise du lundi matin lui est particulièrement éprouvante. Il est entre deux univers, la tête encore remplie du blanc des toiles de Robert Ryman et le corps déjà immergé dans le noir de la mine.

Des taggers anonymes ont sévi sur les murs du hangar : « Lantier président »... « Reviens Lantier, ils sont devenus fous! »... « Anarchie »... « Zola-Berri, même combat! »... « Volez pas les peintures à Yvon »... Dans la caravane du maquillage, une affiche vient de faire son apparition :

« Wallers-Arenberg. Association “ Les amis de *Germinal* et anciens mineurs ”. But : 1) Réunir les anciens de ce film au moins une fois par an à la Sainte-Barbe pour retrouver l'ambiance qui y régnait. 2) Maintenir en état le site minier, la mine Jean-Bart ainsi que les décors qu'il sera possible de transplanter. 3) Participer à différentes manifestations au cours de l'année pour mettre en valeur notre site minier et les décors de *Germinal.* »

Signe des temps : on parle déjà du film au passé. Pourtant, le tournage n'est pas encore achevé. L'équipe non plus.

Recroquevillés dans un coin de la galerie, les genoux vraiment meurtris par les pierres, Depardieu, Renaud et Milo lancent en cadence leurs pics contre les poutres et la paroi. Timidement à la première prise, rageusement à la cinquième. Ils sont en sueur à force de boiser. Nul besoin d'un coup de pulvérisateur sur le front et sur le torse pour créer l'illusion du labeur. Ils paraissent sincèrement à bout de force.

« Moteur! »

A nouveau, Albano-Jeanlin court dans la galerie et, parvenu à leur niveau, prévient Depardieu-Maheu de l'inspection imminente de Negrel :

« Papa! Papa! C'est l'ingénieur! »

Il est presque bon. Berri est content mais pas satisfait. Il lui faut une sixième prise. Le metteur en scène a tellement reproché à l'adolescent de ne pas avoir l'air assez essoufflé que celui-ci demande conseil à un assistant. Puis il disparaît du plateau. Depardieu, épuisé par sa position inconfortable sinon douloureuse, s'impatiente.

« Mais où il est passé? Albano! Reviens!
– On lui a suggéré de faire le tour du hangar en courant pour qu'il s'essouffle vraiment...
– Mais qu'est-ce que c'est que ça? La méthode Stanislavski? Albano! Ça se joue, l'essoufflement! »

Quand il revient, il est à point, épuisé et haletant.

« Papa! Papa! L'ingénieur! »

Parfait. On la tire, elle est bonne. On congratule le jeune acteur émérite. C'est le métier qui rentre.

« Pas trop fatigué par ta course à pied?
– Moi? Pas du tout. Je fais du tennis toute la semaine.
– Mais alors, comment...
– L'essoufflement, ça se joue. »

Les acteurs changent de position pour la suite de la séquence. Depardieu respire enfin. La fin approche, pour lui du moins. Mais il ne quittera ce plateau que pour en rejoindre un autre dès le 4 mars. Pendant dix jours, guère plus, il flottera entre deux rôles. Juste le temps de se désincarner et de faire le vide. Incapable d'affronter l'inactivité, il a fait avancer de plusieurs mois le premier tour de manivelle d'*Une simple formalité*, film qu'il va tourner à Rome avec Roman Polanski sous la direction de Giuseppe Tornatore.

Après tout, Stakhanov était mineur, lui aussi.

Depardieu se déplie, s'étire, se lance dans une imitation de Gilbert Bécaud (« La place vide était rouge... ») et balance aux habilleuses quelques bons mots de son cru qui ne manquent pas de déclencher un rire général. Seul Berri, rivé à son écran de contrôle, garde son sérieux. Dans son monde intérieur, il visionne une séquence précédente.

« Vous avez vu Marian, l'humanité qui se dégage de son regard? Trente-trois ans au fond de la mine... »

Lantier, Maheu, Chaval, Catherine et Jeanlin sont assis par terre, face à face. Ils mangent religieusement, sans piper mot. Le silence est finalement rompu par Maheu :

« On prend des risques, ça c'est sûr... Mais on a le choix entre crever dans un accident ou crever de faim. »

Puis Lantier le regarde. Fin de la séquence.

Ils mangent, donc. Leur pain a été spécialement fabriqué

« à l'ancienne » par un boulanger de Valenciennes, puis spécialement beurré « à la Marcel » par l'accessoiriste de plateau. Huitième prise, huitième sandouiche.

« ... on a le choix entre crever dans un accident ou crever de f... »

Depardieu ne peut plus dire son texte et Renaud ne peut plus le regarder tant ils rient du comique involontaire de leur situation.

« Marcel, j'en peux plus de tes sandouiches!

– Ah! mon p'tit gars, je peux te faire une pizza si tu préfères, mais M'sieur Berri va encore dire que ça fait pas très Zola. Allez, mange... »

Quand ils sont calmés, on la refait. Renaud semble déjà regretter le départ imminent de Depardieu. Il lui doit plus et mieux que des bons conseils au bon moment. Tout à l'heure, au maquillage, il n'a pu s'empêcher de lui glisser :

« Je ne sais pas si je referai du cinéma, mais si c'est le cas, j'aimerais bien que ce soit avec toi. »

Berri se lève enfin. C'est signe que la neuvième est la bonne.

« O.K.! On la tire! Gérard Depardieu a fini son... le film. Merci, monsieur Depardieu. A la prochaine! »

L'acteur se lève, ému, ravi, heureux d'en avoir terminé. Alors, selon une tradition établie de longue date dans le cinéma, toute l'équipe se tourne vers lui et l'applaudit.

« Merci, merci... Et dire que je n'ai même pas payé ma tournée... Quel radin! »

En effet. Mais beaucoup peuvent témoigner de sa vraie générosité, celle du cœur. La journée s'achève. Berri et Depardieu quittent le hangar ensemble. A croire qu'ils ont fait connaissance il y a peu et qu'ils ont du mal à se lâcher. Sur le tournage de *Je vous aime*, leur premier film ensemble, ils pouvaient difficilement aller l'un vers l'autre comme ils l'auraient voulu, il y avait trop d'acteurs. Sur celui de *Jean de Florette*, Depardieu était arrivé alors que le film était déjà commencé, mais une affection mutuelle avait eu le temps de naître. Sur *Uranus*, il ne passa que six semaines.

Avec *Germinal*, ils ont pris le temps de se connaître et de se rapprocher.

Ils partagent leurs derniers instants en commun sur ce film en se raccompagnant mutuellement, l'un à sa voiture, l'autre à sa caravane.

« Tu as été très bien aujourd'hui, Gérard...

– Finalement, c'était un rôle difficile, tu sais. Parce que... Parce que, quoi! C'est difficile de jouer un brave gars généreux. Surtout que ce type, c'est le Dédé, c'est mon père, y'a pas de doute... Allez, mon Claude, à la prochaine! »

Alors Gargantua s'empare de Tom Pouce et l'étreint. Puis ils s'embrassent. Un vrai moment d'émotion. Berri s'engouffre dans sa voiture. Et, tout en essuyant la suie et la sueur que Maheu vient de lui coller sur la barbe, il se laisse enfin aller.

« Il est formidable. En plus, il est inspirant. Le prochain, je le fais avec lui. »

23 février, 138e jour de tournage

Les membres de l'équipe, plaqués contre la paroi de la galerie pour ne pas risquer d'apparaître à l'image, sont stupéfaits. Jean-Roger Milo n'arrête pas de tourner sur lui-même. Il cherche à s'étourdir, à perdre toute notion du temps et de l'espace, à se rendre fou. Il murmure en bribes saccadées :...Toine... briel... toine... Jusqu'à ce que grésille le talkie-walkie de Nathalie, la deuxième assistante à la mise en scène :

« On peut y aller? »

Alors Milo s'élance dans la galerie, trébuchant sur les rails, se cognant brutalement à la roche, s'effondrant, se relevant aussitôt. Et il crie à s'en casser la voix, tel un désespéré à la recherche de ses camarades engloutis :

« Antoine!... Gabriel!... »

Lui qui aime les mots, il se grise à les hurler. A la quatrième prise, il n'est plus qu'une sihouette titubante, un pauvre hère pathétique, effrayant de vérité. Il vocifère et frappe le décor de ses poings en pleurant de rage. Les uns et les autres s'effacent sur son passage de crainte de le recevoir comme une masse inerte. Il est saisissant. Certains ont peur. Peur du marginal, peur du fou. Il est fidèle à sa réputation d'instable et de violent. Tandis que les servants de la caméra rechargent, il continue à déambuler et brandit son pic menaçant à bout de bras : ...toine... briel...

Pas facile à diriger, Milo. Il veut toujours modifier le scénario ou améliorer les dialogues. Berri l'adjure de n'en rien faire. Milo rechigne. Il s'est tellement identifié à son personnage qu'il a du mal à sortir de sa logique. Son idée fixe, c'est de le rendre le plus vrai possible. Berri gueule. Milo baisse les bras. Pendant la prise, il continue à changer ses phrases, mais cette fois sans le faire exprès. Il faut vraiment une grosse colère du metteur en scène pour le ramener au respect du script.

On la tourne. Il repart. Elle est bonne. Nul n'ose l'approcher. Milo redevient alors lui-même sans cesser d'être Chaval, mais un Chaval tel qu'il le ressent depuis le début : un traître qui fait le grand écart entre le cynisme et la haine obsessionnelle, un homme qui quémande un reflet de tendresse quand il voit une cambrure d'Ève dans la nuque de Catherine, un paumé qui entretient ses tares et se gave du plaisir secret d'acculer Lantier aux pires desseins, un pauvre type qui a l'impression d'être unique dans un monde qui ment.

Milo s'asseoit par terre. Puis, adossé à la paroi de la galerie, il fume l'un de ses cigarillos.

« J'espère que le timbre était bon. Important, le timbre. »

Toutes les théories sur le jeu de l'acteur lui font horreur. Il veut jouer d'instinct, avec sa viande. Faut pas chercher à comprendre ni à expliquer. Tout part de la mémoire originelle et tout y revient. Le reste, c'est du cirque sur le cinéma.

24 février, 139e jour de tournage

A Valenciennes, dans un vaste hangar où sont entreposés quelque 500 robes, 400 costumes civils d'ouvriers et autant de tenues de mineurs, 120 costumes militaires, 800 paires de chaussures, des centaines de barrettes, béguins, sous-vêtements et accessoires divers, Pierre-Jean Larroque, le chef costumier, supervise les « rendus » à la tête d'une équipe de huit personnes qui recousent, réparent, nettoient, refont des ourlets avant d'envoyer le tout au pressing. Les costumes de la figuration sont, eux, envoyés à Roubaix chez Rossel, un spécialiste qui assurera leur remise en état avec une méthode appropriée. Car si un tiers des costumes a été fabriqué spécialement pour le film, les deux autres tiers ont été loués.

L'opération a commencé dès le 10 janvier. On appelle ça « casser ». En fait, on peut dire que tout a été loué. Car même ce qui a été conçu à la demande expresse des créatrices de costumes a été payé 30% de son prix au titre de première location avant d'être rétrocédé définitivement à un loueur.

On ne vend rien, on rend tout. Et contrairement à ce qui se passe souvent à Paris à la fin des tournages, en province il n'y a pas de vol.

En face, dans un autre hangar, on ne rend rien, on vend tout. On brade à vil prix. Mais là, il s'agit des meubles et accessoires d'ameublement du film, et non des costumes. Cette gigantesque foire à la brocante est ouverte dans un premier temps aux membres de l'équipe et à leurs amis avant de l'être à tous. Un impressionnant capharnaüm dans lequel s'entassent les fers à repasser et les lampes à pétrole, les tables et les chaises, où les brouettes et les outils côtoient des collections de journaux d'époque et des livres, des statues et des tableaux...

Un morceau de la mémoire du film s'en va. Mais il n'est pas perdu. Il survivra grâce à tous ceux qui conserveront cet ultime reflet de *Germinal* en eux, chez eux, pour eux.

26 février, 141e jour de tournage

On approche de la fin, celle du script et celle du tournage. Pour une fois, ils sont à peu près synchronisés. Renaud et Judith Henry sont assis dans le recoin d'une galerie dos à la paroi. L'équipe, réduite au strict minimum, s'entasse dans un autre recoin. La scène est délicate à jouer et à tourner.

Après le sabotage de la mine, l'explosion du cuvelage et l'éboulement, Lantier et Catherine sont isolés du reste du monde. La lampe faiblit doucement. Ils attendent la mort plutôt que la délivrance. Elle se blottit dans ses bras, face à la caméra. Ils s'aiment enfin alors qu'elle se sent partir. Leur dialogue est émouvant, leur échange de regard pathétique. On refait la séquence pour plus de sûreté. Après, il faudra bien passer à la fin de la séquence, ces quelques lignes du scénario qui taraudent Renaud :

« D'un élan, elle se pend à lui, cherche sa bouche et y colle passionnément la sienne. Lui, frémissant de la sentir ainsi contre sa chair, demi-nue sous la veste et la culotte en lambeaux, l'empoigne dans un réveil de sa virilité. »

Depuis des mois, il remâche ces deux derniers mots, inquiet ou ironique selon les jours. Réveil de sa virilité... Mais encore? « On verra », lui a maintes fois répondu Claude Berri. Air connu. Il lui a fait valoir l'importance que Zola accordait à ce genre de scène, le sexe étant à la fois un exutoire, le seul acte qui ne coûte rien et le moyen de se survivre à travers la reproduction. Cela n'a pas dissuadé Renaud d'être, lui, plus précis dans le fameux avenant à son contrat, relatif à sa participation aux scènes les plus chaudes du film :

« Séquence 244. Catherine n'embrassera pas Renaud sur la bouche. On verra effectivement, comme écrit au scénario, Renaud " empoigner " sa partenaire, scène qui sera suffisamment suggestive pour que le spectateur moyen devine que les héros vont faire l'amour. Mais cette copulation fictive ne sera pas filmée. Si elle devait l'être, Renaud serait doublé. Quant au " réveil de sa virilité ", Renaud déterminera, en accord avec Claude Berri, la dimension minimum du réveil et, le cas échéant, si ce réveil doit être à l'image ou non. »

Berri a son idée sur la question, même si elle est encore assez vague jusqu'à la dernière minute, comme toujours. De toute façon, il sait jusqu'où il peut aller trop loin, lui qui a depuis le début l'ambition de réaliser un grand film « tous publics » soutenu et encouragé par le ministère de l'Éducation nationale. Ce serait un comble que *Germinal* soit interdit aux... mineurs!

On la tourne enfin. Étienne et Catherine sont dans les bras l'un de l'autre. Après les cris, les chuchotements. Puis il l'embrasse langoureusement. L'émotion contenue dans la scène exige une certaine qualité de silence. Berri regarde Pierre Gamet qui fait la grimace. Ils sont les seuls à porter un casque. Le moindre bruit ne peut leur échapper. Un soupir de l'un, un froncement de sourcils de l'autre et les assistants font aussitôt couper les canons à air chaud dont le souffle est encore trop puissant ainsi que les groupes électrogènes à l'extérieur.

« Silence! » hurle Berri, immédiatement répercuté en écho dans tout le hangar, et jusque dans la cour dehors par une chaîne de vigies armées de talkie-walkie. Fredo s'arme de patience. Il sait que ça ne suffira pas. Berri bout à nouveau.

« Alors, ce silence!

– Rien à faire. C'est le train.

– Arrêtez-le!

– Il passe, Claude, il passe... »

On laisse s'écouler quelques minutes.

« Mais ça continue!

– Ça, c'est le bourdon de l'autoroute.

– Bloquez-la!

– Pas de problème, Claude, pas de problème... »

Quelques instants après, on peut enfin la tourner dans un silence absolu. On croirait l'atmosphère d'un bloc chirurgical. On ne tourne pas, on opère. A une nuance près : il ne fait pas blanc mais noir.

Berri s'extrait du boyau les traits tirés, plus anxieux que jamais. C'est le « syndrome de la fin ». Il est angoissé à l'idée d'achever le tournage en ayant oublié quelque chose d'important.

28 février

C'est dimanche. Quand il ne tourne pas, Claude Berri retourne les problèmes dans sa tête. Impatient certes, mais tenace. Aujourd'hui, il rêve que *Germinal* fait sept millions d'entrées, deux de plus par rapport au minimum qu'il s'est autorisé pour n'être pas déçu. Un nouvel élément vient l'encourager dans ses calculs. En feuilletant le calendrier, il s'est rendu compte que le 1er novembre 1993 tomberait un lundi et le 11 novembre un jeudi. Deux ponts en perspective, que demander de plus! Sans papier ni crayon, il refait ses comptes, multiplie le nombre des fauteuils par celui des salles, divise par le nombre de séances et multiplie par la population du Nord-Pas-de-Calais ajoutée à celle de l'Île-de-France et de...

« Si on fait un carton, je m'offre le même vidéocar que Coppola! » dit-il avec, dans le ton et le regard, ce mélange de naïveté et de roublardise qui n'appartient qu'à lui.

Pour se rassurer, il ouvre l'album consacré à *Jean de Florette*. Un édifiant sondage y est reproduit dans la dernière partie. Interrogés sur les motivations qui les ont poussés à aller voir le film, les spectateurs placent en première position le fait qu'il soit tiré d'un livre de Marcel Pagnol (68%), puis les vedettes (55%), l'histoire (49%), le titre (31%) et bien après la réputation du metteur en scène, les critiques, la publicité, les émissions... Mais quand on leur demande quel est l'élément du film qui leur a plu en priorité, les paysages l'emportent de loin sur le reste chez 82% des sondés.

C'est la seule ombre au tableau. Car dans *Germinal*, ils sont peut-être beaux, mais rudes. Le Nord n'est pas la Provence.

4 mars, 145e jour de tournage

Germinal, derniers jours. Après, on ferme. Que le dernier sorti n'oublie pas d'éteindre la lumière. Ce tournage n'en finit plus de finir.

Claude Berri n'en peut plus. Il aimerait tout plaquer et rentrer à Paris. Pour lui comme pour les autres, ça n'a jamais été aussi harassant de faire un film.

L'équipe est sur les genoux. Tous sont très éprouvés, tant nerveusement que physiquement. Même les vieux routiers du circuit en conviennent : ils n'ont jamais ainsi ressenti le poids physique du travail. Question de durée, de climat, de sujet. Leur motivation est à peine érodée mais depuis quelque temps, ils ne parviennent plus à se ressourcer d'un jour à l'autre pour mener l'entreprise à son terme. Ils étaient partis pour courir un 10 000 mètres mais la dernière ligne droite est la plus dure. Ils ont mal aux jambes et leur cœur bat trop vite.

Depuis six mois, le samedi soir était guetté comme une délivrance. Chacun s'enfuyait du plateau, gai comme un militaire en permission. Ce samedi-là est attendu comme le jour de la libération.

20 heures. Ce soir, on tourne en extérieur nuit au Voreux, l'arrivée d'Étienne Lantier et ses adieux à la Maheude. Si la météo le veut bien. Jusqu'au bout, elle aura fait la loi. En ce moment, il pleut et la brume persiste, sans aucun respect pour le scénario. Claude Berri n'a plus la force ni le goût de maudire le ciel. Mais il va achever le tournage dans ce décor si symbolique de *Germinal* et cela suffit à son bonheur. Il ne lui reste plus qu'à aller dîner chez Jannick, tout en lisant son courrier. Pour tuer le temps. Avec un assistant aussi efficace et énergique que Fredo l'est encore sur le plateau au bout de six mois, il peut se le permettre. Car pendant que Berri se rassemble, des centaines de figurants et techniciens attendent, eux aussi, mais sur place, prêts à obéir au prochain clap.

En parcourant une lettre, Berri pousse un soupir de soulagement.

« Ouf! On l'a échappé belle! »

C'est un professeur d'histoire et géographie d'un lycée agricole de l'Aisne qui annonce son arrivée sur le plateau pour après-demain, avec toute sa classe, car ses élèves sont actuellement en train d'étudier *Germinal*. Elle assure néanmoins que « la présence discrète d'une vingtaine de jeunes dans un coin du tournage » ne l'indisposera pas.

Il est vraiment temps que ce film s'achève.

Jannick, la restauratrice, a la larme à l'œil en découpant sa fameuse tarte au sucre, spécialité régionale dont Renaud dit souvent : « Il ne faut pas être la moitié d'un con pour l'avoir inventée, en tout cas pas plus con que l'inventeur du sandouiche au pain. »

Jannick est déjà nostalgique de cette année 1992 qui a marqué sa vie pour toujours. Elle pense à l'équipe bien sûr, aux acteurs cela va de soi, mais surtout à Claude.

« J'ai gros cœur de le voir partir... »

Berri la console comme il peut, sans pour autant s'engager à tourner son prochain film dans la région de Wasnes-au-Bac. Il a déjà l'esprit ailleurs. La cérémonie des Césars est pour bientôt. La polémique sur l'identité de films produits par des Français mais tournés en anglais a fait long feu. Les parties antagonistes sont parvenues à un compromis. Mais il reste des traces de ce duel à fleurets mouchetés. Berri mitonne avec jubilation un petit texte, au cas fort improbable où il obtiendrait le César du meilleur producteur pour *L'Amant* :

« *Tank you zery moche. I am zery appy for Jean-Jacques and Marguerite. I haupe to come back next year with a french mouvie.* »

4 h 45 du matin sur le champ de Paillencourt. Le Voreux est toujours là mais bien le seul à paraître aussi vaillant. Tout le monde est transi de froid. Des silhouettes vacillent, envahies par le sommeil. Des spectres se regroupent autour des braseros, mains tendues en avant, sautant d'un pied sur l'autre en une frénétique danse de Saint-Guy. Certains chantent des couplets du folklore local pour se tenir éveillés. D'autres parlent de tout et de rien pour ne pas sombrer. Le mégaphone les fait tous sursauter.

« Attention, tout le monde en place! On va la tourner! »

On se regroupe autour de la cage d'ascenseur. Des mineurs prennent place dans le wagonnet, d'autres vont et viennent. Leur ballet est savamment réglé. Berri les observe, les scrute, les étudie sur son écran vidéo. Il n'en finit pas d'être fasciné par eux. Chaque fois qu'il parle des figurants, c'est avec émotion. A croire qu'il a retrouvé chez les hommes du Nord ceux du faubourg Saint-Denis. Des humbles et des petites gens, monde dont il est issu mais dont il est désormais coupé par le milieu du cinéma où les gens vrais sont rares.

On tourne le début de la séquence 254, l'avant-dernière du scénario :

> La descente commence. Des ouvriers montent de la baraque. Les berlines ébranlent les dalles de fonte. Dans la vaste salle encore sombre, que les lanternes épuisées éclairent d'une clarté louche, Lantier les reconnaît tous. Les mineurs qui attendent là, pieds nus, lampe à la main, le regardent de leurs gros yeux inquiets puis baissent le front, se reculant d'un air de honte. Il y en a un qui s'avance vers lui et qui lui tend sa main puis il rejoint le troupeau. Une cage embarque les hommes et disparaît.

Celui-là, c'est René Lukasiewicz dit « Bombardier », de son nom de mine. Il a un regard, une silhouette et une poignée de main. Depuis la préparation du film, le maire-adjoint de Wallers-Arenberg est bien plus qu'un figurant parmi les plus gentils ou un partenaire local particulièrement efficace. C'est peut-être dans l'expression du regard qu'il vient d'échanger avec Lantier que gît la vérité de *Germinal*.

On la refait. La cinquième est la bonne. Pour une fois, Bombardier ne s'attarde pas parmi ses anciens camarades de galeries. Ses fonctions municipales l'appellent. Dans quelques heures, le responsable des sports doit avoir fait en sorte que la salle des fêtes soit prête pour le bal du handball. Après quoi seulement, il pourra dormir un peu auprès de « Germinal » et de « Maheu », le chat et le chien qu'il a trouvés et recueillis pendant le tournage...

Frédéric, le premier assistant, a encore assez d'énergie et de patience pour expliquer son rôle à un jeune figurant :

« Au moment où tu montes dans le wagonnet, tu croises

le regard de Renaud. Et alors tu es très surpris, très étonné parce que tu ne l'as pas vu depuis deux mois...

– Renaud? Mais si, je l'ai vu ce matin...

– Bon. On reprend... »

Avant de rejoindre les mineurs pour gagner à son tour le fond, la Maheude s'adresse une dernière fois à Lantier.

Vêtue de la culotte et de la veste de mineur, la tête serrée dans le béguin, Miou-Miou sort une longue paperolle de sa poche et s'isole. Emmitouflée dans un duffle-coat incongru par-dessus son costume, elle révise son texte tout en faisant les cent pas. Malgré ses dizaines de films, elle a le trac. On dirait une étudiante à la veille de passer l'oral. Elle n'en a pas seulement l'allure, mais le charme et la fragilité, la candeur et l'incertitude. La timidité de ses débuts ne paraît pas l'avoir quittée. Mais elle est désormais compensée par l'audace acquise avec le métier. Elle n'a plus besoin d'être violente pour jouer la violence. La longueur inhabituelle de son texte n'est pas sans l'angoisser. On se met en place. Renaud est face à elle. Il bégaie de saisissement en la découvrant dans ses vêtements d'homme. Elle l'interrompt.

« Hein? Ça t'étonne de me voir... C'est bien vrai que je menaçais d'étrangler le premier des miens qui redescendrait, et voilà que je redescends. Je devrais m'étrangler moi-même, n'est-ce pas?...

– Plus agressif, Miou! Plus agressif... »

Berri n'est pas totalement satisfait. Il attache d'autant plus de valeur à cette scène qu'elle clôt l'histoire. Le spectateur l'aura encore en tête en quittant la salle. Le metteur en scène est ému par l'actrice. Mais jamais il ne le sera autant que par les derniers mots du Papet (« Vivant, oui, mais bossu... »), une séquence d'anthologie qui le bouleverse encore comme au premier jour. Miou-Miou reprend.

« ... Ça ne portera pas chance aux bourgeois d'avoir tué tant de pauvres gens. Un jour, ils seront punis, tout se paie. Un jour, les soldats tireront sur les patrons comme ils ont tiré sur les ouvriers. »

Un régisseur distribue les feuilles de service du dernier

jour. Une surprise, épinglée dans un coin, y attend tous les membres de l'équipe. Ils ont chacun droit à un billet de Tacotac. Cette attention, c'est la manière discrète de Miou-Miou de leur offrir la tournée.

6 heures du matin. La « journée » de travail s'achève au « forcing ». Demain sera le dernier jour, si tout va bien. Demain, c'est-à-dire tout à l'heure. L'aube se lève quand les derniers machinos quittent Paillencourt.

Claude Berri feuillette *Germinal blues*, l'album que Benoît Barbier, le photographe de plateau, a réalisé en n'utilisant que des vues hors plateau. De somptueuses images panoramiques en noir et blanc. C'est peu dire que le metteur en scène est touché. Il voit son film défiler sous ses yeux comme jamais au moment même de l'achever. Son admiration n'est pas feinte. Ce n'est pas son genre. Une photo l'accroche en particulier : dans un boyau, au fond d'une galerie, on distingue le visage douloureux de Jean-Roger Milo, surgissant du néant, et dans un coin à droite, comme par effraction, celui de Claude Berri prodiguant d'ultimes conseils.

« Voilà, mon film, c'est ça. Ce que j'en conserve, c'est la poésie, le mystère de cette image. Et le sourire de Renaud. »

Comme dirait Malraux : par ailleurs, le cinéma est une industrie...

5 mars, 146e jour de tournage

20 heures. Certains ont récupéré, d'autres pas. Des figurants ont dormi dans leur voiture pour être à l'heure dès la reprise.

Claude Berri est au cinéma, avec Miou-Miou et le monteur, Hervé de Luze. Ils visionnent les « rushes » des dernières images. C'est beau, c'est fort, surtout quand l'ascenseur s'enfonce dans le puits. La Maheude donne l'impression d'être avalée par la terre sous le regard de Lantier.

Dehors, il pleut encore. Jusqu'au bout...

Avant de retourner au Voreux pour les toutes dernières scènes, Claude Berri passe un instant chez lui, à Valenciennes. Il y règne l'atmosphère d'un déménagement. Les meubles sont dans les caisses. Seul, l'échiquier surnage au-dessus des cartons. Cap sur Paillencourt. En route, il faut pousser la vitesse des essuie-glaces si on veut y voir. Misère...

« Si la pluie marque le terrain, c'est reparti pour un tour. Ce film ne veut pas me lâcher. J'ai l'impression qu'il m'a fait vieillir de plusieurs années. »

23 heures. Claude Berri dîne chez Jannick tout en jouant aux échecs, isolé dans un coin du restaurant. Assis à une autre table, Pierre Grunstein et Patrick Bordier, les deux hommes forts de la production sur le terrain, trinquent avec les propriétaires des différentes parcelles du champ de Paillencourt. Dans la grande salle, Jannick et M. Déramaux, président des pâtissiers du Nord, mettent la dernière main à un énorme gâteau, avec un chevalement en chocolat, les portraits des acteurs en café et cacao, une glace royale au pastillage, afin que l'équipe fête dignement la fin du film. Au centre, sur une plaque en nougatine, le pâtissier a inscrit : « Merci à Claude Berri d'avoir mis votre talent et votre passion au service de notre belle région. » Patrick Bordier goûte et apprécie en fin gourmet. Mais le directeur de production qui sommeille rarement en lui reprend aussitôt le dessus.

« Il est beau, mais pour 250 personnes, ça va être juste. »

Eric Bartonio, le premier assistant à la réalisation chargé de la logistique, est attendu comme le messie. Un talkie-walkie à la main, il vient retrouver Berri.

« Désolé Claude, mais il y a encore trop de brume pour un plan large de Renaud...

– C'est une mauvaise plaisanterie?

– Hélas, non. Vers 3 heures ou 4 heures du matin, ce sera peut-être possible. Sinon, il y a trop de halo. Toute cette fumée... On se croirait dans un concert de rock!

– Et si on réalisait un plan de début?

– Il y a un problème. Au début, Renaud avait un chapeau sur la tête.

– On ne va quand même pas faire un plan juste pour lui enlever son chapeau! Déjà qu'il faudra réduire le film de trente minutes au moins... »

On appelle le monteur chez lui. Il a tous les plans en tête. Cela n'empêche pas Alphonse Champagne, l'agriculteur, de donner son avis de sage, d'homme du terroir et d'expert.

« Si y a pas de lune, le brouillard restera. Sinon, le contraire. »

4 h 30 du matin sur le terrain. Claude Berri est tout sauf un contemplatif. Soit. Son moteur, c'est l'inquiétude et le doute permanent. La cause est entendue. Mais il est des circonstances où il s'en passerait volontiers. Quand ils ne lui sont pas indispensables pour agir et avancer. En ce moment précis par exemple, alors qu'il piétine nerveusement en attendant que s'éclaircisse la purée de pois qui nous enveloppe. Il n'y a jamais eu autant de monde derrière la caméra. Heureusement que le champ au bord du canal offre plus de recul que les galeries. Techniciens, acteurs, figurants, même ceux dont la présence n'est pas requise, tous ont voulu être là malgré l'heure tardive. Pour ne pas rater cet instant rare : les dernières minutes du tournage.

La brume s'est dissipée. Renaud marche, seul, sans dire un mot, ses bagages à bout de bras. On finit par là où on avait commencé. En août, il arrivait. Ce soir, il s'en va. D'un terril l'autre, il s'enfonce dans la nuit d'un noir d'encre face à la caméra montée sur le rail du travelling. Rien de plus simple. Dès la deuxième prise, le plan est satisfaisant. Mais on la refait tout de même. Non par sécurité mais par habitude. Claude Berri et ses collaborateurs à la réalisation sont comme des marathoniens qui ne parviennent pas à s'arrêter après avoir franchi la ligne d'arrivée.

A chacun ses références. Certains paraphrasent un mot fameux de Maurice Thorez – « Il faut savoir finir un film » – d'autres préfèrent citer Max Ophuls : « Il faut qu'il y ait un dernier jour de tournage. Sinon, il n'y aurait pas de prochain premier jour de tournage. » On se console comme on peut.

La séquence est dans la boîte. En principe, il n'y en aura plus d'autre. C'est fini mais personne n'y croit. Hébétée et exténuée, l'équipe continue le tournage, Berri et Fredéric, son assistant, en tête. Ils veulent encore refaire ce dernier plan. Renaud obéit désormais comme un automate, lui qui aurait tant aimé que son personnage mette sa vie en accord avec ses idées : Lantier aurait pu avoir le bon goût de mourir, lui aussi, mais Zola ne l'a pas voulu. Dommage. Renaud se plie aux ultimes injonctions. A nouveau, il simule le départ. Peut-être que s'il prenait l'initiative de vraiment partir pour ne pas revenir sur le plateau, s'il se fondait dans la nuit, ce tournage interminable pourrait enfin s'arrêter?

Ce ne sera pas nécessaire. Cette fois, c'est fini. Pour de bon. D'après le journal de bord de la « script-girl », *Germinal* totalise à ce jour 146 jours de tournage, 155 000 mètres de pellicule et 1328 plans tournés pour une durée de 3 heures, 28 minutes et une seconde. Le mégaphone crépite pour la dernière fois.

« Journée, nuit, semaine terminées! Et tournage terminé! »

Alors, selon une tradition bien établie, l'équipe technique dépose enfin les armes et bat des mains. C'est la scène la plus étonnante de *Germinal* mais on ne la verra pas à l'écran : une soixantaine de Parisiens ivres de fatigue, se regardant et s'applaudissant mutuellement à 5 heures du matin, dans le désert d'un champ de betteraves du nord de la France, battu par des vents glacés...

Après l'émotion, les premiers pétards. Le dernier tour de manivelle ayant été maintes fois repoussé et la fin du tournage ayant pris une semaine de retard, la fête a finalement été annulée par la production. Mais il y en aura une tout de même. Moins grandiose mais plus intime et plus chaleureuse.

A cent mètres du chevalement, champagne, buffet et

gâteau attendent tous les « germineurs » du film dans le décor des vestiaires attenant à celui de la lampisterie. Quand Berri y pénètre, l'ambiance est déjà chaude : serpentins, pétards et confettis. La fatigue accumulée ces dernières nuits est déjà oubliée. Ça hurle et ça chante comme au premier jour. Une sorte de bonheur sourd de ces regards et de ces voix. Fugitif mais bouleversant.

« Pour *Germinal*, hip hip hip!... Hourraaaaah! »

Tout le monde s'embrasse dans un doux délire, comme dans ces fêtes qui marquent la fin d'une guerre. Certains membres de l'équipe se lancent des « A lundi! » Non par habitude mais parce qu'ils sont sûrs de se retrouver à la soirée des Césars. Jean-Roger Milo, qui n'a entretenu qu'un minimum de relations avec Renaud depuis six mois, sur le mode du bonjour-bonsoir, s'avance vers lui, l'étreint, l'embrasse et se met à lui parler enfin :

« Tu comprends, tu étais Lantier et moi j'étais Chaval, je ne pouvais pas, il ne fallait pas... »

La foule s'écrase en une masse compacte et ondulante autour de Claude Berri. Certains se font photographier avec lui, d'autres lui demandent encore de leur dédicacer quelques mots... sur des assiettes en carton qui ont remplacé les exemplaires de *Germinal.* Il est à bout de force mais, pour une fois, il sourit et se prête de bonne grâce à toutes ces sollicitations.

« Les amis! Rendez-vous tous le 27 septembre à Lille pour la première! »

Les figurants veulent le porter en triomphe mais il s'éclipse, les abandonnant à l'ivresse de la fête. Claude Berri s'enfonce dans la nuit de Paillencourt, touché au cœur par ces témoignages spontanés.

« Ils sont admirables. Ce sont des pauvres gens, ce sont des victimes... »

6 heures du matin. Dans la voiture qui le ramène à Valenciennes, il écoute d'une oreille distraite les nouvelles à la radio. Le tournage avait commencé avec l'annonce de la mort de Michel Berger, il s'achève avec celle de Cyril Collard. Il tourne le bouton, pousse le dossier de son

fauteuil en arrière, regarde défiler le paysage et se met à chanter :

« Au Nord, c'était les corons
La terre, c'était le charbon
Le ciel, c'était l'horizon
Les hommes des mineurs de fond... »

Puis il s'endort du sommeil du juste. A défaut de paraître heureux, il semble enfin apaisé. En paix avec sa conscience.

Troisième partie

APRÈS

Le Nord a du vague à l'âme. Du moins cette parcelle de la région qui a vécu pendant un an au rythme de *Germinal*. Figurants, employés, fournisseurs, ils font tous une petite déprime. Claude Berri et les siens ont bouleversé leur vie et changé leurs habitudes en leur révélant le monde étrange et mystérieux du cinéma. Les acteurs leur ont montré qu'on pouvait être célèbre tout en restant humain. Le tournage leur a appris qu'ils savaient faire autre chose.

C'était beaucoup d'un coup pour des gens simples et généreux à l'existence circonscrite de longue date au périmètre du coron et à l'horizon bouché par les terrils. Le film leur a rendu leur fierté. Non qu'ils l'aient jamais vraiment perdue, mais en rendant hommage au monde des « gueules noires », en leur donnant l'occasion d'honorer la mémoire de leurs parents et grands-parents, *Germinal* leur a permis de rappeler à tous que les mineurs étaient jadis les seigneurs du monde ouvrier.

Il en est qui conservent jusqu'au dernier moment le contact avec l'équipe du casting. Par habitude, par amitié et par reconnaissance. Certains, qui étaient chômeurs de longue durée avant le tournage, appellent juste pour exprimer leur gratitude :

« Ça nous a redonné du tonus, on vient de retrouver du travail... »

Les parents de deux enfants à la scolarité problématique, qui jouaient des rôles de galibots, passent juste pour dire que leurs difficultés se sont atténuées depuis l'expérience de *Germinal*. Pour les uns comme pour les autres, ces petits signes sont aussi une manière de prolonger l'ambiance du tournage. Avec un brin de nostalgie dans la voix et le regard.

Après le trop-plein, le grand vide. Au restaurant Le Robinson, de Wasnes-au-bac, Jannick n'arrête pas de pleurer. On a dû faire venir le médecin. Les anciens du film n'arrivent à se défaire de *Germinal*. Ce n'est pas tant le tournage ni le travail qui leur manquent mais l'atmosphère. A la moindre occasion, elle resurgit. Quand les institutrices de l'école maternelle Siméon-Cuveillier organisent un carnaval dans la plaine Saint-Waast, un groupe d'enfants se distingue dans le défilé : ceux qui jouent les galibots de *Germinal*, visage barbouillé de noir, vestes assorties, lampes de mineurs moulées dans du carton... Au lycée Charles-Deulin de Condé-sur-l'Escaut, des étudiants de BTS-audiovisuel ont choisi un sujet d'examen tout à fait dans l'air du temps : « Floréal », documentaire-reportage sur l'après-*Germinal* et l'empreinte du film sur ceux qui y ont participé.

Des anciens de la figuration ont pris goût au cinéma. A Paris, la revue spécialisée *Casting* n'a jamais reçu autant d'appels du Nord-Pas-de-Calais que depuis la fin du tournage. Si elle avait pu, Julia Villette-Lesqueux aurait téléphoné, elle aussi. Mais la coqueluche du tournage, qui incarnait la Brûlé, a été grièvement blessée. Par un chameau, un vrai. Deux semaines avant la fin du film, alors qu'elle regagnait ses pénates à Arenberg, elle avait été agressée par l'animal qui venait de rompre ses attaches, dans le cirque tout proche. Bilan : de multiples fractures, des déchirures au ventre, au visage et à la tête. Hospitalisée d'urgence à Denain, elle y a reçu la visite de Jean-Roger Milo entre autres et des messages de réconfort de nombreux membres de l'équipe. Mais il lui faudra quelque temps avant de recouvrer la totalité de ses moyens. A cinquante-huit ans, cette mère de sept enfants, ancienne trieuse de gaillettes devenue une des révélations du film, s'y voyait déjà. Désormais, il ne lui reste plus que l'écran noir de ses nuits blanches. Jusqu'à la sortie de *Germinal*.

Pour quelques-uns, le tournage de *La Reine Margot*, mis en scène par Patrice Chéreau et produit par Claude Berri, est l'occasion rêvée d'une seconde chance. Un charpentier, à qui sa belle barbe rousse avait permis de jouer dans *Germinal* après avoir travaillé à la fabrication des décors, vient d'être engagé par les paysagistes. Mais c'est l'exception qui confirme la règle. Les places seront chères. Une lueur d'espoir naît cependant à la lecture de *La Voix du Nord*. Un article y révèle qu'à Saint-Quentin, la production lance un casting pour 800 figurants de seize à soixante-dix-sept ans destinés à assister, en la basilique, au mariage d'Henri de Navarre (Daniel Auteuil) et de Marguerite de Valois (Isabelle Adjani). Sait-on jamais...

Il n'y en a qu'un qui ne se pose pas de question car depuis le début, il sait qu'il en sera. C'est Albano Guaetta, ce garçon de seize ans qui était Jeanlin, le fils du Maheu, dans *Germinal*. Sur les conseils de Claude Berri, enthousiasmé par sa prestation, Patrice Chéreau l'avait observé pendant le tournage. Le gamin de Vieux-Condé, élève d'une classe de seconde, a été aussitôt investi du rôle d'Orthon, le page d'Henri de Navarre. Deux grands films en moins d'un an. Dire qu'il n'était même pas candidat au « casting », et qu'il a fallu aller le chercher sur son terrain de jeux...

Il part pour Senlis et Reims, pour Rome et Compiègne. Pendant ce temps dans le Nord de *Germinal*, la vie continue au rythme de Clochemerle. Deux mois après la signature de la convention entre les deux partenaires, l'« affaire » des 10 millions octroyés par le Conseil régional à la production du film, est un feuilleton qui n'en finit pas de durer. Mais désormais, c'est le préfet qui mène la danse; puisqu'il a autorité pour demander un « contrôle de légalité » chaque fois qu'une collectivité locale attribue une subvention à une association, il ne s'en prive pas. En l'occurrence, c'est plus un problème de forme que de fond : il s'agit de vérifier la conformité du montage financier aux lois de décentralisation.

A Lille, en coulisse, on se demande si tout cela n'est pas une question d'amour-propre, le Conseil régional ayant eu la maladresse de tenir la Préfecture en dehors de son initiative. Certains se demandent s'il n'eut pas été plus judicieux d'emmener qui de droit sur le tournage, de le présenter aux acteurs. Trop tard... Il ne reste plus qu'à attendre. Un recours devant le tribunal administratif est parfaitement envisageable mais cela prendra du temps et les agios courent. Le Trésorier-payeur-général, qui n'est peut-être pas étranger à ce charivari, le sait mieux que personne.

Marie-Christine Blandin, présidente du Conseil régional, est très ennuyée. En mai, elle monte au front au cours d'une séance animée, pour dénoncer le caractère procédurier de ce retard préjudiciable à tous, et l'intervention de l'État dans un débat strictement régional. Par-delà sa signature au bas d'une convention qui n'a que la valeur d'un protocole d'accord, elle a engagé sa parole. Claude Berri, lui, commence à s'impatienter. On se demande même s'il ne va pas renoncer à organiser la grande première du film au Palais des Congrès de Lille, comme prévu.

En juin, c'est au tour des élus de repartir à l'assaut. Ils cherchent un compromis avec le représentant de l'État. Mais le dossier reste bloqué.

C'est aussi ça, le Nord. On comprend mieux, dès lors, que les anciens du film aient tant de mal à sauver les décors de *Germinal.* Pourtant, la nostalgie de l'univers minier est encore si forte qu'elle attire les touristes. Hiver comme été, le Comité de sauvegarde et d'animation des terrils du Valenciennois ne cesse d'organiser des visites sur les collines de schiste.

Cela semblerait pourtant couler de source. A la fin des années quarante, la galerie reconstituée par l'équipe de décoration du *Point du jour* de Louis Daquin avait été réutilisée par un centre d'apprentissage pour jeunes mineurs. Bien entendu, il est hors de question de considérer le Voreux à l'égal du galion espagnol de *Pirates*, la vraie star du film de Roman Polanski, qui resta amarré dans le port de Cannes. On ne va pas le transférer devant le Palais des festivals! Mais pendant les vacances pascales, la municipalité de Paillencourt organise des visites gratuites qui remportent un succès certain puisque plusieurs milliers de visiteurs s'y bousculent. C'est moins chic que la Croisette, mais plus vrai. Pourtant, dès qu'il s'agit d'aller plus loin, il y a blocage, alors même que le ministre de l'Environnement vient d'annoncer le classement des pavés de l'« enfer du Nord », ceux de la course cycliste Paris-Roubaix!

Au début, quand la Production entend parler d'un projet commercial, ironiquement baptisé « Germinaland » et destiné à drainer les touristes vers le site et les décors du film, elle songe à les vendre afin d'amortir un peu les frais de construction. Mais quand le projet tombe à l'eau, elle cède gratuitement, à ceux qui voudront bien les sauvegarder, le chevalement et l'écurie, la forge et la chaufferie, le vestiaire et la lampisterie.

René Charlet, maire de Paillencourt, s'active pour réunir les fonds qui permettront de dédommager le propriétaire du champ afin que tout reste en l'état sur place, de financer le gardiennage et l'entretien des lieux. En vain. De leur côté, les anciens mineurs de l'« Association des Amis de *Germinal* » songent alors à réinstaller le Voreux dans leur propre site minier de Wallers-Arenberg, comme ils l'ont déjà fait pour les galeries. Mais ils ne trouvent pas les fonds qui leur permettront de procéder à son démontage et à son transport. Il faut faire vite. Fin mai, par contrat, la Production cessera de payer les frais de gardiennage du site, procédera à la restauration des champs afin de les restituer en septembre, intacts et propres à la culture, au cultivateur Alphonse Champagne.

La municipalité, la Caisse des Monuments historiques, le ministère de la Culture, chacun y va de sa subvention. Mais elles demeurent insuffisantes. Jusqu'à la dernière minute, à Paillencourt et à Arenberg, on se bat pour trouver des solutions. Rien n'y fait. Le décor est détruit et brûlé.

Tristes et nostalgiques, les anciens mineurs et figurants ont perdu une partie de leur mémoire. Mais on ne sait même plus si c'est celle de la mine ou celle du film, tant *Germinal* s'est inscrit dans cette terre.

Pour les membres de l'équipe de tournage et les acteurs, c'est aussi le grand vide. Jusqu'au prochain film. Cela peut être une question de semaines ou de mois, c'est selon. Certains vivent mal cette période de transition. Quand ils tournent, ils sont pris en charge par la production, qu'il s'agisse du gîte, du couvert, des transports, de l'emploi du temps ou des menus problèmes de la vie quotidienne. Quand ils ne tournent plus, ils ne sont plus assistés. Finis la frénésie du tournage, la convivialité du plateau, les copains toujours là. Ils doivent alors prendre des décisions, comme n'importe quel autre citoyen. Après un indispensable palier de décompression, ils subissent, eux, une angoisse bien particulière, née de l'attente du prochain engagement. Tel est le lot des intermittents du spectacle, comme on dit dans les conventions sociales.

Leur situation est naturellement inégale selon leur notoriété, leur poids dans le marché du cinéma, les sollicitations dont ils sont l'objet. Gérard Depardieu n'aura pas chômé plus de deux semaines. Il s'est envolé début mars pour l'Italie afin de jouer dans un film de Giuseppe Tornatore. L'ingénieur du son Pierre Gamet et le perchiste Bernard Chaumeil également. Ils se retrouveront à nouveau dès septembre sur *Le Colonel Chabert*. Ce sera le premier film réalisé par Yves Angelo, directeur de la photographie de *Germinal*. Inutile de préciser qu'il est déjà entièrement absorbé par sa préparation.

Judith Henry s'en retourne aux planches, ses premières amours. Avec son groupe « Sentimental bourreau », un collectif artistique autogéré ainsi nommé en hommage au regretté Bobby Lapointe, elle prépare trois spectacles. Jean Carmet, a quitté Zola pour Balzac. Lui qui voue un culte au XIXe siècle, il est comblé. Il passe sans transition du cinéma à la télévision, de *Germinal* à *Eugénie Grandet*, du Nord à l'Anjou, son pays.

Renaud, qui hait les dimanches au point de les considérer comme des « petits comas hebdomadaires », doit à nouveau les affronter. Pendant *Germinal*, il y avait également des dimanches mais ils avaient une autre tête. En semaine, le Parisien reprend vite ses habitudes. On le revoit régulièrement avec son chien à la Closerie des Lilas, le restaurant de Montparnasse. Mais il semble être toujours Lantier, comme s'il n'avait pas encore réintégré son siècle. Il faut dire que *Germinal* ne le lâche pas. Au printemps, comme prévu, il a dû reprendre la route de Paillencourt avec Claude Berri et une équipe réduite, afin de tourner un ultime plan illustrant la toute dernière page du roman :

« Maintenant, en plein ciel, le soleil d'avril rayonnait dans sa gloire, échauffant la terre qui enfantait. Du flanc nourricier jaillissait la vie, les bourgeons crevaient en feuilles vertes, les champs tressaillaient de la poussée des herbes. De toutes parts, des graines se gonflaient, s'allongeaient, gerçaient la plaine, travaillées d'un besoin de chaleur et de lumière. Un débordement de sève coulait avec des voix chuchotantes, le bruit des germes s'épandait en un grand baiser. [...] Des hommes poussaient, une armée noire, vengeresse, qui germait lentement dans les sillons, grandissant pour les récoltes du siècle futur, et dont la germination allait faire bientôt éclater la terre. »

Redevenu chanteur, Étienne Lantier achève l'enregistrement de *Renaud cante el'Nord*, un album tout en ch'timi, qui lui a été inspiré par les chansons fredonnées par les figurants en marge du tournage. Puis il fait la clôture du festival d'accordéon de Wazemmes en offrant un concert de chansons de mineurs dans leur patois : *Tout in haut de ch'terril* en l'honneur de Pierre Mauroy au premier rang, *Adieu ch'terril d'Rimbert, M'lampiste, Le tango du cachalot* et *I bot un d'mi* à la santé de Claude Berri, également bien placé dans la foule.

Au lendemain du dernier tour de manivelle, un dimanche, le metteur en scène retrouve à déjeuner son ami et associé, Jérôme Seydoux. Au menu : *Germinal* et l'avenir, *La Reine Margot* et ce qui suivra. Puis il va se perdre dans les galeries et musées de France et d'Italie, se nettoyer les yeux avec de la peinture. Une telle thérapie s'impose après avoir passé six mois à broyer le noir de la mine. Claude Berri est plus que jamais envahi par « ce sentiment de lassitude et de vide chaque fois qu'un film est achevé », qu'évoque si bien le producteur joué par Kirk Douglas dans *Les Ensorcelés* (1952) de Vincente Minnelli. Pour décompresser, Berri a besoin, lui, de s'enfoncer dans la vision des Klein, de s'étourdir dans la contemplation des Ryman, de s'évader dans la méditation d'un mot de Dubuffet : « Nos yeux nous renvoient ce que leur dicte notre pensée. »

Il s'échappe le week-end dans sa maison du Lubéron, refait incessamment le bilan de sa vie et s'enfonce dans la méditation de quelques pensées entêtantes dont il ne parvient pas à se débarrasser : « Le temps d'apprendre à vivre et c'est déjà trop tard... »

La soirée des Césars 1993 le ramène aux réalités. C'est peu dire que Claude Berri se projette, au même endroit et à la même occasion, dans un an exactement. Ce n'est pas la première fois qu'il frappe à la porte de l'Académie du cinéma. Cela dit, Zola s'est bien présenté près de vingt fois à l'Académie française – en vain, faut-il le préciser... Pour *Tchao Pantin*, son travail de metteur en scène n'avait été consacré qu'indirectement, par la bande, à travers les récompenses accordées à Coluche et Richard Anconina. Comme si c'était leur film et non le sien. Pour *Germinal*, outre l'adhésion de millions de spectateurs, il rêve de ces bricoles qui ne servent à rien mais mettent du baume au cœur : un César du meilleur film de l'année et pourquoi pas celui du meilleur réalisateur...

Entre deux attributions de Césars, il assiste à la projection d'une sorte de bande-annonce de *Germinal*, fabriquée dans la précipitation pour les besoins de la soirée. La présentation des maîtres de cérémonie est inégale. Celle d'Arielle Dombasle est accablante (« Zola est arrivé! »), celle de Frédéric Mitterrand, admirative, semble du meilleur augure pour l'an prochain : « Oui, cher Claude Berri, si le cinéma français respire toujours, c'est en grande partie grâce à vous, qui lui donnez tellement de souffle. »

Berri en est ému. Deux de ses enfants, acteurs tous deux, sont à ses côtés, Thomas Langmann à sa droite, Julien Rassam devant lui, nommé au César du meilleur espoir pour son rôle dans *L'Accompagnatrice*. Il se penche vers eux et les rassure :

« Patience, vous l'aurez bien un jour. De toute façon, ce n'est pas bien quand les choses arrivent trop vite. »

En redevenant parisien, il retrouve sa casquette de producteur-distributeur à plein temps. Il reprend le chemin des bureaux et des réunions, des projections et des négociations. Les premiers « rushes » de *La Reine Margot* l'enthousiasment. Mais outre les nombreux autres projets qui lui sont soumis, il doit s'occuper en priorité de *Germinal*.

En attendant de s'immerger dans le montage, la phase préparatoire de la promotion sollicite toute son attention. Depuis quelques mois déjà, il a mis de côté une photo parmi les milliers réalisées par Benoît Barbier pendant le tournage. C'est une image qui exprime la force et l'espoir, le mouvement et la violence, celle d'une foule de mineurs avançant sous la conduite de leur chef, Lantier. C'est ça, *Germinal,* et non les portraits de telle ou telle vedette, ou la découpure du Voreux sur une ligne d'horizon hérissée de terrils. Car la classe ouvrière est bien le personnage principal de cette histoire. Renaud est la seule vedette à apparaître sur l'affiche mais il est perdu parmi les mineurs. Sa présence ne focalise pas l'attention. D'ailleurs début juillet, quand l'affiche commence à apparaître sur les murs pour préparer le public à l'événement de la rentrée, il y est simplement écrit : « *Germinal* » et « 29 septembre ». Sans plus.

Le titre du film est naturellement celui du roman. Mieux qu'un titre, c'est un drapeau. Comme le fit jadis remarquer le critique André Wurmser, jamais une œuvre n'a porté un titre aussi poétiquement révolutionnaire. A telle enseigne qu'il serait pléonastique de faire figurer une bannière rouge à côté de *Germinal*.

L'ordre de préséance dans lequel les noms doivent figurer est un travail délicat qui requiert doigté et diplomatie. Le contrat de chacun des plus importants acteurs comporte des clauses fixant de manière très précise l'inventaire des obligations et contraintes auxquelles l'affichiste ne peut déroger : la grosseur du caractère typographique dans lequel le nom est composé, l'emplacement exact sur l'affiche, la situation dans le générique... Les comédiens n'en parlent jamais, mais leurs agents y veillent pour eux.

En plaçant Renaud, Gérard Depardieu et Miou-Miou sur la même ligne, on ne résoud pas tous les problèmes. Encore faut-il s'entendre sur l'ordre d'apparition afin que nul ne se sente lésé et que toutes les susceptibilités soient ménagées. Si on veut être logique avec l'histoire, il faut mettre Renaud en premier car Étienne Lantier occupe le premier rôle. Si on s'adresse au public étranger, il faut le faire précéder par celui de Depardieu, internationalement connu. Si on est galant, celui de Miou-Miou s'impose devant les deux autres... Lorsque ce problème-là sera résolu, il faudra affronter celui des seconds rôles tenus par des comédiens de premier ordre. Jean Carmet et Judith Henry figureront également au-dessus du titre, sur une seconde ligne. Mais Claude Berri veille à ce que Jean-Roger Milo soit mis en vedette et que son nom les y rejoigne, bien que Renn Productions n'y soit pas tenu contractuellement. Car à ses yeux, il « est » *Germinal* autant qu'eux.

L'affiche revêt d'autant plus d'importance que la publicité du film, supervisée par le distributeur AMLF, sera essentiellement axée sur l'affichage, à l'exclusion de la presse écrite jugée trop chère et à l'impact trop limité. L'idéal serait de pouvoir passer de la publicité payante à la télévision. Ce serait parfaitement ciblé. Mais en France, contrairement à ce qui se passe dans beaucoup d'autres pays, c'est encore interdit, les films étant considérés, de même que les livres, comme des produits culturels. Pourtant, le disque et la vidéo y ont accès. C'est grâce à ce paradoxe que la presse écrite, déjà exsangue, ne subit pas le coup de grâce que constituerait le report, sur la télévision, des principales annonces publicitaires provenant de l'édition et du cinéma.

Parallèlement à ce travail de promotion payante se met en place la promotion « gratuite », terme impropre englobant critiques du film, articles autour de l'événement et émissions dans les médias audiovisuels. C'est le domaine de

Claude Davy qui est, à Paris, l'un des attachés de presse les plus influents du monde du cinéma.

Le temps ne travaille pas pour lui. Eu égard à la date de fin du tournage, aux impératifs du montage et du doublage, au travail requis par le mixage, la copie du film ne sera rendue qu'au dernier moment. La première aura lieu au Palais des congrès de Lille le 27 septembre, et la sortie nationale deux jours plus tard. Si cela avait été techniquement envisageable, Claude Berri l'aurait sorti plus tôt afin de creuser davantage encore l'écart d'à peine trois semaines qui séparera la sortie de *Germinal* de celle *Jurassic Park*, l'énorme machine de Steven Spielberg, déferlante relevant autant du marketing et du merchandising que du cinéma.

Dans l'idéal, il faudrait commencer les projections dans la seconde quinzaine d'août, pari qui se révèle impossible à tenir. Le film qui sera projeté aux journalistes de mensuels de cinéma qui préparent leur numéro d'octobre, sera certainement inachevé. Les autres, ceux des quotidiens et des hebdomadaires, auront en principe tout le temps de le voir début septembre. Il faudra juste prendre garde de ne pas mettre dans une seule et même petite salle les représentants de journaux concurrentiels. Ils doivent avoir l'illusion d'être privilégiés même s'ils savent qu'il n'en est rien. Claude Davy, qui connaît parfaitement son monde, veillera également à ne pas multiplier les projections proposées non aux critiques mais aux « personnalités ». Car il est très désagréable pour un journaliste de se retrouver dans des réceptions où on leur parle du nouveau-film-très-attendu que tout le monde semble avoir vu sauf lui.

Ce ne sont là que les petites susceptibilités d'un petit monde, mais il ne faut pas les négliger quand on lance un film. De même est-il préférable d'organiser des projections privées journal par journal, ou d'en regrouper deux le cas échéant, soit une douzaine de personnes. Mais pas plus. Pour une comédie, en revanche, une salle doit être pleine : question d'atmosphère, le rire étant communicatif. Pas pour une grande fresque sur fond de tragédie sociale.

Du point de vue d'un attaché de presse, *Germinal* sera prêt à de mauvaises dates. Car entre fin août et mi-septembre, autrement dit entre le Festival de Venise et le Festival du Cinéma américain de Deauville, il n'y a personne dans les journaux pour prendre des décisions relatives à un film.

La télévision et la radio sont certainement primordiales dans la promotion d'un nouveau film, de même que la publicité directe et l'affichage. Les critiques de la presse écrite également. Ces dernières années, il est de bon ton de sous-estimer leur influence sur le spectateur. Quels que soient leur qualité et leur impact, elles n'en jouent pas moins un rôle essentiel dans le développement du seul phénomène qui assure véritablement le succès d'un film : le bouche à oreille.

Rien de moins maîtrisable pourtant que cette rumeur. Les médias audiovisuels, malgré la formidable chambre d'écho qu'ils représentent, ne peuvent imposer un film au grand public. Ils informent toute la France, en un temps record, de son existence. Dans le cas de *Germinal*, ils s'y sont mis de leur propre chef, longtemps avant la sortie du film, puisque rarement en France un tournage aura bénéficié d'une telle couverture médiatique. Mais pour que les salles se remplissent, il faut que l'air du temps s'y prête. Le lundi 29 mars 1993, quand la France s'est réveillée, elle était encore tout ébaubie de sa propre audace : elle venait de donner plus de 480 sièges de députés à la droite, et 90 à la gauche. Or, c'est à cette France-là qu'on va proposer, sept mois après, un film sur la lutte entre le monde du travail et celui du capital, sur la misère et l'oppression.

A la rentrée de 1993, le fond de l'air virera peut-être au rouge. Il sera sans doute fait de taux de chômage et de crise sociale, de grèves et de manifestations. Mais au début de l'été, alors que la situation économique n'était déjà guère brillante, les Français se ruaient en masse vers les comédies, après avoir permis à Jean-Marie Poiré d'envisager avec sérénité le score historique de dix millions d'entrées pour ses *Visiteurs*. Comme quoi lorsque tout va de plus en plus mal, que l'inquiétude grandit et que l'avenir s'assombrit, les gens préfèrent souvent s'étourdir dans le rire. Rire pour oublier.

Dans les faits, *Germinal* est lancé et installé dans l'inconscient des futurs spectateurs depuis des mois. Seul l'élan constitue encore une inconnue. Ça prend ou ça ne prend pas, ça passe ou ça casse. Mais quand on se penche *a posteriori* sur la composante de cette improbable alchimie, on se rend compte qu'elle prend presque toujours sa source dans les colonnes des journaux. Cela dit, il faudra bien, un jour ou l'autre, apprendre à séparer les films du bruit qu'ils font, ne serait-ce que pour les juger vraiment.

En septembre, tout sera en principe réuni pour que ce soit une réussite : l'air du temps, la couverture médiatique, etc. *Germinal* fera événement. Mais pour que se produise ce déclic qui le propulsera au plus haut, il faudra « simplement » que le bouche à oreille véhicule à travers la France la rumeur insistante selon laquelle on ne peut pas ne pas aller voir *Germinal*. Parce que c'est un grand et beau film.

Le jour de sortie d'un film est une épreuve impitoyable pour un metteur en scène et un producteur. Elle l'est doublement quand le même homme cumule les deux fonctions. Le jeudi matin, en prenant connaissance du « Ciné-chiffres » de la veille qui détaille précisément le nombre d'entrées salle par salle à Paris, il sait si la partie est gagnée ou perdue. Le public doit impérativement adhérer le premier jour sans quoi Renn Productions et AMLF auront quelque raison d'être inquiets. Cela n'a rien de scientifique mais c'est un baromètre parmi les plus fiables. En cas de retard à l'allumage, il reste très peu de temps pour enclencher la dynamique du succès.

Quand *L'Amant* a totalisé 20 000 entrées sur Paris et sa région le premier jour, ses promoteurs ont aussitôt su que la partie était gagnée et que le film de Jean-Jacques Annaud connaîtrait une très belle carrière commerciale, quoi qu'en pense telle ou telle gazette. Huit jours après, on ne peut plus rien pour le film, dans un sens comme dans l'autre. Quelle que soit sa qualité intrinsèque, s'il ne marche pas, on peut dépenser des millions de francs en publicité, rien n'y fera. Les dés sont jetés.

Juste ou injuste, le verdict est sans appel. Mais Claude

Berri n'essaiera pas de l'anticiper en organisant des projections-tests. Elles consistent à sélectionner et inviter un certain nombre de spectateurs pour leur présenter le film. A l'issue de la projection, ils répondent à un questionnaire critique qui permet aux promoteurs de dégager l'identité supposée du film en fonction du public auquel il s'adresse. En France, ces tests servent essentiellement à déterminer l'orientation de la campagne de publicité. Mais aux États-Unis, où le producteur dispose des moyens légaux d'imposer son propre point de vue artistique au metteur en scène, ils ont souvent un impact direct sur le montage et la durée du film ainsi que sur la fin de l'histoire, les trois pouvant encore être bouleversés le cas échéant.

Le procédé est pourtant moins nouveau et moins typiquement américain qu'on ne le croirait. En 1937, les producteurs de *La Belle Équipe* de Julien Duvivier avaient organisé une projection spéciale au Dôme, un cinéma de La-Varenne-Saint-Hilaire, pour quelque 350 spectateurs. La grande majorité d'entre eux ayant jugé la fin trop tragique (les deux amis s'entre-tuaient par amour pour la même femme), le réalisateur et son scénariste convinrent de lui en substituer une autre, moins pessimiste. Un an plus tard, le *Quai des brumes* fit également l'objet d'une projection-test pour une cinquantaine de personnes dans une salle des Champs-Elysées. Elle se solda par une véhémente unanimité contre le film de Marcel Carné, ce qui ne l'empêcha pas de devenir un classique.

Claude Berri n'aura pas le temps d'organiser de projections-tests de *Germinal*. De toute façon, quand bien même il en aurait eu le loisir, ce n'est pas dans sa manière. Il n'en a d'ailleurs jamais fait. Il faut dire que depuis l'échec du *Cinéma de Papa*, il se méfie de toute projection privée, qu'elle soit destinée aux représentants de la presse ou aux échantillons de spectateurs. Un enthousiasme débordant avait accueilli son film quand il l'avait montré à un public très choisi dans la salle feutrée du Club 13, mais quelques jours après, dans les salles, il ne suscita que l'indifférence. Une épreuve au goût toujours amer.

Dans les derniers jours de septembre, quelque trois cents

copies de *Germinal* seront dans les cabines des projectionnistes : deux cent cinquante dans la France profonde et une quarantaine dans la capitale et sa périphérie à commencer par les salles les plus prestigieuses car elles sont celles qui bénéficient de la plus grande capacité d'accueil et d'un écran à la qualité optimum, le Normandie et l'Ambassade, le Gaumont Grand écran, le Max Linder, etc.

Toutes les conditions sont réunies pour que le film soit un succès. Chacun aura fait de son mieux. Mais finalement, comme toujours, c'est le public qui emporte la décision.

Entre la fin du tournage et la livraison de la copie, un homme aura joué un rôle clef : le monteur. Même s'il est abusif de prétendre qu'un film se refait entièrement au montage. Dans le meilleur des cas, il ne peut qu'en atténuer les maladresses et améliorer le récit.

Jamais autant que pour *Germinal,* Claude Berri n'a été aussi omniprésent au montage. Sa conception en la matière repose sur des principes simples et éprouvés. Le cinéma est l'art de l'ellipse, d'une scène à l'autre mais aussi à l'intérieur des scènes. Il faut se garder d'aller trop vite et de flatter l'impatience du spectateur devenu, depuis peu, un « zappeur ». Un plan doit renvoyer à un autre plan. Le secret de cette magie, c'est le rythme. A condition d'éviter le malentendu qui consisterait à le confondre avec la vitesse. A ses yeux, tout est affaire de rythme, de respiration et d'émotion. Pas question de privilégier l'un au détriment des autres. L'histoire, telle qu'il l'a restituée dans son script, doit se développer progressivement. Tant pis si la mise en place des personnages paraît longue : quand on ignore tout de l'identité et du passé des gens, on reste extérieur à leurs problèmes. Tout est dans la grâce des enchaînements, étant entendu que la fluidité ne relève pas que de la technique.

Pour *Germinal* comme pour *Jean de Florette*, Berri a eu tendance à en tourner trop. Il a voulu mettre tout ce qu'il y avait dans le roman. Mais cette fois, dans la mesure où il s'agit moins d'une histoire que d'une fresque et d'une chronique, la construction ne pose guère de problème. Cette accumulation de prises, de plans et de séquences est aussi destinée à le sécuriser. Elle agit comme un garde-fou pour canaliser le doute, l'angoisse et l'inquiétude. On peut toujours couper, mais il est plus difficile, voire impossible, de rajouter.

Couper... Une véritable obsession. Bien qu'il ait retiré *in extremis* des séquences du plan de travail en cours de tournage, il s'est tout de même retrouvé avec un film de 3 h 30. Une vision de cauchemar. Il est hors de question que le spectateur s'ennuie. Il faut donc impérativement renoncer à se faire plaisir et bannir tout ce qui n'est pas indispensable à l'intelligence de l'histoire, à la logique des personnages, à la cadence du récit et à la poésie du film.

Un autre impératif, plus commercial, le pousse à couper plus encore : une heure si possible. Idéalement, il aimerait ne pas dépasser la barre fatidique des 2 h 30. En deçà, il y a encore quatre séances par jour. Au-delà, il n'y en a plus que trois. Cela change tout : il faut alors compenser en obtenant des salles dotées du plus grand nombre de fauteuils. Livrer un film d'une durée de 2 h 30 lui paraît relever de la mission impossible. Mais eu égard à l'enjeu, il ne peut s'empêcher de la tenter. Ce serait déterminant pour la carrière du film. Etant donné l'engouement qu'il suscite depuis un an et la pression médiatique qui précédera sa sortie, tout se jouera durant les premières semaines. Le test sera décisif. Trois séances par jour au lieu de quatre, cela équivaut à près de 100 000 entrées en moins par semaine uniquement sur Paris. Si le film est réussi, il les rattrapera par la suite sur la durée, par un succès en profondeur. Mais cet handicap d'une seule séance le soir peut être fatal sur le nombre d'entrées.

Ce facteur est particulièrement sensible en raison de l'importance du budget du film, mais aussi de son ambition avouée. Il se veut en effet « tous publics ». Autant dire qu'il vise tout le monde, de l'ouvrier du Nord au cinéphile parisien en passant par le reste de la France. En d'autres temps, quand le cinéma ne s'adressait pas encore à des téléspectateurs et que *La Grande Vadrouille* atteignait des scores historiques, *Germinal* aurait pu espérer vingt millions d'entrées. L'époque étant ce qu'elle est, Claude Berri doit tabler sur cinq millions. En croisant les doigts.

Entre mars et juillet, le monteur Hervé de Luze et son

équipe ne quittent guère leur rez-de-chaussée de la rue Lincoln, à deux pas des Champs-Elysées. Après avoir vu un premier bout à bout, Berri s'arrache le peu de cheveux qui lui restent. Il a accepté de couper vingt minutes en rognant par-ci, par-là ou en supprimant carrément des scènes. L'opération s'est effectuée non sans douleur, comme si on taillait dans sa chair. Il semble écartelé par un dilemme insoluble bien qu'il l'ait déjà maintes fois affronté : la nécessité de conserver intacts certains dialogues, certaines émotions, et l'obligation de donner son rythme à l'ensemble. Mais comment faire l'économie de telle ou telle séquence sans créer de déséquilibre entre les scènes passives et très dialoguées et les scènes brèves d'actions rapides? Certaines sont des chevilles indispensables à l'intelligence du récit et à la bonne marche de la narration. Il faut gratter ailleurs, grappiller des secondes à droite et à gauche sans jamais mettre l'édifice en péril. Dire que la durée du film est encore de trois heures et dix minutes!

Berri est parti pour couper encore et souffrir de plus en plus. Même s'il peut toujours se consoler en intégrant les scènes coupées dans la version destinée à la télévision puisque, par contrat, le film doit y être diffusé en deux soirées d'au moins quatre-vingts minutes chacune.

Plusieurs fois par semaine, Berri s'invite à la table de montage, par curiosité, par impatience et par masochisme. Dans la réclusion de cette pièce constamment plongée dans le noir, il est capable de s'emporter contre un personnage secondaire sur lequel repose toute la force d'une séquence clef. S'il lui pardonne *in fine*, c'est uniquement parce qu'il s'agit d'un comédien éprouvé.

« C'est incroyable! Au casting, quand il me l'a jouée dans mon bureau, il était parfait! Et là...

– C'est vrai Claude, mais ça passe quand même...

– Oui. Mais ça aurait pu être mieux. »

A la fin de la journée, Berri n'y voit plus clair. Le nez sur la pellicule, il ne distingue plus son film. Il manque de recul, comme lorsque l'échiquier lui paraît flou après un trop grand nombre de parties disputées d'affilée. Il serait découragé s'il ne se souvenait qu'après avoir vu le premier bout à bout de *Tchao Pantin*, il était effondré.

S'il ne broie pas du noir, c'est aussi, outre son expérience, grâce à la complicité qui le lie à Hervé de Luze, et à la confiance qu'il lui témoigne. Ils se connaissent depuis quatorze ans, Hervé de Luze a déjà monté cinq de ses films.

Dans un premier temps, Berri se fait violence. Il l'abandonne avec ses bouts de négatifs, le laisse travailler en paix. Mais après deux jours, il ne peut s'empêcher de venir visionner bobine par bobine, de critiquer ou de suggérer, sans attendre d'avoir une vision d'ensemble grâce à un véritable bout à bout de la totalité du film. Ce comportement lui est dicté par un mauvais souvenir. En 1976, il était ressorti atterré d'une projection du bout à bout de *La Victoire en chantant*. Malgré l'insistance de Jean-Jacques Annaud, il ne voulut même pas revoir le film terminé, mais accepta néanmoins de le distribuer. Résultat? 30 000 entrées. Un « bide » qui conforta Berri dans son opinion. Mais peu après, quand le film obtint l'Oscar du Meilleur Film étranger à Hollywood et qu'il revint à Paris sous le titre *Noirs et Blancs en couleur*, Berri eut la curiosité d'aller le revoir et dut convenir qu'il était excellent. Depuis, il repousse avec la dernière énergie l'idée de voir des films en bout à bout, les siens comme ceux des autres.

Il n'a jamais été aussi interventionniste sur un montage que pour *Germinal*. Son omniprésence est d'autant moins supportable qu'il est également stressé, à juste titre, par le tournage de *La Reine Margot* de Patrice Chéreau qui se déroule en même temps. Durant ces quelques mois, Hervé de Luze occupe une situation privilégiée : alors que, depuis deux ans, le metteur en scène était constamment entouré d'hommes et d'avis divers, il n'a plus désormais qu'un seul interlocuteur. Par la force des choses, le monteur devient son unique collaborateur; par son point de vue et sa personnalité, il intervient non seulement sur le rythme mais sur la forme du film. Son rôle est par conséquent capital.

Au cours de ces longues semaines, il y a certes des tensions, parfois paroxystiques, entre les deux hommes. Un véritable rapport de force ne tarde pas à s'installer entre eux. Claude Berri a une idée de ce que doit être *Germinal*, Hervé de Luze a la sienne de ce qu'est la logique interne d'un film bien monté. Or elles ne coïncident pas forcément et il arrive que chacun campe sur ses positions.

Sujet, verbe, complément : dans le montage comme dans l'écriture, il y a un minimum de grammaire à respecter. Ce n'est pas toujours facile à faire admettre à un créateur immergé dans son œuvre depuis longtemps. Surtout lorsqu'il en est à la fois le réalisateur et le producteur. Quand il paraît obsédé par le problème de la durée avant même d'avoir vu un premier état complet de son film, on a peine à croire qu'il ne se soucie que de son rythme.

Après une première explication, ils tombent néanmoins d'accord sur l'essentiel : il ne faut pas écourter à tout prix, par principe. Ils se souviennent que la version longue du *Ludwig* de Luchino Visconti (quatre heures et trente minutes) leur paraissait moins ennuyeuse que la version courte (trois heures, tout de même) : en en réduisant la durée, on avait touché au cœur du film, l'émotion et la folie. Cela dit, Hervé de Luze s'emploie tant à choisir les bonnes prises qu'à servir les comédiens tandis que Claude Berri, lui, a tendance à faire plus confiance au texte qu'au cinéma. L'un préfère varier les scènes, l'autre choisit d'en conserver moins le cas échéant mais dans leur intégralité. On ne se refait pas.

Le montage est une épreuve impitoyable car elle fait apparaître les défauts du film. Le réalisateur doit vite se résoudre à des évidences qui sautent aux yeux dès les premières bobines : contrairement à *Tchao Pantin* et *Jean de Florette*, il ne faudra donc pas miser principalement sur l'histoire ou les regards, mais sur la dimension lyrique de l'épopée, et ne pas hésiter à couper ce qui ne sera pas indispensable. Il ne faut pas être complaisant, aimer tout ce qu'on a tourné. Pour un metteur en scène, le montage est avant tout un exercice de rigueur.

Outre les scènes chez les bourgeois, réduites car elles créent un déséquilibre par leur longueur, Claude Berri se résoud à couper un certain nombre de « morceaux » de son film : la confession de Souvarine, une discussion chez Rasseneur, le baiser de la Mouquette à Etienne, la mise à sac du bureau de Deneulin par les grévistes, l'attaque de la calèche de Mme Hennebeau par les mineurs, le premier étranglement de Cécile par Bonnemort, la mort de la petite Alzire... Toutes choses qui, d'une manière ou d'une autre, ralentissent l'action sans être pour autant indispensables. Dès lors qu'« on peut s'en passer », on s'en passe, surtout si cela permet au récit d'être plus direct et plus limpide. Certains comédiens vont être déçus.

Mais le metteur en scène demeure intraitable quand le monteur veut raccourcir la scène – longue de sept minutes ! – au cours de laquelle M. Hennebeau reçoit pour la première fois les délégués des mineurs. Défense d'y toucher ! Il faudra donc réduire la présence du même Hennebeau dans la séquence du repas qui précède afin qu'il n'encombre pas exagérément l'écran. Claude Berri se révèle tout aussi intransigeant pour la scène de la clairière qu'Hervé de Luze aimerait plus rapide. Les images défilent à nouveau sous ses yeux. Lantier harangue longuement la foule des charbonniers :

« ...La mine doit être au mineur, comme la mer est au pêcheur, comme la terre est au paysan. Vous m'entendez, la mine vous appartient, à vous tous qui, depuis un siècle, l'avez payée de tant de sang et de misère !... »

A plusieurs reprises, le réalisateur demande au monteur de repasser la bande. Puis il lui dit :

« J'ai fait ce film pour ces deux phrases. Il est donc impossible de couper quoi que ce soit là-dedans... »

Fin juillet, le montage-image est achevé. Parallèlement, la post-synchronisation a commencé dans un auditorium. Chaque fois que la bande-son l'exigeait (élocution trop rapide, voix se chevauchant, bruits intempestifs, etc.), les acteurs se sont doublés. De leur côté, les bruiteurs sont déjà au travail. Pour la version internationale, ils rajoutent déjà tout ce qui n'est pas dans le son direct : le pas des chevaux, une porte qui claque, un verre qui tinte... Pour la version française, ils recréent artificiellement les sons et bruits dont ils ne sont pas satisfaits. Ils seront mélangés à ceux qu'un ingénieur du son et un perchiste sont allés enregistrer dans une mine du sud de la France : trajets de berlines pleines ou vides à l'intérieur et à l'extérieur, va-et-vient de cages d'ascenseurs, déplacements de groupes de personnes, taille dans la roche mais aussi vents, écoulements d'eau, coups isolés, ambiance de foule, etc. Autant d'éléments dont les spécialistes du mixage sauront faire le meilleur usage. Car si l'ingénieur du son est l'homme qui fait le travail de tranchées sur le tournage, si le monteur habille le son, le mixeur est celui qui fait la « sauce ».

A ce stade ultime de la fabrication du film, l'intervention des mixeurs est capitale, y compris pour le rythme général du récit. Ils ne se contentent pas de mélanger les doublages au son direct, de nettoyer les paroles et de récréer une ambiance sonore. En faisant résonner les images, en donnant du relief à l'ensemble, ils leur confèrent une véritable profondeur. Avant, elles sont encore plates et n'ont d'existence que mécanique.

Pour Claude Berri aussi, l'étape du mixage est capitale. Il la guette comme on attend un grand bonheur. Car c'est seulement à ce moment-là, et pas avant, qu'il a le sentiment de découvrir son film. Enfin...

Pour le meilleur ou pour le pire, et pour toutes sortes de raisons qui ne relèvent pas uniquement du cinéma, *Germinal* est l'événement de 1993 : cent ans exactement après que Zola eut achevé son cycle romanesque des *Rougon-Macquart*. La sortie nationale du film est programmée pour le 29 septembre : quatre-vingt-onze ans exactement, jour pour jour, après la mort de l'écrivain. Et on ne l'a même pas fait exprès...

Des coïncidences qui sont autant de signes du destin. Mieux vaut le voir ainsi quand on est angoissé. Autour de Claude Berri, les pronostics vont bon train, quasi unanimes. La plupart de ceux qui ont collaboré au film, que ce soit sur le plan technique, artistique ou financier, n'ont guère de doutes sur son succès. Claude Berri est des seuls à en douter. Et il rage quand on l'assure que « ça » marchera.

Zola lui-même, en mars 1885, ne croyait pas que *Germinal* emporterait les faveurs du grand public, craignant que son roman ne le « fatigue ». On connaît la suite.

Berri, lui, ne sait toujours pas si, en plus de l'essentiel, il a enfin acquis le superflu, comme le lui souhaitait François Truffaut il y a trente ans. Celui-ci avait été frappé par l'expression que Berri avait l'habitude d'utiliser pour désigner la toute première projection en salle, le mercredi à 14 heures : « l'ouverture de la mine »...

A partir du 29 septembre 1993, *Germinal* n'appartiendra plus à ceux qui l'ont fait mais à ceux pour qui il a été fait.

BIBLIOGRAPHIE

BECKER Colette, préface et édition de *Germinal* d'Émile Zola, collection « Bouquins », Laffont, 1992 ; édition de *La Fabrique de Germinal, dossier préparatoire* de l'œuvre, Sedes, 1986 ; Emile Zola, *Germinal*, PUF, 1984.

BERTIN-MAGHIT Jean-Pierre, « *Le Point du Jour* ou le cinéma de la vie » *in Cinémaction,* N° 70, hiver 1993-1994.

CHARUAU Jean-Marie, « Je t'aime, moi non plus : une histoire d'avance. Les pouvoirs publics, la profession cinématographique et le système des avances sur recettes de 1959 à nos jours », mémoire de DEA, Université de Paris-I, septembre 1991.

DAVOINE Jean-Pierre, « Métaphores animales dans Germinal » *in Etudes françaises*, N° 4, novembre 1968.

DUBOIS E.T., « Un modèle insoupçonné de Souvarine » *in Cahiers naturalistes*, N° 40, 1970.

DUQUESNE Jacques, préface à *Germinal* de Zola, Le Livre de poche, 1983.

FÉRAL Josette, « La sémiotique des couleurs dans *Germinal* » *in Cahiers naturalistes*, N° 49, 1975.

GIRARD Marcel, « L'Univers de *Germinal* » *in Revue des sciences humaines*, janvier-mars 1953.

LANOUX Armand, *Bonjour, Monsieur Zola,* Grasset, 1978.

LOQUET Francis, « La documentation géographique dans *Germinal* » *in Revue des Sciences humaines,* juillet-décembre 1955.

MAREL Henri, « Une source possible de *Germinal*? » *in Cahiers naturalistes,* N° 39, 1970 ; « La géographie de *Germinal* » *in Cahiers naturalistes,* N° 57, 1983 ; *Germinal, une documentation intégrale,* University of Glasgow, 1989.

MARY Georges, « Le Voreux dans *Germinal* : la dynamique d'un lieu » *in Littérature,* N° 53, février 1984.

MITTERAND Henri, « Fonction narrative et fonction mimétique. Les personnages de *Germinal* » *in Poétique,* N° 16, 1973 ; « *Germinal* et les idéologies » *in Cahiers naturalistes,* N° 42, 1971 ; « Le système des personnages dans *Germinal* » *in Cahiers de l'Association internationale des études françaises,* N° 24, mai 1972 ; préface et édition des *Carnets d'enquête* d'Emile Zola, Plon, 1986.

MORIN Jacques, *L'Œuvre de Zola à l'écran,* Université de Lille III.

PAGÈS Alain, « Douze mois pour écrire un roman : chronologie de *Germinal* » *in Europe,* N° 678, octobre 1985.

PERRON Tangui, « Le monde ouvrier et son image dans le cinéma français : les mineurs 1936-1955 », mémoire de DEA, École des hautes études en sciences sociales, juin 1992.

PLESSY Alain et CHALLET Louis, *La Vie quotidienne des mineurs au temps de Germinal,* Hachette, 1984.

PSICHARI Henriette, *Anatomie d'un chef-d'œuvre : Germinal,* Mercure de France, 1964.

ROCHE Daniel et AMIEL Joseph, « L'adaptation de *Germinal* à l'écran par Yves Allégret en 1963 » *in Cahiers naturalistes,* N° 56, 1982.

SADOUL Georges, « Zola et la cinéma francais 1900-1920 » *in Europe,* N°s 83-84, novembre-décembre 1952.

TROYAT Henri, *Zola,* Flammarion, 1992.

VISEUX Augustin, *Mineur de fond,* Plon, 1991.

WURMSER André, préface à *Germinal* de Zola, collection « Folio », 1978.

ZOLA Émile, *Germinal* (toutes éditions de poche) ; *Carnets d'enquêtes, une ethnographie inédite de la France,* Plon, 1986.

P.S. : Les paroles de la chanson de Pierre Bachelet *Les Corons* sont de J.-P. Lang. Les paroles des chansons de Renaud *Oscar* et *Oh la mine!* sont de Renaud Séchan.

GÉNÉRIQUE

LISTE ARTISTIQUE

Maheu	Gérard Depardieu
Etienne	Renaud
Maheude	Miou-Miou
Bonnemort	Jean Carmet
Catherine	Judith Henry
Chaval	Jean-Roger Milo
Souvarine	Laurent Terzieff
Rasseneur	Jean-Pierre Bisson
Deneulin	Bernard Fresson
M. Hennebeau	Jacques Dacqmine
Mme Hennebeau	Anny Duperey
Negrel	Frédéric Van Den Driessche
Pluchart	Fred Personne
Maigrat	Gérard Croce
Zacharie	Thierry Levaret
Jeanlin	Albano Guaetta
Alzire	Séverine Huon
Léonore	Jessica Sueur
Henri	Mathieu Mattez
Maxime	Alexandre Lekieffre

La Levaque	Yolande Moreau
Levaque	Georges Staquet
Philomène	Sabrina Deladerière
Pierron	Maximilien Regiani
La Pierronne	Corinne Masiero
Lydie	Sandrine Leclerc
Bébert	Joël Petit
La Mouquette	Anne-Marie Pisani
Mouque	André Julien
La Brûlé	Julia Villette-Lesqueux
La veuve Désir	Yvette Petit
Mme Rasseneur	Solenn Jarniou
M. Grégoire	Pierre Lafont
Mme Grégoire	Annick Alane
Cécile	Cécile Bois
Lucie	Delphine Quentin
Jeanne	Alexandrine Loeb
Dansaert	Fred Ulysse
Mme Maigrat	Rosemonde Mattez
Honorine	Frédérique Ruchaud
Mélanie	Maryse Moutier
Francis	André Noël
Rose	Jenny Cleve
Hippolyte	Camille Walgraeve
Amélie	Nathalie Hequet
L'abbé Joire	M.V. Deborgia
L'abbé Ranvier	Patrick Lepczynski
Capitaine des gardes	Bruno Tuchszer
Le secrétaire de la compagnie	Fernand Kindt
Caissier de la compagnie .	André Chaumeau
La fermière	Rosemarie Duvivier
Le docteur	Philippe Desbœuf
La sentinelle	Thierry Leblanc

LISTE TECHNIQUE

PRODUCTION

Producteur	Claude Berri
Producteur exécutif	Pierre Grunstein
Assistante de production .	Jacqueline Tolianker
Directeur financier	Pierre Tremouille

Directeur de production . .	Patrick Bordier
Producteur associé	Bodo Scriba
Administratrice adjointe . .	Marion Nadal
Stagiaire	Caroline Staub
Secrétaire de production . .	Elizabeth Boorn
Secrétaire	Nathalie Otte

MISE EN SCÈNE

Metteur en scène	Claude Berri
1er assistant mise en scène .	Eric Bartonio
1er assistant mise en scène .	Frédéric Auburtin
2e assistante mise en scène	Nathalie Engelstein
Stagiaires mise en scène . .	Dominique Derousseau
	Jérôme Elkoubi
	Agnès Bertola
Scripte	Véronique Lagrange
Stagiaire scripte	Christine Ferrer

IMAGE

Directeur de la photographie	Yves Angelo
Opérateur steadycam . . .	Marc Koninckx
1ers assistants-opérateurs . .	Laurent Fleutot
	Claude Debroux
2e assistant-opérateur . . .	Alain Bolle
Photographe de plateau . .	Benoît Barbier

MONTAGE

Chef monteur	Hervé de Luze
« Adjoints	Nadia Sassi
	Olivier Laurent
Stagiaire	Sylvie Gautrelet
Chef monteur son	Michel Klochendler

SON

Chef opérateur	Pierre Gamet
Assistant	Bernard Chaumeil
Stagiaire	Eric Thomas

COSTUMES

Créatrices de costumes ..	Sylvie Gautrelet Caroline de Vivaise Bernadette Villard
Chef costumier	Pierre-Jean Larroque
Costumière	Gil Noir
Costumier	Fabio Perrone
Habilleuses	Isabelle Lelièvre Eliane Petit Marie-Christine Lenormand Nathalie Chesnais
Stagiaires	Annie Thiellement Dominique Lespagnol

COIFFURE

Chef-coiffeur/Posticheur ..	Pierre Vadé
Coiffeuse	Isabelle Luzet

MAQUILLAGE

Chef maquilleur	Joël Lavau
Maquilleuse	Nathalie Louichon

DÉCORATION

Chefs décorateurs	Than At Hoang Christian Marti
1ers assistants décorateurs .	Olivier Radot Frédérique Belvaux-Rouxel
2e assistants-décorateurs ..	Frédéric Benard Yann Biquand
Stagiaires	Valérie Dujardin Bernard Dassonville

AMEUBLEMENT

Régisseur d'extérieur	Jean-René Coulon
Adjoint	Thierry Golitin
Paysagistes	Thierry Lemaire Patrick Schmitt

Ensemblière	Sophie Martel
adjointes	Ariane Audouard Dominique Castan Danielle Charles
Rippeurs	Michel Karyo Mathieu Junot Marcel Daudin Alain Hainaut

ACCESSOIRES

Accessoiriste de plateau . .	Marcel Laude
Accessoiriste tournage . . .	Alain Laude
Accessoiriste effets spéciaux	Philippe Sylvain
Peintre plateau	Yvon Moreno

CONSTRUCTION

Chefs constructeurs	Alain Gosse Claude Vincent
Chef d'équipe	Paul Choitel
Chefs peintres	Alain Frentzel Christian Giambiasi Didier Dubedout

MACHINERIE

Chef machiniste	Charles Freess
Machinistes	Jean-Yves Freess Nicolas Sommermeyer Jacques Stricanne Touffik Chih

ELECTRICITÉ

Chef électricien	Denis Moncel
Electriciens	Richard Vidal Marc Moncel Patrick Renault Eric Caron
Groupman	Michel Garçon

EFFETS SPÉCIAUX

Effets spéciaux (studio) . .	Frédéric Moreau
Effets spéciaux (plateau) .	Jean-Pierre Maricourt Joël Baudin
Effets spéciaux maquillage	Reiko Kruk Dominique Colladant

CASTING

Directeur de casting	Gérard Moulevrier
Casting figuration	Evy Figliolini
Assistant casting	Jean-Pierre Le Brun
Stagiaire casting	Françoise Plouviet

RÉGIE

Régisseur général	Marc Vadé
Régisseurs adjoints	Francis Barrois Pascal Richez
Stagiaires régie	Thierry Cretagne, Nicolas Borowsky, Nicolas Davy, Nicolas Servent, Claire-Marie Cuvilly, Luc Tramon, Laurent Chiomento, Pierre Choumeurthe

ANIMAUX ET ATTELAGE	François Hardy Catherine Leclou Mario Luraschi
MUSIQUE	Jean-Louis Roques
ATTACHÉ DE PRESSE .	Claude Davy
SPONSORING	Solange Mauve-Guymont
CHORÉGRAPHE	Nicole Deshayes
MAKING-OFF	Patrick Glaize
CANTINE	Jacques Grousset

COPRODUCTION

Renn Productions avec France 2 Cinéma. D.D. Productions (Paris). Alternative Films s.a.-n.v. (Bruxelles). Nuova Artisti Associati (Rome). Avec la participation du Conseil régional Nord-Pas-de-Calais, du ministère de la Culture et de la Francophonie, du Centre national de la Cinématographie française, du ministère de l'Éducation nationale et de Canal Plus. Et avec la participation de SOFIARP/Investimage 2 et du Groupe Pinault. Ce film a été soutenu par le Fonds EURIMAGES du Conseil de l'Europe.

TABLE DES MATIÈRES

Première partie

AVANT

Deuxième partie

PENDANT

Troisième partie

APRÈS

Impression réalisée sur CAMERON par
BRODARD ET TAUPIN
La Flèche

pour le compte des Éditions Fayard
en août 1993

Imprimé en France
Dépôt légal : août 1993

N° d'édition : 5793 – N° d'impression : 6696H-5
35-57-9110-01-4
ISBN : 2-213-03152-5